DESCRIPTION
DE
L'ÉGYPTE,

RECUEIL
DES OBSERVATIONS ET DES RECHERCHES
QUI ONT ÉTÉ FAITES EN ÉGYPTE
PENDANT L'EXPÉDITION DE L'ARMÉE FRANÇAISE.

SECONDE ÉDITION

DÉDIÉE AU ROI

PUBLIÉE PAR C. L. F. PANCKOUCKE.

TOME DIX-NEUVIÈME
HISTOIRE NATURELLE.
BOTANIQUE.—MÉTÉOROLOGIE.

IMPRIMERIE
DE C. L. F. PANCKOUCKE.
M. D. CCC. XXV.

DESCRIPTION
DE
L'ÉGYPTE.

DESCRIPTION

DE

L'ÉGYPTE

OU

RECUEIL
DES OBSERVATIONS ET DES RECHERCHES

QUI ONT ÉTÉ FAITES EN ÉGYPTE

PENDANT L'EXPÉDITION DE L'ARMÉE FRANÇAISE.

SECONDE ÉDITION

DÉDIÉE AU ROI

PUBLIÉE PAR C. L. F. PANCKOUCKE.

TOME DIX-NEUVIÈME.

HISTOIRE NATURELLE.

BOTANIQUE. — MÉTÉOROLOGIE.

PARIS
IMPRIMERIE DE C. L. F. PANCKOUCKE
M. D. CCC. XXIV.

HISTOIRE NATURELLE.

RÉFLEXIONS

SUR

QUELQUES POINTS DE COMPARAISON

A ÉTABLIR

ENTRE LES PLANTES D'ÉGYPTE

ET CELLES DE FRANCE,

Par feu M. COQUEBERT [1].

S'IL est vrai, comme la physiologie des plantes nous l'apprend, que les productions du règne végétal doivent varier selon le sol où elles croissent et le climat qu'elles habitent, on jugera d'avance que celles de l'Égypte diffèrent absolument de celles de France. Pour avoir un point de comparaison, il serait peut-être à propos de faire ici le tableau de l'aspect que présente la nature

---

[1] L'auteur avait destiné ce mémoire à être lu aux séances de l'Institut d'Égypte; il se proposait aussi de compléter ses recherches et de développer les réflexions que l'on y trouve. On a cru devoir en publier cet extrait pour rendre un hommage à la mémoire de ce naturaliste, enlevé, à la fleur de son âge, par l'épidémie d'Égypte de 1801.

dans les régions tempérées de l'Europe; mais je me contenterai de rappeler la variété des sites qui embellissent la France, la quantité de rivières et de ruisseaux qui l'arrosent, les montagnes, les plaines fertiles, les gras pâturages qui font sa richesse, enfin les forêts antiques qui contribuent à l'orner. On sent qu'un pays aussi diversifié doit être riche en végétaux. La France étant située vers le 45e degré de latitude, et s'étendant de plusieurs degrés au nord et au sud de cette ligne, réunit dans son sein des plantes de la nature la plus opposée. Les marais et les bois de la France septentrionale, ainsi que les hautes montagnes dispersées sur son sol, offrent au botaniste des productions naturelles à l'Angleterre, au Danemarck, à la Suède, et même à la Norwége; d'un autre côté, le ci-devant Dauphiné est fertile en plantes de Suisse, du Piémont et d'Autriche; enfin les rochers des ci-devant provinces de Languedoc et de Provence, ainsi que les pics escarpés des Pyrénées, fournissent une abondante moisson de végétaux communs à l'Espagne et à l'Italie.

On sent encore que, dans le même canton, il doit régner souvent une grande diversité dans les espèces que recueille le botaniste. Il cueillera, par exemple, sur des collines arides, les *cistes*, les *thyms*, les *lavandes*, qui font l'ornement de l'Europe australe : près de là, s'il se trouve un marais *fangeux*, il verra les *carex*, les *joncs*, les *pédiculaires*, les *cirophorum*, croître en foule et rappeler les climats septentrionaux. Ces exemples pourraient être multipliés à l'infini. Voyons si l'Égypte peut rivaliser sur ce point avec la France.

Toute l'étendue de l'Égypte est divisée en deux sortes de terrains qui n'ont aucune analogie entre elles, et qui présentent chacune des végétaux particuliers, appropriés à la qualité du sol. Le limon noir, gras et argileux dont est couverte la vallée du Nil ainsi que le Delta, produit beaucoup de plantes que leur organisation destine à peupler les étangs, les mares, les fossés, les marécages les plus humides : leur existence est une suite de l'inondation du Nil.

L'autre terrain, celui qui constitue le désert, est tout entier formé de sable : il ne jouit pas d'un aussi grand nombre de végétaux que le précédent, et ceux qu'on y trouve ont un aspect particulier qui indique bientôt leur origine. Leurs racines très-longues et fibreuses font connaître que ces plantes manquent de l'humidité nécessaire à leur végétation; l'instinct végétal (si j'ose me servir de cette expression) les porte à étendre au loin leurs racines pour pomper les moindres molécules d'eau répandues dans un grand espace. Leurs tiges, presque toujours dures et ligneuses, sont souvent armées d'épines ou d'aiguillons, ou bien l'extrémité même de leurs feuilles est terminée par une pointe piquante, comme on le remarque dans certaines espèces de graminées. Leurs fleurs ne sont que rarement peintes de couleurs bien vives, et généralement elles sont petites et peu apparentes. Enfin leur feuillage est d'une teinte grisâtre qui n'égaye pas la vue.

L'Égypte, quoique parcourue très-souvent par les voyageurs, est loin d'être parfaitement connue sous le rapport de l'histoire naturelle. Les recherches de Prosper Alpin, de Pococke, d'Hasselquist, ont, à la vérité, enrichi la botanique d'un assez grand nombre de plantes. L'ouvrage dont Forskal est l'auteur, et qui porte le titre de *Flora Ægyptiaco-Arabica*, a surtout contribué à étendre nos connaissances; on y trouve un grand nombre de plantes recueillies en Égypte et en Arabie, et données comme nouvelles : mais Forskal s'est souvent mépris dans la nomenclature; il a cherché à établir beaucoup de genres nouveaux, tandis qu'il pouvait facilement rapporter ses espèces à des genres connus. Malgré ces défauts, on trouve dans son ouvrage des descriptions très-exactes et des remarques judicieuses.

Les plantes d'Égypte cultivées à Paris exigent l'orangerie tous les hivers : la serre chaude ne leur conviendrait pas, elle n'est faite que pour les plantes de la zone torride; et quoique l'Égypte soit bornée au sud par le tropique du Cancer, ses productions ne sont point les mêmes que celles de la partie de l'Afrique comprise dans cette zone. La Flore d'Égypte se rapproche plus de celle de Syrie, de Malte, de Candie, que de celle de Guinée ou d'Abyssinie.

Les plantes de France éprouvent, chaque année, une gelée plus ou moins forte, qui ne produit sur elles d'autre effet que de suspendre leur végétation : cet effet se présente de trois manières différentes, selon que les plantes sont annuelles, vivaces ou ligneuses. Dans le premier cas, elles périssent après avoir répandu leurs graines en automne; la graine reste enfouie dans la terre pendant la froide saison; au printemps, elle germe et produit de nouveaux individus. Quant aux plantes vivaces, leurs racines restent également enfouies dans la terre : tant que dure le froid, elles semblent privées de vie; mais, quand la température s'élève, elles poussent des tiges et des feuilles, et la plante végète avec une nouvelle vigueur. Les arbres restent aussi, en hiver, plongés dans une sorte de sommeil léthargique, dont ils sont tirés par la chaleur du printemps. Rien de semblable n'a lieu en Égypte, où le froid n'est jamais assez considérable pour suspendre ainsi la végétation. La défoliation des arbres, qui s'opère généralement en France au mois de novembre, n'a lieu qu'en décembre et janvier. D'un autre côté, la verdure renaît dès le mois de février et de mars, tandis qu'il est rare en France qu'en avril tous les arbres soient revêtus de leurs feuilles naissantes. Toutes ces différences si remarquables ne sont dues qu'au climat et à l'influence d'un hiver semblable à un long printemps; car les arbres de la même espèce restent à peine deux mois dépourvus de leurs feuilles en Égypte, tandis que ce terme est de plus de quatre en France.

Le terrain de l'Égypte étant très-peu varié, comme je l'ai dit plus haut, il résulte que des tribus entières de plantes, surtout celles qui habitent les bois et qui sont très-répandues en France, manquent absolument en Égypte. Il en est de même de celles qui croissent sur les montagnes élevées, et auxquelles Linnéus a départi le nom général d'*alpines*. Il est des plantes qui sont communes aux deux pays; ce sont principalement celles des bords de la mer, et celles des champs de blé. Je citerai pour exemple le *passerina hirsuta*, plante ligneuse de la famille des thymelées, qui est très-commune aux environs de Marseille et de Toulon, et qu'on retrouve à Alexandrie; je citerai encore les *frankenia*, petites plantes de la famille des *caryophyllées*, qu'on rencontre également sur les côtes des deux pays.

Quoique l'Égypte soit entièrement privée de forêts, elle jouit cependant de quelques-uns des avantages attachés à leur présence. Les sycomores, les cassiers, les *lebbek*, les *napeca*, sont de grands arbres très-touffus, dont le feuillage large est propre à donner beaucoup d'ombre. Ces arbres ont le double avantage d'orner les campagnes dans lesquelles ils sont répandus, et d'y offrir un abri contre les rayons ardens du soleil; sans eux, l'Égypte serait presque totalement dépourvue de verdure au printemps, et ne présenterait, à perte de vue, que de vastes champs poudreux, dont rien ne couperait l'uniformité : car on ne voit pas dans ce pays ces beaux gazons si frais qui parent nos contrées tempérées, et encore plus les régions septentrionales; les *gramen*, qui constituent généralement ces gazons, n'existent pas en Égypte, ou bien ils demeurent isolés sans se réunir par touffes. D'ailleurs, l'action continuelle d'un soleil brûlant dessèche ces plantes, et les brûle jusqu'à la racine. On connaît les soins que prennent les Anglais pour se procurer de beaux gazons : qu'on juge, par les difficultés qu'on éprouve en Angleterre, dans un climat toujours humide et brumeux, des peines qu'il faudrait prendre pour entretenir la verdure en Égypte, seulement dans un espace resserré, tel qu'un jardin. Les gazons ne sont pas faits pour les climats chauds : la nature a voulu répandre ses bienfaits avec une certaine égalité; elle a dédommagé les pays du Nord des brouillards, des pluies, des gelées, en leur accordant une verdure délicieuse; ceux du midi, jouissant d'un ciel toujours serein, n'y ont pas eu part.

S'il est vrai de dire que la France offre des tribus de plantes dont l'Égypte est privée, il faut avouer aussi que le contraire a lieu pour certaines familles. L'Égypte présente beaucoup de dattiers; la France n'en contient pas de naturels à son sol. Cet arbre est un des plus utiles parmi ceux que la nature a placés dans ce pays; toutes ses parties ont un usage quelconque : son fruit sain et nourrissant est un aliment agréable : son bois léger et poreux se travaille facilement; on en fait communément des solives; on peut aussi l'employer comme combustible : ses feuilles servent à faire des paniers, des couffes, des nattes, etc. On emploie le réseau filamenteux qui s'entrelace à la base de ses feuilles, pour fabriquer des cordages grossiers, mais solides et peu coûteux. Cet arbre paraît parfaitement approprié au sol de l'Égypte; car on le voit prospérer également dans les sables du désert et sur les rives du Nil. L'Égypte possède encore une seconde espèce de palmier; c'est celui qu'on nomme en arabe *doum*, et que Pococke a décrit. M. Delile a donné un mémoire détaillé sur cet arbre; ce qui me dispense d'en parler plus au long.

Les palmiers ne sont pas les seuls végétaux étrangers à la France et naturels à l'Égypte. Parmi les productions utiles je ne citerai que le riz, non pas qu'il croisse spontanément dans ce pays, mais parce que sa culture a naturalisé beaucoup de plantes des Indes, qu'on lui trouve toujours associées : aussi les rizières sont-elles les lieux que les botanistes visitent de préférence ; ils sont sûrs d'y trouver un grand nombre de plantes naturelles à la zone torride, et dont les graines paraissent avoir été apportées anciennement avec le riz. Ces végétaux se plaisent, comme le riz, dans les eaux stagnantes, et ne prospèrent que lorsque leurs racines y sont constamment plongées.

Une classe de végétaux manque presque totalement en Égypte; c'est celle que Linnéus a placée la dernière dans son système, et qu'il a nommée *cryptogamie*, ou noces cachées, parce que les organes de la fécondation et de la fructification sont cachés, et tellement différens de ceux des autres plantes, qu'on n'a pu encore parvenir à découvrir leur structure et à développer les usages des diverses parties qui les composent. Les espèces rangées dans cette classe sont extrêmement répandues dans les régions tempérées et boréales : ce sont les *fougères*, les *mousses*, les *hépatiques*, les *lichen*, les *champignons*, les *byssus*. Ces plantes aiment toutes l'ombre épaisse des forêts et la fraîcheur perpétuelle qui y règne; elles ne fleurissent qu'en hiver, et ne sont jamais en meilleur état que lorsque les autres plantes languissent et sont comme engourdies par le froid. Le soleil ardent de l'été les dessèche au point qu'elles sont à peine reconnaissables dans cette saison. L'Égypte, par son climat, par son sol nu et brûlé, ne peut leur convenir en aucune manière : aussi n'en trouve-t-on dans ce pays qu'un nombre infiniment petit par rapport à celui que la France en possède. En général, ceci peut s'étendre au règne végétal considéré dans sa totalité; il est beaucoup plus riche en France qu'en Égypte. En consultant les ouvrages les plus récens, on voit que la Flore de la France peut offrir une liste d'environ deux mille quatre cents plantes, tandis que, dans l'ouvrage de Forskal, qui, jusqu'à présent, est le plus complet que nous ayons sur l'histoire naturelle de l'Égypte, on ne trouve mentionnées que près de six cents plantes : la cause de cette grande différence provient surtout de la variété des terrains, des expositions, des températures en France, mise en opposition avec l'uniformité qui règne en Égypte dans toutes ces circonstances.

DESCRIPTION

DU PALMIER DOUM

DE LA HAUTE ÉGYPTE,

ou

CUCIFERA THEBAÏCA;

Par M. DELILE,

Membre de l'Institut d'Égypte.

LE doum croît auprès des monumens de Philæ, de Thèbes et de Denderah. Sa verdure contraste avec la sécheresse des lieux qui l'environnent. En s'élevant dans les plaines presque stériles qui bornent le désert, il présente un rempart contre les vents et les sables; et il rend propres à la culture, des lieux qui seraient abandonnés, s'il ne les abritait. Il reçoit sous son ombre les sensitives épineuses, qui croissent rarement dans les champs arrosés par le Nil; et, en se portant du côté du désert, il contribue à l'agrandissement des terres cultivées. Il croît aussi sur les bords du Nil, et il est commun dans la haute Égypte, au-dessus de Girgeh.

C'est à peu de distance de cette ville qu'une des îles du fleuve a reçu le nom d'île des *Doum*, parce qu'elle produit ces arbres en grand nombre. Au nord de cette partie de l'Égypte, le doum devient rare; mais il croît naturellement fort loin vers le sud.

Il forme, par son tronc rameux, une exception remarquable dans la famille des palmiers. Il s'élève ordinairement à huit ou dix mètres[1], et se partage d'abord près du sol en deux branches, de chacune desquelles il en sort deux autres qui quelquefois se bifurquent plus haut. Le tronc a un mètre[2] de circonférence; il est presque uni, et marqué d'anneaux que les pétioles forment en se détachant du bois. Ces anneaux, hauts de deux doigts ou davantage sur la première partie du tronc, sont plus courts sur les branches. Cette diminution provient du ralentissement de la végétation lorsque l'arbre est vieux. Les branches terminales sont couronnées de faisceaux de vingt à trente feuilles palmées, longues de deux mètres ou deux mètres et demi[3]. Leurs pétioles ont un peu plus de la moitié de cette longueur; ils sont demi-cylindriques, taillés en gouttière en dessus, terminés en gaîne à la base, et garnis d'épines sur les bords. Le sommet de chaque pétiole se termine inégalement sur les côtés, pour donner attache à la lame demi-circulaire et plissée qui résulte de l'union des folioles : celles-ci sont réunies dans leur moitié inférieure, et représentent un grand éventail ouvert; elles sont libres à leurs sommets, où elles se rétrécissent, et sont séparées par des filamens roulés en spirale qui se détachent d'entre elles.

Les fleurs sont mâles ou femelles sur des pieds diffé-

[1] Vingt-cinq à trente pieds.
[2] Trois pieds.
[3] Six ou sept pieds.

rens. De longues grappes les produisent au-dehors de spathes dans les aisselles des feuilles. Ces spathes, formés d'une seule pièce, s'ouvrent sur le côté, et sont petits en comparaison de ceux du dattier; ils contiennent les gaînes ou spathes partiels propres aux rameaux des grappes. Chacun de ces rameaux se termine par plusieurs épis ou chatons couverts d'écailles imbriquées, que des faisceaux de soies séparent, et du milieu desquels sortent des fleurs solitaires fort petites.

Les fleurs mâles ont un calice à six divisions, dont trois extérieures, étroites, sont redressées contre un pédicelle qui soutient les trois intérieures plus larges. Ces dernières divisions sont ouvertes et écartées. Le pédicelle sur lequel elles naissent, porte aussi les étamines, qui sont au nombre de six, et dont les filets, réunis par leur base au centre des divisions, sont tellement disposés, que trois alternent avec ces divisions, tandis que les trois autres leur sont opposés. Une anthère ovoïde termine chaque filet.

Le calice des fleurs femelles est plus grand que celui des mâles, et se divise en six portions presque égales : il est placé au-dessous d'un ovaire à trois lobes. Cet ovaire grossit d'une manière irrégulière. Un seul des lobes se développe communément pour former le fruit, à la base duquel on remarque souvent deux tubercules qui remplacent les lobes avortés : mais lorsque deux ou trois lobes se développent ensemble, ils produisent autant de fruits soudés par la base, sur lesquels une même écorce passe de l'un à l'autre, et dans chacun desquels se trouve une semence parfaite.

Le fruit est un drupe sec, jaunâtre, ovoïde, couvert d'une écorce fine, lisse et friable, qui cache un tissu particulier de fibres. Une pulpe d'une saveur mielleuse et aromatique est logée entre les fibres, qui, extérieurement, sont lâches et redressées : elles naissent d'une couche très-serrée à l'intérieur, et qui forme une enveloppe ligneuse. Le tissu dense de cette enveloppe ne se continue pas également de toutes parts pour former la paroi d'une loge complète; il est interrompu dans un point à la partie supérieure, qui se perce aisément. Cette enveloppe contient une amande ou semence de forme conique, quelquefois presque ovoïde, et élargie par une de ses extrémités qui lui sert de base. Cette semence est un peu tronquée au sommet, où l'embryon se trouve logé dans une petite cavité; elle est composée d'une substance blanche et cornée, qui laisse un vide dans le centre. Sa surface est recouverte d'une pellicule brune et écailleuse.

Le bois du doum est plus solide que celui du dattier. On en taille des planches dont on fait des portes dans plusieurs villages du Sa'yd. Les fibres de ce bois sont noires, et la moelle qui les unit est un peu jaune. Le bois des branches est mou, léger, et n'a point de couleur. Les feuilles sont employées à faire des tapis, des sacs et des paniers fort commodes et d'un usage très-répandu. Les fruits ont une pulpe pleine de fibres; ce qui n'empêche pas les paysans du Sa'yd d'en manger quelquefois. On en apporte beaucoup au Kaire, où on les vend à bas prix. On les regarde plutôt comme un médicament utile que comme un fruit agréable; ils plaisent cependant aux enfans, qui en sucent la pulpe, dont la saveur est exactement celle du pain d'épice. On en fait par infusion un sorbet qui ressemble à celui que l'on prépare avec la racine de réglisse ou avec la pulpe des gousses de caroubier. Cette liqueur est douce, et passe pour salutaire.

Le doum fleurit tous les ans au mois d'avril. Il n'est pas besoin d'aider la fécondation en portant des fleurs mâles sur les grappes femelles; la poussière des étamines, en volant dans l'air, imprègne suffisamment les ovaires. Les paysans du Sa'yd assurent qu'un doum mâle peut féconder plusieurs pieds femelles éloignés. Quoiqu'il avorte beaucoup de fruits sur les grappes, ils y sont fort serrés; s'ils nouaient tous, ils manqueraient d'espace pour se développer : une grappe en produit environ trente ou quarante. Ils sont très-pesans avant leur maturité. Ils se colorent et se recouvrent d'une poussière glauque, comme des prunes fraîches.

La semence ou l'amande de ces fruits est d'abord cartilagineuse et remplie d'une eau claire sans saveur : dans les fruits mûrs, elle se durcit assez pour que l'on puisse en tourner des anneaux et des grains de chapelet faciles à polir.

Pococke a donné, dans ses Voyages, un dessin et une description du doum, qu'il nomme *palma Thebaïca*, et qu'il regarde comme le *cucifera* de Théophraste. L'Écluse et les Bauhin en avaient aussi parlé, mais très-brièvement. Gærtner a décrit et figuré le même fruit : il en a formé un genre particulier, *hyphæne*, à cause de la position de l'embryon au sommet de la graine. Deux espèces de ce genre sont décrites dans l'ouvrage de Gærtner : l'une, *hyphœne crinita*[1], est la même que le doum ; l'autre, *hyphœne coriacea*[2], diffère par son fruit élargi au sommet : ces fruits se ressemblent d'ailleurs beaucoup. On découvre dans les deux espèces le même tissu de fibres, lorsque la pulpe et l'écorce fine des fruits commencent à se détruire ; mais ces fibres, par une grande vétusté, se séparent plus facilement de l'*hyphœne coriacea* que de l'*hyphœne crinita*.

M. de Jussieu m'a fait voir un fruit d'*hyphœne coriacea* qui est dans l'état où l'a figuré Gærtner, c'est-à-dire privé de ses fibres extérieures et réduit à l'enveloppe coriace de la semence. Il suffit de lire la description de Gærtner pour se convaincre que ce fruit est très-fibreux dans son état naturel ; et lorsque Grew l'a décrit sous le nom de *nucidactylus*, il en a comparé les fibres aux crins d'une brosse. On ne peut assigner, entre les deux *hyphœne*, d'autre différence qui paraisse constante, que celle de la forme des fruits. L'arbre qui produit l'*hyphœne coriacea* n'est pas encore connu.

La figure de ce fruit ou *nucidactylus* de Grew[3] mérite d'être citée pour l'exactitude du genre. Elle représente très-bien les deux tubercules formés par les deux semences ou lobes de l'ovaire qui avortent. Dans ce fruit, comme dans celui de la Thébaïde, l'enveloppe de la graine se perce aisément au sommet, et laisse une ouverture pour le passage de l'embryon, quand il a commencé à germer. Une disposition analogue se re-

---

[1] Gærtner, t. II, p. 13, tab. 82. [3] *Mus.* tab. 16, n°. 1.
[2] *Ibid.* tom. 1er, pag. 28, tab. 10.

trouve dans les fruits de palmiers à semences contenues dans des enveloppes ligneuses, et favorise la germination. Ces enveloppes ou noix, comme celles du cocotier, ne contiennent qu'une graine, et sont marquées de trois cicatrices, dont une seule, qui est facile à percer, répond précisément à l'embryon; les deux autres cicatrices aboutissent à des plaques ligneuses et restent fermées.

J'ai conservé au doum le nom de *cucifera*, sous lequel Théophraste l'a exactement décrit dans les termes suivans : « L'arbre appelé *cucifera* ressemble au dattier; mais le tronc du dattier est simple, tandis que celui du *cucifera* se partage en deux branches, qui en produisent elles-mêmes deux autres, et qui portent encore des rameaux courts et peu nombreux. Il produit un fruit remarquable par sa grosseur, sa figure et son goût; il est assez gros pour remplir la main, arrondi, un peu jaune; et son suc est doux et agréable. Ce fruit renferme un noyau d'une grande dureté, dont on fait au tour des anneaux pour les rideaux. Le bois du *cucifera* est meilleur que celui du dattier : ce dernier est mou et composé de fibres lâches; l'autre est, au contraire, serré, pesant, dur et veiné. Les Perses recherchaient ce bois pour en faire des pieds de lit[1]. »

La description du même arbre dans Pline[2] ne diffère point de celle de Théophraste. Strabon[3] a fait mention des ouvrages tissus des feuilles de cuci d'Égypte, qui

---

[1] *Hist. plant.* lib. IV, cap. 2.
[2] *Hist. nat.* lib. XIII, cap. 9.
[3] *Geogr.* lib. XVII, p. 1179, *edit. Amstelod.* 1708.

avaient la fermeté et l'apparence des feuilles de jonc ou de palmier.

Il ne paraît pas que cet arbre ait été employé dans les hiéroglyphes. Je n'ai point vu de figure qui le représentât sur les monumens de la haute Égypte; et il est difficile de déterminer si ses fruits ou d'autres productions analogues ont servi à la composition de quelques ornemens des temples.

Bruce rapporte que le doum ou palmier de la Thébaïde est le *cucifera* des anciens; mais il paraît attribuer aux fruits, comme distinctive, une qualité qui est très-passagère, celle d'être amers. Cette amertume n'a lieu que dans les fruits verts; ils la perdent et deviennent doux et sucrés en mûrissant. Bruce rapporte aussi que le doum croît dans la Nubie; ce qui est confirmé par les Nègres qui viennent de Dârfour et de Sennâr au Kaire.

Forskal a observé le doum en Égypte et en Arabie, et a parlé brièvement de ses usages [1]. Il a placé ce palmier, d'une manière incertaine, dans les genres *borassus* et *corypha*, et n'en a point donné de description.

Le doum a de l'affinité avec le genre *chamœrops*, dont les feuilles ont presque la même forme; mais l'embryon, placé au côté de la graine dans le *chamœrops*, et au sommet dans le doum, établit entre ces deux genres une distinction importante et facile à saisir.

On n'avait bien connu jusqu'ici que les fruits d'*hyphœne* ou *cucifera*. Le voyage de la haute Égypte m'a procuré l'occasion de décrire les fleurs de ce genre de palmier. J'ai aussi comparé la description que Théo-

[1] *Flora Arabiæ Felicis*, p. xcvii.

phraste a faite du *cucifera*, et je l'ai citée comme une preuve de l'exactitude et du mérite de ses ouvrages.

Henri Étienne, auteur de l'excellent Dictionnaire ou *Thesaurus linguæ græcæ*, me paraît s'être appuyé[1] sur des observations et des règles exactes pour traduire par le mot latin *cucifera*, le nom qui désigne cet arbre dans le texte grec. J'ai adopté le mot ainsi traduit, et je l'ai préféré aux noms diversement écrits, que plusieurs auteurs ont cités.

Le nom arabe de l'arbre et de son fruit est *doum*.

Il est appelé *amboui* par les Barâbras des environs de Philæ.

Les synonymes suivans se rapportent au doum :
Cuciophoron. ANGUILLARIA, pag. 70.
Cortusi fructus pro bdellio missus, qui veriùs cuci fructûs nux interior. CLUS. Arom. Hist. 1, fol. 160, icon.
Palma cujus fructus cuci. BAUH. Pin. fol. 509.
Bdellii fructus. LOBEL, icon. 2, fol. 150.
Palmæ facie cuciofera. CHABEÆI Sciagr. fol. 29, ic.
Palma africana coccifera, procerior et ramosa, trunco læviore nigricante, radiato folio, etc. LIPPI, manuscr. è biblioth. D. de Jussieu.
Palma thebaïca dichotoma, folio flabelliformi, pedunculis spinosis, fructu racemoso sparso sessili. POCOC. Lond. 1743, tom. 1, pag. 280, tab. 72 et 73.
Hyphæne crinita. GÆRTNER, de seminibus plantar. tom. II, pag. 13, tab. 82.
Doma. LAMARCK, Illustr. tab. 900, fig. ultima.

---

[1] Tom. IV, fol. 1279.

Cucifera thebaïca. Tableau de l'École de botanique du Muséum d'histoire naturelle, par M. Desfontaines; Paris, 1804.

Hyphœne cucifera. Persoon, Synopsis, 2, p. 623.

Voici un résumé de la description :

Flores dioici in spadicibus ramosis. Singulo spadici spatha 1-phylla brevis. Ramuli spathis vaginantibus suffulti, et supra vaginas radiatim divisi in amenta tecta squamis imbricatis, setis fasciculatis et floribus solitariis interpositis.

Masculi. *Calix sex-partitus. Laciniæ tres exteriores, angustæ, appressæ; tres interiores è priorum fundo supra stipitem parvum elevatæ, crassiusculæ, patentes. Stamina sex. Filamenta basi coalita, calicis laciniis interioribus affixa.*

Feminei. *Calix inferus persistens, sex-partitus, coriaceus, laciniis sub-æqualibus. Germen trilobum. Stigmata, propter induratum gummi in floribus marcidis, formâ et numero incerta.* Fructus. *Drupa pyramidata, fibrosa, basi plerumque 2-tuberculata, magnitudine ovi gallinacei, mellitum succum parcè exhibens, lævi cortice tecta, fœta nuce coriaceâ monospermâ, apice tantummodo facilè perviâ. Semen ovatum aut ferè conicum, substantiâ albâ corneâ; intùs cavum. Embryo in vertice seminis.*

Observatio. *In nucibus Palmarum monospermis, et instar Cocos 3-ocellatis, foramen super est majusculum, lobo germinante, pervium. Puncta duo ligneâ occluduntur materiâ, et semina totidem abortiva compressaque locu-*

lamenta indicant; foramen verò, supposito embryoni favens, fragili obtegitur tympano. Cuciferæ affinis inde structura, cujus embryo in melliore fructûs apice reperitur.

Drupæ interdum duæ seu tres basi coadunatæ fructum referunt lobatum.

Arbor caudice dichotomo; foliis plicatis, palmato-flabelliformibus, filamentosis, petiolis margine aculeatis.

Habitat in Ægypto superiore, Nubia et Arabia. Fructus idem cum hyphæne crinita *Gærtneri. Hyphænes* coriaceæ, *formâ obconicâ præcipuè discrepantis, flores, arbor et habitatio adhuc ignoti.*

EXPLICATION DES PLANCHES.

(*Voyez* H. N. *Botanique.*)

PLANCHE 1ʳᵉ. — Un doum femelle portant des fruits.
PLANCHE *id*. Fig. 2. Un chaton de fleurs mâles.
              Fig. 3. Fleurs mâles détachées.
              Fig. 4. Fleurs femelles dont les ovaires ont commencé à se développer.
              Fig. 5. Le fruit scié en deux parties égales dans sa longueur.
              Fig. 6. L'amande séparée.
PLANCHE 2. — Une feuille avec une portion du pétiole, et une grappe de fruits où l'on voit la disposition des rameaux et des spathes.

Toutes ces figures, à l'exception de la première, qui représente une vue de l'arbre en perspective, sont de grandeur naturelle.

MÉMOIRE

SUR LES PLANTES

QUI CROISSENT SPONTANÉMENT

EN ÉGYPTE,

Par M. Alire RAFFENEAU DELILE,

Membre de l'Institut d'Égypte.

La vallée du Nil, bornée, sur ses côtés, par des déserts, comprend les terres fertiles de l'Égypte, et se trouve resserrée, dans le Sa'yd, entre deux chaînes de montagnes nues et desséchées. Elle touche, dans la basse Égypte, à des plaines stériles et sablonneuses, entre lesquelles elle acquiert une largeur proportionnée à l'écartement des branches du fleuve.

Les plantes qui croissent spontanément dans cette vallée, se trouvent aussi presque toutes dans d'autres pays que l'Égypte. Les espèces indigènes ne sont point nombreuses; il en est plusieurs qui ont suivi le cours du Nil et l'accroissement du sol. Les plaines formées par des couches de limon, et par une certaine quantité de sable que le fleuve charie, particulièrement dans la direction où son courant est le plus rapide, prouvent un exhaussement qui ne s'est pas interrompu.

On remonte, hors de l'Égypte, à l'origine du sol et des plantes. On reconnaît que beaucoup de graines ont été apportées par les eaux qui déplacent le limon de l'Abyssinie, et par les vents qui rejettent dans le Nil le sable des déserts : mais on sait combien il est rare que des plantes soient propres à un seul pays. On ne serait donc pas fondé à dire qu'il n'y a d'indigènes en Égypte que celles qui ne se trouvent pas en même temps ailleurs. La végétation a commencé, sur les bords du Nil, avec l'écoulement naturel des eaux qui ont suivi l'inclinaison du sol. Ce fleuve n'avait point charié le limon qui a depuis formé une partie du pays. Les plantes nées sur le sol qui sert de base au limon, se sont reproduites à sa surface exhaussée. Elles sont provenues, dans le Delta, des autres parties comparativement plus anciennes de l'Égypte. C'est ainsi que les plantes se multiplient sur les nouvelles dunes de sable du désert, en provenant des autres dunes voisines, ou de la terre qui supporte le sable.

J'ai vu plusieurs fois, près du Nil, la végétation naître des gerçures profondes du sol, sur une seule couche régulière, dans des endroits bas récemment abandonnés, après qu'ils avaient servi à des établissemens de machines à arroser, et après qu'ils avaient été comblés de limon par l'effort seul des eaux. La couche de terrain qui, pendant une année précédente, s'était trouvée garantie de l'inondation, et qui avait été couverte de végétation, répondait, la seconde année, à la couche enfouie d'où sortaient des plantes à travers les gerçures. Les graines germent, dans les campagnes, sous une couche de limon dont l'épaisseur dépend des degrés et de la durée de l'inondation. Cette couche, sur une grande surface, ne devient pas aussi promptement remarquable que celle qui comble des bas-fonds resserrés.

L'Égypte, devenue le domaine de la culture, a éprouvé de grands changemens; beaucoup de plantes étrangères s'y sont naturalisées : elles croissent spontanément avec les espèces indigènes; elles se confondent les unes et les autres. Je me propose de tracer ici, d'une manière générale, l'histoire de ces plantes, et de considérer l'influence du sol et du climat sur leur végétation. J'indiquerai quelques-uns de leurs usages.

La vallée du Nil, dans le Sa'yd, est considérablement élevée au-dessus du niveau le plus ordinaire du fleuve. La sécheresse y cause la rareté des plantes. La partie la plus méridionale de ce pays produit le *Boerhaavia repens*, de Nubie[1]; le *habbas*, espèce de sensitive d'Abyssinie[2]; le *doum*[3] et le *seyâl*[4], arbres qui ne croissent point dans la basse Égypte.

L'*acacia nilotica* est un des arbres qui appartiennent à la haute et à la basse Égypte. Le dattier croît aussi dans toute l'Égypte. Les autres arbres les plus multipliés ne croissent guère que dans les lieux où l'on prend soin de les planter. Ils sont originaires de l'intérieur de l'Afrique, comme le sycomore, le *nabeca* et le tamari-

---

[1] *Voy.* H. N. *Bot.*, pl. 3, fig. 1.
[2] C'est la sensitive décrite et figurée par Bruce, sous le nom d'*ergett el-khrone*. (Voyage aux sources du Nil, tom. v, pl. 7.).
[3] *Voyez* H. N. *Botanique*, pl. 1 et 2.
[4] *Voyez* H. N. *Botanique*, pl. 52; fig. 2.

nier, ou originaires de l'Inde, comme le *cordia myxa*, l'*acacia Lebbek* et le *cassia fistula*.

La basse Égypte est un pays plat, facilement inondé. Deux espèces de *nymphæa* épanouissent leurs fleurs à la surface des eaux. Ces plantes croissent à l'époque de l'inondation; elles se fanent lorsque les eaux baissent. Leurs racines se conservent malgré la grande sécheresse qui succède à l'inondation. Les *nymphæa* sont abondans près de Damiette et de Rosette : ils croissent en petite quantité plus au midi dans le Fayoum, et dans le seul étang de Birket-el-Rotly, près du Kaire. Le *papyrus*, devenu très-rare en Égypte, paraît avoir autrefois suivi la pente de la vallée du Nil, et croît en Abyssinie [1].

Les roseaux sont les plantes vivaces les plus fréquentes aux bords des canaux. Ils s'élèvent en haies, étant baignés dans l'eau; ils rampent dans les lieux envahis par les sables. L'espèce de roseau la plus commune sur les îles basses du Nil, croît aussi dans les déserts.

Il est probable que certaines plantes qui n'ont été observées jusqu'ici qu'en Égypte, appartiennent aussi à d'autres pays que l'on a moins visités, et où elles n'ont pas été découvertes. Voici les noms de quelques-unes de ces plantes qui paraissent dépendre uniquement du sol arrosé par le Nil :

Panicum coloratum.
Poa ægyptiaca [2].

Convolvulus caïricus.
Polycarpea memphitica [3].

[1] Bruce, Voyages aux sources du Nil, tom. v, pag. 10.
[2] *Voy.* H. N. *Bot.*, pl. 10, fig. 2.
[3] *Ibid.* pl. 24, fig. 2.

Rumex ægyptius.
Rumex dentatus.
Dolichos nilotica[1].
Picris altissima[2].
Picris sulphurea[3].
Crepis hispidula[4].
Crepis senecioïdes[5].
Buphthalmum pratense[6].
Marsilea ægyptiaca[7].

Les plantes sauvages, communes à la vallée du Nil et aux pays adjacens, sont plus nombreuses que les précédentes; elles sont connues par les recherches de différens voyageurs.

Je ne joins point au tableau que je donne ici de ces plantes, leurs synonymes détaillés, trop longs à rapporter: cette omission a été indispensable dans un travail sommaire. Je vais y suppléer, en indiquant les ouvrages auxquels j'ai eu recours pour nommer ces plantes: j'ai principalement consulté la *Flore orientale* de Rauwolf; celle de *Palestine*, d'Hasselquist; les *Décades de plantes de Syrie*, de M. la Billardière; la *Flore atlantique* de M. Desfontaines, et la *Flore d'Arabie* de Forskal.

1°. PLANTES COMMUNES A L'ÉGYPTE ET A LA BARBARIE.

Cyperus mucronatus.
Cyperus fuscus.
Scirpus maritimus.
Fimbristylis dichotomum.
Panicum numidianum.
Panicum repens.
Rottbollia fasciculata.
Eleusine ægyptia.
Crypsis schœnoïdes.
Crypsis aculeata.
Potamogeton marinum.
Statice limonium.
Gentiana spicata.
Juncus bufonius.
Gnaphalium luteo-album.
Gnaphalium cauliflorum.
Chara vulgaris.
Ceratophyllum demersum.

[1] *Voyez* H. N. *Botanique*, pl. 38, fig. 1.
[2] *Ibid.* pl. 41, fig. 2.
[3] *Ibid.* pl. 40, fig. 2.
[4] *Voy.* H. N. *Bot.*, pl. 42, fig. 1.
[5] *Ibid.* pl. 42, fig. 2.
[6] *Ibid.* pl. 48, fig. 2.
[7] *Ibid.* pl. 50, fig. 4.

2°. PLANTES COMMUNES A L'ÉGYPTE ET A LA SYRIE.

Trisetaria linearis.[1] Forskal. (Trisetum arenarium, Billard. Dec. Syr. 5.)
Festuca fusca[2].
Saccharum ægyptiacum.
Echium Rawolfii[3].
Potentilla supina.

Raphanus recurvatus[4]. (Enarthrocarpus arcuatus, Billard. Dec. Syr. 5.)
Cotula anthemoïdes.
Baccharis Dioscoridis.
Senecio ægyptius.
Centaurea calcitrapoïdes.

3°. PLANTES COMMUNES A L'ÉGYPTE ET A L'ARABIE.

Alternanthera sessilis.
Achyranthes argentea.
Hibiscus trionum.
Cucumis colocynthis.

Acacia nilotica.
Acacia seydâl[5].
Cucifera thebaïca[6].

4°. PLANTES COMMUNES A L'ÉGYPTE, A LA BARBARIE ET A LA SYRIE.

Cyperus rotundus.
Phalaris aquatica.
Saccharum cylindricum.
Polypogon monspeliense.
Gentiana centaurium.

Tamarix gallica.
Alisma plantago.
Scolymus maculatus.
Cirsium syriacum.

5°. PLANTES COMMUNES A L'ÉGYPTE, A LA BARBARIE ET A L'ARABIE.

Orobanche tinctoria. (Phelipæa lutea, Desfont. Flor. atl.)

Inula arabica.

6°. PLANTES COMMUNES A L'ÉGYPTE, A L'ARABIE ET A LA SYRIE.

Poa cynosuroïdes.
Tamarix orientalis.

Hedysarum Alhagi.

[1] Voy. H. N. Bot., pl. 11, fig. 1.
[2] Ibid. pl. 12, fig. 3.
[3] Ibid. pl. 19, fig. 3.
[4] Voy. H. N. Bot., pl. 36, fig. 1.
[5] Ibid. pl. 52, fig. 2.
[6] Ibid. pl. 1 et 2.

7º. PLANTES COMMUNES A L'ÉGYPTE, A LA BARBARIE, A LA
SYRIE ET A L'ARABIE.

Veronica anagallis. *Scorpiurus sulcata.*
Glinus lotoïdes. *Phœnix dactylifera.*

Diverses plantes sauvages accompagnent, presque dans tous les pays, les espèces cultivées. Les *vicia sativa* et *lutea*, l'*anagallis arvensis* et le *fumaria officinalis* croissent avec le blé en France, en Égypte et en Barbarie. Les graines d'herbes potagères, telles qu'on les sème en Égypte et en d'autres pays, sont le plus ordinairement mêlées d'*euphorbia peplus* et d'*urtica urens*. Beaucoup d'autres plantes semblent naturellement inséparables des lieux cultivés; savoir, les *panicum viride* et *verticillatum*, le *plantago major*, le *cuscuta europœa*, le *convolvulus arvensis*, l'*alsine media*, l'*oxalis corniculata*, l'*amaranthus blitum*, etc. Ces plantes, devenues spontanées, sont le résultat de la culture qui substitue journellement des espèces acclimatées à celles qui sont indigènes.

Voici les noms de plusieurs plantes qui appartiennent à l'Inde et à l'Égypte.

Nymphœa lotus. *Scirpus mucronatus.*
Nymphœa cœrulea. *Scirpus fistulosus.*
Cyperus papyrus. *Panicum fluitans.*
Cyperus articulatus. *Panicum colonum.*
Cyperus alopecuroïdes. *Ammannia auriculata.*
Cyperus dives[1]. *Sphenoclea zeylanica.* (Pongatium, *Jussieu Gen. pl.*)
Cyperus difformis.

[1] *Voyez* H. N. *Botanique*, pl. 4, fig. 3.

Ottelia alismoïdes.
Elatine luxurians[1]. (*Bergia capensis Linn.*)
Jussiœa diffusa.
Pistia Stratiotes.
Ethulia conyzoïdes.
Grangea madcraspatana.
Eclypta erecta.
Sphœranthus indicus.

Ces plantes sont particulièrement marécageuses : elles se plaisent dans le sol humide de la vallée du Nil. Celles qui ont pu être importées de l'Inde avec le riz, sont aujourd'hui répandues hors des rizières, et ne peuvent plus être distinguées des plantes indigènes. Nous savons que les *nymphœa*, le *papyrus* et le *pistia* ont existé en Égypte, avant l'introduction, soit du riz, soit de la canne à sucre et de quelques autres plantes de l'Inde. Nous ne manquons pas non plus d'exemples de plantes qui sont les mêmes dans des régions éloignées les unes des autres, lorsqu'elles y retrouvent un sol et surtout une température dont elles s'accommodent. Il y a des plantes d'Europe, en Asie et en Afrique : elles sont principalement répandues dans la Syrie, dans la Barbarie et dans le nord de l'Égypte.

L'uniformité du sol est un obstacle à la variété des plantes indigènes. Elles sont bannies des terres ensemencées; et si l'on abandonne des champs qui ne soient pas arrosés, ils s'imprègnent de sel, et ne produisent ordinairement que des soudes, ou l'*hedysarum Alhagi* et le *poa cynosuroïdes*[2], plantes difficiles à déraciner : j'ai vu dans l'île de Roudah et dans le Delta des champs incultes et salés; ils redeviennent propres au labourage lorsqu'ils sont lessivés par de grandes inondations.

[1] *Voy.* H. N. *Bot.*, pl. 26, fig. 1.   [2] *Voy.* H. N. *Bot.*, pl. 10, fig. 3.

Les plantes des déserts prennent, en général, un accroissement lent et difficile. Elles sont souvent couvertes de duvet, *stachis palæstina*, *astragalus tomentosus*, *œrua tomentosa*; ou hérissées d'épines, *convolvulus armatus*[1], *fagonia arabica*, *chrysocoma spinosa*[2], *astragalus tumidus*. Quelques-unes fort petites sont presque cachées par le sable, *avena Forskalii*[3], *polycarpea fragilis*[4], *alsine succulenta*[5]. On remarque surtout, parmi les plantes des déserts, plusieurs borraginées à feuilles rudes, *heliotropium crispum*, *heliotropium lineatum*[6], *lithospermum callosum*[7], *borrago africana*, *echium prostratum*[8]; des soudes et des arroches, *salsola muricata*, *salsola alopecuroïdes*[9], *traganum nudatum*[10], *atriplex halimus*; plusieurs composées très-odorantes, *santolina fragrantissima*[11], *artemisia judaïca*[12], *inula undulata*[13], et des graminées dont le chaume est dur et presque ligneux, *panicum turgidum*[14], *pennisetum dichotomum*[15], *aristida pungens*, *avena arundinacea*[16].

Il est rare que les lieux brûlans et desséchés des déserts produisent quelques plantes. Elles existent dans les lieux les moins arides : elles germent en hiver à la faveur des rosées; elles s'alimentent de l'eau des pluies qui tombent quelquefois par ondées; elles croissent auprès des sources et dans le voisinage de la mer. Les

---

[1] *Voy.* H. N. *Bot.*, pl. 18, fig. 2.
[2] *Ibid.* pl. 46, fig. 3.
[3] *Ibid.* pl. 12, fig. 2.
[4] *Ibid.* pl. 24, fig. 1.
[5] *Ibid.* pl. 24, fig. 3.
[6] *Ibid.* pl. 16, fig. 1.
[7] *Ibid.* pl. 16, fig. 2.
[8] *Ibid.* pl. 17, fig. 1.
[9] *Voy.* H. N. *Bot.*, pl. 21, fig. 2.
[10] *Ibid.* pl. 22, fig. 1.
[11] *Ibid.* pl. 42, fig. 3.
[12] *Ibid.* pl. 43, fig. 3.
[13] *Ibid.* pl. 46, fig. 1.
[14] *Ibid.* pl. 9, fig. 2.
[15] *Ibid.* pl. 8. fig. 1.
[16] *Ibid.* pl. 12, fig. 1.

plantes grasses et celles à racines bulbeuses résistent à la chaleur et à la sécheresse.

On découvre plusieurs plantes d'Arabie dans les déserts qui embrassent la vallée du Nil. Le *sodada decidua*[1], espèce de buisson d'Arabie[2], croît à l'est et à l'ouest du Nil dans le Sa'yd. Le *cynanchum pyrotechnicum*[3], autre arbuste d'Arabie[4], croît jusque dans le désert entre le Nil et la mer Rouge. Il semble que le Nil soit la limite à laquelle s'arrête cet arbuste; de même que les Oasis, et les déserts qui les avoisinent, sont la limite que ne passe point le *sodada*.

Plusieurs plantes d'Égypte croissent dans une partie de l'Afrique plus occidentale que celle où s'arrêtent les deux arbrisseaux que je viens de nommer. Je ne cite point, dans un aperçu général, les synonymes que je réserve pour accompagner des descriptions. J'ai déjà annoncé que je me servais de la Flore atlantique pour comparer les plantes de la Barbarie à celles de l'Égypte. Voici les principales espèces qui sont répandues dans les déserts des deux pays :

Salvia œgyptiaca.	*Pergularia tomentosa.*
Aristida ciliata[5].	*Salsola mollis.*
Aristida pungens.	*Salsola muricata.*
Stipa tortilis.	*Bubon tortuosum.*
Pteranthus echinatus.	*Forskalea tenacissima.*
Heliotropium crispum.	*Fagonia arabica.*
Echiochilon fruticosum.	*Neurada procumbens.*
Gymnocarpos decandrum.	*Peganum Harmala.*

[1] *Voy.* H. N. *Bot.*, pl. 26, fig. 2.
[2] Forsk. *Flora Ægyptiaco-Arabica*, pag. 82.
[3] *Voy.* H. N. *Bot.*, pl. 20, fig. 3.
[4] Forsk. *Flora Ægyptiaco-Arabica*, pag. cviij et 52.
[5] *Voyez* H. N. *Botanique*, pl. 13, fig. 3.

CROISSANT SPONTANÉMENT EN ÉGYPTE.

Nitraria tridentata.	*Geranium malopoïdes.*
Calligonum comosum.	*Astragalus annularis.*
Anastatica hierochuntica.	*Lotus oligoceratos.*
Cheiranthus Farsetia.	*Picridium tingitanum.*
Brassica teretifolia.	*Sonchus chondrilloïdes.*
Cleome arabica.	*Centaurea Lippii.*
Geranium pulverulentum.	

Parmi les végétaux des déserts, le *salvadora persica* se trouve à l'est en Asie, à une très-grande distance; cet arbuste habite la côte de Coromandel [1], la Perse, l'Arabie [2], la haute Égypte et la côte d'Abyssinie [3].

Les plantes grasses, telles que les *mesembryanthemum copticum* et *nodiflorum*, l'*aizoon canariense*, les *zygophyllum simplex* et *coccineum*, et l'*hyoscyamus datora*, se nourrissent abondamment par leurs feuilles, et tiennent au sol par des racines assez faibles. Les sucs qui remplissent le parenchyme charnu des feuilles suffisent pour faire fructifier ces plantes, malgré l'aridité du terrain.

Plusieurs plantes vivaces des déserts deviennent annuelles dans les terres arrosées. Le *cassia senna* périt, après avoir fructifié une seule fois dans le sol humide de la vallée du Nil. Sa racine est ligneuse dans les déserts, et pousse de nouveaux jets lorsqu'une pluie passagère excite sa végétation. Le *bunias spinosa* et l'*euphorbia retusa* sont vivaces dans les déserts comme le séné, et annuels dans la vallée du Nil. Le désert est la

---

[1] Roxburg, *Plants of the coast of Coromandel*, vol. 1, p. 26, tab. 26.

[2] Forskal (*Flora Ægyptiaco-Arabica*, pag. 32) a décrit le *sal-vadora persica* d'Arabie, sous le nom de *cissus arborea*.

[3] Bruce a décrit le *salvadora persica* sous le nom de *rack*. (Voyage

véritable patrie de ces plantes : elles ne croissent qu'accidentellement sur les bords du Nil.

J'ai plusieurs fois semé dans les jardins du Kaire les graines de plantes vivaces des déserts. Celles qui avaient été recueillies sur des arbrisseaux de *cassia senna* et de *bunias spinosa* n'ont donné que des tiges et des racines herbacées. Le *salvia ægyptiaca*, le *linaria ægyptiaca*[1], et le *borrago africana*, semés en France, dans des serres, deviennent des plantes annuelles, quoiqu'elles soient vivaces en Égypte. Il est probable que beaucoup d'autres espèces subiraient le même changement hors du sol aride qui multiplie toutes leurs parties ligneuses. Les plantes blanchâtres, telles que le *dolichos memnonia*[2], l'*inula crispa*[3], le *gnaphalium cauliflorum*, l'*anthemis melampodina*[4], etc., perdent leur duvet, lorsqu'elles sont arrosées. Les rameaux de l'*heliotropium lineatum*[5], ceux du *convolvulus Forskalii*[6], et le rachis des épis de l'*ochradenus baccatus*[7], ne se transforment en épines que lorsque ces plantes sont exposées à la sécheresse du désert.

Le *cucumis colocynthis* et le *reseda canescens* m'ont paru être des plantes vivaces, ou au moins bisannuelles dans les déserts : elles sont herbacées près du Nil, lors même que l'inondation ne les atteint point. L'humidité hâte toutes les périodes de la végétation, et communique aux plantes une contexture faible, en comparaison

---

aux sources du Nil, tom. v, pag. 59, pl. 12.)

[1] *Voyez* H. N. *Botanique*, pl. 32, fig. 2.

[2] *Ibid.* pl. 38, fig. 3.

[3] *Voy.* H. N. *Bot.*, pl. 45, fig. 2.

[4] *Ibid.* pl. 45, fig. 1.

[5] *Ibid.* pl. 16, fig. 1.

[6] *Ibid.* pl. 18, fig. 3.

[7] *Ibid.* pl. 31, fig. 1.

de la roideur qu'elles acquièrent par l'aridité. J'ai vu cependant le *cassia senna* devenir ligneux près du Nil dans le Sa'yd. Le sol sablonneux dans lequel cette plante était cultivée, et la manière dont elle était taillée, avaient pu retarder la végétation, et donner aux tiges et aux racines une consistance ligneuse.

On trouve fréquemment du sel cristallisé dans les déserts : l'eau des sources s'en imprègne plus ou moins. Elle arrose presque toujours des joncs, des roseaux et des dattiers sauvages. Le sel ne détruit point la végétation aux bords des lacs de Natron de la basse Égypte. Les lits de plusieurs torrens creusés dans le sol bas et salé de l'isthme de Soueys, ne sont point tout-à-fait stériles. Il y a des *tamarix* dans la vallée de Seba'h-byâr, qui, de cet isthme, se dirige vers le Nil. La vallée de l'Égarement produit beaucoup de roseaux sur le bord de la mer Rouge. Ils remplissent un marais formé à l'embouchure de cette vallée par l'eau douce d'un ruisseau, mêlée à l'eau salée qui reflue.

Le sable s'amoncèle dans le désert entre les branches et les tiges des plantes : il enfouit des buissons et les troncs même des arbres. Il forme des buttes autour des sources de Moïse, et reçoit un soutien naturel des tiges et des racines de roseaux qui le traversent.

L'atmosphère, dans l'intérieur de l'Égypte, n'est presque jamais rafraîchie par la pluie, et n'est chargée que de l'humidité du Nil et des rosées. Cette atmosphère contribue à donner au feuillage des arbres un tissu coriace ou fibreux, et convient au sycomore et au dattier, dont les feuilles sont un peu sèches; aux *acacia* ou mi-

3.

mosa, dont les feuilles sont très-divisées; et aux *tamarix*, qui ont les rameaux gris et très-fins.

La basse Égypte, dont le climat est plus varié que celui du Sa'yd, admet des plantes d'espèces plus nombreuses. Il tombe assez de pluie le long de la Méditerranée pendant les mois de novembre, décembre et janvier, pour qu'elles puissent croître aux environs d'Alexandrie et sur les dunes d'Abouqyr et de Bourlos. Plusieurs de ces plantes ne diffèrent point de celles du midi de la France :

Salicornia fruticosa.	Statice monopetala.
Lygeum Spartum.	Pancratium maritimum.
Chrysurus aureus.	Allium subhirsutum.
Lagurus ovatus.	Passerina hirsuta.
Plantago albicans.	Capparis spinosa.
Lithospermum tinctorium.	Delphinium peregrinum.
Anchusa undulata.	Teucrium Polium.
Convolvulus althæoïdes.	Satureïa capitata.
Lycium europæum.	Phlomis fruticosa.
Hyoscyamus albus.	Hieracium bulbosum.
Paronychia nitida.	Carlina lanata.
Salsola Kali.	Scolymus hispanicus.

Elles deviennent d'autant plus rares que l'on s'écarte plus au sud de la Méditerranée. Le *spartium monospermum* et le *prenanthes spinosa* d'Espagne croissent non loin de Soueys, dans la moyenne Égypte. Le *tamarix gallica* est le seul arbrisseau d'Europe qui soit multiplié jusque dans le Sa'yd.

Les plantes cryptogames, propres aux régions froides et élevées, sont presque inconnues en Égypte. Il y a des *lichen* dans la partie la plus haute du désert, entre le

Kaire et la mer Rouge. Ils recouvrent des pierres sèches ; ils ne se détruisent que par la plus grande vétusté : les brouillards les font renaître. Ces mêmes *lichen* se trouvent aussi près du sommet des pyramides de Gyzeh, du côté du nord seulement, et sur celles de Saqqârah.

On découvre dans la verdure qui reparaît en automne sur le limon du Nil, 1°. une mousse particulière, extrêmement petite, le *gymnostomum niloticum* [1]; 2°. le *riccia crystallina* et le *nostoc sphæricum*, deux plantes cryptogames, qui croissent aussi quelquefois en Europe, dans les lieux qui ont été inondés.

Les cryptogames marines, telles que les algues ou *fucus*, sont abondantes à Soueys et à Alexandrie.

L'utilité des arbres indigènes les place au même rang que ceux qui sont acclimatés. Le dattier est le seul qui forme en Égypte des bois de quelque étendue : il ne donne pas de fruits bons à manger, lorsqu'il est sauvage; il en donne d'excellens par la culture.

On plante les grands arbres, le sycomore, le *nabeca, etc.*, auprès des roues à arrosement, pour garantir du soleil les animaux employés à faire tourner ces roues. Les arbres procurent aussi de la fraîcheur dans les cours des maisons : leur bois est très-propre aux constructions.

Les tiges coupées des roseaux, *arundo ægyptia* et *arundo isiaca*, tiennent quelquefois lieu de bois. On les range par couches sur les planchers, les terrasses; et on les revêt de maçonnerie.

On emploie dans le Delta, pour faire cuire les bri-

---

[1] *Voyez* H. N. *Botanique*, pl. 53, fig. 7.

ques, les plantes sauvages, *atriplex halimus*, *suœda baccata*, etc., un peu ligneuses, arrachées dans des terres abandonnées. Les souchets à tiges élevées, *cyperus dives* et *cyperus alopecuroïdes*, servent à faire des nattes sur lesquelles on a l'habitude de se reposer, et qui remplacent des tapis de pied dans les mosquées et les maisons.

Le sol livré à la culture se dépouille des herbes sauvages. Les animaux glanent, pour ainsi dire, celles qui croissent dans les terres non labourées. Ils reçoivent leur nourriture de la main de l'agriculteur : ils s'engraissent du fourrage épais des prairies artificielles.

Les plantes des déserts suffisent aux besoins les plus pressans des Arabes. Les caravanes hâtent leurs marches, pour arriver à des stations où les chameaux puissent paître les branches de quelques buissons épineux. Les racines tirées de dessous le sable, servent aux Arabes à allumer le feu nécessaire pour cuire, sous les cendres, le pain qu'ils font à l'instant. Les quadrupèdes des déserts ne touchent point aux plantes grasses, pleines de sucs très-salés et amers, ni à celles qui contiennent un lait vénéneux. Les *mesembryanthemum nodiflorum* et *zygophyllum coccineum*, plantes grasses des déserts, rejetées à cause de leur âcreté, par les chameaux, les chèvres et les gazelles, portent des graines que les Arabes récoltent. Ils font de la farine et du pain avec celles du *mesembryanthemum*; ils vendent comme épice, aux droguistes du Kaire, celles du *zygophyllum*.

Les joncs très-lisses dont on fait les plus belles nattes, sont un des articles du commerce des Arabes. Ils apportent aussi dans les villes des plantes aromatiques,

CROISSANT SPONTANÉMENT EN ÉGYPTE. 39

santolina fragrantissima, artemisia judaïca, les sénés et la coloquinte.

Les feuilles et les jeunes pousses des plantes des déserts sont fréquemment détruites par des insectes et par des limaçons attachés à ces plantes.

L'*o'char*, ou *asclepias procera*, arbrisseau des plaines brûlantes d'Ombos, nourrit une mouche qui gâte peu ses fleurs et ses fruits. Aucune concrétion ne couvre ni ses feuilles ni son écorce. Un ténébrion vit autour de ses racines. On récolte dans la Perse, sur les feuilles de cet arbrisseau, un sucre[1] blanc et doux, qui enveloppe le ver d'une mouche. Ce sucre, et l'espèce de mouche particulière qui, dans la Perse, pique les feuilles de l'o'char, n'existent point en Égypte.

L'*alhagi* ou *a'áqoul*, sous-arbrisseau très-épineux, du genre *hedysarum*, et ressemblant à un genêt, produit, sans la piqûre d'aucun insecte, dans les déserts de la Perse et de l'Arabie[2], une manne ou plutôt un véritable sucre qu'il ne produit pas en Égypte.

On coupe les branches de l'o'char pour les brûler : elles sont remplies d'un lait âcre; les chameaux n'y touchent point : ils mangent l'alhagi, malgré ses fortes épines.

---

[1] *Voyez* la Description du sucre de l'arbrisseau *ascher* (*o'char*), par F. Ange de Saint-Joseph, dans la *Pharmacop. Pers.* pag. 361; *Lutetiæ Parisior. ann.* 1681, in-8°.

Sérapion a parlé du sucre de *hahoscer* (*o'char*), et a décrit l'arbrisseau qui le produit. (*De Temperam. simplic.* cap. 50, *de Zucharo*.

[2] *Voy.* Rauwolf, *It.* part. 1, c. 8. — Niebhur, Description de l'Arabie, pag. 129. — Olivier, Voyage dans l'empire othoman, tom. III, pag. 188.

Bruce rapporte, tom. v, pag. 62, qu'il aperçut un suc glutineux, très-sucré, sur quelques feuilles d'une graminée sauvage d'Abyssinie.

HISTOIRE
DES
PLANTES CULTIVÉES
EN ÉGYPTE,

Par M. Alire RAFFENEAU DELILE,

Membre de l'Institut d'Égypte.

PREMIER MÉMOIRE.

Sur les céréales graminées, les fourrages, et les grains de la classe des plantes légumineuses.

Le Nil règle les travaux de l'agriculture. Ce fleuve décroît au commencement de l'automne, et abandonne par degrés les terres qu'il a inondées : elles sont presque aussitôt ensemencées de grains, de trèfle, et de plusieurs autres plantes de la classe des légumineuses. Les grains semés en octobre et novembre sont l'orge et le blé. Les Égyptiens ne connaissent ni le seigle ni l'avoine. Le trèfle sert de fourrage. Ils sèment un peu de fenugrec, et le mangent vert, ou le donnent aux animaux. Ils cultivent abondamment les fèves, qui sont la principale nourriture des chameaux. Ils sèment, sur la limite du désert, des courges et des concombres hâtifs, qu'ils abritent des froids du nord, en opposant aux vents de petites haies sèches de joncs et de roseaux. Le lin et le carthame réussissent dans les terres qui ne sont pas assez tôt abandonnées par le Nil pour devenir propres à la culture de l'orge et du blé. La laitue, les lupins, la gesse, les pois chiches, les lentilles, le pavot, le tabac et le chanvre[1] appartiennent, comme les plantes précédentes, aux cultures d'automne et d'hiver, et se récoltent au printemps.

Le blé monte en épi à la fin de février et au commencement de mars. C'est alors que fleurissent les dattiers, à l'entretien desquels les Égyptiens consacrent beaucoup de soins. On moissonne le blé en avril et au commencement de mai : la terre reste souvent ensuite dépouillée, et elle est gercée par le soleil.

La plupart des cultures d'hiver sont suivies de la culture des plantes d'été, qui ne mûrissent qu'à l'aide d'arrosemens artificiels : celles-ci sont, le blé de Turquie ou maïs, le sorgho ou grand millet, le *bamych*, dont le fruit vert se mange bouilli, et le sésame, dont la graine sert à faire de l'huile. Le riz, la canne à sucre, la colocase, le coton et l'indigo, ont besoin d'arrosemens pendant tout le cours de l'été. Le Nil, commençant à croître à la fin de juin, oblige les cultivateurs à récolter sur les terres basses les plantes qui y ont été semées le plus récemment. En effet, ces terres, plantées ordinai-

---

[1] Le chanvre, associé en quelque sorte avec le tabac, n'est cultivé en Égypte que pour en fumer les feuilles sèches, ou pour en préparer des électuaires enivrans.

rement de beaucoup de melons et de pastèques, sont les dernières que le Nil a abandonnées, et elles se trouvent les premières submergées au retour de l'inondation.

Les travaux de l'agriculture ne sont pas suivis dans un ordre uniforme par toute l'Égypte : outre la différence de température de la haute et de la basse Égypte, qui rend la première plus hâtive, les cultures varient suivant les provinces. Le riz appartient presque exclusivement au Delta; le sucre n'est extrait de la canne que dans la haute Égypte; le *dourah* ou sorgho remplace le blé au-dessus de Thèbes; et le trèfle, si abondamment cultivé dans tout le nord de l'Égypte, cesse de l'être dans le Sa'yd, au midi de Farchyout; les vignes, les olives, les roses, contribuent à la richesse du Fayoum : d'autres provinces tirent leur principal revenu de la récolte des dattes, des herbes potagères, des plantes légumineuses, du henné ou de l'indigo.

§. I. *Des céréales graminées.*

On destine à être semées en blé les terres qui viennent d'être inondées, ou celles qui, n'ayant point été inondées, se trouvent cependant pénétrées par l'humidité de la saison et par les filtrations du Nil. Un champ reçoit ordinairement deux labours; le premier, pour préparer la terre, et le second, pour enfouir la semence. La charrue égyptienne est très-simple, et n'a point de roues [1]; elle trace des sillons peu profonds. Un tronc de

---

[1] *Voyez* la charrue représentée planches VIII et IX, *Arts et métiers*, É. M.

palmier, lié en travers et traîné par des bœufs, supplée au rouleau ou à la herse. Lorsqu'il arrive que le Nil, après de grandes inondations, tarde trop à se retirer, on sème les terres sans les labourer. Les anciens Égyptiens jetaient le grain à la surface du limon, et le faisaient enfoncer sous les pieds des pourceaux [1]. La coutume de semer sans labour est nécessitée par la durée de l'inondation. Dans une saison avancée, le blé ne profiterait point; il pousserait tout en herbe. Le grain, semé d'abord sans labour, est recouvert ensuite en labourant, si la terre est assez sèche, ou en traînant un fagot de branches d'arbres ou de buissons à travers la plaine, si la terre est molle et ressemble à de la boue. Cette dernière méthode est plus ordinaire, lorsqu'on sème de l'orge ou du trèfle, que lorsqu'on sème du blé.

Non-seulement les terres que l'on cultive en blé n'ont pas toujours été inondées, mais il y a des champs que l'on est obligé d'arroser quand le grain est levé. J'ai vu cultiver du blé par irrigation dans l'île de Roudah, dans les plaines de Birket-el-Hâggy, et dans plusieurs endroits de la haute Égypte.

Le blé barbu, à épis lisses, est connu des Égyptiens sous le nom de *qamh sofeyry*, nom qui me paraît signifier blé jaune, parce que l'épi se dore lorsqu'il perd en mûrissant la poussière glauque qui a d'abord couvert ses balles. Les épis sont, ou linéaires et allongés, ou fusiformes et médiocrement longs. Le blé qui a les épis les plus longs, est désigné par les noms de *qamh sofeyry toueyly;* et celui qui a ses épis plus courts, est simple-

---

[1] Hérodote, liv. II, chap. 14.

ment nommé *qamh cha'yry*, mot qui signifie blé à épis d'orge. Ce blé à été indiqué par Forskal[1] comme variété de l'épeautre ou *triticum spelta* LINN. On voit fréquemment du blé dont les épis sont rougeâtres ou enfumés, et que les gens de la campagne nomment *qamh ahmar*, blé rouge.

Il y a en Égypte beaucoup de blé à épis velus; mais on n'observe pas que ce caractère soit constant dans les mêmes espèces : plusieurs variétés sont intermédiaires. Le blé que les Égyptiens nomment *qamh meghayz*, a les épis courts, velus et d'une forme pyramidale. Ses épillets sont presque horizontalement couchés en dehors du rachis. Ils se dépouillent quelquefois plus ou moins de leur duvet; en sorte que le blé appelé *qamh na'ygeh* ne diffère du *qamh meghayz* que parce qu'il n'a point les épis velus. Deux variétés de blé à épis velus sont distinguées, l'une par la forme allongée des épis, et l'autre par la grosseur qu'acquièrent les épis plus courts : la première de ces variétés est appelée *qamh sêbaqeh*, et la seconde *qamh a'raby*. Toutes deux se rapportent au *triticum turgidum* de Linné.

Il n'y a en Égypte que du blé barbu. Son chaume s'élève un peu moins que celui du même blé cultivé en France. Les variétés nommées *qamh meghayz*, *qamh na'ygeh*, *triticum sativum pyramydale*[2], et *qamh a'raby*, *triticum sativum turgidum*[3], sont inconnues en France.

Le blé, lorsqu'il n'est point encore récolté, est distingué dans les campagnes par les noms arabes que j'ai

[1] *Flora Ægypt.-Arabica*, p. 26.
[2] *Voy.* H. N. *Bot.*, pl. 14, fig. 3.
[3] *Voyez* H. N. *Botanique*, pl. 14, fig. 2.

cités; mais lorsque le grain est apporté dans les marchés, on le désigne par sa qualité, ou par le nom de la province d'où il vient. Il y a, dans les marchés, du blé appelé *qamh ahmar,* blé rouge, parce que son grain est corné, un peu rouge, et transparent à l'intérieur. Le blé du Sa'yd a le grain plus allongé que celui qu'on récolte dans les provinces de Charqyeh et de Bahyreh. Quoique ces grains diffèrent peu, les habitans assurent que celui du Sa'yd, qui serait semé dans la basse Égypte, n'y réussirait point.

On peut attendre sans risques, pour moissonner le blé, que le chaume et l'épi soient secs. On ne redoute ni les vents ni les pluies qui, dans d'autres pays, causent d'assez fréquens dommages. Les Égyptiens scient le blé avec une faucille fort petite, et moins courbée que celle dont on se sert en France : ils l'arrachent dans plusieurs cantons de la haute Égypte. Ils battent le blé sous un *noreg,* espèce de chariot qu'ils font promener circulairement sur les gerbes que l'on étale par terre. La charpente de ce chariot est grossière; elle est taillée en forme de banc ou de siége porté sur des essieux garnis de fortes plaques de tôle, qui servent de roues et qui hachent les épis et la paille. Il se mêle toujours un peu de terre avec le grain. On achève de le nettoyer et de le cribler dans les villes où on le consomme. La paille hachée sert à nourrir les chevaux, les ânes, les buffles et les chameaux : on la transporte dans des sacs formés de filets grossiers de cordes de datier.

On sème du blé dans les terres qui, une année auparavant, ont produit du trèfle ou des féves. Il faut deux tiers d'ardeb[1] pour semer un feddân[2], qui, dans les bonnes années, produit huit *ardeb*[3] aux environs du Kaire.

L'orge est le grain que les Égyptiens donnent aux chevaux. Ils le récoltent trente jours plus tôt que le blé; en sorte que, s'ils achèvent la récolte de ce dernier grain en mai, celle de l'orge est achevée dès le mois d'avril.

Les anciens Égyptiens, selon Hérodote[4], ne mangeaient point d'orge ni de blé, et se nourrissaient d'*olyra*, espèce de grain qui servait à faire le pain, nommé *cyllestis*[5]. Mais un autre auteur, cité par Athénée[6], a rapporté que ce pain était fait avec de l'orge; et, suivant Diodore de Sicile, les Égyptiens se nourrissaient d'orge et de blé[7]. Les doutes que les contradictions de ce genre, dans les récits les plus authentiques de l'antiquité, pourraient jeter sur l'histoire des usages de l'Égypte, sont faciles à lever, en considérant les motifs de ces usages, et en s'instruisant par la vue des tableaux sculptés dans les grottes et dans les temples. On peut ainsi concilier les observations d'Hérodote avec celles de Diodore de Sicile.

---

[1] C'est-à-dire un hectolitre vingt-trois litres, ou neuf boisseaux quatre neuvièmes, mesure de Paris.

[2] Le feddân, mesure carrée de vingt *qaçab* de côté, le qaçab ayant six coudées deux tiers, et la coudée ayant cinq cent soixante-dix-sept millimètres et demi, équivaut à cinq cent quatre-vingt-treize millièmes d'hectare, ou à un arpent soixante-treize perches et demie, à dix-huit pieds pour perche.

[3] C'est-à-dire quatorze hectolitres soixante-dix-neuf litres, ou cent treize boisseaux un tiers, mesure de Paris.

[4] Liv. II, chap. 36.

[5] Liv. II, chap. 77.

[6] Nicandre de Thyatire, dans Athénée, liv. III, chap. 29, t. II, pag. 448, traduction de Lefebvre de Villebrune; et pag. 114, éd. gr. lat. de Casaubon.

[7] Diodore de Sicile, liv. Ier, sec-

48 MÉMOIRE SUR LES PLANTES

Les anciennes institutions avaient prescrit à chaque province d'honorer une espèce particulière d'animal, et elles avaient interdit aux habitans l'usage d'une espèce de nourriture [1]. La répugnance pour l'orge et pour le blé n'a pas dû être partagée par tous les Égyptiens, comme pourrait le faire croire l'opposition remarquée par Hérodote entre les coutumes égyptiennes et celles des autres peuples. L'espèce d'animal révérée dans une province était fréquemment proscrite dans une autre [2]. Il est vraisemblable que les seuls habitans qui ont regardé l'usage de l'orge ou du blé comme honteux [3], sont ceux auxquels cet usage a été défendu. Les Égyptiens ont cultivé ces grains très-anciennement. Les tableaux des grottes d'Élethyia [4] en sont des preuves convaincantes.

On croit que l'*olyra* des anciens est l'épeautre. Hérodote rapporte que l'on donnait quelquefois à l'*olyra* le nom de *zea* [5]; et nous apprenons de Dioscoride, qu'il y avait deux espèces de *zea*, l'une à grains solitaires, et l'autre à grains géminés [6] : description qui embrasse deux espèces d'épeautre ; savoir, les *triticum monococcum* et *triticum spelta*.

---

tion 1re, tom. 1er, pag. 30, traduit par l'abbé Terrasson; et l. 1, p. 13, *litt.* C, edit gr. lat. *Hanov.* 1604.

[1] Diodore de Sicile, liv. 1er, section II, trad. tom. 1er, pag. 189; et pag. 80, *litt.* D, edit. gr. lat.

[2] Diodore, *ibid.*

[3] Ἀπὸ πυρέων καὶ κριθέων ἄλλοι ζώουσι Ἀιγυπτίων δὲ τῷ ποιευμένῳ ἀπὸ τούτων τὴν ζόην ὄνειδός μέγιστόν ἐστι. (Herod. lib. II, c. 36, p. 103, edit. gr. lat. *Lond.* 1679.) « Partout ailleurs on se nourrit de froment et d'orge : en Égypte, on regarde comme infâmes ceux qui s'en nourrissent. (*Traduction de Larcher*, tom. II, pag. 30, édit. de 1802.)

[4] *Voyez* pl. 68, *A.*, vol. 1.

[5] Hérodote, *loco citato.* Voyez pag. 228, *ibid.* la note de M. Larcher.

[6] Dioscorid. lib. II, cap. III.

Mais Dioscoride[1] ne confond pas, comme Hérodote, le *zea* avec l'*olyra*. Théophraste fait mention de ces deux grains[2], et Pline les distingue aussi. L'*olyra* récolté dans la Grèce était difficile à battre, comme l'est, en effet, l'épeautre. En Égypte, le même grain était facile à battre, et produisait beaucoup[3]. Pline ajoute que le *zea*, commun en Italie, était appelé *semen*, c'est-à-dire du grain, et qu'Homère avait donné par excellence à la terre l'épithète de ζείδωρος, ou fertile en *zea*[4]. Le *zea* de Dioscoride, ou *olyra* et *zea* d'Hérodote, comprend les deux espèces d'épeautre, *triticum monococcum* et *triticum spelta*; il en existe une troisième espèce que Host a appelée *triticum zea*[5], et qui peut être prise pour l'*olyra* de Théophraste, de Pline et de Dioscoride.

Aucune espèce d'épeautre, c'est-à-dire ni l'*olyra* ni le *zea*, ne se retrouvent en Égypte. Beaucoup d'autres plantes en ont également disparu. Plusieurs variétés de blé s'y sont conservées; et les caractères propres à les distinguer justifient l'emploi des dénominations de blé égyptien[6] et de blé alexandrin[7], adoptées chez les anciens, qui avaient observé la différence de ces blés, et de ceux de Rome et de la Grèce.

La ressemblance des noms *olyra* et *oryza* a donné lieu de confondre quelquefois ces deux grains, l'épeautre

---

[1] Dioscorid. lib. II, cap. 113.
[2] *Hist. plant.* lib. VIII, cap. 9.
[3] Plin. *Natural. Hist.* lib. XVIII, cap. 10.
[4] Pline, *ibid.* p. 447, edit. *Lugdun.* 1587.
[5] Triticum zea, *spiculis subquadrifloris, remotis muticis aristatisve, duobus racheos margine pilosæ internodiis spiculá longioribus.* (Host, *Gram. Austr.* t. III, p. 20, tab. 29.)
[6] Pline, *Natural. Hist.* cap. VII, pag. 445.
[7] Theophrast. *Hist. pl.* lib. VIII, cap. 4, pag. 931.

et le riz, l'un avec l'autre. Pline cite un auteur qui prenait l'*olyra*, épeautre, pour l'*oryza*, riz[1]; et parmi les modernes, Goguet[2] dit qu'il n'est pas éloigné de croire que le riz n'ait été l'*olyra* : mais ni Goguet ni Shaw n'ont expressément avancé, comme Paw le leur impute, que le riz fût l'*olyra*. Shaw se borne à dire que le כסמת[3] *kissemeth*, mentionné dans la Bible hébraïque, peut bien avoir été le riz. Le traducteur de Shaw s'est servi du terme d'épeautre pour rendre celui de כסמת, auquel plusieurs versions de la Bible donnent une signification différente. Celsius[4] a démontré mieux que personne, que la signification d'*olyra* (épeautre) est correcte.

Les Égyptiens cultivent une grande quantité de riz pour leur consommation et pour l'exportation. Aucun historien ancien n'a parlé du riz d'Égypte; et je suis porté à croire avec Hasselquist[5], que cette culture ne remonte point chez les Égyptiens au-delà du temps des khalifes, qui favorisèrent l'introduction des plantes étrangères.

Les anciens ont connu le riz de l'Inde. On lit dans Théophraste[6] que cette plante séjourne long-temps dans l'eau, et qu'elle croît en panicule et non en épi. On ne faisait usage du riz qu'après l'avoir dépouillé de sa balle et de sa pellicule, comme on fait encore de nos jours. Les espèces de riz sont nombreuses dans l'Inde.

---

[1] *Nat. Histor.* lib. XVIII, cap. 7, pag. 445.
[2] *Voyez* Origine des lois, des arts et des sciences, tom. Ier, pag. 336.
[3] *Travels in Egypt*, pag. 430.
[4] *Hierobotanicon*, part. II, p. 98.
[5] Voyage dans le Levant, partie Ire, pag. 163.
[6] *Hist. plantarum*, lib. IV, c. 5, pag. 347.

Rumphius en indique neuf[1], et Loureiro quatre[2]. Il n'y a en Égypte que du riz barbu à balles jaunâtres. Les habitans du pays de Syouâh en cultivent une espèce différente, celle à grains rougeâtres[3], et qui n'a pu être portée dans cette oasis, au centre des déserts, que par des caravanes qui ont traversé l'Égypte.

On choisit dans le Delta, pour semer le riz, le grain le plus beau. On en remplit des couffes, c'est-à-dire des sacs de feuilles de dattier. On les porte dans un canal ou dans un réservoir près des roues d'arrosement : ces couffes restent à moitié plongées dans l'eau, et y sont retournées chaque jour. Le riz commence ainsi à germer. On sort les couffes de l'eau, le cinquième ou le sixième jour; et on les vide, en mettant le grain par tas sur une conche de trèfle frais, et en couvrant les tas avec du trèfle. On ne remue ensuite le riz qu'au bout de vingt-quatre heures. On l'étend, et on le laisse, pendant un jour, recouvert de trèfle que l'on ôte le soir : il est exposé à la rosée de la nuit. On le sème le matin dans un champ qui a été couvert d'eau, et d'où elle ne s'est même pas entièrement écoulée. On met, par la suite, le champ plusieurs fois à sec, à de courts intervalles, pour forcer le riz à prendre racine et à ne pas surnager. Plus tard, on nettoie le champ de diverses mauvaises herbes; et en même temps qu'on les arrache pour les jeter, on arrache aussi quelques touffes trop épaisses de riz, afin de les porter, soit dans des endroits qui ont

---

[1] *Herb. Amboin.* tom. v, pag. 198 et 201.
[2] *Flora Cochinchin.* tom. 1, pag. 267, *edente Wilden. Berol.* 1793.
[3] *Voyez* Browne, Voyage en Égypte, tom. 1ʳ, pag. 35.

été clair-semés, soit dans des portions de quelque champ voisin, préparé pour les recevoir. Cette transplantation est facile dans la boue, d'où l'on tire le riz par ses tiges, et sur laquelle on le replace. L'eau dans laquelle baigne le pied du riz, jusqu'à ce que le grain soit mûr, provient des machines d'arrosement qui servent à la puiser dans le Nil; elle se distribue aussi d'elle-même au temps de l'inondation, et son cours est réglé par les digues qui protégent les champs.

On récolte le riz en octobre, après qu'il est resté sept mois en terre; on le bat sous le noreg[1]. Le grain, séparé de la paille, conserve sa balle ou enveloppe florale, fermement adhérente comme celle de l'orge; et on l'appelle, dans cet état, *rouz cha'yr,* riz en orge. Il s'agit de le piler dans des mortiers, jusqu'au point de le rendre blanc, en lui enlevant sa balle et sa pellicule propre, celle qui ressemble à la pellicule d'où résulte le son, quand on mout du blé. Les machines, garnies de pilons, sont mues par des hommes ou par des bœufs : les hommes marchent sur l'extrémité d'un levier en charpente, et la font baisser par leur poids, tandis que l'extrémité opposée s'élève pour retomber. Les bœufs tournent des roues auxquelles sont adaptés plusieurs leviers; un cylindre de fer creux sert de pilon; il est enté à angle droit sous l'extrémité la plus longue de chaque levier, de manière à frapper dans un mortier, en exécutant le même mouvement que ferait un martinet de forge. Le riz, suffisamment pilé, est passé au crible, qui, d'un côté,

---

[1] *Voyez* le noreg figuré sur les pl. VIII et IX des *Arts et métiers,* É. M., vol. II.

donne le grain seul, et, de l'autre, rejette les fragmens enlevés de la surface du grain. On mêle, avec le riz, du sel marin sec, qui l'empêche de se gâter. Cette utile denrée peut ainsi conserver son prix pendant très-long-temps : on la répand dans toute l'Égypte, et on l'exporte aussi, principalement par mer.

La haute Égypte produit beaucoup de sorgho, que les habitans regardent comme le grain le plus naturel à leur pays, et qu'ils nomment *dourah beledy, ou dourah d'Égypte*. On le sème dans les mois de mars et d'août, époques qui ne conviendraient pas au blé. La terre labourée est aplanie avec un tronc de palmier traîné à sa surface : on la divise par petits espaces carrés, pour former autant de bassins à bords relevés. L'eau est amenée par une rigole entre plusieurs carrés alignés; on enlève successivement, le long d'une rigole, assez de terre pour faire entrer l'eau dans les carrés, que l'on ferme ensuite en remettant de la terre dans les ouvertures que l'on avait faites. Chaque carré d'un champ est appelé *beyt;* et c'est toujours dans des compartimens de cette espèce que les Égyptiens placent les plantes qui ont besoin d'être arrosées : ils suivent, dans les campagnes et dans les jardins, le même mode d'irrigation pour les plantes grandes et petites, telles que le pourpier et la laitue, et pour les arbres, tels que les dattiers. Le riz et la canne à sucre, ayant besoin de beaucoup plus d'eau, sont plantés dans des champs non divisés en carrés, mais imitant seulement de grands réservoirs.

La manière de semer le sorgho ou *dourah beledy,* consiste à en laisser tomber plusieurs grains dans des trous que l'on couvre de terre avec les pieds. Le sorgho que l'on sème près du Kaire, au mois de mars, n'a besoin que d'un seul arrosement : semé au mois d'août, il demande à être arrosé davantage. Son grain est mûr en quatre mois; il est de la grosseur d'une semence de chenevis, un peu pointu à sa base, et rond au sommet. La panicule épaisse qui termine chaque tige, le produit abondamment : sa fertilité surpasse celle des autres céréales. Ce grain n'est point caché dans la balle à sa maturité, comme le grain du blé, de l'orge ou du riz : il paraît à nu à son sommet; il est jaune, blanc ou noirâtre. On bat les panicules du sorgho sous le noreg, après les avoir retranchées du sommet des tiges qui ont été auparavant coupées près de terre. Un roba[1] de grain suffit pour ensemencer un feddân[2], qui rend cinq à six *ardeb*[3].

Ce grain est la principale nourriture des habitans du Sa'yd; il donne une farine bonne pour faire des gâteaux, mais dont on ne fait point de pain levé, comme avec le blé. La manière de battre le grain contribue à ce que l'on puisse en retirer cette farine très-belle. Le noreg, ou chariot, sous lequel on écrase les panicules du sorgho, sépare tout-à-fait le grain de sa balle : un battage plus léger ne le rendrait pas aussi net. On mange les gâteaux de sorgho très-bons dans la haute Égypte, tandis qu'en Europe, dans l'Istrie et le Frioul, par exemple, on fait, suivant les observations de Host, du

---

[1] Le roba' est la vingt-quatrième partie de l'ardeb; il équivaut à sept litres sept dixièmes, ou à sept douzièmes de boisseau.

[2] Cinq cent quatre-vingt-treize millièmes d'hectare, ou un arpent soixante-treize perches et demie.

[3] C'est-à-dire de neuf hectolitres

pain de sorgho médiocre avec de la farine à laquelle la balle du grain est mêlée[1].

Les tiges du sorgho sont fort légères, et longues de trois à quatre mètres (neuf à douze pieds) : on les charge sur des barques ; elles se vendent pour brûler. On ne se sert point d'autre combustible pour fondre le verre dont on a besoin dans les fabriques de sel ammoniac.

Les Égyptiens appellent le maïs ou blé de Turquie, *dourah châmy* ou *tourky*, c'est-à-dire *dourah de Syrie ou de Turquie*. Ils en récoltent communément les épis à demi-mûrs, pour les manger rôtis. Ils sèment le maïs aux mêmes époques que le sorgho, et l'arrosent beaucoup ; ils en font deux récoltes de suite dans la même terre. Ils connaissent très-bien le millet ordinaire, et l'appellent *dokhn*. Nous avons vu, à Syène, quelques pieds du millet à chandelles, qui est un grain généralement cultivé aux pays des noirs, en Afrique.

Le sorgho est fort abondant en Arabie ; il ne s'y appelle point *dourah*, comme en Égypte, mais *ta'am*[2].

Prosper Alpin a nommé le sorgho *millet d'Éthiopie*[3], désignation d'autant plus convenable que c'est le grain qui sert à nourrir les peuples de cette contrée, chez lesquels les céréales connues dans la plus haute antiquité furent le millet et l'orge[4]. Je ne crois pas, au surplus, que Pline, qui a parlé du millet des Éthiopiens, ait

---

et vingt-quatre litres à onze hectolitres, ou de soixante-dix boisseaux cinq sixièmes à quatre-vingt-cinq boisseaux.

[1] Host, *Gram. Austr.* tom. IV, pag. 58.

[2] Forsk. *Flora Ægyptiaco-Arabica*, pag. 174.

[3] Prosper Alpin, *Rer. Ægypt.* tom. I, pag. 176.

[4] Pline, *Natur. Hist.* lib. XVIII, cap. 10, pag. 449.

restreint cette signification au véritable millet seul : il y a, en Afrique, plusieurs espèces de grains qui ont dû être pris pour des millets.

Le sorgho varie par la couleur des grains et par ses panicules. Belon vit cultiver, dans la Cilicie, du sorgho à grain blanc, qui différait de celui de Lombardie[1]. Prosper Alpin a remarqué que le sorgho d'Égypte produisait des panicules pendantes[2]. Trois espèces de sorgho, auxquelles Linné a donné les noms d'*holcus sorghum*, *holcus bicolor*, et *holcus saccharatus*, ne sont indiquées que comme des variétés par Gærtner[3] et par Lamarck[4]. Le mélange de ces espèces ou variétés est susceptible de les altérer; mais elles sont presque toujours faciles à signaler, comme les souches d'autres variétés plus nombreuses. On cultive ensemble, en Arabie, l'*holcus sorghum* et l'*holcus saccharatus*[5]. En Égypte, cette dernière espèce est rare : on l'appelle *dokhn*, comme le millet; et on la sème dans quelques jardins, pour en nourrir des oiseaux.

L'*holcus bicolor*, caractérisé par la couleur noire des balles, qui se communique aussi quelquefois au grain, est plus fréquent dans l'Inde que les autres espèces du même genre[6]. On trouve des pieds de ce sorgho noir, épars en Égypte, au milieu des vastes champs de sorgho jaune, qui est celui que l'on préfère. Pline a décrit le sorgho de l'Inde comme une espèce de millet à grain

---

[1] Belon, *Observations*, etc., l. II, chap. 100.

[2] Prosper Alpin, *loco citato*.

[3] *De Fruct. et Semin. plantarum*, tom. II, pag. 2 et 3.

[4] Dictionnaire encyclop., t. III, pag. 140.

[5] Forskal, *loco citato*.

[6] *Voyez* Rumphius, *Herb. Amb.* tom. V, pag. 195.

noir et très-gros, connu à Rome depuis dix ans, au temps où il écrivait[1]. Le sorgho jaune paraît n'avoir été cultivé que beaucoup plus tard en Italie. Une charte historique, concernant le bourg d'Encise, en Piémont, constate qu'avant l'an 1204, le grain appelé *meliga* n'était point connu dans ce pays, et que, cette année-là, on l'apporta de Natolie à Encise, pour essayer de le cultiver. Le nom de *meliga* était usité en Natolie[2]; il fut conservé en Lombardie, où Matthiole[3] et Anguillara[4], au seizième siècle, ont écrit que le sorgho était le grain appelé *melica* et *meliga*.

Belon appelait le sorgho un blé[5]; et Prosper Alpin, se conformant en quelque sorte aux expressions de Pline, l'appelait un millet; mais plusieurs historiens de l'antiquité se sont servis des noms de blé[6], et même d'orge[7], pour désigner le sorgho : au moins est-il vrai qu'on ne saurait appliquer qu'au sorgho ce que les historiens rapportent de la grandeur et de l'extrême fertilité des grains qu'ils ont indiqués dans les pays mêmes où l'on cultive le sorgho.

Héliodore dit que le blé et l'orge de l'île de Méroé[8] rendaient trois cents pour un, et que leurs chaumes cachaient un homme à cheval, ou même monté sur un chameau. Les expressions répétées d'*orge* et de *blé*[9],

[1] *Nat. Hist.* l. xviii, c. 8, p. 443.
[2] Extrait de la charte insérée dans l'ouvrage italien intitulé, *Storia d'Incisa, da Gioseff Antonio Molinari*, ann. 1810, *in Asti*, tom. i, pag. 198.
[3] *Comment. in Dioscorid.* p. 416.
[4] *Sopra i Simplici*, pag. 99.
[5] Belon, *loco citato*.
[6] Theophrast. *Hist. pl.* lib. viii, cap. 4, pug. 932.
[7] Herodot. *Hist.* lib. i, cap. 193. — Heliodor. *Æthiop.* l. 10, p. 461, edit. 8°, Hieron. Commel. ann. 1696.
[8] Heliodor. *loco citato*.
[9] Celsius (*Heriobot.* ii, pag. 124

presque inséparables dans divers passages des auteurs grecs, nous suggèrent la pensée qu'elles ont été usitées pour désigner, d'une manière générale, les biens de la campagne, que l'on sait être de différente nature, suivant les pays. Hérodote parle de la grande fertilité et des feuilles larges de quatre doigts du blé et de l'orge d'Assyrie[1], tellement qu'il est naturel de croire, comme l'a énoncé Sprengel[2], qu'Hérodote avait pour but de parler du sorgho.

Nous appelons blé le maïs d'Amérique, qui est d'un genre particulier; et son nom spécifique de blé de Turquie nous semble dû à sa naturalisation dans diverses provinces de l'Orient, où il a été porté d'abord par les Espagnols et les Portugais, sous un climat plus favorable que celui des régions moins tempérées de l'Europe. Les Égyptiens attribuent l'introduction du maïs au commerce avec la Syrie ou la Turquie : les noms de *dourah châmy* et *dourah tourky*, que j'ai cités, indiquent cette origine étrangère. Jusqu'ici les communications entre l'ancien et le nouveau continent n'ont point détruit la prééminence de chacun d'eux, relativement à leurs productions propres. Le maïs est la seule graminée indigène cultivée en Amérique dans le vaste espace compris depuis le quarante-cinquième parallèle nord jusqu'au quarante-deuxième parallèle sud[3]. Quoique cette gra-

et anteced.) a fait remarquer le retour fréquent de ces deux mots réunis dans les langues grecque et hébraïque. Il cite, outre les auteurs grecs dont je viens de faire mention, Thucydide, liv. vi, pag. 426; Diogène de Laërte, liv. viii, pag. 279; Lucien, *in Amoribus*, p. 897; Plutarque, *M. Anton.* tom. i, p. 934; Arrien, *Ind.* pag. 563, etc., etc.

[1] Herodot. *loco citato*.
[2] *Historia rei herbar.* t. i, p. 79.
[3] Humboldt, Tableaux de la nature, tom. 1er, pag. 62.

minée ait été singulièrement multipliée en Europe, en Asie et en Afrique, l'Amérique a continué de la posséder plus abondamment encore que toute autre contrée. Le grain de maïs récolté en Égypte est arrondi, corné, peu farineux, jaune ou blanc au-dehors, et plus rarement brun ou un peu violet. Les pays les plus fertiles en maïs, comme la Virginie, par exemple, en produisent une espèce ou une variété dont le grain est aplati et très-grand, dont la tige et les épis acquièrent une longueur double de celui d'Égypte. Cette culture, facile à perfectionner, est très-négligée par les Égyptiens, en comparaison de celle du sorgho, ou *dourah* du pays, qu'un long usage a établie.

§. II. *Du trèfle d'Égypte et du fenugrec, cultivés comme fourrages.*

Les Égyptiens ne laissent point de terres en prés naturels, parce qu'elles produiraient beaucoup plus de roseaux et de plantes coriaces et épineuses, que d'herbes tendres, propres à nourrir les bestiaux; ils trouvent de l'avantage à mettre en prairies artificielles une partie des plaines que le Nil a inondées. Ils récoltent, sur le trèfle qu'ils cultivent, une certaine quantité de graine propre à être semée. Ils n'exportent point cette graine, qui ordinairement dégénère; ils en reçoivent fréquemment de la Syrie, où le même trèfle est cultivé, et où il existe probablement aussi à l'état sauvage. Ce trèfle, appelé par les Égyptiens *bersym*, est une espèce particulière (*trifolium alexandrinum* Linn.). Il est plus tendre que celui des prés de France (*trifolium pratense* LINN.); sa feuille est plus étroite : il fleurit blanc, et s'élève à environ sept décimètres (plus de deux pieds); on le sème sans labour, dès que le Nil baisse, communément vers les premiers jours d'octobre : il change un peu par la manière dont on le cultive; on en récolte la graine, soit dans les prairies, soit après l'avoir semée avec de l'orge ou du blé, et l'avoir laissé mûrir en même temps que ces grains. On appelle *khalyt* la culture du trèfle avec l'orge ou le blé. Ce trèfle est coupé en une fois à sa maturité; et on lui donne le nom de *bersym fâl*, tandis que le trèfle provenant des graines récoltées dans les prairies, à la suite d'une ou de deux coupes des tiges vertes de la plante, est appelé *bersym baqly*. On sème, pour être consommé vert, un quart de *bersym fâl* sur trois quarts de *bersym baqly*. Le *bersym fâl* pousse très-bien, malgré la grande humidité, aussitôt après l'inondation. Il défend de l'ardeur du soleil le *bersym baqly*, qui se dessécherait par le défaut d'ombre, et dont les tiges serrées empêchent celles du *bersym fâl*, plus élevées, de verser.

Il se fait ordinairement trois coupes de trèfle pendant un intervalle de cinq à six mois, entre octobre et mars, ou entre novembre et avril. On prolonge quelquefois beaucoup plus la culture du *bersym* en l'arrosant, et on double ainsi le nombre des coupes; mais, pendant ces coupes multipliées, la plante dégénère, et son produit ne fait guère que compenser les frais d'irrigation. Les propriétaires adoptent le mode de culture qu'ils jugent leur être le plus profitable par rapport à l'exposition du sol et au nombre d'animaux qu'ils y entretiennent.

La première coupe de *bersym* s'appelle *rás* (tête); elle se fait avant que la plante ait fleuri, au bout de quarante jours : on appelle aussi la première coupe *fál*, parce qu'elle se compose en grande partie du *bersym fál*, qui est très-fort, mais dont la racine périt après que la tige a été coupée. Le *bersym baqly*, au contraire, qui était très-délicat, repousse abondamment. Les seconde et troisième coupes du *bersym* sont désignées par les noms de *khelfeh* ou *ribbeh*, mots synonymes de *regain*. On laisse écouler deux mois depuis la première coupe jusqu'à la seconde, et deux autres mois depuis cette seconde jusqu'à la troisième. Le trèfle de la seconde coupe est le meilleur pour être séché et gardé : celui de la troisième, étant un peu attendu, donne des graines; ce sont ces graines, récoltées sur du *bersym baqly* ou *bersym* de plusieurs coupes, qui servent ensuite à la culture par mélange, appelée *khalyt*.

Le *bersym* de la plaine de Gyzeh est toujours cultivé sans arrosement; on y sème un ardeb[1] de graines sur un espace de quatre *feddán*[2].

Le fenugrec (*trigonella fœnum-græcum* LINN.) est une plante annuelle connue en Égypte sous le nom de *helbeh* : elle est fort ressemblante au trèfle; elle produit des fleurs plus grandes et moins nombreuses, non pédonculées, d'où naissent de longues gousses étroites,

---

[1] C'est-à-dire un hectolitre huit cent quarante-neuf millièmes, ou quatorze boisseaux et un sixième.

[2] Répondant à deux hect. trente-sept ares, ou à six arpens quatre-vingt-treize perches et demie.

recourbées en manière de cornes. La graine du fenugrec ne se gâte point, étant plusieurs jours noyée dans l'eau : elle germe très-facilement, et garnit bientôt de verdure la lisière des champs qui sont encore couverts d'eau, tandis que le Nil se retire. Le temps froid rend cette plante molle et aqueuse : les gens du pays la trouvent assez délicate pour en manger les jeunes tiges crues, avant qu'elles aient fleuri.

On coupe ou l'on arrache le fenugrec vert en une fois; il n'y a point d'herbage plus hâtif: on le donne en moindre quantité que le trèfle aux animaux; il ne dure qu'environ deux mois, et il est déjà fané lorsque le trèfle est abondant.

On vend, dans les villes d'Égypte, de la graine de fenugrec germée, par paquets, et que l'on a mis tremper dans de l'eau; le peuple mange cette graine crue, avec le germe blanchâtre qu'elle a poussé, et qui est long de cinq centimètres (environ deux pouces). La plante de fenugrec a une forte odeur de mélilot, qu'elle perd un peu en se desséchant d'elle-même sur pied. Les tiges, écrasées sous le noreg pour retirer les graines, ne laissent qu'une paille très-médiocre, semblable à celle du trèfle ou de quelques autres plantes qui, après avoir donné leurs graines, seraient prises pour de petits rameaux de bois sec. La Syrie fournit à l'Égypte beaucoup de graines de fenugrec.

§. III. *Des grains cultivés dans la classe des plantes légumineuses, ou dont les fruits sont en gousses.*

On sème la féve de marais[1] par champs très-vastes, comme l'orge ou le blé. Elle pousse des tiges droites non rameuses, et des feuilles ailées à deux ou trois paires de folioles. Ses fleurs, remarquables par la tache noire de chacune des ailes de leurs corolles, viennent aux aisselles des feuilles. Les fruits ou gousses sont épais et charnus; ils se dessèchent et noircissent avec le reste de la plante, après leur maturité : ils renferment les féves, qui sont petites et de l'espèce des féveroles, mais qui n'ont point la saveur un peu amère des féveroles communes que l'on récolte en France; elles sont douces, et on les mange crues lorsqu'elles sont encore vertes; on les fait aussi griller au four dans leurs cosses. Aucune espèce de légume sec n'est plus abondante que les féves : la consommation en est si générale, qu'on trouve dans les villes à les acheter chaudes et bouillies aux heures des repas. Souvent on fait cuire des féves germées qui ont une saveur de fruit vert.

On nourrit les chameaux avec la paille des divers grains, et avec une certaine quantité de féves, qui ordinairement ont été brisées sous des meules à bras. Les caravanes s'approvisionnent de ces féves, qui sont faciles à transporter.

Hérodote a écrit que les anciens Égyptiens ne semaient jamais de féves, qu'ils n'en mangeaient point,

[1] *Faba*, Tournefort, Jussieu; *vicia faba*, Linné : en arabe, *foul*.

et que les prêtres ne pouvaient pas même voir ce légume qui était impur[1]. Diodore de Sicile contredit Hérodote, en parlant des féves[2] comme de l'un des fruits les plus ordinaires en Égypte : mais il ajoute qu'il y avait des Égyptiens qui n'en mangeaient point, en sorte que l'on peut croire qu'elles étaient particulièrement exclues du régime diététique des prêtres. Plusieurs idées superstitieuses avaient contribué à faire observer cette abstinence, à laquelle se soumirent les prêtres de Jupiter à Rome, d'après l'exemple de ceux de l'Égypte. Suivant Pline et Varron, les taches des fleurs de la féve étaient regardées comme des caractères de deuil ; on croyait que les ames des morts pouvaient être contenues dans les féves, et on était dans l'usage de porter des féves en allant aux funérailles[3]. Les historiens rapportent aussi que les philosophes pythagoriciens, dont la doctrine a paru fondée sur celle des prêtres de l'Égypte, s'abstenaient des féves comme d'un aliment grossier, capable de troubler la digestion, d'émousser les sens, et de nuire aux opérations de l'esprit[4]. Cette explication a quelque rapport avec celle que Diodore de Sicile a donnée du

---

[1] Hérodote, *Hist.* liv. ii, ch. 37, pag. 32, tom. ii, *trad. de M. Larcher*.

[2] Si l'on se contente de lire la traduction de Diodore de Sicile, faite par l'abbé Terrasson, on ne verra pas qu'il y soit fait mention de féves. Le mot grec κύαμος, que l'abbé Terrasson a cru peu important de rendre plutôt par un nom particulier de légume, celui de *pois*, que par un autre, celui de *féves*, le seul tout-à-fait exact, est aussi le mot par lequel Hérodote et tous les auteurs grecs ont désigné les féves. Il faut donc, dans la traduction de l'abbé Terrasson, changer le mot de *pois* en celui de *féves*. Voyez sa traduction, tome ii, page 189, et Diodore en grec.

[3] *Voyez* Pline, *Natural. Histor.* lib. xxviii, cap. 12, pag. 451, *edit. Lugd.* 1587.

[4] Pline, *loco citato*. — Cicéron, *de Divin.* lib. ii, §. 58.

motif d'utilité de plusieurs coutumes des Égyptiens. Il a observé que la religion leur faisait un devoir d'une abstinence qui leur avait été dictée dans le principe par les règles seules de la sobriété[1].

Les Grecs donnèrent le nom particulier de *féve d'É-gypte* à une plante différente de la féve de marais. Les taches noires et tristes des fleurs de la féve de marais, ou ancienne féve des Grecs[2] et des Romains, la font évidemment reconnaître pour avoir été celle que les prêtres égyptiens croyaient impure. La *féve d'Égypte*, dont plusieurs historiens font mention, est la plante qu'Hérodote a nommée *lys* ou *lotus rose* du Nil, et dont les fleurs et les fruits sont sculptés dans les temples égyptiens. Cette remarque est importante, pour que l'on ne confonde pas la féve d'Égypte ou le *lotus* sacré avec la féve de marais, à laquelle on a attribué des qualités malfaisantes.

Les lentilles[3], en arabe *a'ds*, sont communes en Égypte, comme elles l'étaient autrefois; elles portaient chez les Romains le nom de *lentilles de Péluse*[4]. On les sème aujourd'hui sans labour dans la haute et dans la basse Égypte, et on les récolte sèches en grande quantité; elles sont rougeâtres et fort petites. On les monde quelquefois de leur écorce, en les broyant sous des

---

[1] Diodore de Sicile, *loco citato*.

[2] Κύαμος ἑλληνικὸς, Dioscor. lib. ΙΙ, cap. 127; mot à mot *faba græca*, féve grecque.

[3] *Ervum lens* LINN.

[4] Virgile écrivait, *Georg*. lib. I, v. 228:

Nec Pelusiacæ curam aspernabere lentis.

Et Martial, lib. XIII, *epigramm*. 9 :

Accipe Niliacam Pelusia munera lentem.

meules à bras, afin de les rendre plus délicates lorsqu'on les fait cuire.

On sème les pois chiches[1] dans des terres découvertes, ou à l'ombre des dattiers, comme la plupart des plantes de jardin. On apporte au Kaire, des plaines de Saqqârah et de Birket el-Hâggy, des tiges fraîches de ces pois, pendant le mois de mars. Les habitans mangent les fruits verts qui garnissent ces tiges.

Les pois chiches durcissent beaucoup en mûrissant ; on les mange secs après la récolte : ils deviennent friables étant grillés ou rôtis. On les fait quelquefois rôtir après les avoir mis tremper un peu dans l'eau ; ils se boursouflent, et se fendent en morceaux blancs et farineux.

Les lupins[2] sont ordinairement semés dans des terres sablonneuses ; leur culture n'exige presque aucun soin, à l'exception des arrosemens, lorsque l'inondation n'a pas été suffisante. Les tiges de lupins sont droites et presque ligneuses ; elles s'élèvent à douze et seize décimètres (quatre ou cinq pieds), et produisent dans leurs deux tiers supérieurs des rameaux prolifères à feuilles alternes et digitées. Les fleurs naissent en grappes aux divers points d'où partent par étages plusieurs rameaux ; elles sont blanches et un peu roses dans l'espèce de lupin la plus ordinaire, et bleues dans une seconde espèce[3] qui est rare. Les gousses sont larges et velues ; elles renferment plusieurs graines comprimées, arrondies, et

---

[1] *Cicer arietinum* L.; en arabe, *hommos*. On nomme la plante dans les champs, ou cueillie fraîche, *melâneh*.

[2] *Lupinus termis* Forsk.; dans la langue arabe, *termis*, même nom que celui de θέρμος, qui, en grec, signifie *lupin*.

[3] *Lupinus hirsutus* Linn., ou *lupinus digitatus* Forsk.

qui portent à leur bord un petit ombilic en godet. On ne coupe point les tiges de lupins ; on les arrache, et on les frappe ensuite par terre avec un bâton, pour faire tomber les graines. On brûle ces tiges, et on en fait le meilleur charbon qui puisse être employé en Égypte à la fabrication de la poudre à canon. Les graines de lupins sont amères, et on ne les mange qu'après les avoir fait macérer dans de l'eau salée, et les avoir nettoyées de leur pellicule ou écorce.

Le pois des champs[1] et la gesse[2] sont cultivés dans le Sa'yd, et se consomment en grande partie dans la basse Égypte. On donne ces grains en automne aux buffles et aux chameaux, au lieu des féves que l'on garde pour les semer.

Il me reste à citer, pour compléter la liste des grains cultivés, deux espèces de haricots, l'une, *dolichos lubia* Forsk., que l'on trouve au printemps dans les plaines de la basse Égypte, et l'autre, *phaseolus mungo* Linn., que j'ai vue seulement aux environs de Syène. Ces deux espèces de haricots sont aussi connues en Syrie, dans la Perse et dans l'Inde. La première, *dolichos lubia*[3], a les tiges basses, et les grains blancs, ovoïdes, marqués d'un point noir à leur ombilic : la seconde, *phaseolus mungo*[4], a les tiges et les feuilles velues ; ses grains sont ronds, et presque aussi petits que du poivre ou de la coriandre.

---

[1] *Pisum arvense* Linn.; en arabe, *besilleh*, nom analogue à celui de *bisaille*, en français, qui signifie la même espèce de pois.

[2] *Lathyrus sativus* L.; variété que Ecluse a appelée *cicercula ægyptiaca*, Plant. Hist. II, p. 236. Cette variété de la gesse est nommée, dans la langue arabe, *gilbán*.

[3] En arabe, *loubyâ* et *loubyeh*; et chez les Nubiens, aux environs de Philæ et de Syène, *mâseh*.

[4] Les Nubiens l'appellent *kacheryngy*.

FLORÆ ÆGYPTIACÆ
ILLUSTRATIO,

Auctore Alire RAFFENEAU DELILE.

CLASSIS PRIMA.

MONANDRIA.

Ordo, MONOGYNIA.

1. CANNA indica Linn. Rosettæ in hortis.
   BOERHAAVIA repens. Vid. in Diandria.
2. SALICORNIA fruticosa Linn. A s.
3. — — herbacea Linn. — Arab. *chræsi*, ex Forskal. A s.
4. — — glauca. — Salicornia virginica Forskal. A s.
5. — — cruciata Forsk. Alexandriæ, et ad littora maris rubri. — Arab. *sabta*, ex Forsk.
6. — — strobilacea Pallas. (H. N. *Botanique*, pl. 3, fig. 2.) — Arab. *souyd*. A s.

CLASSIS SECUNDA.

DIANDRIA.

Ordo, MONOGYNIA.

7. BOERHAAVIA repens Linn. (H. N. *Botanique*, pl. 3, fig. 1.) Æg. sup.

NOTARUM EXPLICATIO.

Æg. sup. . . Planta Ægypti superioris.
K s. . . . . Kahiræ spontanea.
K d. . . . . ———— desertorum indigena.

8. MOGORIUM sambac Juss., Lam., Desfont. — Nyctanthes sambac Linn., et nyctanthes undulata, *in notis Amœn. academ.* 4, pag. 449. — Arab. *zanbaq, fell.* K h.
9. JASMINUM officinale Linn. K h.
10. — — grandiflorum Linn. — Arab. *yasmyn.* K h.
11. OLEA europæa Linn. — Arab. *zeytoun.*
12. VERONICA anagallis Linn. R s.
13. UTRICULARIA inflexa Forsk. (H. N. *Botanique*, pl. 4, fig. 1.) — Arab. *hamoul.* Rosettæ et Damiatæ in fossis agrorum oryzæ.

VERBENA Linn. Vid. in Didyn. Angiosp.

14. ROSMARINUS officinalis Linn. K h. — Arab. *klyl, aselbdn.*
15. SALVIA ægyptiaca Linn. K d. — Arab. *ra'leh, chaguret el-ghazâl,* id est, herba gazellæ.
16. — — officinalis Linn. R s.
17. — — verbenaca Linn. A s.
18. — † nudicaulis Vahl.
19. — † spinosa, in Ægypto ex Linn.
20. — — lanigera Desf. *Hort. paris.* — Salvia ceratophylloïdes Forsk.
21. — † graveolens Vahl. In Ægypto ex herb. Juss.
22. — † flavescens Juss. In Ægypto ex herb. Juss.
23. — † nilotica Murray, Jacq., Willd. In Ægypto.
24. PEPLIDIUM humifusum. (H. N. *Botanique*, pl. 4, fig. 2.) Damiatæ. Plantula gratiolæ et linderniæ affinis, faciem gerens peplidis, unde nomen desumptum.

CLASSIS TERTIA.

TRIANDRIA.

Ordo, MONOGYNIA.

25. CERVICINA campanuloïdes. Dicitur cervicina à cervicariâ, verbo campanulæ olim synonymo. Herba exigua, vix à campa-

---

K h. . . . . . Planta Kahiræ hortensis vel culta.
R s. . . . . Rosettæ spontanea.
R d. . . . . ———— desertorum indigena.
R h. . . . . Rosettæ hortensis vel culta.
A s. . . . . Alexandriæ spontanea.
A d. . . . . ———— desertorum indigena.
A h. . . . . ———— hortensis vel culta.
† . . . . . In Ægypto mihi non obvia, et inter ægyptiacas fide auctorum memorata.

ILLUSTRATIO.

nulà recedens, distincta numero staminum et capsulà apice dehiscente. Vid. pl. 5, fig. 2. Crescit in arvis prope Birket el-Hàggy.

TAMARINDUS indica LINN. Vid. in monadelphià triandrià.

26. † IRIS germanica LINN. An iris sambac FORSK.
27. — — sisyrinchium LINN. A s. K d.
28. SCHŒNUS mucronatus LINN. — Scirpus Kalli 3 Alpini, FORSK. A s. R d.
29. CYPERUS articulatus LINN. — Cyperus niloticus FORSK. Rosettæ et Damiatæ.
30. — — mucronatus ROTTB., VAHL. — Cyperus lateralis FORSK. R s. Copiosè in arenà deserti ad fontes Mosis.
31. — — alopecuroïdes ROTTB., VAHL. R s.
32. — — dives. (Pl. 4, fig. 3.) R s.
33. — — fuscus LINN. — Cyperus ferrugineus FORSK. R s.
34. — — michelianus. — Scirpus michelianus LINN. Alexandriæ ad canalem.
35. — — difformis LINN. An cyperus complanatus FORSK.? K s. R s.
36. — — protractus. (Pl. 5, fig. 3.) In agris oryzæ prope Fouah.
37. — — rotundus LINN. A s. R s. K s. — Arab. *sa'ed*. — In Nubià *magysseh*.
38. — — esculentus LINN. R s. — Arab. *hab el-a'zyz*, id est, granum dilectum.
39. — † longus LINN. In Ægypto ex Vahl. Enum. plant.
40. — — melanorhizus. — Arab. *hab el-a'zyz el-soghayr aou el-asoudd*, id est, hab el-a'zyz parvum vel nigrum.
41. — † fastigiatus FORSK. *Descript.* pag. 14.
42. — — ornithopodioïdes. Damiatæ.
43. — † haspan LINN. In Ægypto ex herbario Vaillantii.
44. — — papyrus LINN. — Arab. *berdy*. Damiatæ.
45. SCIRPUS palustris LINN. R s. In provincià Fayoum, JOMARD.
46. — — caducus. (Pl. 6, fig. 2.) Damiatæ.
47. — — pollicaris. Damiatæ.
48. — — fimbrisetus. (Pl. 7, fig. 1.) Damiatæ. Setæ seminum fimbriatæ.
49. — — mucronatus LINN. (H. N. *Botanique*, pl. 7, fig. 3.) R s.
50. — — maritimus LINN. — Scirpus corymbosus FORSK. — Arab *Depsjæ*, ex Forsk.
51. ISOLEPIS inclinata. Circa Sâlehych. Isolepis ex Brownii prodromo Floræ Nov. Holland. differt à scirpo defectu setarum hypogynarum.
52. — — uninodis. (Pl. 6, fig. 1.) Damiatæ.
53. — — fistulosa. — Scirpus fistulosus FORSK. R s.
54. FIMBRISTYLIS dichotomum VAHL. — Scirpus dichotomus LINN.,

ROTTB. — Scirpus annuus ALLION., DESFONT. — Scirpus bisumbellatus FORSK. R s.

55. FIMBRISTYLIS ferrugineum VAHL. (H. N. *Botan.*, pl. 6, fig. 3.) — Scirpus ferrugineus LINN. È provinciâ Fayoum. Hujus plantæ specimina communicavit D. NECTOUX.

56. LYGEUM spartum LINN. A s.

57. PENNISETUM typhoïdeum RICHARD *in Persoon Synops.* (H. N. *Botanique*, pl. 8, fig. 3.) — Holcus spicatus LINN. — Arab. *dokhn*, id est, milium. — Incolis Nubiæ *herneh*.

58. — — dichotomum. (Pl. 8, fig. 1.) — Panicum dichotomum et phalaris setacea FORSK. K d. — Arab. *temâm*.

N. B. Gramina polygama cum triandris hermaphroditis huc conjunxi.

Ordo, DIGYNIA.

59. SACCHARUM ægyptiacum WILLD. *Enum. plant.* — Saccharum biflorum FORSK. — Ad ripas Nili et in insulis arenosis. — Arab. *bous el-gezâyr*, arundo insularum; *bous fârsy*, id est, arundo persica; *hych*.

60. — — officinarum LINN. Æg. sup. R h. — Arab. *qasab el-sukkar*, id est, arundo sacchari; *ghâb* ex Forsk.

61. — — cylindricum LAMARCK, DESF. — Lagurus cylindricus LINN. Arundo epigeios FORSK. K s. R s. — Arab. *halfeh*.

62. ANDROPOGON annulatum FORSK. (H. N. *Botanique*, pl. 7, fig. 2.) K s.

63. — — foveolatum. (Pl. 8, fig. 2.) K d.

64. — — LEERSIA oryzoïdes WILLD. — Phalaris oryzoïdes LINN. Rosettæ et Damiatæ.

65. PHALARIS canariensis LINN. A s.

66. — — aquatica LINN. A s. R s.

67. — — paradoxa LINN. Circa Sâlehyeh.

68. PANICUM verticillatum LINN. K s.

69. — — glaucum LINN. Kahiræ et Damiatæ.

70. — — viride LINN. R s.

71. — — stagninum RETZ., WILLD. — Panicum hispidulum LAMARCK *Illustr.* R s.

72. — — crus galli LINN. R s. Crescit inter oryzam.

73. — — colonum LINN. K s. R s. — Arab. *abou roukbeh*, id est, geniculatum.

74. — — fluitans RETZ., VAHL, WILLD. — Panicum geminatum FORSK. A s. Damiatæ à rusticis dicebatur *zommeyr*.

75. — — obtusifolium (Pl. 5, fig. 1.) Damiatæ.

76. — — numidianum LAMARCK, DESF. Damiatæ. — Arab. *rikebeh*.

ILLUSTRATIO.

77. PANICUM coloratum Linn. Kahiræ et Damiatæ.
78. — — repens Linn. K s. R s.
79. — — miliaceum Linn. — Arab. *dokhn*. K s.
80. — — sorghi. Æg. sup.
81. — — leiogonum, id est, nodis lævibus. K s. Affine panico diffuso Indiæ occidentalis descripto à Cl. Swartz.
82. — — prostratum Lamarck. Damiatæ.
83. — — turgidum Forsk. (H. N. *Botanique*, pl. 9. fig. 2.) K d.
84. DIGITARIA sanguinalis. — Panicum sanguinale Linn. — Phalaris velutina Forsk. K s. A s.
85. — — filiformis. — Panicum filiforme Linn. R s.
86. — — dactylon. — Panicum dactylon Linn. — Cynodon dactylon Richard *in* Persoon *Synops*. — Arab. *negyl*.
87. CRYPSIS aculeata Lamarck, Desf. — Anthoxanthum aculeatum Linn. K s.
88. — — schœnoïdes Lam., Desf. — Phleum schenoïdes Linn. K s.
89. — — alopecuroïdes. (Pl. 9, fig. 1.) — Helcochloa alopecuroïdes Host. K s.
90. POLYPOGON Monspeliense Desf. — Alopecurus Monspeliensis et alopecurus paniceus Linn. — Phalaris cristata Forsk. (*lege* aristata) *ex Descript*. pag. 17, ubi spica dicitur pilosa aristis, etc. — Arab. *deyl el-får*, id est, causa murina.
91. MILIUM lendigerum Linn. A s.
92. — — arundinaceum Sibth. *Flor. græc*. — Agrostis miliacea Linn. A s.
93. AGROSTIS alba Decand. *Flor. franc*. — Phalaris semiverticillata Forsk. R s. K s.
94. — — pungens Schreb., Desf. A d.
95. — — spicata Vahl. (H. N. *Botanique*, pl. 10, fig. 1.) A d.
96. POA pilosa Linn., Shrad., Willd. K s.
97. — — ægyptiaca Willd. *Hort. berol*. (H. N. *Botanique*, pl 10, fig. 2.) — An poa amabilis Forsk. ?
98. — — cynosuroïdes Retz., Vahl, Willd. (H. N. *Botanique*, pl. 10, fig. 3.) — Uniola bipinnata Linn. — Cynosurus durus Forsk. K s. Æg. sup. — Arab. *halfeh*. — Incolis Nubiæ *anbarfeh*.
99. — † annua Linn. Damiatæ ex Hasselquist.
100. — † bulbosa *vivipara*. Damiatæ ex Hasselquist.
101. — — divaricata Gouan, Desf., Willd. A s.
102. BRIZA eragrostis Linn. — Poa multiflora Forsk. K s. — In Nubiâ *gru*.
103. DACTYLIS glomerata Linn. A s.
104. — — repens Desf. *Flor. atl*. A s.

105. CHRYSURUS aureus Persoon *Synops.* — Cynosurus aureus Linn. — Gramen n°. 98 Forsk. *Descr.* pag. 27.
106. ELEUSINE ægyptia Gærtn. — Cynosurus ægyptius Linn. — Arab. *na'ym el-salyb*, id est, gramen crucis; vel *rigl el-herbâyeh*, id est, pes chamæleonis.
107. FESTUCA cynosuroïdes Desf. *Flor. atl.* A s.
108. — — fusca Linn. (H. N. *Botanique*, pl. 11, fig. 1.). — Arab. *abou el-nageh.* K s. R s.
109. — — uniglumis Smith *Flor. brit.* — Festuca fasciculata Forsk. A s. R s.
110. — — inops. R d.
111. — — calycina Linn. K d.
112. — — divaricata Desf. *Flor. atl.* — Festuca lanceolata et festuca dichotoma Forsk. A d. R d.
113. DINÆBA ægyptiaca. (Pl. 11, fig. 3.) — Dactylis paspaloïdes Willd. *Hort. berol.* Nomen hujus generis traxi ab arabicâ voce *dendb* cauda, propter caudatas plantæ paniculas.
114. KŒLERIA phleoïdes Persoon *Synops.* — Festuca phleoïdes Desf. *Flor. atl.* K s.
115. BROMUS mollis Linn. K s.
116. — — rubens Linn., Sibth. *Flor. græc.* (H. N. *Botanique*, pl. 11, fig. 2.) A s.
117. — — purpurascens. — Bromus rubens Cavanill., Desf. A s.
118. — — madritensis Linn. An bromus villosus Forsk.? R d.
119. — — distachyos Linn. A s.
120. — † polystachyos, Alexandriæ ex Forsk. *Descr.* pag. 23.
121. — † polformis, ex Forsk. *Descr.*
122. STIPA juncea Linn. A d.
123. — — tortilis Desf. *Flor. atl.* — Stipa paleacca Vahl. Excluso Poiretii synonymo. A d. K d.
124. AVENA pumila Desf. *Flor. atl.* K d.
125. — — Forskalii Vahl. (H. N. *Botanique*, pl. 12, fig. 2.) — Avena pensylvanica Forsk. In arenâ prope pyramides Sakkaræ. — Arab. *chagaret el-gemel*, id est, herba cameli.
126. — — arundinacea. (Pl. 12, fig. 1.) R d.
127. — — fatua Linn. — Arabe, *zommeyr.* K s.
128. — — sterilis Linn. K s.
129. TRISETARIA linearis Forsk. (H. N. *Botanique*, pl. 12, fig. 3.) — Trisetum arenarium Billard. *Dec. syr.* A d.
130. LAGURUS ovatus Linn. A d.
131. ARUNDO donax Linn. — Arab. *qasab.* In hortis ad sepes.
132. — — ægyptia Desf. *Hort. paris.*
133. — — isiaca. — Arundo maxima Forsk. In insulis niloticis et ad fontes deserti. Paniculam gerit flavescentem. — Arab. *bous.*

ILLUSTRATIO. 75

134. ARUNDO arenaria Linn. Ad.
135. ARISTIDA plumosa Linn. — Aristida lanata Forsk. — Arab. *chefchouf, deryreh*, ex Forsk. Rd.
136. — — *ciliata Desf. *Emend. alt. Flor. atl.* (H. N. *Botanique*, pl. 13, fig. 3.) Kd.
137. — — obtusa. (Pl. 13, fig. 2.) Kd.
138. — — pungens Desf. *Flor. atl.* Æg. sup. Et in Syriâ ex D. Bert.
139. LOLIUM perenne Linn. As. Ks.
140. — — temulentum Linn. Rs.
141. ROTTBOLLIA incurvata Linn. As.
142. — — filiformis Roth. As. Rs.
143. — — fasciculata Desf. *Flor. atl.* Rs.
144. — — hirsuta Vahl. (H. N. *Botanique*, pl. 14, fig. 1.) — Triticum ægylopoïdes Forsk. Kd.
145. ÆGYLOPS triaristata Willd. Ad.
146. ELYMUS geniculatus. (Pl. 13, fig. 1.) Ad.
147. HORDEUM vulgare Linn. — Hordeum hexastichum Forsk. — Arab. *cha'yr*.
148. — † murinum Linn. Damiatæ ex Hasselq.
149. — — maritimum Vahl. *Sygb. bot.* Ks.
150. TRITICUM sativum *aristatum; a* vulgare. — Arab. *hontah, qamh*.
151. — — β fusiforme; spicà mediocri, basi et apice attenuatâ. — Arab. *qamh sofeyry*.
152. — — γ palmare; spicà longâ lineari. — Ar. *qamh sofeyry toueyly*.
153. — — δ coloratum; glumis coloratis. — Arab. *qamh ahmar*, id est, triticum rubrum.
154. — — ε turgidum. (Pl. 14, fig. 2.) — Triticum turgidum Linn. — Triticum durum Desf. — Ægyptiis *qamh a'raby, qamh meghayz, qamh sébaqeh*.
155. — — ζ pyramidale; spicà pyramidali. (Pl. 14, fig. 3.) — Arab. *qamh na'ygeh*.
156. — † compositum, in Ægypto ex Linn. *Suppl.*
157. — — bicorne Forsk. (H. N. *Botanique*, pl. 15, fig. 1.) Ad.
158. — † planum, ex Ægypto Desf. *Hort. paris*.
159. — — loliaceum Smith. As.
160. — — junceum Linn. As.
161. SORGHUM vulgare Persoon *Synops*. — Holcus sorghum Linn. — Arab. *dourah;* variè legitur *dorah* et *dorâ*. — Linguà incolarum Nubiæ *mareh*.
162. — — cernuum. — Holcus compactus Lamarck. — Arab. *dourah a'ouâgeh*.
163. — — bicolor. — Holcus bicolor Linn.
164. — — saccharatum. — Holcus saccharatus Linn. — Holcus dochna Forsk. Kh. — Arab. *dokhn*.

FLORÆ ÆGYPTIACÆ

165. SORGHUM halepense. — Holcus halepensis LINN. — Arab. *ha-chych el-farras*. In Nubiâ *gyáraoû*. K s.
  ZEA *mays*. Vid. monœc. triand.
  ORYZA *sativa*. Vid. hexandriam.

Ordo, TRIGYNIA.

166. POLYCARPON tetraphyllum LINN. A s.

CLASSIS QUARTA.

TETRANDRIA.

Ordo, MONOGYNIA.

167. GLOBULARIA alypum LINN. Ad.
168. SCABIOSA arenaria FORSK. In arenosis prope Abouqyr.
169. — † prolifera LINN. In Ægypto ex WILLD. *Spec. plant*.
170. GALIUM spurium LINN. K s.
171. CRUCIANELLA angustifolia LINN. A d.
172. — † ægyptiaca, in Ægypt. ex LINN.
173. — — maritima LINN. Ad.
174. RUBIA tinctorum LINN. Damiatæ in hortis. — Arab. *fouah*.
175. PLANTAGO major LINN. — Arab. *lissàn el-hamal*, id est, lingua agnina; agricolis Damiatæ *massâsah*.
176. — — lagopus LINN. K s.
177. — — albicans. — Plantago ovata FORSK. — Arab. *loqmet el-na'gy*, id est, pabulum ovium. A d. K d.
178. — — cylindrica FORSK. K d.
179. — — argentea DESF. *Flor. atl.* — Plantago decumbens FORSK. K d.
180. — — maritima LINN. Damiatæ.
181. — — coronopus LINN. A s.
182. — — stricta SCHOUSB. *Plant. maroc.* Ad Bīrket el-Hàggy.
183. — — squarrosa MURRAY. — Plantago ægyptiaca JACQ. R d.
184. — † indica, in Ægypto ex LINN. *Spec. plant.*
185. CISSUS rotundifolia VAHL. — Sælanthus rotundifolius FORSK. — Arab. *oudneh roumy*, id est, auricula græca. K h.
186. AMMANNIA ægyptiaca WILLD. *Hort. berol.* (H. N. *Botanique*, pl. 15, fig. 3.)
187. — — auriculata WILLD. (H. N. *Botanique*, pl. 15, fig. 2.) In agris oryzæ cum præcedente.
188. ELÆAGNUS orientalis LINN. — Arab. *negdeh*. K b.
  — — spinosa, in Ægypto ex LINN. Eadem est ac præcedens quæ spinas interdum exserit.

ILLUSTRATIO.

189. SALVADORA persica Linn. — Cissus arborea Forsk. In monte Ghareb Æg. sup. — Arab. *rák*.
190. PTERANTHUS echinatus Desf. *Flor. atl.* — Camphorosma pteranthus Linn. Kd.

Ordo, DIGYNIA.

191. CUSCUTA europæa Linn. — Arab. *hamoul*. K s.
192. — — monogyna Vahl. Non procul à Gyzeh in hortis, Berthe.
193. HYPECOUM patens Willd. *Hort. berol.* — Mnemosilla ægyptiaca Forsk. A d.

Ordo, TETRAGYNIA.

194. POTAMOGETON crispum Linn. R s. K s.
195. — — marinum Linn. Rosettæ et Damiatæ.
196. RUPPIA maritima Linn. Alexandriæ, et in aquis lacûs Menzaleh.
197. TILÆA muscosa Linn. In arvis ad Birket el-Hàggy.

CLASSIS QUINTA.

PENTANDRIA.

Ordo, MONOGYNIA.

198. HELIOTROPIUM europæum Linn. — Arab. *sakerán*, id est, inebrians. A s.
199. — — supinum Linn. — Lithospermum heliotropioides Forsk. A s. K s.
200. — — crispum Desf. *Flor. atl.* — Lithospermum hispidum Forsk. Kd.
201. — — lineatum Vahl. Emendato Forskalii synonymo. (H. N. *Botanique*, pl. 16, fig. 1.) — Lithospermum digynum Forsk. Circa Pyramides frequens. — Arab. *raghleh*, *neteeh*, *forreych*.
202. LITHOSPERMUM tenuiflorum Linn. *Suppl.* A s.
203. — — arnebia. — Lithospermum tinctorium Vahl. — Arnebia tetrastigma Forsk. — Arab. *chagaret el-arneb*, id est, herba leporina. K d.
204. — — tinctorium Linn. *Spec. plant.* edit. 1753. — Anchusa tuberculata Forsk. A d.
205. — — callosum Vahl. (Pl. 16, fig. 2.). — Lithospermum angustifolium Forsk. — Arab. *hálameh*, ex Forsk. K d.

206. † LITHOSPERMUM ciliatum, ex FORSK. *Flor. œgypt.*
207. ANCHUSA undulata LINN. A d.
208. — — spinocarpos FORSK. (H. N. *Botanique*, pl. 17, fig. 3.) K d.
209. — — hispida FORSK. A d. K d.
210. — — asperrima. Prope Abouqyr.
211. — — flava FORSK. — Asperugo ægyptiaca LINN. A s.
212. — † milleri WILLD. — Ex Ægypto, culta in *Hort. paris.*
213. † ONOSMA orientalis WILLD. — Cerinthe orientalis LINN. Ex Ægypto, Hasselquist in Linn. *Amœn. acad.* 4, pag. 267.
214. BORRAGO officinalis LINN. — Arab. *lesân el-tour*, id est, lingua bovis. K h.
215. — — africana LINN. — Borrago verrucosa FORSK. — Arab. *losseyq*, id est, adhærens; *horreyq*, K d.
216. ECHIUM prostratum DESF. *Hort. paris.* (H. N. *Botanique*, pl. 17, fig. 1.) — An echium sericeum VAHL? — Arab. *sâq elhamâm.* A d. R d.
217. — — setosum VAHL. (H. N. *Botanique*, pl. 17, fig. 2.) A s.
218. — — longifolium. (Pl. 16, fig. 3.) K s.
219. — — Rawolfii. (Pl. 19, fig. 3.) In insulis niloticis prope Boulâq et Gyzeh.
220. ECHIOCHILON fruticosum DESF. *Flor. atl.* A d.
221. ANAGALLIS arvensis LINN. K s.
222. CONVOLVULUS arvensis LINN. — Arab. *o'lleyq*, id est, suspensus. K s. R s.
223. — † hastatus FORSK., VAHL. An verè distinctus à præcedente cujus pedunculi nonnunquam biflori?
224. — † hederaceus LINN. — Kahiræ in hortis ex FORSK.
225. — † scammonia LINN. — Damiatæ ex Hasselquist.
226. — — siculus LINN. A s.
227. — — imperati VAHL. — An convolvulus biflorus FORSK.? Prope Abouqyr.
228. — — althæoïdes LINN. A d.
229. — — caïricus LINN. Inter arundines ad ripas Nili, et passim in hortis. — Arab. *set el-hosn*, id est, venustus; *cherk Jalek*, id est, iris seu cœlestis arcus.
230. — — Forskalii. (Pl. 18, fig. 3.) Convolvulus cneorum FORSK. — Arab. *beydâ.* K d.
231. — — armatus. (Pl. 18, fig. 2.) In deserto ad fontem el-Touâreq prope Soueys.
232. SPHENOCLEA zeylanica GÆRTN. — Pongatium JUSS. In agris oryzæ, Rosettæ et Damiatæ.
233. † COFFEA arabica LINN. In hortis Ægypti olim hospitata, teste Alpino. — Arab. *bun*, nomen arbusculæ et seminum; *qahoueh*, decoctum pro potu.

ILLUSTRATIO.

234. MIRABILIS jalapa Linn. — Arab. *cheb el-leyl.* K h.
235. CORIS monspeliensis Linn. A d.
236. VERBASCUM sinuatum Linn. Prope Sàlehych.
237. — — spinosum Linn. A d.
238. DATURA stramonium Linn. — Arab. *el-nefyr,* id est, tuba. K s.
239. — — fastuosa Linn. — Arab. *zamr el-sultán,* id est, tuba sultani.
240. HYOSCYAMUS reticulatus Linn. Vernalis circa Sàlehych et Qatyeh.
241. — — albus Linn. A s. — Arab. *beng.*
242. — — datora Forsk. — Hyoscyamus muticus Linn. — Arab. *tátourah, sem el-fár.* K d. Æg. sup.
243. — — senecionis, ex Ægypto Willd. *Enum. plant.*
244. NICOTIANA tabacum Linn. — Arab. *dokhán,* id est, fumus. K h.
245. — — rustica Linn. — Arab. *dokhán akhdar,* id est, nicotiana flore viridi. Colitur circa Belbeys.
246. PHYSALIS somnifera Linn. — Arab. *morgán,* id est, corallium, è colore fructûs; vel *sakerán,* inebrians. A s. K s.
247. SOLANUM pseudocapsicum Linn. K h.
248. — — microcarpum Vahl. — Solanum diphyllum Forsk. An à solano pseudocapsico diversum?
249. — — lycopersicum Linn. — Arab. *bydingán toumaten.*
250. — — nigrum Linn. α vulgatum.
251. — — β patulum.
252. — — γ villosum. — Solanum ægyptiacum Forsk.
253. — — δ hirsutum.
        α, β, γ, δ, arabe, *e'neb el-dyb,* id est, uva lupi. A s. R s. K s.
254. — — æthiopicum Linn. — Arab. *bydingán el-qoutah,* id est, solanum calathis idoneum; vel *tiffáh dahaby,* mala aurea; *tiffáh el-heb,* poma amoris.
255. — — melongena Linn. — Arab. *bydingán.* K h.
256. — — coagulans Forsk. (H. N. *Botanique,* pl. 23, fig. 1.) Circa Syenem et Philas. Incolis *kaderánbes.*
257. CAPSICUM frutescens Linn. — Arab. *felfel ahmar.* K h.
258. LYCIUM europæum Linn. — Arab. *a'ouseg.* Alexandriæ et Damiatæ.
259. ERYTHRÆA centaurium Richard *in Persoon Synops.* — Gentiana centaurium Linn. — Arab. *qantaryán,* vel *qantaryoun.*
260. — — spicata. — Gentiana spicata Linn. In Deltâ.
261. CORDIA crenata. (Pl. 20, fig. 1.) — Sebestena sylvestris Alpin. — Arab. *mokhayet roumy.* A h. K h.
262. — — myxa Linn. (H. N. *Botanique,* pl. 19, fig. 1 et 2.) — Sebestena domestica Alpin. — Arab. *mokhayet.* R h. K h.

263. ZIZYPHUS sativa Gærtner, Desf. — Rhamnus zizyphus Linn. — Arab. *o'nnâb*. K h.
264. — — spina Christi Desf. *Flor. atlant.* — Rhamnus spina Christi Linn. — Rhamnus nabeca Forsk. — Arab. *sidr* vel *nabq* designat arborem; *nabqah*, fructum.
265. VIOLA odorata Linn. — Arab. *benefsig*. K h.
266. VITIS vinifera Linn. — Arab. *e'neb*. K h.
267. ACHYRANTHES argentea Lamarck, Willd. — Achyranthes aspera Forsk. K s.
268. CELOSIA margaritacea Linn. K s.
— — lanata Linn. — Vid. Æruam tomentosam in diœcià pentandriâ.
269. ALTERNANTHERA sessilis. — Illecebrum sessile Linn. — Arab. *hamoul*. R s.
270. PARONYCHIA nitida Gært. — Illecebrum paronychia Linn. R d.
271. — — arabica. (Pl. 18, fig. 1.) — Illecebrum arabicum Linn. — Corrigiola albella Forsk. K d.
272. GYMNOCARPOS decandrum Forsk., Desfont. — Arab. *garadah*. K d.
273. POLYCARPEA memphitica. (Pl. 24, fig. 2.) — Corrigiola repens Forsk. In insulis Roudah et el-Dahab, locis arenosis.
274. — — fragilis. (Pl. 24, fig. 1.) K d.
275. THESIUM humide Vahl. A d.
276. NERIUM oleander Linn. — Arab. *tifleh*. K h.
277. PERGULARIA tomentosa Linn. — Asclepias cordata Forsk. — Arab. *leben el-homárah*, id est, lac Asinæ; vel *dymyeh* ex Forsk. K d.
278. PERIPLOCA secamone Linn. — Arab. *libbeyn*.
279. † CYNANCHUM viminale, in Ægypto Linn. ex Alpin.
280. — — pyrotechnicum Forsk. (H. N. *Botaniq.*, pl. 20, fig. 3.) K d.
281. — — acutum Linn. A s. R s.
282. — — Argel. (Pl. 20, fig. 2.) In desertis Philarum proximis. — Arab. *argel*.
283. ASCLEPIAS procera Willd. — Asclepias gigantea Linn. ex Alpin. — Arab. *o'char*; fructus dicitur *beyd el-o'char*. Æg. sup. — Incolis Nubiæ *abouk*.
284. — — fruticosa Linn. Rosettæ in horto semel visa.

Ordo, DIGYNIA.

285. HERNIARIA fruticosa Linn. A d.
286. † CHENOPODIUM rubrum Linn. In Ægypto ex Forsk.
287. — — murale Linn. An chenopodium flavum Forsk.? — Arab. *menteneh*, id est, fœtens. K s.

ILLUSTRATIO.

288. CHENOPODIUM album Linn. — Arab. *fisah kláb*, id est, flatus è ventre canis. K s.
289. BETA vulgaris Linn. — Arab. *selq*. K h.
290. — — rubra. — Beta rubra radice rapæ, Bauh. *Pin.* — Arab. *bangar*. K h.
291. — — maritima Linn. α glabra. A s. K s.
292. — — β pilosa. A s.
293. SUÆDA baccata Forsk. Genus à Cl. Forskalio constitutum, à voce arabicâ *soud*, *souyd*, quam sæpe andivi de plantis generis salsuginosi, exempli gratiâ, de salicorniâ strobilaceâ. Voces gallicæ *soude*, *alkali*, *tartre*, ex arabico sermone originem trahunt. A s. K s.
294. — — vera Forsk. — Arab. *soud*. A s.
295. — — vermiculata Forsk. A s.
296. — — salsa. — Salsola salsa Linn. R s.
297. — — hortensis Forsk. — Arab. *tartyr*. K s.
298. — † pinnatifida. A Cl. Olivier circa Alexandriam reperta.
299. — — fruticosa. — Salsola fruticosa Linn. — Suæda monoïca Forsk. A s. R s.
300. — — mollis. — Salsola mollis Desf. *Flor. atl.* A s. Et circa Sâlehyeh.
301. SALSOLA kali Linn. A d. R d.
302. — — tragus Linn. A d. R d.
303. — — articulata Forsk. — Anabasis aphylla Linn. A d. K d.
304. — — oppositifolia Desfont. *Flor. atlant.* — Salsola longifolia Forsk. A d.
305. — — echinus Labillardiere. (H. N. *Botanique*, pl. 21, fig. 2.) — Anabasis spinosissima Linn. — Salsola mucronata Forsk. A d.
306. — — alopecuroïdes. (Pl. 21, fig. 1.) Prope pyramides Gyzenses.
307. — — tetrandra Forsk. (Pl. 21, fig. 3.) A d. Variat caulibus erectis vel prostratis.
308. — — inermis Forsk. A d.
309. — — villosa. A d.
310. — — fœtida. — Arab. *mulleyh*. Æg. sup.
311. — — glomerulata. Ex Lipp. in herb. Jussiæi.
312. TRAGANUM nudatum. (Pl. 22, fig. 1.) K d. Salsolæ proximè accedit; sed differt calyce basi in ossiculum monospermum indurato, et suprà nudo, nec in membranas laterales producto. Nomen à voce græcâ τράγανος, quæ tragi vel salsolæ synonyma est apud Dioscoridem, l. iv, c. 51.
313. CORNULACA muricata. — Bassia Allioni, *ex Linn. Mant.* pag. 512. — Salsola muricata Linn. — Salsola monobractea Forsk. K d. Calix spinulas, nec membranas ut in sal-

solis, producit. Cæterùm genus est salsolæ prorsus æmulum. Cornulaca vox est synonyma tragi aut salsolæ in appendice Dioscoridis, lib. ıv, cap. 51.

314. CORNULACA monacantha. (H. N. *Botanique*, pl. 22. fig. 3.) — Salsola ferox Lıppı *Ms*. Crescit circa Pyramides cum præcedente.

315. CRESSA cretica Lınn. A d. Et ad littora maris prope Soueys. — Arab. *naddoueh*, id est, roscida.

316. GOMPHRENA globosa Lınn. K h. — Arab. *a'nbar*.

317. ULMUS campestris Lınn. Kahiræ in hortis rarissimè visa. Ægrè in fruticulum assurgit. — Arab. *kharkhafty*.

318. ERYNGIUM campestre Lınn. A d. — Arab. *chaqâqel*.

319. — — dichotomum Dɛsғ. *Flor. atl*. A d.

320. BUPLEVRUM proliferum. (Pl. 22, fig. 2.) A d.

321. — — rotundifolium Lınn. A s.

322. — — semicompositum Lınn. A s.

323. TORDYLIUM suaveolens. A d.

324. † HASSELQUISTIA ægyptiaca Lınn. Habitat in Oriente, Buxbaum. In Arabià et Ægypto, Hasselq. *ex Linn. Amœn. acad*. tom. ıv, pag. 270 et 453.

325. † CAUCALIS daucoïdes Lınn. Idem ac conium Royeni Lınn. Ex Ægypto, in Reich. *Spec. plant.*

326. — — maritima Desf. *Flor. atl*. — Caucalis pumila Gouan. A d.

327. — — glabra Forsk. (Pl. 23, fig. 2 et 3.) A d. R d.

328. — — tenella. (Pl. 21, fig. 4.) A d.

329. — — anthriscus. — Tordylium anthriscus Lınn. — Scandix infesta Forsk. — Arab. *gazar el-cheytân*. K s. *koumeleh*, aut fortè *goumeyly*, Damiatæ.

330. — — nodosa. — Tordylium nodosum Lınn. A s.

331. DAUCUS carota Lınn. — Arab. *gezar*.

332. AMMI majus Lınn. A s.

333. — — visnaga Desf. *Flor. atl*. — Daucus visnaga Lınn. A s.

334. — † copticum, in Ægypto Jacq. *ex Forsk.*

335. † SISON ammi, in Ægypto ex Lınn. *Sp. pl. edit*. 3*. pag. 363.

336. BUBON tortuosum Desfont. *Flor. atl*. — Crithmum pyrenaïcum Forsk. — Arab. *chebet el-gebel*, id est, fœniculum deserti.

337. CUMINUM cyminum Lınn. — Arab. *kammoun*; semina in officinis venalia.

338. † CICUTA virosa Lınn. Copiosè illam crescere in insulâ Roudah prope Kahiram refert Hasselq. *It*. pag. 461.

339. CORIANDRUM sativum Lınn. — Arab. *kouzbarah*. K h.

340. SCANDIX cerefolium Lınn. — Arab. *baqedounis frangy*, id est, scandix europæus. K h.

ILLUSTRATIO. 83

341. † SCANDIX trichosperma, in Ægypto ex LINN.
342. † SMYRNIUM ægyptiacum, ex HASSELQ. *Linn. Amœn. acad.* 4, pag. 207.
343. ANETHUM graveolens LINN. Kh. — Planta arabicè dicitur *chebet*, et semina vocantur *chamar*.
344. CARUM carvi LINN. — Arab. *karáouih;* semina in officinis venalia.
345. PIMPINELLA anisum LINN. — Arab. *yansoun;* in officinis.
346. APIUM petroselinum LINN. — Arab. *maqedounis*, vel *baqedounis*. Kh.
347. — — graveolens LINN. — Arab. *keráfs*.

Ordo, TRIGYNIA.

348. RHUS oxyacanthoïdes DESF. *Hort. paris*. Æg. sup. prope montem Ghareb.
349. TAMARIX gallica LINN. Kd. — Arab. *tarfeh*, vel *hatab ahmar*, id est, lignum rubrum.
350. — — africana DESF. *Flor. atl.* Æg. sup.
351. — — orientalis FORSK. — Arab. *atleh*. Kh.
352. — — passerinoïdes. Hanc in provinciâ Fayoum legit JOMARD; eamdem quoque legit REDOUTÉ, locis desertis prope Terràneh.
353. ALSINE media LINN. — Arab. *qezázeh*, id est, vitrea. Rs. Ks.
354. — — prostrata FORSK. (H. N. *Botanique*, pl. 24, fig. 4.) Prope Birket el-Hàggy.
355. — — succulenta. (Pl. 24, fig. 3.) Kd.

Ordo, PENTAGYNIA.

356. STATICE limonium LINN. Rs. — Arab. *e'rq angibár*.
357. — † incana LINN. — Statice speciosa, in Ægypto ex FORSK.
358. — — monopetala LINN. — Arab. *zeyty*, ex FORSK.
359. — — pruinosa LINN. — Statice aphylla FORSK. A d. Et ad littora maris rubri.
360. — — ægyptiaca VIVIANI *in Persoon Synops.* (Pl. 25, fig. 3.) A d.
361. — — tubiflora. (Pl. 25, fig. 2.) A d.
362. LINUM usitatissimum LINN. — Arab. *kittán*. Oleum è semine Lini vocatur *zeyt hár*.
363. — — hirsutum LINN. Non procul à Sàlehyeh, et in Syriâ, SAVIGNY.

CLASSIS SEXTA.

HEXANDRIA.

Ordo, MONOGYNIA.

364. † BROMELIA ananas Linn. Damiatæ olim culta ex Hasselq. *It.*
365. NARCISSUS tazetta Linn. Damiatæ spontanea in hortis. — Arab. *nargis.*
366. PANCRATIUM maritimum Linn. A d. — Arab. *sousan.*
367. ALLIUM porrum Linn. Kh. — Arab. *korrât.*
368. — — subhirsutum Linn. A d.
369. — — sativum Linn. — Arab. *toum.* Affertur è Syriâ,
370. — — roseum Linn. A d.
371. — — pallens Linn. A d.
372. — — cepa Linn. — Arab. *basal.* Cepæ optimæ circa vicum Rahmânyeh cultæ, Mekkam usque exportantur.
373. † ORNITHOGALUM arabicum, in Ægypto ex Linn. *Flor. pal.*
374. — † elatum Andrews *Botanist's repository*, p. 528, ex Alexandriâ.
375. SCILLA maritima Linn. — Arab. *asqyl*, *basal el-fâr.* Scillæ recentes ab Arabe quodam, è deserto, Alexandriam advectæ.
376. ASPHODELUS fistulosus Linn. K d, — Arab. *bouraq*, ex Forsk.
377. ASPARAGUS aphyllus Linn., et asparagus horridus ejusdem. — Asparagus stipularis et asparagus agul Forsk. — Arab. *a'âqoul;* vel *chouk*, id est, spina.
378. POLYANTHES tuberosa Linn. K.h.
379. HYACINTHUS serotinus Linn. — Arab. *bereyt*, *za'ytemán*, ex Forsk. K d.
380. MUSCARI comosum Tournef., Desfont. — Hyacinthus comosus Linn. A s.
381. ALOE vulgaris Linn. — Aloë variegata Forsk. K h. — Arab. *sabbárah.*
382. JUNCUS acutus Linn., Smith *Flor. brit.* A d.
383. — — maritimus Smith *Flor. brit.* — Juncus acutus β Linn. — Juncus spinosus Forsk. A d.
384. — — rigidus Desf. *Flor. atl.* In arenâ ad scaturigines deserti.
385. — — multiflorus Desf. *Flor. atl.* — An juncus subulatus Forsk. ?
386. — — bufonius Linn. In insulis niloticis.
387. † FRANKENIA hirsuta Linn. Alexandriæ ex Hasselq. *in Flor. palæst.*

388. FRANKENIA pulverulenta Linn. A s.
389. — — revoluta Forsk. — Arab *nemeycheh*. A d.

Ordo, DIGYNIA.

390. ORYZA sativa Linn. Colitur Rosettæ, Damiatæ, et parcè in provinciâ Fayoum. — Arab. *arz*, et vulgó pronunciatur *rouz*.

Ordo, TRIGYNIA.

391. RUMEX ægyptiacus Linn. R s. K s.
392. — † acetosella Linn. Damiatæ ex Hasselq. *It*. pag. 505.
393. — — dentatus Linn. R s.
394. — — vesicarius Linn. K d. — Arab. *hunbeyt*, ex Forsk.
395. — — roseus Linn. — Rumex pictus Forsk. R d. — Arab. *hommeyd*.
396. — — spinosus Linn. — Rumex spinosus et rumex glaber Forsk. A s. K d. — Arab. *figl el-gebel*, id est, rapum è regione montosâ, scilicet, è deserto.

Ordo, HEXAGYNIA.

397. OTTELIA alismoïdes Persoon *Synops*. — Stratiotes alismoïdes Linn. Rosettæ in agris oryzæ. — Arab. *ouedneh cheytány*, id est, auricula diabolica.

Ordo, POLYGYNIA.

398. ALISMA plantago Linn. R s.

CLASSIS SEPTIMA.

HEPTANDRIA.

CLASSIS OCTAVA.

OCTANDRIA.

Ordo, MONOGYNIA.

399. TROPÆOLUM majus Linn. — Arab. *tortour el-báchah*. A h.
400. † AMYRIS opobalsamum Linn. — *Le baumier de la Mekke*. —

Arab. *beylâsân.* Tempore Bellonii annis 1546-1549 in horto Matareæ, prope Kahiram, culta fuit hæc arbuscula; et anno 1580, à P. Alpino non amplius visa.

401. LAWSONIA inermis. — Lawsonia spinosa et lawsonia inermis LINN. — Arab. *tamrahenneh* designat flores et arborem; *henneh*, folia in pulverem trita. — Apud incolas Nubiæ *kofreh.*

402. PASSERINA hirsuta LINN. — Passerina metnan FORSK. — Arab. *metnán.* A d.

403. SODADA decidua FORSK. (H. N. *Botanique*, pl. 26, fig. 2.) Æg. sup. — Arab. *honbak* (*hombac*), ex Lippi *Ms.* — In Arabià *sodád*, ex FORSK.

Ordo, TRIGYNIA.

404. POLYGONUM persicaria LINN. R s.
405. — — salicifolium R s.
406. — — tumidum. Nodis tumidis. Damiatæ.
407. — † melastomæum. In Ægypto, LIPPI. V. S. herb. Vaill.
408. — † multisetum. Videtur varietas præcedentis, folio breviore, LIPPI *Ms.* et herb. Vaill.
409. — — orientale LINN. K h.
410. — — maritimum LINN. A d.
411. — — aviculare LINN. A s.
412. — — herniarioïdes. In insulis niloticis.
413. CARDIOSPERMUM halicacabum LINN. K h.

Ordo, TETRAGYNIA.

414. ELATINE luxurians. (Pl. 26, fig. 1.) — Bergia capensis LINN. — Bergia verticillata WILL. — Bergia aquatica ROXBURG. Rosettæ et Damiatæ in agris oryzæ.
415. FORSKALEA tenacissima LINN. — Caidbeja adhærens FORSK. — Arab. *lusséq.* K d.
416. KALANCHOE ægyptiaca ADANSON, DECAND. — Cotyledon nudicaulis LINN. — Cotyledon deficiens FORSK. K h. — Arab. *ouedneh*, id est, auricula.

CLASSIS NONA.

ENNEANDRIA.

ILLUSTRATIO. 87

CLASSIS DECIMA.

DECANDRIA.

Ordo, MONOGYNIA.

417. CASSIA absus LINN. Kh. È seminibus ab interiore Africâ advectis. — Arab. *chichm.*
418. — — occidentalis LINN. Kh.
419. — — acutifolia. (H. N. *Botanique*, pl. 27, fig. 1.) — *Le séné d'Alexandrie ou à feuilles aiguës.* — Arab. *sená sa'ydy*, id est, senna thebaïca; vel *sená lesán el-a'sfour*, id est, senna lingua avis. In vallibus desertis, insulæ Philarum proximis.
420. — — senna LINN. Selectis synonymis. — *Le séné de Tripoli ou de Barbarie, à feuilles obtuses.* — Arab. *sená gebely*, id est, senna è monte seu deserto. — Aliis *sená beledy* vel *baharáouy*, id est, senna ægyptiaca seu nilotica. — Apud multos dicitur *sená mekkeh* vel *hegázy;* senna Mekkensis vel è provinciâ Hegâz, Kd. Et in Æg. sup.
421. — — sophera LINN. — Arab. *soffeyr.* Kh.
422. — †. ægyptiaca WILLD. *Enum. plant. hort. berol.*
423. CATHARTOCARPUS fistula PERSOON *Synops.* — Cassia fistula LINN. — Arab. *khyár chanbar.* Kh. Rh.
424. RUTA chalepensis LINN. — Arab. *sendeb.* Kh.
425. tuberculata FORSK. — Arab. *megennyneh.* Kd. — In Nubiâ *geryg el-ghuzál.*
426. MELIA azedarach LINN. — Arab. *zenzalakht.* Kh.
427. BALANITES ægyptiaca. (Pl. 28, fig. 1.) — Myrobalanus chebulus VESLING *Obs.* pag. 205. — Ximenia ægyptiaca LINN. Kh. Et in Æg. sup.
428. ZYGOPHYLLUM simplex LINN. — Zygophyllum portulacoïdes FORSK. — Arab. *garmal*, ex FORSK. Kd.
429. — — coccineum LINN. — Zygophyllum desertorum FORSK. — Arab. *kammoun karmány*, id est, cuminum Karamaniæ, propter semina aromatica. Kd.
430. — — album LINN. — Zygophyllum proliferum FORSK. — Arab. *hamed*, nomen collectivum plantarum in quibus est salsedo. Ad.
431. — — decumbens. (Pl. 27, fig. 3.) — Arab. *sqoueh.* In valle el-Touâreq.
432. FAGONIA cretica LINN. Kd.

433. FAGONIA arabica Linn. — Arab. *gemdeh*, ex Forsk. K d.
434. — — glutinosa. (H. N. *Botanique*, pl. 28, fig. 2.) — An fagonia scabra Forsk. ? K d.
435. — — mollis. (Pl. 27, fig. 2.) In isthmo Soueys.
436. — — latifolia. (Pl. 8, fig. 23.) Ad Gebel Ahmar juxta Kahiram.
437. TRIBULUS terrestris Linn. — Arab. *kharchoum el-nageh; — gatha, eddrœjsi*, ex Forsk. Ks. Æg. sup. — In Nubiâ *kenyssá koul*.
438. — — alatus. — Tribulus pentandrus Forsk. K d. Æg. sup.
439. JUSSIÆA diffusa Forsk. In Deltâ. — Arab. *forgaa* vel *frœkahl*, ex Forsk.

Ordo, DIGYNIA.

440. GYPSOPHILA rokejeka. (Pl. 29, fig. 1.) — Rokejeka capillaris Forsk. — Arab. *roqeyeqah*, id est, exilis. In isthmo Soueys.
441. DIANTHUS caryophyllus Linn. — Arab. *qoronfel*. K h.

Ordo, TRIGYNIA.

442. CUCUBALUS ægyptiacus, ex Linn. *Mant.* 385.
443. SILENE canopica. R d.
444. — — rubella Linn. (Pl. 29, fig. 3.) Damiatæ in agris trifolii alexandrini.
445. — — villosa Forsk. In arenosis circa Birket el-Hâggy.
446. — † ægyptiaca, ex Linn. *Suppl. plant.* pag. 241.
447. — — succulenta Forsk. (Pl. 29, fig. 2.) A d.
448. ARENARIA rubra Linn. A s. R s. K s.
449. — † media Linn. — Arenaria marginata Decand. — In Ægypto, Granger, ex *Catalog. Ms. Hort. paris.* a°. 1736. Eamdem prope Alexandriam legit Cl. Olivier.
450. — — procumbens Vahl. A s.

Ordo, PENTAGYNIA.

451. SEDUM confertum. — Sedum, n°. 243, Forsk. *Flor. ægypt.* — Arab. *hay a'lem*. K h.
452. OXALIS corniculata Linn. — Arab. *hamdah*, id est, acida. K h.
453. LANCRETIA suffruticosa. (Pl. 25, fig. 1.) Spergulæ affinis; nascitur ad ripas Nili juxta Philas et Syenem. Dicatur gratæ memoriæ optimi Mich. Ano. Lancret, qui insulam Philas descripsit, *Antiquit.* vol. 1, cap. 1.

ILLUSTRATIO.

Ordo, DECAGYNIA.

454. NEURADA procumbens Linn. — Arab. *sa'dân*. A d. K d.
455. PHYTOLACCA decandra Linn. — Arab. *sabaghah*, id est, tinctura. K h.

CLASSIS UNDECIMA.

DODECANDRIA.

Ordo, MONOGYNIA.

456. PEGANUM harmala Linn. — Arab. *harmal*. A d.
457. NITRARIA tridentata Desf. *Flor. atl.* — Peganum retusum Forsk. — Arab. *gharqed*. A d. Et Damiatæ in desertis.
458. PORTULACA oleracea Linn. — Arab. *rigleh*. K h. — In Nubiâ segettemóm.
459. LYTHRUM thymifolia Linn. A d. Et circa Birket el-Hàggy.

Ordo, TRIGYNIA.

460. RESEDA luteola Linn. — Arab. *blyhah*. K s.
461. — — canescens Linn. — Arab. *denábá*. K d.
462. — — alba Linn. — Eadem est reseda undata Linn. — Reseda decursiva Forsk. A d. K d.
463. — — mediterranea Linn. — Reseda tetragyna Forsk. — Arab. *romeykh*, ex Forsk. K d.
464. — — subulata. A d. K d.
465. — — pruinosa. — An reseda phyteuma Forsk.? Foliorum laciniæ crassiusculæ, crustâ pruinosâ tectæ. Alexandriæ in deserto semel reperta. Eamdem in Syriâ legit D. Berthe.
466. — — odorata Linn. A h. In Syriâ et Barbariâ sponte crescens. Videtur reseda ægyptiaca Linn. *Flor. palæst. in Amœn. acad.* tom. iv, pag. 457.
467. OCHRADENUS baccatus. (H. N. *Botanique*, pl. 31, fig. 1.) Flores resedæ spicati, sed corolla nulla, et fructus baccatus. Frutex, odore erucæ et capparidis. Folia basi utrinque glandulâ luteolâ stipata. Inde nomen genericum ἀχρὸς pallidus, ἀδὴν *glandula*. In valle fontis el-Touâreq, prope Soueys; et in Æg. sup.
468. EUPHORBIA tirucalli Linn. In horto Kahiræ.
469. — — thymifolia Forsk. *Descr.* pag. 194. Æg. sup. et Damiatæ.

6.

470. EUPHORBIA peplis LINN. — An euphorbia dichotoma FORSK.?
A s.
471. — — punctata. (H. N. *Botanique*, pl. 30, fig. 3.) A d.
472. — — parvula. (Pl. 30, fig. 4.) A s.
473. — — peplus LINN. — Arab. *mélekeh*.
474. — — retusa FORSK. — Arab. *no'mânyeh*. K d.
475. — † tuberosa, in Ægypto ex LINN. *Amœn. acad.* t. III, 117.
476. — — alexandrina. (Pl. 30, fig. 2.) — An euphorbia obliquata FORSK.? A d.
477. — — paralias LINN. A d.
478. — — helioscopia LINN. K s. *Æg.* sup.
479. — — calendulæfolia. (Pl. 30, fig. 1.) K s.

Ordo, TETRAGYNIA.

480. CALLIGONUM comosum L'HÉRITIER. K d.

Ordo, PENTAGYNIA.

481. GLINUS lotoïdes LINN. — Arab. *ghobbeyreh*. Ad ripas Nili arenosas.

CLASSIS DUODECIMA.

ICOSANDRIA.

Ordo, MONOGYNIA.

482. CACTUS opuntia LINN. A h. K h. Ad sepes in provinciâ Fayoum. — Arab. *tyn frangy*, id est, ficus europæa.
483. MYRTUS communis LINN. — Arab. *as, mersyn*. K h.
484. PUNICA granatum LINN. — Arab. *roummân*. K h.
485. AMYGDALUS persica LINN. — Arab. *khoukh*. K h.
486. — — communis LINN. — Arab. *louz*. In hortis quandoque sata. Fructus copiosè advehuntur è Cypro et Syriâ.
487. PRUNUS armeniaca LINN. — Arab. *mechmech*. K h.
488. — — domestica LINN. — Arab. *barqouq*. K h.

Ordo, PENTAGYNIA.

489. PYRUS communis LINN. — Arab. *kommitrih; kommitrih beledy*, pyra hortorum Ægypti; *kommitrih toury*, pyra ex urbe Tor et è monte Sinaï Kahiram quotannis advecta.

490. PYRUS cydonia Linn. — Arab. *sefargel.* K h.
491. — — malus Linn. — Arab. *tiffáh; tiffáh chámy*, mala è Syriâ advecta; *tiffáh beledy*, mala ex hortis Ægypti.
492. MESEMBRYANTHEMUM nodiflorum Linn. — Arab. *ghásoul.* A d.
493. — — copticum Linn. K d.
494. — — crystallinum Linn. A s.
495. AIZOON canariense Linn. — Glinus crystallinus Forsk. — Arab. *kechet el-beled.* K d.

Ordo, POLYGYNIA.

496. ROSA centifolia Linn. — Arab. *ouard.* K h.
497. — — alba Linn. K h.
498. RUBUS fruticosus Linn. R s.
499. POTENTILLA supina Linn. In insulis niloticis.

CLASSIS DECIMA TERTIA.

POLYANDRIA.

Ordo, MONOGYNIA.

500. CAPPARIS spinosa Linn. — Arab. *kabar.* A d.
501. — — ægyptiaca Lamarck. (H. N. *Botanique*, pl. 31, fig. 3.) Æg. sup.
502. CHELIDONIUM hybridum Linn. — Chelidonium dodecandrum Forsk. — Arab. *rigl el-ghoráb*, id est, pes corvinus. A s.
503. PAPAVER rhœas Linn. A s.
504. — — somniferum Linn. — Arab. *abou el-noum*, id est, somniferum. K h.
505. — — hybridum Linn. A s.
506. NYMPHÆA lotus Linn. — Lotos Herod. lib. II, cap. 92; Theophrast. *Hist. plant.* lib. IV, cap. 10, pag. 437. — Arab. *noufar; bachenyn el-khanzyr.* Flores dicuntur in hac plantâ, ut in sequente, *a'ráys el-nyl*, id est, uxores Nili. Rosettæ et Damiatæ.
507. — — cærulea Savigny. — Lotus cyaneus Athenæi, l. III, c. 1, p. 72. — Arab. *bachenyn a'raby.* Radix dicitur *bydroú.* Rosettæ, Damiatæ; et in aquis Birket el-Rotly, juxta Kahiram.
— † nelumbo Linn. — Nelumbium Juss., Willd. — Lilia fructu favo vesparum simili, Herod. *loco citato.* — Faba ægyp-

tiaca Theophr. l. iv, cap. 10; Strab. l. xvii, pag. 677. In Ægypto non ampliùs reperitur. Notissima in Indiâ orientali.

508. † HELIANTHEMUM niloticum Desf. *Hort. paris.* — Cistus niloticus Linn. In Ægypto, ex Linn. et ex *Catalog. Ms. Hort. paris.* a°. 1731.
509. — † ægyptiacum Desf. *Hort. paris.* — Cistus ægyptiacus Linn. In Ægypto, ex Linn. et ex *Catalog. citat.*
510. — — Lippii. — Cistus Lippii Linn. — Cistus stipulatus Forsk. A d. — Arab. *khocheyn*, ex Forsk.
511. — — kahiricum. (H. N. *Botanique*, pl. 31, fig. 2.) — Cistus stipulatus, Var. β Forsk. K d.
512. — — glutinosum. — Cistus glutinosus Linn. A d.
513. — — roseum. — Cistus roseus Jacq. A d.
514. CORCHORUS olitorius Linn. — Arab. *meloukhyeh.* K h.

Ordo, TRIGYNIA.

515. DELPHINIUM Ajacis Linn. K h. — Arab. *ayákbouh.*
516. — — peregrinum Linn. A d.

Ordo, PENTAGYNIA.

517. NIGELLA sativa Linn. — Arab. *habbah soudeh*, id est, granum nigrum; *kammoun asoudd*, cuminum nigrum.
518. — — arvensis Linn. A s.
519. REAUMURIA vermiculata Linn. — Arab. *mulleyh*, *a'dbeh.* A d. K d.

Ordo, POLYGYNIA.

520. ANNONA squamosa Linn. — Arab. *qechtah.* K h.
521. ADONIS æstivalis Linn. A s.
522. — — dentata. (Pl. 53, fig. 1.) Fructu dentato. A d.
523. RANUNCULUS sceleratus Linn. — Arab. *zughlyl.* Damiatæ.

CLASSIS DECIMA QUARTA.

DYDYNAMIA.

Ordo, GYMNOSPERMIA.

524. TEUCRIUM iva Linn. — Moscharia Forsk. — Arab. *mesheh*, id est, moschata. A s.

ILLUSTRATIO.

525. TEUCRIUM polium LINN. α album. A d.
526. — † β album corymbosum. In Ægypto ex herb. Juss.
527. — — γ luteum. A d.
528. — † δ ægyptiacum. In Ægypto ex herb. Juss. — Teucrium ægyptiacum PERSOON *Synops*.
529. — † creticum, in Ægypto LINN.
530. SATUREIA capitata LINN. A d.
531. LAVENDULA stricta. (H. N. *Botanique*, pl. 32, fig. 1.) K d.
532. † SIDERITIS teucriifolia. In Ægypto ex herbario Isnardi apud Cl. de Jussieu.
533. — † perfoliata LINN. In Ægypto ex herb. Juss.
534. MENTHA sylvestris *niliaca*. — Mentha niliaca LINN. — Mentha longifolia FORSK. — Arab. *habaqbaq*. R s.
535. — — glabrata VAHL. — Mentha kahirina FORSK. — Arab. *lemmâm, na'na'*. K h.
536. — — sativa LINN. K h.
537. — — pulegium LINN. — Arab. *hoboq*. A d.
538. LAMIUM amplexicaule LINN. Damiatæ in agris brassicæ oleraceæ.
539. STACHYS palæstina LINN. — Arab. *reghat*. K d.
540. MARRUBIUM alyssum LINN. — Arab. *frâsyoun*. A d.
541. † CLINOPODIUM ægyptiacum LAMARCK, WILLD. — Clinopodium vulgare β ægyptiacum LINN.
542. PHLOMIS fruticosa LINN. A d.
543. ORIGANUM ægyptiacum LINN. — Arab. *mardaqouch*, vel *bardaqouch*. K h.
544. — † majorana LINN. In Ægypto ex Hasselquist. *Flor. palæst.*
545. † MELISSA officinalis LINN. Damiatæ ex Hasselquist.
546. OCIMUM basilicum LINN. α vulgare. — Arab. *ryhân*. K h.
547. — — β lignosum. K h.
548. PLECTRANTHUS crassifolius VAHL. — Ocimum zatarhendi FORSK. — Origanum indicum VESLING *Obs.*, et LINN. *Flor. palæst.* — Arab. *za'tar*. Planta in viridario domûs Mourâd-bey intra pagum Gyzeh semel visa.

Ordo, ANGIOSPERMIA.

549. VERBENA officinalis LINN. R s.
550. — — supina LINN. — Verbena procumbens FORSK. K s.
551. ZAPANIA nodiflora LAMARCK. — Verbena capitata FORSK. — Verbena nodiflora LINN. R s.
552. LINARIA elatine DESF. *Hort. paris.* — Antirrhinum elatine LINN. A s.
553. — — spuria DESF. *Hort. paris.* — Antirrhinum spurium LINN. Damiatæ.

554. LINARIA † cirrhosa Desf. *Hort. paris.* — Antirrhinum cirrhosum, in Ægypto ex Linn. *Mantiss.*
555. — — ægyptiaca Desf. *Hort. paris.* (H. N. *Botanique*, pl. 32, fig. 2.) — Antirrhinum ægyptiacum Linn. — Arab. *a'chib el-dyb*, *doreycheh*. In isthmo Soueys.
556. — — hælava. — Antirrhinum hælava Forsk. — Arab. *haláouah*.
557. — — virgata Desf. *Flor. atl.* Ex Ægypto à Cl. Olivier allata.
558. SCROPHULARIA deserti. (Pl. 33, fig. 1.) In valle fontis el-Touâreq.
559. CAPRARIA dissecta. (Pl. 32, fig. 3.) In insulâ el-Dahab, prope Masr el-A'tyq; et circa Belbeys.
560. BUCHNERA hermonthica. (Pl. 34, fig. 3.) Æg. sup. In arvis prope Erment, Hermonthim veterum. — In Nubiâ *náourkou*.
561. OROBANCHE crenata Forsk. Rosettæ et Damiatæ. — Arab. *hálouk*, nomen aliarum quoque specierum hujus generis vulgare.
562. — — ramosa Linn. — Lathræa Phelipæa Forsk. K s.
563. — — media Desf. *Flor. atl.* A s.
564. — — tinctoria Forsk. Eadem est lathræa quinquefida Forsk. R s. Et in insulis lacûs Menzaleh.
565. SESAMUM orientale Linn. — Sesamum orientale et sesamum indicum Forsk. — Arab. *semsem*. È seminibus conficiunt oleum *syrig*. K h.
566. VITEX agnus castus Linn. — Arab. *kaf maryam*. K h.
567. ACANTHODIUM spicatum. (Pl. 33, fig. 2.) Flos acanthi, semen ruelliæ. In isthmo Soueys prope Ageroud.

CLASSIS DECIMA QUINTA.

TETRADYNAMIA.

Ordo, SILICULOSÆ.

568. † MYAGRUM ægyptiacum Linn. Ex Hasselquist. in Linn. *Spec. plant.*
569. BUNIAS spinosa Linn. — Zilla myagrum Forsk. — Arab. *zilleh*, *oummo*. K d.
570. — † ægyptiaca Linn. Ex Ægypto, Zoëga in Linn. *Syst. nat.*
571. CAKILE maritima Tournef., Desf. α pinnatifida. — Bunias cakile Linn. — Isatis pinnata Forsk. — Ar. *recháde el-bahr*, id est, nasturtium maritimum; *figl el-gemel*, rapum cameli. A s.

572. CAKILE β ægyptiaca. — Bunias cakile β Vahl *Symb. bot.* — Isatis ægyptiaca Linn., Forsk. A s.
573. VELLA annua Linn. A s.
574. ANASTATICA hierochuntica Linn. K d. — Arab. *kaf maryam.*
575. † LEPIDIUM perfoliatum Linn. In Ægypto ex *Flor. palæst.*
576. — — sativum Linn. — Lepidium hortense Forsk. — Arab. *rechdd.* K h.
577. — — latifolium Linn. K s.
578. COCHLEARIA coronopus Linn. — Lepidium squamatum Forsk. K s.
579. — — draba Linn. A d.
580. — — nilotica. (H. N. *Botanique*, pl. 34, fig. 2.) In insulis niloticis. — Arab. *rechâd.*
581. ALYSSUM maritimum Willd. — Clypeola maritima Linn. A d.
582. BISCUTELLA depressa Willd. — An biscutella didyma Forsk.? A s.
583. — † apula Linn. In Ægypto ex herb. Juss.
584. LUNARIA parviflora. (Pl. 35, fig. 3.) In arenis circa pyramides Saqqârah; hieme florens. — Arab. *rechâd gebely.*

Ordo, SILIQUOSÆ.

585. † RICOTIA ægyptiaca Linn. Hanc in Syriâ, non procul à Sàlehyeh, legerunt DD. Berthe et Savigny.
586. SISYMBRIUM irio Linn. K s.
587. — — hispidum Vahl. — Sinapis harra Forsk. — Arab. *hârah.* K d.
588. — — ramulosum. Olim in Ægypto à Cl. Lippi detectum. V. S. herb. Vaill. Idem legit D. Nectoux prope Minyet et Beny-Soueyf.
589. — — barbareæfolium. Siliquâ sisymbrii sylvestris. — An erysimum Barbarea Forsk.? R s.
590. CHEIRANTHUS incanus Linn. — Arab. *mantour, kheyley.* K s.
591. — — lividus. — Cheiranthus tristis Forsk. K d.
592. — — tricuspidatus Linn. — Cheiranthus villosus Forsk. A d.
593. — — farsetia Linn. — Lunaria scabra Forsk. — Arab. *garbâ.* K d.
594. HESPERIS acris Forsk. (Pl. 35, fig. 2.) — Arab. *meddâd et sefeyry* ex Forsk.
595. — — ramosissima Desf. *Flor. atl.* Circa pyramides Saqqârah.
596. — — pygmæa. In finitimis Ægypti et Syriæ, D. Savigny. Prope Alexandriam, D. Olivier.
597. BRASSICA napus Linn. α edulis. — Arab. *lift.* K h.
598. — — β oleifera. — Arab. *selgam.* Culta in Ægypto superiore.
599. — — oleracea Linn. — Arab. *koronb.*

600. BRASSICA teretifolia Desf. *Flor. atl.* Circa pyramides Saqqàrah; decembre florens.
601. — — eruca Linn. — Arab. *gergyr*. Kh.
602. — — Tournefortii Gouan. Rd.
603. SINAPIS philæana. (H. N. *Botanique*, pl. 33, fig. 3.) Supra Syenem prope insulam Philas.
604. — — juncea Linn. — An sinapis nigra Forsk. ? — Arab. *kabar, khardel*. Frequens in agris trifolii alexandrini.
605. — — allionii Jacquin. (Pl. 35, fig. 1.) — Arab. *qarilleh*. Frequens inter segetes lini.
606. — — turgida. — Raphanus turgidus Persoon *Synops*.
607. — † parviflora Lippi. Ex herb. Juss.
608. RAPHANUS sativus Linn. α edulis. — Arab. *figl*.
609. — † β oleifer. Colitur in Nubiâ, Lippi. In Ægypto, Granger. — Arab. *symágah*.
610. — — recurvatus Persoon *Synops*. (Pl. 36, fig. 1.) — Raphanus lyratus Forsk. — Arab. *rechád el-bar*, id est, nasturtium deserti. A s. K s. Æg. sup.
611. — † pterocarpus Persoon *Synops*. In Ægypto, Granger. Ex herb. Juss.
612. ERUCARIA aleppica Gærtn. Ad.
613. — — crassifolia. (Pl. 34, fig. 1.) — Brassica crassifolia Forsk., Vahl. Prope pyramides Saqqârah.
614. CLEOME pentaphylla Linn. K s. Æg. sup. — In Nubiâ *aráreg*.
615. — — arabica Linn. Circa Pyramides.
616. — — droserifolia. (Pl. 36, fig. 2.) — Roridula droserifolia Forsk. In isthmo Soueys.

CLASSIS DECIMA SEXTA.

MONADELPHIA.

Ordo, TRIANDRIA.

617. TAMARINDUS indica Linn. — Arab. *tamar hendy*. Kh.

Ordo, PENTANDRIA.

618. PASSIFLORA cærulea Linn. — Arab. *cherk falek*. Kh.
619. ERODIUM cicutarium L'Hérit., Aiton, Willd. — Geranium cicutarium Linn. Kd.
620. — — pulverulentum Willd. — Geranium pulverulentum Cavan. Kd.

621. ERODIUM hirtum WILLD. — Geranium hirtum FORSK., VAHL. A d.
622. — — laciniatum WILLD. — Geranium laciniatum DESFONT., CAVAN. K d.
623. reflexum. Caule pilis reflexis hispido. — An geranium triangulare FORSK. ? A s.
624. — — glabellum. A s.
625. — — gruinum L'HÉRIT., AITON, WILLD. — Geranium gruinum LINN. A d.
626. — — glaucophyllum L'HÉRIT., AITON, WILLD. — Geranium glaucophyllum LINN. K d.
627. — — malacoïdes L'HÉRIT., AITON, WILLD. — Geranium malacoïdes LINN. A s.
628. — — malopoïdes. — Geranium malopoïdes DESF. *Flor. atl.* K d.
629. — — alexandrinum. Affine erodio laciniato. Crescit in peninsulà Râs el-Tyn.

Ordo, OCTANDRIA.

630. PISTIA stratiotes LINN. — Arab. *hay a'lem el-má*, id est, sempervivum aquaticum.

Ordo, DECANDRIA.

631. GERANIUM dissectum LINN. In arvis prope Belbeys.

Ordo, POLYANDRIA.

632. SIDA spinosa LINN. — Stewartia corchoroïdes FORSK. K s.
633. — — mutica. R b. Æg. sup. — In Nubiâ *gergydán*.
634. † ALTHÆA cannabina LINN. Ex FORSKAL.
635. — — Ludwigii LINN. In arvis prope Belbeys.
636. — — ficifolia. — Alcèa ficifolia LINN. — Arab. *khatmyeh*. K h.
637. MALVA parviflora LINN. — Arab. *khobbeyzeh el-cheytány*.
638. — — mareotica. A d.
639. — — sylvestris LINN. A d.
640. — — verticillata LINN. — Arab. *khobbeyzeh*. K h.
641. — — microcarpa DESF. *Hort. paris*. Inter Kahiram et Belbeys ad margines agrorum.
642. — † ægyptia LINN. *Spec. plant.*
643. LAVATERA arborea LINN. A h.
644. — — cretica LINN. Damiatæ frequens.
645. GOSSYPIUM herbaceum LINN. *a* annuum. — Arab. *gotn*. In Deltâ circa Semenoud, Mehallet el-Kebyreh, etc.

646. GOSSYPIUM β frutescens. Æg. sup. — Arab. *qotn.* — In Nubiâ *bennäbouk.*
647. — — vitifolium CAVANILLES. — Arab. *qotn el-chagar*, id est, gossypium arboreum. R h.
648. HIBISCUS syriacus LINN. K h.
649. — — abelmoschus LINN. K h. — Arab. *hab el-mosk*, id est, granum moschi.
650. — — esculentus LINN. α vulgaris. K h. — Arab. *bǎmyeh toueyly*, id est, hibiscus fructu longo.
651. — — β præcox FORSK. — Ketmia ægyptiaca parvo flore, TOURNEFORT. — Alcea ægyptia CLUS. — Arab. *bǎmyeh beledy*, id est, hibiscus ægyptius. — Incolis Nubiæ *groundòu* (*djyoundoû*).
652. — — trionum LINN. In Deltâ.

CLASSIS DECIMA SEPTIMA.

DIADELPHIA.

Ordo, HEXANDRIA.

653. FUMARIA officinalis LINN. — Arab. *chahtreg.* K s.
654. — — capreolata LINN. A s.
655. — — parviflora LAMARCK, SMITH. K s.

Ordo, DECANDRIA.

656. — — ABRUS precatorius LINN. In Ægypto ex Alpino et Hasselq. Semina in hortis quandoque sata.
657. SPARTIUM monospermum LINN. — Genista ratam FORSK. — Arab. *retam.* K d.
658. — — thebaïcum. (H. N. *Botanique*, pl. 37, fig. 1.) Æg. sup. — In Nubiâ *chouhâk*, *touchy.*
659. ONONIS pubescens LINN. In arenis Ægypti et Syriæ conterminis, SAVIGNY.
660. — — serrata FORSK., VAHL. A d.
661. — — vaginalis VAHL, VENTENAT. — Ononis cherleri FORSK. A d.
662. — — cherleri LINN. A d.
  † Ononis spinosa HASSELQ. *It. edit. gallic.* Part. 1, pag. 138; part. 11, pag. 187; et *edit. Stockholm*, pag. 100, 514, 617, est omnino hedysarum alhagi LINN.
663. LUPINUS termis FORSK. — Arab. *termis.* K h.

ILLUSTRATIO.

664. LUPINUS hirsutus LINN. — Lupinus digitatus FORSK. In arvis ad Birket el-Hàggy, cum lupino termi.
665. — — angustifolius LINN. — Arab. *termis el-cheytân*. Crescit ad margines agrorum lupini termis et trifolii alexandrini, inter Gyzeh et Pyramides.
666. PHASEOLUS mungo LINN. — Circa Philas in campis colitur, dictus ab incolis *kacheryngy*.
667. DOLICHOS lablab LINN. — Arab. *lebláb*. K h. — In Nubià *ougoudky*.
668. — — lubia FORSK. — Arab. *loubyd*, et *loubyeh*. — In Nubià *máseh*.
669. — — nilotica. (H. N. *Botanique*, pl. 38, fig. 1.) — Dolichos sinensis FORSK. Scandit arundines in ripâ Nili. R s. — Arab. *o'lleyq* nomen commune scandentium.
670. — — memnonia. (Pl. 38, fig. 3.) Æg. sup. Juxta templum Memnonis, ad Thebas.
671. PISUM arvense LINN. K h. Damiatæ et in Æg. sup. — Arab. *besilleh*.
672. LATHYRUS aphaca LINN. K s.
673. — — sativus LINN. Æg. sup. — Arab. *gilbán*.
— † tingitanus LINN. In Ægypto ex POCOCK. *It.* vol. 1, pag. 283. Huc quoque accedunt lathyrus hispanicus HASSELQUIST. *It.* pag. 117, et lathyrus ægyptiacus *ejusdem*, pag. 482.
674. VICIA biflora DESF. *Flor. atl.* K s.
675. — — sativa LINN. — Arab. *el-bakhrah*, *dehoreg*. K s.
676. — — lutea LINN. K s.
677. FABA sativa TOURN., JUSS. — Vicia faba LINN. — Arab. *fúul*. K h.
678. CICER arietinum LINN. — Arab. *maláneh*, quæ vox designat plantam fructu viridi onustam; semina sicca dicuntur *hommos*. K h.
679. ERVUM lens LINN. — Arab: *a'ds*. Colitur copiosè circa Damanhour.
680. HIPPOCREPIS multisiliquosa LINN. A d.
681. SCORPIURUS sulcata LINN. Habitat ad margines agrorum prope Semenoud.
682. SESBANIA ægyptiaca PERSOON *Synops*. — Æschynomene sesban LINN. — Arab. *seysábán*. K h.
683. HEDYSARUM alhagi LINN. — Arab. *a'dqoul*. A d. K d.
684. — — ptolemaïcum. (Pl. 39, fig. 1.) K d.
685. ONOBRYCHIS crista galli. — Hedysarum crista galli LINN. A s.
686. INDIGOFERA paucifolia. (Pl. 37, fig. 2.) Æg. sup.
687. — — argentea LINN. — Indigofera tinctoria FORSK. — Arab. *nyleh*. K h.
688. GALEGA apollinea. (Pl. 53, fig. 5.) Circa Edfoù, Apollinopolim antiquam.

689. ASTRAGALUS lanigerus. Desf. *Flor. atl.* A d.
690. — — gyzensis. Prope pyramides Gyzeh.
691. — — hamosus Linn. K s.
692. — — trimestris Linn. — Arab. *khansar el-a'rouseh*, id est, digitus sponsæ, propter formam leguminis. K d.
693. — — mareoticus. (H. N. *Botanique*, pl. 39, fig. 3.) A d.
694. — — hispidulus Decand. *Astragal.* A d.
695. — — stella Linn. A d.
696. — — tribuloïdes. Capitulis florum sessilibus. A d.
697. — — peregrinus Vahl. Caule prostrato. A d.
698. — — annularis Forsk. K d.
699. — — bæticus Linn. A s.
700. — — tomentosus Lamarck *Dict. encycl.* — Astragalus fruticosus Forsk. R d.
701. — — longiflorus. (Pl. 39, fig. 2.) In valle el-Touâreq. — Arab. *keddádeh*.
702. — — tumidus Willd. — Colutea spinosa Forsk. — Arab. *kedddád*. K d.
703. — — trigonus Decand. *Astragal.* — Tragacantha trigona Lippi *Ms.* et herb. Vaill. A d.
704. PSORALEA palæstina Linn. In horto Kahiræ nata, è seminibus forsan syriacis.
705. — — plicata. (Pl. 37, fig. 3.) Æg. sup.
706. MELILOTUS indica Desf. *Flor. atl.* — Trifolium melilotus indica Linn. K s. — Arab. *reqrâq, nafal*.
707. — — messanensis Ray, Tournef., Desf. — Trifolium melilotus messanensis Linn. K s. R s. Et Damiatæ.
708. — — sulcata Desf. *Flor. atl.* A s. K s.
709. — — TRIFOLIUM radiatum. A d.
710. — — alexandrinum Linn. — Arab. *bersym*. Pabulum in Ægypto vulgatissimum. Herba sicca et servata vocatur *derys*.
711. — — resupinatum Linn. — Trifolium fragiferum et bicorne Forsk. Rosettæ et Damiatæ.
712. — — tomentosum Linn. A d.
713. — † procumbens Linn. Damiatæ ex Hasselq.
714. LOTUS oligoceratos Lamarck, Desf. — Lotus villosus Forsk. — Arab. *qarn el-ghazâl*, id est, cornu gazellæ. R d.
715. — — arabicus Linn. In insulis niloticis.
716. — — creticus Linn. A d.
717. — — dichotomus. K d.
718. — — corniculatus Linn. A s.
719. DORYCNIUM argenteum. (Pl. 40, fig. 1.) A d.
720. TRIGONELLA hamosa Linn. — Arab. *a'chib el-melek*. K s.
721. — — maritima. A d.

722. TRIGONELLA media. K s.
723. — — laciniata LINN. R s. K s.
724. — — fœnumgræcum LINN. — Arab. *helbeli*. K n.
725. — — anguina. (H. N. *Bot.*, pl. 38, fig. 2.) Fructu flexuoso. K s.
726. — — stellata FORSK. A trigonellâ monspeliacâ discrepans. K s.
727. — — occulta. In insulis Nili arenosis.
728. MEDICAGO circinata LINN. A d.
729. — — orbicularis LINN. A d.
730. — — intertexta LINN. — Arab. *nafal*. R s..
731. — — ciliaris LINN. A s.
732. — — recta DESF. *Flor. atl.* A d.
733. — — marina LINN. A d.
734. — — truncatula GÆRTNER. A d. R d.

CLASSIS DECIMA OCTAVA.

POLYADELPHIA.

Ordo, ICOSANDRIA.

735. CITRUS aurantium LINN. α fructu dulci. — Arab. *náring helou*.
736. — — β fructu amaro. Aurantium acri medullâ FERRARI *Tab.* 377. — Arab. *náring máleh*.
737. — — γ fructu amaro minore. — Arab. *náring yousef effendy*.
738. — — δ suave lusitanicum. — Arab. *bortuqán*.
739. — — medica LINN. α fructu acido. — Limon pusillus FERRARI *Tab.* 211. — Arab. *leymoun máleh*.
740. — — β fructu aurantiiformi, cortice lævi, medullâ dulci. — Arab. *leymoun helou*.
741. — — γ fructu acido, seminibus parvis. — Arab. *leymoun cha'yry*.
742. — — δ limon vulgaris FERRARI *Tab.* 193. — Arab. *leymoun zifer*.
743. — — ε limon dulci medullâ FERRARI *Tab.* 230. — Arab. *adályeh helou*.
744. — — ζ limon citratus FERRARI *Tab.* 265. — Arab. *adályeh máleh*.
745. — — η fructu apice conico, medullâ valde acidâ. — Arab. *hommád*.
746. — — θ limon formâ et magnitudine cucumeris. Affine est pomum paradisi FERRARI *Tab.* 307. — Arab. *torong beledy*.
747. — — ι fructu crasso costato. — Arab. *torong mesabba'*.
748. — — κ limon sponginus FERRARI *Tab.* 303. — Arab. *kebbád*.
749. — — λ limon sponginus rugosus FERRARI *Tab.* 301. — Arab. *neffách*.

FLORAE AEGYPTIACAE

Ordo, POLYANDRIA.

† HYPERICUM aegyptiacum Linn. Compertum habemus hanc plantam, non in Ægypto, sed in Syriâ aut Cypro à Cl. Granger olim detectam fuisse. Ex *Catalog. Ms. Hort. paris.* a°. 1736, in Biblioth. Cl. de Jussieu.

CLASSIS DECIMA NONA.

SYNGENESIA.

Ordo, POLYGAMIA ÆQUALIS.

750. UROSPERMUM picroïdes Juss., Lam. et Decand. — Tragopogon picroïdes Linn. Damiatæ.
751. † SCORSONERA undulata Vahl. Ex Ægypto communicata à Cl. Olivier.
— † Veslingii Linn. *in Flor. palæst. ex Veslingio.* Non satis nota, et ab auctoribus omissa.
752. PICRIDIUM tingitanum Desf. *Flor. atl.* — Scorsonera tingitana Linn., Forsk., et scorsonera ciliata Forsk. — Arab. *nukd, houeh.* A d. K d.
753. PICRIS altissima. (H. N. *Botanique*, pl. 41, fig. 2.) An picris hieracioïdes Forsk. ? — Arab. *murreyr.* K s.
754. — — lyrata. (Pl. 40, fig. 3.) — An leontodon asperum Forsk.? A d.
755. — — pilosa. (Pl. 41, fig. 1.) A d.
756. — — sulphurea. (Pl. 40, fig. 2.) In insulâ el-Dahab prope Masr el-A'tyq.
757. SONCHUS oleraceus Linn. — Arab. *libbeyn, galáyl.* K s.
758. — — divaricatus Desfont. *Annal. Mus. et Hort. paris.* A d. K d. Planta hæc est fortè habenda pro chondrillâ junceâ olim ab Hasselquistio circa Pyramides lectâ. *Vide* Flor. palæst. Linn. Amœn. acad. tom. IV.
759. — — chondrilloïdes Desf. — Leontodon mucronatum Forsk. — Scorsonera resedifolia Linn. R d. A d.
760. LACTUCA sativa Linn. — Arab. *khass.* K h.
761. — — virosa Linn. — An eadem cum lactucâ salignâ Forsk.? — Arab. *libbeyn.* K s.
762. PRENANTHES spinosa Forsk., Vahl, Willd. — Arab. *zaggoueh, keddád.* In valle fontis el-Touâreq. K d.
763. HIERACIUM bulbosum Willd. — Leontodon bulbosum Linn. A d.

ILLUSTRATIO. 103

764. CREPIS senecioïdes. (H. N. *Botanique*, Pl. 42, fig. 2.) K s.
765. — — breviflora. R s.
766. — † pauciflora, ex Ægypto Desf. *Catalog. Hort. paris.*
767. — — hispidula. (Pl. 42, fig. 1.) K s.
768. — † radicata. Forsk. *Descr.* pag. 145.
769. HYOSERIS lucida Linn. — Lapsana taraxacoïdes Forsk. A d.
770. — — cretica Linn., Cavan., Desf. — Hyoseris hedypnoïs Forsk. A d.
771. † CATANANCHE lutea Linn. — Catananche flore flavo Forsk.
772. CICHORIUM intybus Linn. — Arab. *chikouryeh*, *hendebeh*. K s.
773. — — endivia Linn. — Arab. nomen ut prioris. K h.
774. — † spinosum Linn. Damiatæ ex Hasselquist.
775. SCOLYMUS maculatus Linn. — Arab. *lehláh*. Inter Rosettam et Rahmànyeh.
776. — — hispanicus Linn. A s.
777. — † grandiflorus Desf. *Flor. atl.* In Ægypto ex Ms. Lippii, et ex herb. Vaillantii.
778. † CARDUUS argentatus Linn. In Ægypto ex Granger. *Vide* Linn. Spec. plant.
779. — — marianus Linn. K s.
780. CIRSIUM syriacum Gærtner. — Carduus syriacus Linn., Forsk. — Arab. *chouk*, id est, spina. K s.
781. ONOPORDUM græcum Linn. A s.
782. CINARA scolymus Linn. — Arab. *kharchouf*. K h.
783. CARLINA lanata Linn. A d.
784. ATRACTYLIS flava Desfont. *Flor. atl.* — Centaurea carduus Forsk. A d.
785. CARTHAMUS tinctorius Linn. — Arab. *qortom*, nomen plantæ; *o'sfour*, nomen florum. K h.
786. — — creticus Linn. — An cnicus spinosissimus Forsk.? A d. R d.
787. — — mareoticus. (Pl. 48, fig. 1.) A d.
788. ETHULIA conyzoïdes Linn. — Kahiria Forsk. *Descr.* p. 153. R s.
789. CHRYSOCOMA spinosa. (Pl. 46, fig. 3.) — Chrysocoma mucronata Forsk. — Stæhelina spinosa Vahl. — Arab. *dafry*. K d.
790. — — candicans. (Pl. 46, fig. 2.) A d.
791. SANTOLINA fragrantissima Forsk. (Pl. 42, fig. 3.) — Arab. *qeysoun*, *ba'yterán*, *ba'bouny*. K d.
792. DIOTIS candidissima Desfont. *Flor. atl.* — Athanasia maritima Linn. A d.
793. BALSAMITA vulgaris Willd. — Tanacetum balsamita Linn. — Arab. *belsáneh*, vel *melsáneh*. K h.
794. — — tridentata. (Pl. 47, fig. 1.) A s.

FLORAE AEGYPTIACAE

Ordo, POLYGAMIA SUPERFLUA.

795. † TANACETUM monanthos LINN. — Tanacetum humile FORSK.
796. ARTEMISIA judaïca LINN. (H. N. *Botanique*, pl. 43, fig. 3.) — Arab. *chyeh.*
797. — — monosperma. (Pl. 43, fig. 1.) K d. — Arab. *a'deh.*
798. — — abrotanum LINN. — Arab. *meskeh.* A h.
799. — — arborescens LINN. — Arab. *cheybeh.* K h.
800. — — inculta. (Pl. 43, fig. 2.) In valle el-Touàreq.
801. — — valentina LAMARCK, WILL. — Artemisia æthiopica LINN. A d. K d.
802. — † dracunculus LINN. In Ægypto ex Hasselq. *It.* pag. 484.
803. GNAPHALIUM stœchas LINN. A d.
804. — — luteo-album LINN. In insulis niloticis.
805. — † sanguineum, in Ægypto ex LINN. *Spec. plant.*
806. — — cauliflorum DESF. *Flor. atl.* — Chrysocoma spicata FORSK. — Gnaphalium spicatum VAHL. Kd. Rd.
807. — — spathulatum LAM. (Pl. 44, fig. 2.) K s.
808. — — pulvinatum. (Pl. 44, fig. 1.) K s.
809. — — crispatulum. (Pl. 44, fig. 3.) K s.
810. — — germanicum DECAND. — Filago germanica LINN. A s. K s.
811. CONYZA Dioscoridis DESF. *Hort. paris.* — Baccharis Dioscoridis LINN. — Conyza odora et eupatorium odoratum FORSK. — Arab. *barnouf.* R s. K s. Et Damiatæ.
812. — — ægyptiaca DESF. *Hort. paris.* — Erigeron ægyptiacum LINN. *Mantiss.* — Erigeron serratum FORSK. K s.
813. — — rupestris LINN. — Conyza tomentosa FORSK. — Arab. *motey.* A d.
814. SENECIO vulgaris LINN. Damiatæ.
815. — — arabicus LINN., VAHL. — Senecio hieracifolius FORSK. K s.
816. — — verbenæfolius JACQ., WILLD. Prope Mansourah.
817. — — belbeysius. (Pl. 45, fig. 3.) In agris limosis prope Belbeys.
— † triflorus, tanquam planta Ægypti ex Hasselquistio memoratur, apud LINN. *Flor. palæst.*; sed delendum est Vaillantii synonymum in LINN. *Spec. plant.*, et transferendum ad senecionem ægyptium sequentem.
818. — — ægyptius LINN. Mutato Vaillantii synonymo, nempe, ut admissum à Linnæo, deest in Act. acad. paris., et in herb. Vaill. K s.
819. — — coronopifolius DESF. *Flor. atl.* — Senecio glaucus LINN. A d. R d. Et Damiatæ.
820. — † varicosus, in Ægypto ex LINN. FIL. *Decad. plant.*
821. — — squalidus LINN. A s.

822. † SOLIDAGO virga aurea LINN. Damiatæ ex Hasselq.
823. † CINERARIA maritima LINN. — Achaovan PROSP. ALPIN. *de plantis Ægypti*, pag. 43, tab. 28.
824. INULA undulata LINN. (H. N. *Botanique*, pl. 46, fig. 1.) — Arab. *ghobbeyreh*. Kd.
825. — — arabica LINN. — Arab. *ra'rāa' ayoub*. K s.
826. — — crithmifolia LINN. — Senecio succulentus FORSK. A d.
827. — — crispa. (Pl. 45, fig. 2.) — Aster crispus FORSK. Kd.
828. TAGETES erecta LINN. — Arab. *qatyfeh*. Ḳ h.
829. CHRYSANTHEMUM coronarium LINN. — Chrysanthemum segetum FORSK. A s.
830. COTULA anthemoïdes LINN. K s.
831. — — aurea LINN. Copiosè in campis circa Sàlehyeh.
832. — — cinerea. (Pl. 47, fig. 4) Juxta pyramides Saqqàrah.
833. GRANGEA maderaspatana DESF. *Hort. paris*. — Artemisia maderaspatana LINN. Alexandriæ ad canalem.
834. MATRICARIA chamomilla LINN. R s.
835. ANACYCLUS alexandrinus WILLD. (Pl. 48, fig. 3.) A d.
836. ANTHEMIS arvensis LINN. K s.
837. — † peregrina LINN. In Ægypto, Hasselq. *Flor. palæst*.
838. — — retusa. Seminibus striatis, retusis. K s. — Arab. *a'yn el-qot*, id est, oculus felis. Huc Anthemides, n°. 454-457 FORSK.
839. — — indurata. (Pl. 47, fig. 3.) Corollularum basi callosà, persistente in vertice seminum. A s.
840. — — melampodina. (Pl. 45, fig. 1.) Semina pappo ligulato coronata, ad instar seminum melampodii. Kd.
841. ACHILLEA santolina LINN. A d.
842. — † ægyptiaca LINN.
843. — † falcata FORSK. *Catalog. plant. ægypt*. n°. 458.
844. — † lobatifolia FORSK. *Ibid*. n°. 459, *absque descriptione*.
845. ECLYPTA erecta LINN. — Micrelium asteroïdes FORSK. — Arab. *sa'deh*. R s.
846. BUPHTHALMUM spinosum LINN. A d.
847. — — graveolens FORSK. — Arab. *rabd*. Kd.
848. — — pratense VAHL. (Pl. 48, fig. 2.) — Ceruana pratensis FORSK. — Arab. *garáoudn*. K s.
849. HELIANTHUS annuus LINN. — Arab. *a'yn el-chems*, id est, oculus solis; semina vocantur *hab el-chems*.
  † Helianthum indicum in Ægypto non vidi. Planta in hortis Ægypti olim culta ex LINN. Mantiss. pag. 117.
850. CENTAUREA crupinoïdes DESF. *Flor. atl*. A d.
851. — moschata LINN. — Arab. *a'nbar*. Ḳ h.
852. — † crucifolia LINN. In Ægypto ex Hasselq. *Flor. palæst*.
853. — — Lippii LINN. R d. — Arab. *khyzárán*.

854. CENTAUREA prolifera Ventenat. A d. R d. — Hujus est varietas centaurea acaulis Forsk.
855. — † benedicta Linn. Damiatæ ex Hasselq.,
856. — — ægyptiaca Linn. (H. N. Botanique, pl. 49, fig. 2.) — An centaurea eriophora Forsk. ?
857. — — calcitrapa Linn. — Arab. *morreyr*. Damiatæ.
858. — — calcitrapoïdes Linn. K s.
859. — — penicillata. Hanc in Ægypto invenerat Coquebert.
860. — — pallescens. (Pl. 49, fig. 1.) K s.
861. — — alexandrina. (Pl. 49, fig. 3.) A d.
862. — — pumila Linn. — Centaurea mucronata Forsk. A d.

Ordo, POLYGAMIA NECESSARIA.

863. CALENDULA ægyptiaca Desf. Hort. paris. K d.
864. — — arvensis Linn. — Arab. *tob a'yny, kahleh*. K s.
865. — — officinalis Linn. A h.
866. FILAGO mareotica. (Pl. 47, fig. 2.) A d.

Ordo, POLYGAMIA SEGREGATA.

867. SPHÆRANTHUS indicus Lin. — Polycephalos suaveolens Forsk. — Arab. *habaqbaq*. R s.
868. ECHINOPS spinosus Linn. — Arab. *khachyr; chouk el-gemel*, id est, spina vel carduus cameli. R d. K d.

CLASSIS VICESIMA.

GYNANDRIA.

CLASSIS VICESIMA PRIMA.

MONOECIA.

Ordo, MONANDRIA.

869. CYNOMORION coccineum Linn. In arenosis humidis prope ostia Nili. — Arab. *zib el-ard*.
870. ZOSTERA bullata. (Pl. 53, fig. 6.) In mari rubro.

ILLUSTRATIO.

871. CYMODOCEA æquorea Konig et Sims, *Annals of botany.* — Phucagrostis caulini Willd. A s.
872. ZANNICHELLIA palustris Linn. Damiatæ.
873. NAYAS fragilis. — Caulinia fragilis Willd. — Arab. *hamoul.* R s.
874. — — graminea. (H. N. *Botanique*, pl. 5o, fig. 3.) R s.
875. — — muricata. (Pl. 5o, fig. 1.) In aquis salsis juxta Fareskour.
876. CHARA vulgaris Linn. — Arab. *neybt.* R s.

Ordo, DIANDRIA.

877. LEMNA hyalina. Radice ligulatà, pellucidà. Damiatæ.
878. — — gibba Linn. R s.
879. — — polyrhiza Linn. R s. — Arab. *a'ds el-má*, id est, lens aquatica.

Ordo, TRIANDRIA.

880. TYPHA angustifolia Linn. R s.
881. ZEA mays Linn. — Arab. *dourah*, *dourah kyzán.* K h.
882. † COIX lacryma Linn., Forsk. — Arab. *dima' ayoub.*
883. CAREX divisa Huds., Willd. A s.
884. — † acuta *maxima*, in Ægypto ex Hasselq. *Flor. palæst.*

Ordo, TETRANDRIA.

885. † BETULA alnus, foliis oblongis; in Ægypto ex Hasselq. *Flor. palæst.*
886. URTICA pilulifera Linn. — Arab. *qoreys, zorbeh, fisah kláb.* K s.
887. — — urens Linn. — Arab. *zaghlyleh.* K s.
888. — † dioïca *maxima*, in Ægypto ex Hasselq. *Flor. palæst.*
889. MORUS alba Linn. — Arab. *tout, tout beledy.*
890. — — nigra Linn. — Arab. *tout chámy.*

Ordo, PENTANDRIA.

891. XANTHIUM strumarium Linn. — Arab. *kharaq el-bahr.* R s.
892. AMBROSIA maritima Linn. — Ambrosia villosissima Forsk. — Arab. *demsyseh.* A s. K s.
893. AMARANTHUS blitum Linn. K s.

Ordo, POLYANDRIA.

894. CERATOPHYLLUM demersum Linn. — Arab. *hamoul.* R s.
895. POTERIUM sanguisorba Linn. A d.

FLORÆ ÆGYPTIACÆ

896. † PLATANUS orientalis LINN. In hortis Kahiræ ex FORSK.
897. ARUM colocasia LINN. — Arab. *qolqâs.* In Deltâ.
898. — — arisarum LINN. A d.

Ordo, MONADELPHIA.

899. PINUS halepensis MILLER, AITON, DESF. Unica crescebat in horto prope Kahiram. — Arab. *senoubar.*
900. CUPRESSUS sempervirens LINN. — Arab. *saroû.* K h.
901. CROTON tinctorium LINN. — An croton argenteum FORSK.? — Arab. *ghobbeyreh.* K s.
902. — — plicatum VAHL. K s. — In Nubiâ *goddeh.*
903. — — oblongifolium. (H. N. *Botanique,* pl. 51, fig. 1.) In isthmo Soueys prope Ageroud.
904. — — obliquum, in Ægypto ex VAHL. *Symb. bot.*
905. RICINUS communis LINN. — Ricinus medicus FORSK. — Arab. *kharoua'.* K h. R h. — Linguâ incolarum Nubiæ *roudgy.*
906. MOMORDICA balsamina LINN. — Arab. *beylâsân.* K h.
907. — — pedata LINN. K h.
908. — — luffa LINN. — Arab. *louf.* K h.
909. — † elaterium, in Ægypto ex LINN. *Flor. palæst.*
910. CUCURBITA lagenaria LINN. — Cucurbita leucantha DUCHESNE, α fructu lagenæformi. — *Cougourde ou gourde des pèlerins,* LAMARCK *Dict. encycl.* — Arab. *qara' medaouer.*
911. — — β fructu ovato ampliore. — Arab. *qara' debbeh.*
912. — — γ fructu longiore, eduli. — *La courge trompette,* LAMARCK *Dict. encycl.* — Arab. *qara' tâouyl.*
913. — — pepo LINN. α maxima. — *Le potiron.* — Arab. *qara' eslâmbouly.*
914. — — β polymorpha oblonga, — *Le giraumon,* LAMARCK *Dict. encycl.* — Arab. *qara' moghreby.*
915. — — γ fructu minimo. — Arab. *qara' kouzy.*
916. — — citrullus LINN. — α carne rubrâ. — Arab. *batykh ahmar.*
917. — — β carne flavescente. — Arab. *batykh asfar.*
918. — — γ carne albidâ. — Arab. *batykh abyad.*
919. — — δ cortice maculato. — Arab. *batykh el-nems.*
920. — — ε cortice sordido. — Arab. *batykh agrab.*

N. B. Citrulli è variis locis oriundi, *gebely* dicuntur è locis desertorum proximis, *bourlosy* è promontorio Bourlos, ubi optimi; *beledy* vulgatissimi.

921. CUCUMIS colocynthis LINN. — Arab. *handal.* Kd. Æg. sup. — In Nubiâ *horky.*
922. — — chate LINN. — Arab. *a'bd alldouy*: *o'ggour* nomen est fructûs adhuc immaturi.

ILLUSTRATIO.

923. CUCUMIS dudaim Linn. — Cucumis schemmam Forsk. — Arab. *chemâm.*
924. — — melo Linn. — α fructu crasso. — Arab. *domeyry.* A h.
925. — — β fructu oblongo. — Arab. *mahannâouy.* K h.
926. — — γ fructu costato. — Arab. *qâoun.* K h.
927. — — sativus Linn. α fructu minore. — Arab. *khyár.*
928. — — β fructu flavo majore. — Arab. *qatteh.*
929. — — γ fructu albo. — Arab. *faqous.*
930. — † flexuosus Linn. In Ægypto ex Hasselq. *Flor. palæst.*
931. BRYONIA cretica Linn. A d.

CLASSIS VICESIMA SECUNDA.

DIŒCIA.

Ordo, DIANDRIA.

932. SALIX babylonica Linn. — Arab. *safsáfroumy.* Kh.
933. — — subserrata Willden. — An salix fragilis et safsaf beledy Forsk. *Flor. ægypt.* n¹¹. 525 et 527 ? — Arab. *safsáf beledy.* K h.
934. — — ægyptia Linn. — Salix ægyptiaca et salix safsaf Forsk. *Flor. ægypt.* n¹¹. 523 et 526. — Arab. *bán, khalâf.* K h.

Ordo, PENTANDRIA.

935. PISTACIA vera Linn. — Arab. *festoq.* Fructus ex Aleppo Kahiram advectus.
936. — — terebinthus Linn. — Arab. *botm.* Fructus dicitur *habbeh khadrah;* Kahiræ in officinis.
937. SPINACIA oleracea Linn. — Arab. *sebánakh.* K h.
938. CANNABIS sativa Linn. — Arab. *charáneq, el-hachych.* Usus plantæ textilis in Ægypto ignoratur. Pharmaca inebriantia è foliis parantur. Kh.
939. ÆRUA tomentosa Forsk. — Celosia lanata Linn. — Arab. *chagaret el-na'geh.* Kh. Æg. sup.

Ordo, HEXANDRIA.

† DIOSCOREA sativa Linn. Culta in Ægypto, ex Hasselq. *Flor. palæst.*
940. PHŒNIX dactylifera Linn. Per totam Ægyptum. — Arab. *nakhleh,* arbor; *el-dakar,* arbor mascula; *el-entáyeh,* arbor femina:

FLORÆ ÆGYPTIACÆ

zaa'f, frondes arboris; *geryd*, costa frondis; *khous*, foliola; *lyf*, rete fibrosum in basi frondium.

zebâtah, vel *a'rgoun*, spadix; *chamroukh*, ramuli spadicis. *balah*, *tamr*, fructus seu dactyli; *rotab*, dactyli molles, valde maturi; *a'goueh*, dactyli servati, in massam compacti.

VARIETATES DACTYLORUM *Kahiræ notissimæ*.

Balah amhát.
— *syouy.*
— *hayány.*
— *sobáe' el-set.*
— *a'omry.*
— *sofr el-denyeh.*
— *o'qobáchy.*
— *beyd el-gemel.*
— *zibd el-a'bd.*
— *ryq el-benát.*
— *ibrymy.*
— *adráhy.*

Balah mendouáty.
— *bent a'ych.*
— *noql el-báchá.*
— *semány.*
— *sirgy.*
— *seyfayeh.*
— *o'mar bekry.*
— *souáb el-a'rous.*
— *qeroun el-ghazál.*
— *sakkouty.*
— *bourlosy.*
— *yemeny, etc.*

Phœnix dactylifera apud incolas Nubiæ dicitur *fentigy*, et fructus *benty*, vel *betty*.

941. CUCIFERA thebaïca. (H. N. *Botanique*, pl. 1 et 2.) — Arab. *doum*. Æg. sup. — In Nubiâ *ambouy*.

Ordo, OCTANDRIA.

942. POPULUS alba LINN. — Arab. *hour*. K h.
943. — — nigra LINN. — Arab. *baqs*. K h.

Ordo, ENNEANDRIA.

944. MERCURIALIS annua LINN. A s.

Ordo, DODECANDRIA.

945. MENISPERMUM leæba. (Pl. 51, fig. 2 et 3.) Flores semi-dodecandri. — Leæba FORSK. — Arab. *lebakh el-gebel*. K d. Æg. sup.

Ordo, MONADELPHIA.

946. EPHEDRA distachya LINN. K d.
947. — — altissima DESF. *Flor. atl.* Prope Abouqyr et Etkoù.
948. RUSCUS hypophyllum LINN. — Arab. *qafandar*. K h.

CLASSIS VICESIMA TERTIA.

POLYGAMIA.

Ordo, MONŒCIA.

949. MUSA paradisiaca LINN. — Arab. *mouz*. R h. K h.
950. POSIDONIA oceanica. KONIG et SIMS, *Annals of botany*. — Zostera oceanica LINN. — Arab. *stendrah*. In mari Mediterraneo.
951. VALANTIA hispida LINN. A s.
952. PARIETARIA officinalis LINN. — Arab. *hachychet el-ryh*, id est, herba venti.
953. — — alsinefolia. (H. N. *Botanique*, pl. 5o, fig. 2.) Inter saxa ad Gebel-Ahmar, prope Kahiram.
954. ATRIPLEX halimus LINN. — Arab. *gataf*. A s. K d.
955. — † hortensis LINN. — Atriplex vulgaris, in hortis Damiatæ, ex HASSELQ.
956. — — portulacoïdes LINN. Rosettæ, et in insulis lacûs Menzaleh.
957. — — glauca LINN. A s.
958. — — coriacea FORSK. (Pl. 52, fig. 1.) A s.
959. — — hastata LINN. Damiatæ.
960. MIMOSA habbas. — Abbas, ex GRANG. *It.* pag. 241. — Erget el-krone BRUCE, t. v, tab. 7. — Arab. *habbás*. Juxta Koum-Omboû et Asouân.
961. ACACIA lebbeck WILLD. — Mimosa lebbeck LINN. — Arab. *lebakh*. K h.
962. — — farnesiana WILLD. — Mimosa farnesiana LINN. — Mimosa scorpioïdes FORSK. — Arab. *fetneh*. K h.
963. — — nilotica WILLD. — Mimosa nilotica LINN. Per totam Ægyptum. — Arbor appellatur *sant; qarad*, est nomen fructûs. — Incolis Nubiæ *horg, goouy (djoouy)*.
964. — — albida. (Pl. 52, fig. 3.) Æg. sup.
965. — — seyal. (Pl. 52, fig. 2.) K d. — Arab. *seyál*.
966. — — gummifera. — Mimosa gummifera FORSK. *in Flor. arab.* — Arab. *toull*. Æg. sup.
967. — — heterocarpa. In Ægypto superiore juxta Qoçeyr. — Arab. *fárdeh*. Fructus Kahiræ in officinis pharmaceuticis venalis.
† Mimosa Senegal, in Ægypto ex LINN. *Flor. palæst.*, absque auctorum indicio.
— † stellata FORSK. *Flor. arab.* Crescit in Arabiâ. Ægypto perperam adscripta in *Persoon Synops*.

Ordo, POLYŒCIA.

968. CERATONIA siliqua Linn. — Arab. *kharroub*. A h. K h.
969. FICUS carica Linn. — Arab. *tyn*. K h.
970. — — sycomorus Linn. — Arab. *gimmeyz*. K s.

CLASSIS VICESIMA QUARTA.

CRYPTOGAMIA.

Ordo, FILICES.

971. ADIANTHUM capillus veneris Linn. — Arab. *huzbaret el-byr*, id est, coriandrum cisternarum. A s.
972. MARSILEA ægyptiaca Willd. (H. N. *Botanique*, pl. 5o, fig. 4.) — Arab. *qourdyetah*. K s. R s.

Ordo, MUSCI.

973. GYMNOSTOMUM niloticum. (Pl. 53, fig. 7.) K s.
974. FISSIDENS bryoïdes Hedwig. — Hypnum bryoïdes Linn. In muris cisternarum Kahiræ et Damiatæ.
975. FUNARIA minor. Kahiræ ad muros rivulorum.

Ordo, HEPATICÆ.

976. RICCIA crystallina Linn. K s.

Ordo, LICHENES.

† LICHEN prunastri Linn. — Arab. *cheybeh*. Affertur è Græciâ, et venditur apud pharmacopolas. Decoctum hujus lichenis cum farinâ miscent Ægyptii, ut sapor panis fiat inde jucundior. Simul occurrebant cum lichene prunastri non planè mundato, lichenes furfuraceus, farinaceus et barbatus.
977. URCEOLARIA subcærulea. (Pl. 59, fig. 1.)
978. — — conferta. (Pl. 59, fig. 4.)
979. — — rhizophora. (Pl. 59, fig. 3.) In silicibus, juxta viam ad fontes Gandely. K d.
980. PARMELIA parietina Acharius. — Lichen parietinus Linn. — Arab. *qamleh*, *chagaret el-nadeh*. R s.

981. PARMELIA maciformis. (H. N. *Botanique*, pl. 53, fig. 2, 3, 4.) In scissuris rupium altiorium montis Moqattam ponè arcem Kahiræ.
982. — — pinguiuscula. (Pl. 59, fig. 11, 11'.) In fronte septentrionali pyramidis secundæ Gyzensis, propemodùm ad apicem.
983. — — miniata ACHARIUS. (Pl. 59, fig. 2.) — Lichen miniatus HOFFMAN. In saxis pyramidum Saqqàrah.
984. LECIDEA quinquetubera. (Pl. 59, fig. 7.) Habitat in saxis, ferè ad apicem secundæ pyramidis Gyzensis.
985. — — canescens ACHARIUS. (Pl. 59, fig. 10.)
986. — — circum-albata. (Pl. 59, fig. 8.) In saxetis vallis Gandely.
987. — — vetusta. (Pl. 59, fig. 9.) K d. Cum priore.
988. — — minima. (Pl. 59, fig. 5.) In saxis ferè ad apicem secundæ pyramidis Gyzensis.

Ordo, ALGÆ.

989. FUCUS latifolius POIRET *Dict. encycl.* (Pl. 54, fig. 2, 2'.) Frequens ad littora maris rubri.
990. — — crispus FORSK. È portu Soueys cum præcedente.
991. — — natans TURNER. Alexandriæ.
992. — — lavendulæfolius. Alexandriæ.
993. — — denticulatus FORSK. (Pl. 55, fig. 2.) Soueys.
994. — — tetragonus. (Pl. 56, fig. 3.) — Fucus dentifolius TURNER. Soueys.
995. — — antennulatus. (Pl. 55, fig. 1.) Soueys.
996. — — trinodis FORSK. (Pl. 54, fig. 1.) Soueys. — An fucus fœniculaceus è mari rubro, Hasselq. *Flor. palæst.*?
997. — — turbinatus LINN. — Fucus conoïdes FORSK. È portu Soueys.
998. — — triqueter LINN. — Fucus articulatus FORSK. Soueys.
999. — — crinitus DESF. *Flor. atl.* Alexandriæ.
1000. — — barbatus TURNER *Synops. fuc.* Alexandriæ.
1001. — — nayadiformis. (Pl. 56, fig. 1.) Alexandriæ et Soueys.
1002. — — papillosus. È mari rubro in portu Soueys.
1003. — — spinulosus ESPER *Icon. fuc.* (Pl. 57, fig. 1.) Alexandriæ.
1004. — — hamulosus TURNER. Alexandriæ.
1005. — — gelatinosus DESF. Alexandriæ.
1006. — — cyanospermus. (Pl. 57, fig. 3.) Alexandriæ.
1007. — — diaphanus. È portu Soueys.
1008. — — proteus. (Pl. 58, fig. 1, 2, 3, 4.) Alexandriæ.
1009. — — taxiformis. (Pl. 57, fig. 2.) Alexandriæ.
1010. — — pinastroïdes GMELIN. *Hist. fuc.* Alexandriæ.
1011. — — † felinus, Alexandriæ ex LIPPI *Ms. ex herb. Vaill.*
1012. — — fungosus DESF. *Flor. atl.* Alexandriæ.

1013. DICTYOPTERIS polypodioïdes LAMOUROUX. — Fucus polypodioïdes DESF. *Flor. atl.* Alexandriæ.
1014. DICTYOTA implexa LAMOUROUX. (H. N. *Botanique*, pl. 56, fig. 2.) — Fucus implexus DESF. *Flor. atl.* Alexandriæ et Soueys.
1015. — — pavonia LAMOUROUX. — Ulva pavonia LINN., DESF. Alexandriæ.
1016. CAULERPA prolifera LAMOUROUX. (Pl. 56, fig. 4, 5, 6, 7.) — Fucus prolifer FORSK. — Fucus ophioglossum TURNER *Hist. fuc.* Alexandriæ.
1017. ULVA lactuca LINN. Alexandriæ.
1018. — — fasciata. (Pl. 58, fig. 5.) Alexandriæ.
1019. — — compressa LINN. Alexandriæ.
— — oryziformis FORSK. Materies cellulosa ovis piscium aut vermibus priùs fœta, nunc detrita, et in littore siccata; Alexandriæ inter rejectanea maris.
1020. CONFERVA amphibia LINN. Aquis defluentibus submersa, et limo inter saxa adhærens, ad ipsam Nili cataractam supra Syenem (Asouân).
1021. — — floccosa. In aquis stagnantibus.
1022. NOSTOCH sphæricum LAMARCK et DECAND. *Flor. franc.* — Ulva granulata LINN. In limo, cum ricciâ et gymnostomo, aquis Nili recedentibus.

Ordo, FUNGI.

1023. AGARICUS campestris LINN. Rosettæ. — Arab. *fatar*, nomen commune fungorum.
1024. BOLETUS hispidus BULLIARD. Kahiræ in trunco arboris nabeca putrida.
1025. — — polymorphus BULLIARD. Rosettæ ad ligna rotarum aquas elevantium.
1026. LYCOPERDUM pedunculatum LINN. Kd. — Arab. *barnouq*.
1027. PHALLUS roseus. (Pl. 59, fig. 6, 6', 6".) Damiatæ, et Syout in Æg. sup.
1028. — † indusiatus VENTENAT. In itinere à Sâlebyeh ad Qatyeh et el-A'rych. Général REYNIER.
1029. TUBER niveum DESF. *Flor. atl.* — Arab. *kamâeh*. Kd.
1030. CLAVARIA hypoxylon LINN. Crescebat ad ligna vetusta, circa partem mediam putei altè defossi in arce Kabirensi.

FRUCTUS ET SEMINA *ex officinis Kahiræ*.

I. MORINGA nux ben DESF. *Hort. paris.* — Guilandina moringa LINN. — Moringa oleifera LAMARCK *Dict. encycl.* — Nux ben officinarum Geoffroy *Mat. med.* 2, p. 401. — Arab. *habbet el-ghály.* — Id. Forsk. *Mat. med.* p. 164, n°. 20.

II. DATISCA cannabina Linn. — Arab. *gebel hendy.* — Id. Forsk. *Mat. med.* pag. 155, n°. 34. Hanc plantam ipsis ignotam, nasci in Indiâ putant Ægyptii, cùm revera oriatur ex Cretâ. Utuntur seminibus pro medicamento vomitorio.

III. PLANTAGO psyllium Linn. — Arab. *qotneh.* — Idem Forsk. *Mat. med.* pag. 167.

IV. SAPINDUS ryteh. — Arab. *ryteh.* — Idem Forsk. *Mat. med.* pag. 151, n°. 38. Fructus à sapindo saponariâ diversus. Ejus decocto absterguntur lanæ pretiosæ.

V. RHUS coriaria Linn. — Arab. *semmâq.* — Idem Forsk. *Mat. med.* pag. 150, n°. 10. Baccas acidulas cum oryzâ coquunt Ægyptii, ut alvum solutum sistant.

VI. UVARIA aromatica Lamarck *Dict. encycl.* vol. 1. pag. 596. — Piper æthiopicum Lobel *Icon.* pag. 205. — Espèce de piment appelée kumba, Browne, *Carte de la route que suit la caravane du Soudan, au pays de Dar-four.* — Arab. *qânbeh.* — Idem Forsk. *Mat. med.* pag. 164, n°. 8. Semina Kahiræ sata faustè germinârunt.

VII. AMOMUM cardamomum Linn. — Arab. *hab hâl*, vel *hab hân.* — Idem Forsk. *Mat. med.* pag. 149, n°. 4.

VIII. AMOMUM grana paradisi Linn. — Maniguetta officinarum, grana paradisi Geoff. *Mat. med.* 2, p. 367. — Arab. *tyn el-fyl.*

IX. ADANSONIA digitata Linn. — Arab. *habhab.* — Idem Forsk. *Flor. ægypt.* p. xlix. — Baobab Prosp. Alpin. *de plantis Ægypti*, pag. 37, tab. 17 et 18. Fructus integer ab interiore Africâ affertur.

X. CROTON tiglium Linn. — Abelmeluk Prosp. Alpin. *Rer. Æg.* vol. 1, pag. 178 et 181. — Arab. *hab el-molouk*, id est, grana Moluccarum. — *Pignons d'Inde, grains des Moluques*, Geoff. *Mat. med.* Purgans vehemens.

XI. STRYCHNOS nux vomica Linn. — Arab. *kegleh, a'ych el-ghorâb.* — Idem Forsk. *Mat. med.* pag. 151, n°. 37.

XII. FRAXINUS ornus Linn. — Arab. *lesán el-a'sfour.* Id. Forsk. *Mat. med.* pag. 155, n°. 28. Semen lanceolatum, sapore aromatico; magni pretii in condimentis.

XIII. *Bizr batteh* Arab. id est, semina varia. Mixta erant in eadem pyxide semina numerosa ignotæ cujusdam speciei chamæriphis, et paucissima cannæ indicæ, pro granis precatoriis.

8.

FLORE D'ÉGYPTE.

EXPLICATION DES PLANCHES,

Par M. DELILE,

Membre de l'Institut d'Égypte.

PLANCHE I.

PALMIER DOUM (cucifera thebaïca).

1. Vue du palmier de la Thébaïde appelé *doum*. — 2, 3, 4, 5 et 6. Détails de la fructification.

La vue de cet arbre, prise dans la haute Égypte, aux environs de Syout, du côté du désert, fait le sujet de la Fig. 1. La description complète du palmier doum se trouve dans ce tome, page 11, où l'on pourra la consulter : il serait inutile de la répéter.

La Fig. 2 représente un rameau détaché d'une grappe de fleurs mâles. Ces fleurs sont dans toute leur grandeur. Plusieurs chatons, écartés par leur base en manière de rayons, sont coupés; un seul est entier.

Fig. 3. Fleurs mâles, dans lesquelles on peut compter six divisions : trois inférieures, aiguës, redressées; et trois supérieures, ovales, élevées sur un pédicelle.

On voit six étamines, dont trois se croisent avec les divisions supérieures du calice, tandis que les trois autres sont alternes avec ces divisions.

Fig. 4. Fleurs femelles. Leur calice est à six divisions fortement appliquées sous l'ovaire, et dont les trois extérieures concaves se sont déchirées par le sommet. L'ovaire est à trois lobes, dont deux avortent communément, tels qu'on les voit avortés dans une des fleurs vue par le côté.

Fig. 5. Le fruit scié en deux parties égales, dans lesquelles on découvre la graine ou l'amande blanche, très-dure, vide intérieurement, et logée sous l'écorce du fruit.

La graine tient au fruit par une pellicule attachée circulairement à sa base; l'embryon est un petit corps cylindrique, placé à l'extrémité opposée, et au-dessus duquel le fruit n'est que fibreux, en sorte que cet embryon, en germant, le perce facilement.

Fig. 6. La graine entière, recouverte d'une pellicule brune, écailleuse, qui devient bientôt lisse, par le frottement, hors du fruit.

PLANCHE 2.

FEUILLE ET GRAPPE DE FRUITS DU PALMIER DOUM.

PLANCHE 3.

Fig. 1. BOERHAVIA REPENS, var. minor.

BOERHAVIA repens. B. caule prostrato, glabro; foliis ovatis sub-repandis, apice mucronulatis, paginâ inferiore cinereis; calicibus papillosis. ☉ ♂

BOERHAVIA repens. Linn. *Spec.* 5.
 Variat. α. Minor.
DANTIA nubica minor et minima. Lippi, *Ægypt. Mss.*
BOERHAVIA minor et minima. Vaillant, *De struct. flor.* pag. 50.
ANTANISOPHYLLUM, etc. Vaill., *Act. Ac. Par.* an. 1792, p. 190.
 β. Longicaulis.

La tige de cette plante est glabre, couchée, cylindrique, de la grosseur d'une plume de corbeau, d'un vert glauque ou quelquefois rougeâtre. Ses rameaux sont nombreux, opposés, très-ouverts, articulés et noueux lorsqu'ils s'allongent considérablement. Feuilles opposées, ovales, pétiolées, longues de 2 à 3 centimètres (9 à 13 lignes); chaque feuille, sur un des côtés des rameaux, est toujours alternativement plus petite ou plus grande que celle qui lui correspond du côté opposé. Disque de la feuille deux à trois fois plus long que le pétiole, veiné et quelquefois pourpré en dessus, légèrement sinueux sur les bords; sa base est très-entière, plus ou moins arrondie, ou un peu en cœur. Il y a une très-petite pointe au sommet du disque; sa face inférieure est blanchâtre, se ride par la dessiccation et conserve des nervures colorées. Les jeunes rameaux sont quelquefois pubescens, et les nouvelles feuilles quelquefois ciliées.

Fleurs en petites ombelles pédonculées, qui sortent de l'aisselle des feuilles ou des rameaux. Pédoncules solitaires et simples dans la petite variété de cette plante; dichotomes, articulés, quelquefois verticillés, ayant les nœuds garnis de deux bractées aiguës, opposées, dans la variété de cette plante à longues tiges. Calices pyramidaux-renversés, à cinq angles, munis de papilles glutineuses. Limbe rose, urcéolé, plissé, très-petit, marcescent. Trois étamines.

La graine mûrit dans le calice; et si l'on vient à l'en dépouiller, on la trouve jaunâtre, ovoïde-allongée, marquée longitudinalement de deux raies noires, rapprochées l'une de l'autre, et qui naissent d'un point qui répond à l'extrémité de la radicule. Cette graine, ramollie pendant quelques instans dans l'eau, est facile à observer; ses lobes et sa radicule, repliés de haut en bas, se moulent sur un albumen central.

Le *Boerhavia repens* croît dans les terres fertiles de la haute Égypte, à Philæ, Edfoû et Erment. M. Nectoux en a recueilli à Qené une variété à grandes tiges, à fleurs plus nombreuses, paniculées en corymbe, à rameaux relevés, dichotomes, quelquefois verticillés.

Explication de la planche 3, *figure* 1.

BOERHAVIA *repens*. *a*, un fruit; *b*, la graine dépouillée de l'enveloppe que lui prêtait le calice persistant : cette graine est marquée de deux nervures noires, adhérentes à sa pellicule propre, sur les côtés de la radicule; *c*, la radicule et les cotylédons un peu écartés, mis à découvert et placés dans leur direction naturelle par rapport au fruit et à la graine.

PLANCHE 3.

Fig. 2. SALICORNIA NODULOSA[1].

Salicornia nodulosa. S. foliis junioribus turbinatis, perfoliatis; foliis adultis alternis sub-globosis, semi-amplexicaulibus, appressis; amentis glaucis, caule ramoso crassioribus; floribus minimis, monandris, multifariàm imbricatis. ☉

> Observatio. *Delineatio plantæ, sub nomine salicorniæ strobilaceæ* (tab. 3, fig. 2), *salicorniam nodulosam sistit à salicorniá strobilaceá Pallasii diversam. Novum itaque titulum salicorniæ nodulosæ admisi. Deleatur etiam salicornia strobilacea ex Illustr. Flor. Ægypt.* n°. 6, *ejusque locum teneat salicornia nodulosa.*

Racine perpendiculaire un peu flexueuse. Tige courte, ligneuse, se ramifiant dès sa base. Rameaux grêles et fermes, ne se subdivisant point, produisant des feuilles ou des chatons, s'élevant environ à 25 centimètres (9 pouces). Feuilles : les plus jeunes perfoliées, de forme turbinée; les plus anciennes demi-amplexicaules, accolées comme des tubercules sur l'écorce. Fleurs très-petites, en chatons alternes qui sont composés d'écailles ovoïdes imbriquées sur six ou huit rangs, et qui produisent plus de trente fleurs. Une anthère blanche, oblongue, paraît au-dessus de chaque écaille, et tient à un filet très-délié. Les graines sont très-fines et un peu rousses : on découvre à la loupe de petites aspérités à leur surface.

Je n'ai point vu les styles des fleurs de cette plante, quoique j'en aie soigneusement examiné les chatons

---

[1] La fig. 2 porte, sur la pl. 3, le nom de *salicornia strobilacea*, qu'il faut changer en celui de *salicornia nodulosa*.

frais qui étaient couverts d'étamines. Les écailles de ces chatons sont charnues, et, en perdant leur suc par la pression, elles se collent et se confondent : on ne réussit point à les séparer entières les unes des autres, soit sur la plante fraîche, soit sur la plante sèche.

M. Henri Redouté a dessiné cette plante à Alexandrie, où nous l'avons trouvée une seule fois assez abondamment dans un des fossés de la ville, près du port vieux, au mois d'août 1798. Nous l'avons inutilement cherchée, en passant au même lieu, les années suivantes.

J'ai nommé la plante que je viens de décrire, *salicornia strobilacea*, dans l'*Illustratio Floræ Ægyptiacæ*, n°. 6, parce qu'elle me paraissait être celle qui est gravée dans le voyage de Pallas : mais elle ne se rapporte point à la description du *salicornia strobilacea* de cet auteur; c'est pourquoi j'ai choisi un autre nom, celui de *salicornia nodulosa*, pour désigner la nouvelle espèce d'Égypte.

Explication de la planche 3, figure 2.

SALICORNIA *nodulosa*. *a*, un des chatons; *b*, fleurs telles qu'on les détache par globules charnus, sans pouvoir mieux les ouvrir; *c*, chaton coupé dans sa longueur, pour faire voir l'insertion des ovaires et des graines au dedans des globules ou des écailles arrondies qui constituent les fleurs.

PLANCHE 4.

Fig. 1. UTRICULARIA INFLEXA.

UTRICULARIA inflexa. U. caule immerso; foliis capillaceis, dissectis, utriculosis; pedunculis rectis, spicatis, utriculorum verticillo natante suffultis; calcare floris obtuso, inflexo.

UTRICULARIA inflexa. U. foliis dichotomis ; pedunculo racemoso , basi utriculis verticillatis ; nectariis inflexis, truncatis. Forskal, *Descr.* pag. 9. — Vahl, *Enum.* pl. 1, pag. 196.

ANONYMA, etc. Granger, *in litt. ad Ant. et B. Juss.* ann. 1734.

Cette plante pousse de longs rameaux dichotomes plongés dans l'eau, horizontaux, garnis de feuilles chevelues, très-découpées, auxquelles se trouvent mêlées beaucoup de petites vésicules arrondies.

Les pédoncules naissent entre les divisions des rameaux, et perpendiculairement hors de l'eau, soutenus par un verticille de six utricules ovoïdes-allongées, demi-transparentes, veinées en réseau et terminées par des cils verts rameux : le pédoncule porte six à huit fleurs pédicellées, tournées d'un seul côté; il y a une petite bractée sous chaque pédicelle. La corolle est blanche et marquée de veines purpurines. L'éperon de la lèvre inférieure est courbé en devant, obtus et pubescent. Les deux étamines sont insérées sur les côtés du tube de la corolle, et arquées vers le style. Le stigmate présente une fossette oblongue. Le calice persiste et recouvre la capsule. Les graines sont verdâtres, anguleuses.

Cette plante est commune dans les rizières de Rosette et de Damiette; elle fleurit en été.

PLANCHE 4.

Fig. 2. PEPLIDIUM HUMIFUSUM.

PEPLIDIUM humifusum. P. caule prostrato, ramoso; foliis oppositis, ovatis, glabris; floribus sessilibus, oppositis, axillaribus; calice corollam sub-æquante.

OBSERVATIO. *Herba parva, calice brevi-dentato, corollâ tubulosâ diandrâ, capsulâ indehiscente intra calicem superâ, novum genus exhibens à gratiolâ et affinibus distinctum.*

Caractère générique. Calice en tube persistant, à cinq dents. Corolle tubulée; limbe très-court, à cinq lobes, dont l'inférieur est un peu plus grand que les autres. Deux étamines insérées dans le tube de la corolle, à filets recourbés vers le style. Gorge de la corolle fermée par les anthères. Capsule ovoïde, recouverte par le calice et portant à son sommet la corolle desséchée. Cette capsule est indéhiscente à parois fragiles, et séparée en deux loges par une cloison moyenne, qui tient à un réceptacle sur lequel sont attachées un grand nombre de graines anguleuses.

Description. C'est une petite plante annuelle, rameuse et couchée, dont les feuilles sont opposées, ovales, un peu charnues, longues d'un centimètre (quatre lignes et demie), rétrécies en pétiole à leur base. Quelques feuilles paraissent disposées en rosette, étant multipliées les unes dans les aisselles des autres.

Les principaux rameaux sont opposés sur des nœuds qui produisent souvent des racines. Les fleurs sont petites, sessiles, solitaires, opposées dans les aisselles des feuilles. Leur calice est en tube à cinq stries et à cinq dents. La corolle est tubuleuse, un peu plus longue que le calice, découpée au sommet en cinq lobes, dont l'inférieur est le plus grand; elle renferme deux étamines dont les filets sont très-courts, insérés dans le milieu du tube, au-dessous du lobe inférieur. L'ovaire est supère, ovoïde. Le style est de la longueur du tube; il s'élargit à son sommet, où il est quelquefois bifide. Les fruits sont des capsules à deux valves indéhiscentes et à deux loges qui renferment de petites graines anguleuses fixées sur un réceptacle central auquel aboutit la cloison très-fine qui divise la capsule.

Cette plante croît dans les champs humides de Damiette, et fleurit en hiver; elle ressemble beaucoup au *gratiola monnieria* d'Amérique, mais en diffère par son calice tubuleux et ses fleurs sessiles.

Explication de la planche 4, *figure* 2.

PEPLIDIUM *humifusum. a*, le calice; *b*, la corolle; *c*, la même fendue et ouverte; *d*, le pistil; *e*, la capsule dépouillée du calice et de la corolle; *f*, la capsule coupée horizontalement; *g*, graines.

PLANCHE 4.

Fig. 3. CYPERUS DIVES.

CYPERUS dives. C. culmo excelso triquetro; umbellâ decompositâ; spicis paniculato-digitatis; spiculis lanceolatis, acutis, 16-24-floris; stylo trifido; paleis nitidè appressis. ♃

CYPERUS niliacus major aureâ divite paniculâ. Lippi, *Mss.*

Sa tige est lisse, triangulaire, haute de 13 à 16 décimètres (4 à 5 pieds). Ses feuilles radicales sont longues d'environ un mètre (3 pieds), rudes à leur sommet, sur leurs bords, leur nervure dorsale, et vers le sommet sur deux nervures principales de leur face supérieure, où elles sont aiguillonnées par des dents très-fines. Les rayons de l'ombelle sont au nombre de cinq à dix; les plus grands ont 15 centimètres de longueur (environ 6 pouces).

Les feuilles extérieures de l'involucre sont longues de 3 à 6 décimètres (un ou deux pieds), et sont rudes et finement aiguillonnées de la même manière que les feuilles radicales.

Les épillets sont lancéolés, assez lâches, longs de 6 à 10 millimètres (3 à 4 lignes), présentant de toutes parts sur l'ombelle leurs sommets aigus; ils contiennent seize, vingt et trente fleurs. Il y a trois étamines et un style trifide dans chaque fleur. Les écailles sont ovoïdes, tronquées à leur base, brièvement acuminées au sommet, membraneuses, un peu ondulées et comme déchirées sur les bords.

Le *cyperus dives* croît dans les champs humides du Delta : on le cultive pour le couper et faire des nattes avec ses tiges fendues en lanières.

Le *cyperus dives* et le *cyperus alopecuroïdes* LINN. croissent ensemble en Égypte, et servent au même usage l'un que l'autre; ils croissent aussi dans l'Inde. J'ai vu quelquefois ces deux plantes confondues l'une avec l'autre dans les herbiers.

Le *cyperus alopecuroïdes* n'a point les épillets lisses; ils ne sont point lancéolés, mais ovoïdes; leurs écailles sont peu serrées, et se replient en dedans par les bords en se desséchant; les styles sont bifides.

Explication de la planche 4, figure 3.

CYPERUS *dives*. Sommet de la tige en fleur, de grandeur naturelle. *a*, épillet; *b*, une des fleurs de l'épillet.

Ces deux détails sont représentés plus grands que nature.

PLANCHE 5.

Fig. 1. PANICUM OBTUSIFOLIUM.

PANICUM obtusifolium. P. culmo basi repente, geniculato, ramoso; foliis obtusis; spicis secundis, axi communi dilatato excavato immersis.

Le chaume est rampant, de la grosseur d'une plume ordinaire, et pousse plusieurs rameaux coudés à leur base, comprimés, redressés, longs d'environ 3 décimètres (11 pouces), médiocrement garnis de feuilles distiques, dont les gaînes sont striées, tranchantes sur le dos; leur lame est linéaire, obtuse, rude en dessus; leur gaîne est bordée transversalement dans son ouverture par une languette demi-circulaire cotonneuse.

Les épis naissent sur un rameau nu, dilaté principalement par le sommet, et qui forme l'axe d'une panicule linéaire; ils sont insérés sur une seule face de cet axe, qui est évidé pour les recevoir en partie. Ces épis sont droits contre l'axe, et portent chacun seize à vingt épillets sessiles, sur deux rangs. Les épillets ont un calice formé de deux écailles très-minces, dont l'extérieure est la plus courte, peu apparente, en cœur. Ce calice renferme deux fleurons ovoïdes, bivalves, presque égaux, dont l'un est hermaphrodite intérieur, placé contre la plus longue valve du calice, tandis que le fleuron mâle est extérieur. Les anthères sont brunes, au nombre de trois dans chaque fleuron. Deux stigmates plumeux et violets sortent du fleuron hermaphrodite.

Cette graminée croît au bord des canaux et des étangs.

Je l'ai trouvée dans l'étang de Birket el-Kotly au Kaire, à Damiette, et au bord du canal de Moueys près des ruines de Sân; elle était en petite quantité dans ces endroits, et m'a toujours paru rare. Ses chaumes s'étendent en rampant, et sont quelquefois plongés dans l'eau : les feuilles sont alors flottantes. Elle fleurit en automne et en hiver.

Explication de la planche 5, figure 1.

PANICUM *obtusifolium. a*, la panicule vue par sa face dorsale; *b*, un des épillets détaché, dont le calice et les deux fleurons sont ouverts; *c*, le fleuron hermaphrodite; *d*, le fleuron mâle.

PLANCHE 5.

Fig. 2. CERVICINA CAMPANULOIDES.

CERVICINA campanuloïdes. C. caule pusillo, ramoso, pubescente; foliis dentatis; corollâ dentibus calicinis persistentibus breviore. ☉

OBSERVATIO. *Corolla hujus plantæ tubulosa campanulata supera, stamina tria inclusa, dentes calicini tres seu quinque, capsulam apice 2-3-valvem coronantes, genericum characterem præbuerunt, cæterùm valdè mediocrem. Partes quædam fructificationis numero fortè defecerunt, ob solum siccum arenosum. Revocandum erit hoc genus ad campanulas ratione dehiscentiæ capsularum posthac dividendas.*

Caractère générique. Calice adné à l'ovaire, à trois, quatre ou cinq dents. Corolle tubuleuse, insérée au-dessus de la base du calice. Deux à trois étamines; filets plus courts que le tube de la corolle, élargis à la base. Anthères linéaires, incluses dans la corolle. Style de la longueur des étamines; deux ou trois stigmates oblongs en tête.

Le fruit est une capsule à laquelle la base entière du calice sert d'épiderme. Cette capsule est couronnée par les dents agrandies et inégales du calice ; elle s'ouvre à son sommet en deux ou trois valves qui portent une cloison dans le milieu. La base de la capsule, beaucoup plus considérable que son sommet, se confond avec le calice. Le réceptacle des graines est central et partagé en deux ou trois portions par les cloisons des valves. Graines fines, lisses, en partie convexes et anguleuses.

Description. Petite plante un peu velue, se partageant en plusieurs rameaux médiocrement étalés, qui n'ont guère plus de 5 centimètres de long (22 lignes). La racine est déliée, perpendiculaire, annuelle, chevelue à l'extrémité. Plusieurs rameaux filiformes s'écartent en naissant du collet de la racine : ils portent des feuilles alternes, sessiles, lancéolées, dentées, longues de 6 millimètres (environ 3 lignes).

Les fleurs sont pédonculées, placées vers le sommet des rameaux, peu nombreuses, solitaires, opposées aux feuilles. Le calice est globuleux par sa base ; ses dents sont droites et linéaires ; la corolle est bleue, à tube cylindrique de même longueur que les dents du calice. Ces dents croissent avec la capsule, et deviennent elles-mêmes dentées sur les bords comme les feuilles de la plante. La capsule est globuleuse, épaisse de 2 millimètres (environ une ligne).

Cette plante croît dans les champs de lupins, aux environs du village de Qora'yn, et fleurit en février. Elle diffère très-peu du genre *campanula.* Les parties de sa fleur sont en nombre plus petit ; mais l'insertion de la corolle et la forme des étamines ne diffèrent point. Plusieurs campanules qui n'ont point été assez bien observées, et dont le fruit s'ouvre comme celui du *cervicina*, pourront être réunies à ce dernier genre.

Le *cervicina* croît dans des champs secs et sablonneux, où il se dessèche promptement, et où sa végétation est gênée. Les parties de la fleur, savoir, les étamines, les stigmates et les loges de la capsule, varient en nombre de deux à trois, et augmenteraient peut-être dans un terrain moins aride.

J'ai tiré le nom de *cervicina* de celui de *cervicaria*, que l'Écluse et Dodoens employaient pour désigner plusieurs campanules. *Voyez* BAUH. *Pin.* pag. 94.

Explication de la planche 5, *figure* 2.

CERVICINA *campanuloïdes*. Plante entière de grandeur naturelle. *a*, une fleur; *b*, la même avec les divisions du calice abaissées; *c*, la corolle ouverte; *d*, une fleur coupée dans sa longueur; *e*, le fruit couronné par les dents du calice; *f*, le fruit s'ouvrant par le sommet; *g*, réceptacle des graines, valves et cloisons de la capsule, dont toute la portion formée par la base adnée du calice a été retranchée; *h*, graines de grosseur naturelle; *i*, les mêmes grossies.

Ces détails sont représentés plus grands que nature.

PLANCHE 5.

Fig. 3. CYPERUS PROTRACTUS, variet. CYPERI FUSCI Linn.

CYPERUS fuscus *protractus*. C. culmo pedali; involucro longissimo; umbellulis sub-capitatis, aliis brevioribus simplicibus, aliis longioribus trifidis; spiculis fusco-viridibus, 12-16-floris. ⊙

OBSERVATIO. *Plantam* tab. 5, fig. 3, *pro specie distinctâ falsè habui, et Illustrationi Floræ Ægyptiacæ* n°. 36 *adjeci, merâ varietate cyperi fusci tantùm deceptus.*

Sa racine est fibreuse, chevelue; ses feuilles sont minces, droites, molles, très-finement dentées au sommet sur leurs bords.

Le chaume est à trois angles tranchans et à trois faces creusées en gouttière, haut de 3 décimètres (environ 1 pied).

L'involucre est de trois à quatre feuilles finement dentées en scie à leur extrémité, et dont la plus grande est presque aussi longue que le chaume.

L'ombelle est à six et huit rayons, longs de 13 à 25 millimètres (6 lignes à un pouce); les épillets sont réunis en petites têtes simples à l'extrémité des rayons les plus courts. Il y a trois têtes d'épillets sur les rayons les plus longs; les deux têtes latérales sont portées chacune sur un rayon partiel divergent, de manière à former, avec la troisième, moyenne et sessile, une ombellule un peu triangulaire.

Les épillets sont ovales-linéaires, comprimés, tranchans sur les côtés, longs de 6 millimètres (3 lignes et demie), contenant environ seize fleurs: leurs écailles sont verdâtres sur le dos, en carène, se rejetant un peu en arrière par leur sommet, qui est brièvement mucroné; ce qui rend les épillets dentelés sur les côtés.

J'ai cueilli ce *cyperus* dans une rizière à Foueh, pendant l'été. Comme il s'éloigne du *cyperus fuscus* par sa taille plus que double, je le regardais d'abord comme une espèce distincte; mais, n'ayant point remarqué de différence essentielle dans l'arrangement des épillets du *cyperus fuscus* à chaume court, et du *cyperus protractus* qui a les chaumes longs, j'ai rapporté les échantillons de ces plantes à une seule espèce. Les épillets du *cyperus fuscus* ne sont noirâtres que lorsqu'ils sont tout-à-fait développés ; j'attribue leur couleur plus pâle dans le *cyperus protractus* à leur moindre développement ; une sorte d'étiolement et l'allongement disproportionné des chaumes ayant pu nuire à la fructification de la plante presque étouffée par le riz.

Explication de la planche 5, *figure* 3.

Cyperus *protractus*, variété du *cyperus fuscus. a*, épillet vu à la loupe ; *b*, une écaille ; *c*, la graine.

PLANCHE 6.

Fig. 1. ISOLEPIS UNINODIS.

Isolepis uninodis. I. culmo, supra nodum unicum, vaginâ sub-aphyllâ basi incluso ; spicis glomeratis, lateralibus, acutis ; stylo capillari, bipartito ; semine sub-lenticulari, ad marginem ruguloso.

Racine filiforme, brune, en faisceau. Chaumes nombreux en touffes, inégaux, s'élevant de 16 à 32 centimètres (demi-pied à un pied), trigones avant de se dessécher, à faces un peu arrondies et à angles mousses, accompagnés, au-dessus de la racine, de plusieurs écailles courtes. Chaque chaume est, de plus, inséré dans une longue gaîne tubulée, striée extérieurement, ouverte obliquement au sommet, membraneuse et transparente sur les bords de son ouverture, terminée par une pointe courte foliacée. Cette gaîne naît d'un nœud particulier du chaume.

Les épis sont latéraux, près du sommet du chaume,

en têtes simples ou quelquefois rameuses. Le chaume devient un peu dilaté et ventru contre les épis. Une écaille inférieure abaissée forme un involucre d'une seule pièce. Les épis sont cylindriques, ovoïdes-lancéolés, longs communément de 11 millimètres (5 lignes). Leurs écailles sont ovales, aiguës, carénées sur le dos, vertes à leur base, noirâtres au sommet. Chaque écaille recouvre trois étamines à anthères linéaires. L'ovaire est oblong, surmonté d'un style court qui se partage en deux stigmates longs, filiformes.

La graine est lenticulaire, plus convexe sur le dos que sur sa face interne, noire, transversalement rugueuse vers ses bords. Cette graine, avant d'être mûre, est ovoïde, blanchâtre et un peu trigone. Elle se détache de la fleur sans conserver les étamines adhérentes.

Vahl, *Enum. pl.* 2, pag. 257, a pris cette plante pour le *scirpus supinus*, lorsqu'il a indiqué le *scirpus supinus* comme ayant été rapporté d'Égypte. Le *scirpus supinus* est un *isolepis* et congénère de l'*isolepis uninodis* : mais ses graines sont ovoïdes-cunéiformes, trigones, ridées transversalement sur toute leur surface; ses styles sont trifides; et quoique ses écailles soient plus larges et beaucoup moins aiguës, les deux plantes se ressemblent tellement par le port, qu'on ne peut les distinguer d'une manière sûre que par les graines et les détails de la fructification. La gaîne principale de la base du chaume est seulement mucronée à son sommet dans l'*isolepis uninodis*; elle produit ordinairement une véritable feuille dans le *scirpus supinus*.

Explication de la planche 6, figure 1.

Isolepis *uninodis. a*, les étamines et le pistil considérablement grossis ; *b*, ovaire de grandeur naturelle ; *c*, graine et écaille florale beaucoup plus grosses que nature ; *d*, portion du chaume dessiné dans sa forme naturelle.

PLANCHE 6.

Fig. 2. SCIRPUS CADUCUS.

Scirpus caducus. S. culmis confertis, cespitosis; radice pallidâ, tenui, repente, non squamatâ, radiculis numerosis; spicis ovato-oblongis, paleis vix coloratis, seminibus nigris, nitidis, ovato-cuneiformibus, è rachi dentatâ deciduis.

Cette plante forme de larges touffes et un gazon composé des tiges presque filiformes, droites, longues d'environ 2 décimètres (7 pouces et demi).

Souvent, en tirant ces tiges, on n'arrache avec elles que les radicules, qui sont déliées, et non les racines principales rampantes. L'épaisseur de ces racines n'est guère que d'un millimètre (une demi-ligne), comme celle des tiges. Les chaumes sont très-rarement enfermés à la base dans une gaîne tubulée; ils ne sont le plus souvent accompagnés à leur naissance que d'une courte écaille membraneuse.

Les chaumes deviennent striés en se desséchant. L'épi terminal est ovale-aigu ou presque rhomboïdal allongé, verdâtre, rougeâtre au sommet, long de 6 millimètres (3 lignes), large de 3 millimètres (une ligne et demie) dans sa partie la plus dilatée. L'épi ne porte qu'une écaille vide à sa base, appliquée contre les autres écailles, et seulement un peu plus large. Les écailles sont ovales-lancéolées, très-fines et transparentes sur les bords, ferrugineuses sur les côtés, un peu aiguës, principalement celles du sommet de l'épi, vertes sur le dos. Les fleurs renferment trois étamines et un style bifide qui se brise au-dessus d'une base dilatée, persistante en un très-petit bourrelet au sommet de l'ovaire. La graine, noire, brillante, ovoïde, un peu comprimée, est environnée de soies bordées de dents réfléchies.

Ce souchet ressemble par le port au *scirpus ovatus* qui croît en France : mais les chaumes du *scirpus ovatus* ne sont point striés; les épis sont obtus, et les paillettes, brunes et obtuses, recouvrent des graines blanches.

J'ai comparé ce *scirpus* à plusieurs espèces recueillies en Amérique et qui sont différentes. J'ai vu ce même *scirpus* rapporté de Syrie par M. de la Billardière. La parfaite ressemblance des échantillons cueillis en Égypte et en Syrie m'a déterminé à décrire avec soin, comme espèce, cette plante, qu'il est difficile de bien caractériser dans le genre nombreux auquel elle appartient.

Ce *scirpus* croît à Damiette.

Explication de la planche 6, *figure* 2.

Scirpus *caducus* de grandeur naturelle. *a*, un épi grossi; *b*, une fleur; *c*, la graine.

PLANCHE 6.

Fig. 3. FIMBRISTYLIS FERRUGINEUM.

Fimbristylis ferrugineum. F. spicis ovato-oblongis, squamis medio sub-tomentoso incanis; involucro sub-diphyllo umbellam simplicem æquante. Vahl, *Enum.* pl. 1, pag. 291.

Gramen cyperoïdes majus; spicis ex oblongo rotundis, compactis, ferrugineis. Sloan., *Catal.* 36. *Hist.* 1, pag. 36, tom. 77, fig. 1.

Scirpus ferrugineus. Linné, *Spec.* p. 74. — Willden., *Spec.* 1, pag. 304. — Persoon, *Synops.* 1, pag. 68.

Radicules en faisceaux, brunâtres, filiformes; feuilles linéaires, striées, longues d'environ 2 décim. (7 pouces), larges de 2 millimètres (près d'une ligne), très-manifestement denticulées sur les bords; gaînes tubuleuses, velues en dehors, membraneuses dans la moitié de leur contour, cette membrane étant tronquée horizontalement à l'ouverture de la gaîne. L'extrémité des feuilles est un peu obtuse ou en langue aiguë. Les tiges sont droites, striées, comprimées, plus étroites que les feuilles, hautes de 32 centimètres (un pied). L'ombelle est irrégulière, large d'environ 4 centimètres (un pouce et demi), à cinq rayons avec un épi central sessile; un ou deux rayons plus longs que les autres se terminent par deux épis, dont un latéral sessile. L'involucre de l'ombelle consiste en deux ou trois feuilles linéaires environ de même longueur que les rayons. Les épis sont ovoïdes pubescens, longs de 8 millimètres (3 lignes et demie), épais d'un peu plus de 4 millimètres (2 lignes).

Les écailles sont ovales, élargies, convexes sur le dos, brièvement mucronées, brunes ou ferrugineuses sur les bords, pubescentes dans leur partie dorsale, qui, n'étant point engagée sous les autres écailles, fait partie de la surface libre de l'épi. Les étamines et les stigmates sont plus longs que les écailles. Les filets sont larges et membraneux. Le style est linéaire-comprimé, cilié sur les côtés, membraneux, transparent, excepté à sa base, qui est épaissie, mais non circulairement dilatée. Les stigmates, au nombre de deux, plus courts que le style, se rejettent sur les côtés. La graine est lenticulaire, très-finement chagrinée, quelquefois garnie d'une sorte de rebord annulaire, portée au-dessus d'un pivot court, brunâtre.

M. Nectoux, de la Commission des sciences et arts d'Égypte, a recueilli le *fimbristylis ferrugineum* dans le Fayoum. Vahl, dans l'*Enumer. plant.* 2, p. 291, compare les épis du *fimbristylis ferrugineum* à des grains de blé pour la grandeur; mais il cite la figure du *gramen cyperoïdes*, etc., de Sloane, *Hist.* 1, 36, t. 77, fig. 1, qui représente les épis plus gros, et qui convient tout-à-fait à la plante que M. Nectoux a cueillie dans le Fayoum. L'ombelle simple par laquelle Vahl distingue le *fimbristylis ferrugineum*, dépend du peu d'accroissement pris par cette plante.

La même plante croît à l'Ile de France et à Saint-Domingue.

Explication de la planche 6, figure 3.

FIMBRISTYLIS *ferrugineum. a* , le pistil, les étamines et une écaille, constituant une fleur complète; *b* , une écaille vue par le dos ; *c* , la graine avec les filets des étamines insérées à la base du pivot qui supporte cette graine; *d* , la graine considérablement grossie (l'insertion des étamines est représentée incorrectement au sommet du pivot qui porte la graine : il faut se reporter à la figure *c*, où l'insertion est correctement représentée); *e* , une portion de la tige coupée.

PLANCHE 7.

Fig. 1. SCIRPUS FIMBRISETUS.

SCIRPUS fimbrisetus. S. culmo triquetro, basi folioso; umbellâ sub apice culmi; spicis ovatis; squamis membranaceis, emarginatis, mucronatis; antheris apice lanatis; stylo bifido, semine ovato-oblongo, setis fimbriatis cincto.

SCIRPUS littoralis. S. culmi triquetri apice rectiusculo, vaginis foliiferis; cymâ laterali decompositâ, involucro monophyllo suffultâ; spiculis oblongis; stigmatibus duobus. Schrader, *Flor. Germ.* 1, pag. 142, tab. 5, fig. 7. — Loiseleur-Deslongchamps, *Plantes de France, dans le Journal de botanique*, tom. 2, p. 202; Paris, 1809.

La racine est rampante, coriace; les radicules sont blanches, molles. Le chaume est triangulaire; ses faces sont presque planes ou très-peu convexes. Les angles sont lisses, bien prononcés, sans être tranchans. Ce chaume s'élève à un mètre (3 pieds); il est épais de 4 millimètres (près de 2 lignes) vers sa partie moyenne: sa base est enveloppée, jusqu'à la hauteur d'environ 2 décimètres (7 pouces et demi), dans les gaînes de trois feuilles, dont la lame est fort courte. Une ou deux écailles naissent plus bas que les gaînes des feuilles; elles sont transparentes et extrêmement minces, comme les gaînes elles-mêmes. La lame des feuilles est lancéolée-aiguë, longue de 35 millimètres (14 lignes), d'un vert foncé, molle et glabre. L'entrée de la gaîne porte une languette brune demi-circulaire, émarginée, extrêmement courte. La gaîne est assez longuement fendue au sommet, appliquée contre le chaume et rétrécie jusqu'à l'origine de la lame foliacée. Le dos de la gaîne est vert, et paraît plus fibreux que la lame. Une membrane extrêmement fine, blanche et transparente, complète cette gaîne en un tube dans lequel est logé le chaume.

Une ombelle simple ou composée naît sous le sommet du chaume, qui s'amincit insensiblement depuis sa partie moyenne jusqu'à son sommet. L'ombelle naît latéralement de l'une des faces du chaume, dont le sommet prolongé contre cette ombelle est ordinairement de même longueur qu'elle. Ce prolongement se rétrécit en une extrémité mousse en languette. Deux écailles membraneuses sont situées sous l'ombelle; les pédoncules sont, les uns simples, les autres ramifiés par des ombellules. Plusieurs pédoncules sont communément réunis en faisceaux, et naissent hors de gaînes insérées successivement avec un pédoncule les unes dans les autres. Les pédoncules sont aplatis sur une face, et demi-cylindriques sur l'autre, un peu striés. Les plus courts au centre de l'ombelle ne portent qu'une fleur; les plus longs se partagent en plusieurs pédicelles, et forment des ombellules de quatre à sept épis, dont l'un est central sessile. Une écaille membraneuse est placée sous chaque pédicelle.

Les épis sont ovoïdes, longs de 7 à 10 millimètres (3 à 4 lignes). Les écailles sont scarieuses, blanches et transparentes sur les côtés, rougeâtres sur le dos, ovales-élargies, émarginées avec une pointe au sommet. Chaque fleur contient trois étamines à filets linéaires, de la longueur des écailles. Les anthères sont linéaires, cotonneuses à l'extrémité. L'ovaire est oblong, un peu plus court que les soies qui l'environnent. Le style est capillaire, longuement bifide. La graine est ovoïde-arrondie, un peu rétrécie à la base, convexe sur sa face externe, qui est un peu relevée en angle. Cette graine se termine brusquement par une petite pointe brisée qui résulte de la base du style. L'involucre de cette graine est de trois à quatre soies plumeuses sur les côtés, et dont les cils ou poils sont imbriqués en haut, comme des barbes de plume, brillans, un peu tortillés et paraissant formés de plusieurs articulations. J'ai trouvé cette plante à Damiette dans un fossé plein d'eau, près d'un champ de riz. M. de la Billardière l'a recueillie en Syrie. J'ai vu la même plante dans l'herbier de Vaillant, confondue avec le *scirpus triqueter*, et provenant du midi de la France.

Cette plante est très-caractérisée par les détails de sa fleur. Elle ressemble beaucoup au *scirpus triqueter*.

Explication de la planche 7, *figure* 1.

Scirpus *fimbrisetus*. *a*, un épi entier grossi; *b*, une fleur; *c*, le pistil, les filets des étamines et l'involucre frangé de l'ovaire; *d*, une anthère grossie considérablement pour faire voir la houppe cotonneuse qui la termine; *e*, le pistil; *f*, la graine de grandeur naturelle; *g*, la même, considérablement grossie; *h*, une des barbes plumeuses de la graine.

PLANCHE 7.

Fig. 2. ANDROPOGON ANNULATUM.

Andropogon annulatum. A. spicis digitatis plurimis; flosculis obtusis, sessilibus, aristatis, pedicellatis muticis; geniculis barbatis. Vahl, *Symb. bot.* 2, pag. 102. ♃

Andropogon annulatum. A. spicis ad apicem culmi confertis, alternis; floribus geminatis, aristato sessili hermaphrodito, pedicellato mutico inani. Forskal, *Descr.* pag. 173.

Racine dure, blanche, formant une souche rameuse vivace, qui produit des radicules grisâtres et de larges touffes de chaumes et de feuilles; un grand nombre de feuilles courtes et radicales se dessèchent et persistent.

Les chaumes sont droits, lisses, simples ou rameux,

coudés seulement à leur base, hauts de 25 à 80 centimètres (9 pouces à 2 pieds et demi); leurs feuilles sont planes, linéaires, étroites, rudes sur les bords à leur sommet, un peu barbues à leur base, près de leur gaîne, qui est striée extérieurement et pourvue d'une languette membraneuse obtuse.

Les nœuds des chaumes sont barbus en anneaux. Les épis sont linéaires, longs de 4 à 6 centimètres (un pouce et demi à 2 pouces), naissant au nombre de deux et trois jusqu'à six et huit au sommet de chaque chaume. Ces épis sont tantôt solitaires et tantôt géminés ou ternés sur leurs pédicelles, dont l'assemblage forme une panicule presque digitée. Les épillets sont imbriqués sur deux rangs, et composés de fleurons géminés, dont un sessile hermaphrodite, et l'autre pédicellé avorté.

Le calice des fleurons hermaphrodites est bivalve, velu et cilié sur sa valve extérieure; il renferme une corolle qui n'a qu'une valve, la deuxième valve étant remplacée par une arête mince et canelée à sa base, torse dans sa partie moyenne, coudée et très-déliée par le sommet. Les étamines sont au nombre de trois; l'ovaire porte deux styles à stigmates plumeux.

Le pédicelle du fleuron avorté est garni de longs poils; ce fleuron est à deux valves, dont l'extérieure est velue; il contient une corolle vide d'une seule valve.

L'*androgogon annulatum* a été découvert en Égypte par Forskal; nous l'avons trouvé au bord des chemins, près du Kaire, et à la pointe méridionale du Delta; il croît aussi en Syrie, d'où M. Berthe, officier d'artillerie, l'a rapporté.

Explication de la planche 7, figure 2.

ANDROPOGON *annulatum*. La fig. 2' représente une variété à feuilles ciliées sur toute la longueur de leurs bords. *a*, fleurons grossis ; *b*, fleuron hermaphrodite ouvert ; *c*, fleuron pédicellé avorté ; *d*, portion du chaume coupé pour faire voir la base barbue d'une feuille et la languette membraneuse d'une gaîne.

PLANCHE 7.

Fig. 3. SCIRPUS MUCRONATUS.

SCIRPUS mucronatus. S. culmo triquetro aphyllo ; spiculis lateralibus, glomeratis, sessilibus, oblongis ; squamis mucronatis integerrimis ; stylis trifidis. Brown, *Prodr. Nov. Holl.* 1, p. 223.

SCIRPUS mucronatus. Linné, *Spec.* p. 73. — Willden., *Spec.* 1, pag. 303.

SCIRPUS glomeratus. Scopol., *Carn.* 1, p. 47. — Host, *Gram. Austr.* 4, pag. 39, tab. 68.

SCIRPUS mucronatus. S. aphyllus, spicis oblongis, squamis integerrimis, mucronato-acuminatis ; culmo triquetro. Vahl, *Enum. plant.* 2, pag. 256.

SCIRPO-CYPERUS paniculâ glomeratâ è spicis imbricatis compositâ. Scheuz., *Gram.* pag. 404, tom. 9, fig. 14.

La racine est chevelue, en faisceau, d'un jaune pâle. La tige s'élève à plus de 6 décimètres (2 pieds), dans les champs inondés, entre les chaumes de riz. Cette tige est triangulaire, glabre, à faces creusées en gouttière, à angles minces tranchans. La base de la tige est insérée dans une gaîne tubuleuse très-mince, obtuse, coupée obliquement, et qui est accompagnée d'une ou deux écailles brunes, inférieures, courtes. La tige est striée lorsqu'elle est sèche. Une tête d'épis naît latéralement à 5 centimètres ou un décimètre (2 pouces à 3 pouces et demi) au-dessous du sommet de la tige. La portion de tige supérieure aux épis devient oblique, ou se fléchit horizontalement.

Les épis sont glabres, réunis au nombre de trois et quelquefois de douze à treize; ils sont longs de 8 à 15 millimètres (3 lignes et demie à 7 lignes), épais d'environ 5 millimètres (2 lignes). Il n'y a aucun involucre sous les épis. Les écailles sont ovales, tronquées à la base, convexes, striées et un peu glauques sur le dos, à leur sommet; membraneuses, transparentes et panachées de petites lignes brunes sur les côtés; terminées à leur sommet par une petite pointe épaisse. L'axe des épis, après la chute des fleurs, reste creusé par des fossettes. Il y a dans chaque fleur trois étamines à filets linéaires, persistans, un peu dilatés au sommet, et un style trifide à branches moins longues que le style.

La graine est d'abord blanche et devient tout-à-fait noire quand elle est très-mûre : elle est ovoïde-cunéiforme, un peu plane sur une face, convexe sur l'autre; transversalement rugueuse ou chagrinée, étant vue à la loupe. Elle se détache du rachis et des écailles, en restant accompagnée des trois filets d'étamines appuyés contre sa face dorsale, et des six barbes de son involucre dentées en scie de haut en bas sur les bords.

Cette plante, cueillie en Égypte, est semblable à celle qui croît en Piémont et dans l'Inde; la tige est seulement plus grêle dans la plante d'Égypte. J'ai vu constamment la tête d'épis simple et sessile. Cette plante a beaucoup de rapport avec le *scirpus triqueter* que j'ai trouvé dans le midi de la France, et qui diffère par ses écailles un peu ciliées et comme déchirées, et par ses graines ovoïdes très-lisses et brillantes.

Explication de la planche 7, figure 3.

Scirpus mucronatus. *a*, les parties intérieures détachées d'une fleur; *b*, les mêmes parties avec les filets des étamines dont les anthères sont naturellement tombées; *c*, la graine accompagnée de ses barbes et des filets des étamines; *d*, une écaille des épis; *e*, section transversale de la graine; *f*, la graine et ses appendices de grandeur naturelle; *g*, une portion de la tige coupée, dont les angles très-minces se sont repliés dans une des faces en gouttière.

PLANCHE 8.

Fig. 1. PENNISETUM DICHOTOMUM.

Pennisetum dichotomum. P. culmo junceo diffuso; foliis paginâ superiore scabris; ramis erectis, sub-terno-fasciculatis; spicis terminalibus, flavidis; rachi asperâ, glabrâ. ♃

Panicum dichotomum. Forskal, *Descr.* pag. 90.

Cette graminée forme des touffes un peu arrondies, hautes de 65 centimètres à un mètre (2 à 3 pieds): ses chaumes sont très-rameux; ils ont la dureté des joncs du désert.

Les rameaux sont effilés, épais seulement de 2 à 3 millimètres (une ligne ou une ligne et demie); ils sortent deux à trois en faisceau au dehors de plusieurs gaines de feuilles avortées.

Les feuilles parfaites qui naissent le long des rameaux, sont linéaires, aiguës, larges de 2 à 4 millimètres (une à 2 lignes), longues d'un à 2 décimètres (3 pouces et demi à 7 pouces), y compris leur gaîne; la lame des feuilles est lisse en dessous, striée et rude en dessus et sur les bords ; la gaîne est rude en dehors ; sa languette est formée de cils.

Les épis sont terminaux, solitaires, longs d'un décimètre ou environ (3 pouces et plus) ; l'axe est rude, anguleux. Les épillets sont solitaires ou géminés sur chaque dent de l'axe, entourés de soies rudes et plumeuses, plus longues que ces épillets.

Le calice est à deux valves lancéolées, aiguës, un peu plus courtes que les fleurons, qui sont au nombre de deux, l'un mâle et l'autre hermaphrodite. Les valves des fleurons sont longues de 7 millimètres (3 lignes). Les anthères sont bifides ; le style est capillaire, glabre, de la longueur du calice, et se termine en deux stigmates plumeux dont la longueur surpasse celle des valves des fleurons.

Cette plante croît dans les vallées du désert de Soueys, et fleurit en hiver au mois de janvier.

Les nœuds de cette plante sont en quelque sorte prolifères, c'est-à-dire qu'au-dessous de l'insertion d'une gaîne de feuille, à 2 ou 3 millimètres (une ligne environ) d'un nœud, il s'en trouve un second destiné à produire un rameau par le côté intérieur répondant à la concavité de la gaîne de la feuille. Une semblable structure a lieu dans le *panicum turgidum*, dans le *milium arundinaceum*, et probablement aussi dans beaucoup d'autres graminées à chaumes vivaces.

Le *pennisetum dichotomum Flor. Ægypt.* et le *cenchrus rufescens Flor. atlant.* sont peut-être deux variétés d'une seule plante. Ils ne diffèrent ni par la structure de leurs feuilles, ni par celle de leurs épis ; seulement l'axe de l'épi est velu dans le *cenchrus rufescens*, et glabre dans le *pennisetum dichotomum*. Les involucres sont roux, et les épillets violets dans le *cenchrus rufescens*, tandis que les involucres et les épillets sont d'un jaune très-pâle dans le *pennisetum dichotomum*.

Forskal est le premier auteur qui ait décrit cette plante, lui ayant donné le nom de *panicum dichotomum*. C'est, dit-il, une des graminées fréquentes des déserts de l'Arabie, que l'on y emploie pour en construire des cabanes.

Explication de la planche 8, *figure* 1.

PENNISETUM *dichotomum*. *a*, un épillet avec son involucre; *b*, épillet dont le calice est ouvert pour faire voir qu'il renferme deux fleurons; *c*, fleuron mâle de l'épillet; *d*, fleuron hermaphrodite; *e*, soies plumeuses des involucres.

PLANCHE 8.

FIG. 2. ANDROPOGON FOVEOLATUM.

ANDROPOGON foveolatum. A. laminâ foliorum basi margine utroque barbulatâ; culmo erecto, nodis breviter ciliatis, ramulis terminalibus, monostachyis; flosculis fertilibus fossulâ dorsali hemi-sphæricâ sub apice impressis. ♃

GRAMEN dactylon ægyptiacum spicâ simplici, villosâ et aristatâ. D. Michaël, *Herb. Vaill.*

Les caractères de cette plante sont nombreux et faciles à saisir, quoiqu'elle appartienne à un genre abondant en espèces.

Sa racine est vivace, et consiste en cordons perpendiculaires un peu tortueux, fasciculés, moins grêles que le chaume. Les feuilles sont linéaires et allongées sur quelques chaumes qui se divisent; elles sont courtes, subulées, distiques, pliées longitudinalement en dessus, lorsque la sécheresse réduit la taille de toute la plante. Les deux bords des feuilles, auprès des gaînes, portent quelques poils longs, écartés; la languette, à l'ouverture de la gaîne, est courte et ciliée. Le chaume est droit, haut de 3 décimètres (environ un pied), ordinairement simple et muni de très-peu de feuilles. Ses nœuds sont velus : il produit, à sa partie supérieure, plusieurs gaînes droites, aiguës, d'où sortent des pédoncules ou rameaux très-déliés, solitaires ou agrégés, droits et terminés chacun par un seul épi linéaire, long d'environ 5 centimètres (plus d'un pouce et demi).

L'axe de l'épi est garni d'un duvet blanc, soyeux, un peu plus court que les épillets, auxquels il sert en quelque sorte d'involucre. Les épillets sont disposés sur deux rangs, et consistent chacun en deux fleurons : l'un inférieur sessile, hermaphrodite; l'autre pédicellé avorté. Il y a quelquefois deux fleurons avortés pédicellés, au lieu d'un seul.

Le calice du fleuron hermaphrodite est bivalve : sa valve extérieure n'a point de nervures; elle est aplatie sur le dos, et présente au-dessous de son sommet une fossette qui ressemble à l'impression que l'on pourrait faire avec une tête d'épingle : la valve intérieure du calice est plus mince, concave, et se fend aisément au sommet, quand on cherche à l'ouvrir. Ce calice renferme une corolle composée d'une valve presque égale à celle du calice, et d'une longue barbe qui tient lieu de seconde valve. Cette barbe est canaliculée par sa base, torse dans sa partie moyenne, et terminée en un prolongement sétiforme coudé. Il y a trois étamines, deux styles glabres et deux stigmates plumeux dans les corolles : les fleurons avortés, portés sur des pédicelles velus, n'ont qu'un calice vide bivalve, dont la valve extérieure est un peu en spatule, nerveuse et denticulée.

Cette plante fleurit en hiver dans les vallées sablonneuses de l'isthme de Soueys; je ne l'ai trouvée qu'en très-petite quantité. Quoique rare et non décrite dans les ouvrages de botanique, elle avait été rapportée d'Égypte avant que je l'y eusse observée, et elle était dans l'herbier de Vaillant.

Linné a donné à une espèce d'*andropogon* le nom d'*andropogon pertusum* à cause d'une fossette, près du sommet de la valve externe de ses calices, tout-à-fait semblable à la fossette qui fait un des principaux caractères de l'*andropogon foveolatum*. Ces deux *andropogon* forment un groupe ou une section que cette fossette caractérise. Les épis sont simples dans l'*andropogon foveolatum*, et fasciculés presque en ombelle dans l'*andropogon pertusum*, que j'ai vu sec dans l'herbier de Commerson, de l'Inde.

Explication de la planche 8, *figure* 2.

ANDROPOGON *foveolatum*. *a*, un des épillets formés de deux fleurons, l'un hermaphrodite sessile, et l'autre avorté pédicellé, tels qu'ils sont disposés sur deux rangs de l'épi; *b*, fleuron hermaphrodite ouvert; *c*, fleuron vide avorté; *d*, feuille détachée.

PLANCHE. 8.

Fig. 3. PENNISETUM TYPHOIDEUM.

PENNISETUM typhoïdeum. P. culmo erecto sub-ramoso, nodis inferioribus glabris, superioribus annulato-barbatis, spicâ terminali cylindricâ; foliis pilosis glabrisque; ligulâ ciliatâ. ☉
GRAMEN paniceum sylvestre maximum Indiæ orientalis. Pluck., *Alm.* 164, tab. 32, fig. 4.
PENNISETUM typhoïdeum. Persoon, *Synops.* 1, pag. 72.
PENICILLARIA spicata. Willden., *Enum. plant. hort. Berol.* 2, pag. 1037. — Beauvois, *Agrost.* pag. 58, tab. 13, fig. 4.
HOLCUS spicatus. Linné, *Spec.* 1483. — Willden., *Spec.* 4, pag. 928.

Chaume droit, cylindrique, haut d'un mètre (3 pieds). Lame des feuilles lancéolée aiguë, longue de 3 décimètres (près d'un pied), poilue à la surface ou glabre, rude sur les bords. La gaîne des feuilles est striée; elle est ciliée supérieurement par ses bords : sa languette est formée de cils. Le chaume est cotonneux au-dessous de l'épi; ses nœuds supérieurs sont barbus circulairement.

L'épi est cylindrique, long de 15 centim. (5 pouces), épais d'environ 2 centimètres (8 à 9 lignes), garni d'épillets rapprochés, sessiles ou très-brièvement pédicellés. Les épillets sont groupés deux à deux ou trois à trois sur chaque dent de l'axe de l'épi; ils ont 7 millimètres (3 lignes) de long : ils sont d'abord imbriqués vers le sommet de l'épi, lorsque les fleurons ne sont point ouverts; ils deviennent moins couchés ou tout-à-fait horizontaux après la fécondation. Plusieurs soies, les unes simples et rudes, les autres plumeuses et dont les plus longues égalent les épillets, forment un involucre à ces épillets. On distingue dans chaque épillet un calice à deux valves onguiformes, très-minces, peu apparentes. Il y a deux fleurons dans le calice : l'un de ces fleurons est ordinairement hermaphrodite, et l'autre mâle; quelquefois ils sont tous deux hermaphrodites : ils sont formés de deux valves, dont une extérieure est nerveuse au sommet, un peu échancrée, mucronée par le prolongement et par la réunion de deux nervures dorsales. La valve intérieure est obtuse et un peu émarginée ou aiguë; les étamines, au nombre de trois, ont leurs anthères linéaires terminées à leur sommet par deux houppes de barbes très-courtes. Le style est simple, cotonneux, excepté près de l'ovaire où il est lisse, terminé par deux stigmates filiformes cotonneux.

Nous avons vu quelques pieds de cette graminée cultivés près de l'île de Philæ. C'est une variété de l'*holcus spicatus* de Linné, remarquable par la forme linéaire, égale et non renflée de ses épis. Le *millet chandelle* d'Afrique, dont l'Écluse a représenté un épi, en lui donnant le nom de *panici americani sesquipedalis spica* (*Hist. plant. rar.* 2, pag. 216), est une variété de la même plante.

Explication de la planche 8, *figure* 3.

PENNISETUM *typhoideum*. *a*, un épillet représenté trois fois plus grand que nature avec ses fleurons ouverts; *b*, la graine non encore mûre; *c*, une portion du chaume.

PLANCHE 9.

Fig. 1. CRYPSIS ALOPECUROIDES.

CRYPSIS alopecuroïdes. C. culmo prostrato, diffuso; paniculâ tereti, spicatâ, foliis longiore. ☉
CRYPSIS alopecuroïdes. Schrader, *Flor. Germ.* 1, pag. 167.
HELEOCHLOA alopecuroïdes. Host, *Gram.* 1, pag. 23, tab. 29.
GRAMEN typhinum orientale ramosum. Scheuz., *Agr.* pag. 73. *V. S. herb. Vaill.*
ALOPECURUS geniculatus. Forskal, *Flor. Ægypt.* p. LX, n°. 38.

La racine est chevelue, en botte : les chaumes sont très-nombreux, étalés comme autant de rayons partant de la racine, couchés, simples ou rameux, grêles, n'ayant qu'un millimètre à un millimètre et demi d'épaisseur (une demi-ligne à trois quarts de ligne), longs de 16 à 30 centimètres (6 à 11 pouces), striés au-dessus des gaînes des feuilles, coudés à quelques-uns de leurs nœuds, soit près de la racine, soit près des épis.

Feuilles un peu rudes et striées par leur face supérieure sujette à se rouler longitudinalement sur elle-même; gaînes striées, lisses, ciliées à leur ouverture.

Les chaumes rameux sont garnis de gaînes un peu renflées : leurs rameaux se partagent de nouveau; ils sont rapprochés les uns contre les autres en manière de faisceaux.

Les épis sont fusiformes à l'extrémité des chaumes et des rameaux; ils sont composés de petites grappes d'épillets très-serrés. Leur calice est à deux valves lancéolées, en carène, un peu plus courtes que la corolle, denticulées ou hispides au sommet, sur leur nervure dorsale et sur leurs bords. La corolle est bivalve, et sa valve extérieure est un peu denticulée ou hispide au sommet, plus grande que les autres valves des épillets ; la seconde valve de la corolle est transparente, petite et glabre : chaque corolle renferme trois étamines à anthères courtes blanches, et deux styles.

Cette graminée est fréquente sur les îles basses et sablonneuses du Nil, près du Kaire, pendant les mois d'avril, mai et juin.

Elle varie à chaumes longs ou très-petits, à épis verdâtres ou un peu violets.

Explication de la planche 9, *figure* 1.

CRYPSIS *alopecuroides*. *a*, un épillet dont les valves sont ouvertes (la valve ciliée de la corolle devrait être représentée un peu plus longue qu'elle n'est ici, pour conserver ses proportions par rapport au calice, cette valve étant la plus grande de toutes celles des épillets) ; *b*, corolle.

PLANCHE 9.

Fig. 2. PANICUM TURGIDUM.

PANICUM turgidum. P. culmo junceo frutescente, ramis ad nodos fasciculatis ; vaginâ foliorum multiplici, spathaceâ, persistente; paniculis terminalibus ; spiculis omnibus pedicellatis, ovatis, tumidis ; calicis valvulâ exteriore flosculis inclusis paulò longiore. ♃

PANICUM turgidum. Forskal, *Descr*. pag. 18.

GRAMEN memphiticum erectius et ramosius, albo miliaceo semine. Lippi, *Mss*.

Le chaume rameux de cette graminée forme des buissons arrondis, hauts de 10 à 13 décimètres (3 à 4 pieds):

sa racine est, suivant Lippi, cotonneuse en dehors et grosse comme le doigt; ce qui doit s'entendre, je pense, des cordons particuliers des radicules.

Les branches écartées et s'entrelaçant sont dures, élastiques, très-peu striées, épaisses seulement de 2 à 3 millimètres (une à 2 lignes) vers le milieu de la hauteur des chaumes. Les entre-nœuds de ces branches sont longs de 15 à 18 centimètres (5 à 6 pouces). Leurs nœuds sont prolifères, produisant, presque immédiatement au-dessus de l'insertion d'une première graine de feuille, un ou plusieurs rameaux dont la base est enveloppée par des gaînes de longueur inégale; plus la plante croît dans un terrain aride, et plus le nombre des rameaux en faisceau est grand sur les nœuds des branches. Les gaînes, cachées sous d'autres gaînes plus grandes, n'ont qu'un rudiment de lame foliacée à leur sommet; les feuilles parfaites sont finement striées, linéaires, aiguës, à lame un peu ciliée sur les bords à leur base, se roulant longitudinalement en dessus.

Les panicules sont terminales, un peu pyramidales, courtes à l'extrémité des rameaux qui partent en faisceaux épais d'un même nœud, longues de 15 centimètres (plus d'un demi-pied) au sommet de quelques rameaux qui sont simplement fourchus.

Les rameaux partiels des panicules sont un peu flexueux, et se divisent en pédicelles très-peu denticulés, qui ne portent chacun qu'un épillet, et qui sont élargis un peu en godet à leur sommet après la chute des épillets; ce qui ne se voit qu'à la loupe. Les épillets sont ovoïdes, longs de 3 millimètres à 4 millimètres et demi (une ligne et demie à 2 lignes). Leur calice est à deux valves convexes extérieurement, sillonnées et striées longitudinalement, dont la plus grande extérieure, aiguë, cache presque entièrement les fleurons. Ces fleurons sont bivalves : l'un est mâle, à corolle membraneuse comme le calice; l'autre est hermaphrodite, à valves brillantes coriaces. Les étamines des deux fleurons sont d'un violet foncé; il y a deux styles glabres très-fins dans le fleuron hermaphrodite, terminés chacun par un stigmate épais, plumeux.

La graine ressemble tout-à-fait au millet cultivé; elle est revêtue de la corolle persistante et brillante : cette graine, quand on la dépouille de la corolle, est ovoïde, un peu aplatie d'un côté, et convexe de l'autre.

Le *panicum turgidum* croît dans les déserts du Kaire, et est commun sur le sable mouvant au pied de la montagne des pyramides de Gyzeh; il croît dans le Tehâma, partie de l'Arabie [1], qui n'est qu'une vaste plaine sèche et argileuse entre la mer Rouge et les montagnes.

On pourrait essayer de faire de cette graminée des haies vives dans les terres qui sont rarement inondées en Égypte, et que le sable vient envahir. Ses graines m'ont paru être enlevées par les oiseaux dans le désert, presque aussitôt qu'elles mûrissaient; ses branches et ses panicules étaient presque toujours coupées par des

---

[1] Cette plante est celle désignée par Forskal, sous le nom de *bockar* qu'elle porte en Arabie, *Flor. Æg. Arab.* p. CIV et p. 20. Forskal a inséré, p. CIV, le nom de *panicum dichotomum* à la place de celui de *panicum turgidum*, et le nom de *panicum setigerum* à la place de celui de *panicum dichotomum*, comme on s'en convaincra en comparant les noms arabes cités par Forskal, p. 18 et 20, n°s. 60 et 64, aux noms arabes, n°s. 59 et 60, pag. CIV.

PLANTES GRAVÉES. 155

animaux, particulièrement par les chameaux. On ferait servir les branches de fourrage, en cultivant cette plante; et ses chaumes, plus ligneux que ceux de l'*halfeh* (*poa cynosuroïdes*, pl. 10, fig. 3), graminée sauvage, que les Égyptiens récoltent pour les brûler, serviraient aussi, lorsqu'on serait contraint de les arracher.

Explication de la planche 9, *figure* 2.

PANICUM *turgidum*. *a*, un épillet ouvert; *b*, les deux fleurons de l'épillet, auquel on a retranché le calice.

PLANCHE 10.

Fig. 1. AGROSTIS SPICATA.

AGROSTIS spicata. A. paniculâ spicatâ; foliis involutis, rigidis, in geniculis coacervatis; ramis infractis. Vahl, *Symb. bot.* 1, pag. 9. — Willden., *Spec.* 1, pag. 373.

AGROSTIS virginica. A. sarmentis repentibus; foliis ciliatis convolutis. Forskal, *Descr.* pag. 20.

GRAMEN canopicum procumbens, folio pungente, tereti; spicâ perangustâ. Lippi, *Mss.*

Sa racine est dure, cylindrique, vivace, rampante, et recouverte d'écailles jaunâtres déchirées, qui sont des débris de feuilles. Ses radicules sont cotonneuses étant jeunes, comme celles d'autres graminées vivaces qui croissent dans le sable.

Les feuilles et les chaumes sont en touffes basses, produisant des jets couchés et traçans de la longueur du bras, qui fleurissent principalement à leur extrémité, et dont les nœuds se garnissent de feuilles et de racines par petites touffes écartées. Les jets ou rameaux de cette plante sont durs, cylindriques, épais d'environ 2 millimètres (près d'une ligne); leurs entre-nœuds sont longs de 15 centimètres (6 pouces ou environ).

Les feuilles sont aiguës et piquantes, denticulées sur les bords, roulées en dessus longitudinalement, garnies d'une collerette de cils à l'entrée de leur gaîne.

Les fleurs viennent en panicules resserrées en épis linéaires, cylindriques, qui terminent des chaumes grêles, coudés, longs de 15 à 20 centimètres (5 à 7 pouces), produits par des touffes adultes ou par les nœuds des jets traçans. Les panicules sont longues de 5 à 8 centimètres (2 à 3 pouces). Tous les épillets sont menus, longs de 2 millimètres (une ligne), redressés et imbriqués; le calice est de deux valves, dont l'extérieure est de moitié ou de deux tiers plus courte que l'intérieure, un peu obtuse; la corolle est un peu plus longue que le calice; les valves sont lisses; on découvre difficilement quelques dentelures sur la nervure dorsale de la plus longue valve du calice. Les étamines et les styles ne sont point colorés; la graine est ovoïde, tronquée obliquement près de sa base par un petit écusson brun qui indique l'embryon.

L'*agrostis spicata* croît dans les sables au bord du chemin d'Abouqyr à Rosette, sur la côte; je l'ai aussi cueilli aux environs de Mataryeh, près du Kaire. ♃

Explication de la planche 10, *figure* 1.

Agrostis *spicata*. *a*, un épillet dont les valves sont ouvertes, représenté quatre fois plus grand que nature.

PLANCHE 10.

Fig. 2. POA ÆGYPTIACA.

Poa ægyptiaca. P. culmis confertis, basi geniculatis; spiculis linearibus, 7-15-floris; corollæ valvulâ interiore arcuatâ, persistente, obtusâ, lacerâ. ☉

Poa amabilis? prostrata, spiculis 12-floris, linearibus. Forskal, *Flor. Ægypt.* pag. LXI, n°. 57.

Poa ægyptiaca. P. paniculâ æquali, diffusâ; spiculis linearibus, 9-15-floris; flosculis liberis; ligulâ truncatâ, ciliatâ; culmo ramosissimo, ascendente. Willden, *Enum. pl. hort. Berol.* 1, p. 107, n°. 17.

Variat. α. Culmis erectis; paniculâ expansâ.
β. Culmis prostratis, ramosioribus; paniculâ contractâ, sessili, folio sub-involuta.

Racine fibreuse, en faisceau, cotonneuse; chaumes en gazon, montans ou étalés, quelquefois couchés, longs de 5 à 24 centimètres (2 à 9 pouces). Feuilles linéaires, ciliées de chaque côté de l'ouverture de leur gaîne, qui est bordée intérieurement à son sommet par une languette ou collerette très-courte, cotonneuse; les gaînes sont striées, douces au toucher. Les chaumes sont coudés à leur base sur leur premier ou leur second nœud, assez ordinairement rameux; ils sont grêles, et se terminent par une panicule à rameaux, les uns alternes, les autres ternés, demi-verticillés, garnis d'épillets linéaires, assez nombreux et rapprochés pour ne laisser que très-rarement un intervalle du sommet d'un épillet à la base d'un autre.

Leur calice est à deux valves membraneuses, dont l'extérieure est fort courte et plus aiguë que l'autre. Il y a douze à quinze fleurons dans les épillets; leur rachis est flexueux, de manière à loger la valve intérieure de la corolle, creusée en gouttière sur le dos, et arquée de manière que sa convexité est appliquée contre le rachis de l'épillet; elle est membraneuse, transparente, déchirée au sommet, et persiste après la chute des graines. La valve extérieure de la corolle est plus longue que l'intérieure; cependant sa longueur n'est guère que d'un millimètre et demi (deux tiers de ligne). Cette valve est aiguë dans les fleurons du sommet des épillets, un peu obtuse dans les autres; elle se dilate de chaque côté dans sa moitié inférieure, qui, par la saillie demi-circulaire de son bord, va joindre et embrasser la valve interne, qui présente la concavité d'une courbure. La valve extérieure des corolles est à trois nervures peu marquées, l'une dorsale un peu rude, et deux latérales courtes.

La graine tombe enveloppée dans la base de la valve extérieure de la corolle; elle est ovoïde fort petite. Le rachis des épillets reste garni des valves intérieures desséchées des corolles, qui seraient prises au premier coup d'œil pour des dentelures du rachis.

Cette plante est commune à l'île appelée *Gezyret el-Dahab*, au-dessus du vieux Kaire, au mois de mars. Elle est en touffes étalées sur le sable, quelquefois presque enterrées; elle est redressée dans des endroits moins arides, sa panicule devient plus grande, et ses rameaux sont écartés. La couleur des épillets varie: ils sont d'un blond doré, et quelquefois d'un vert brun.

Explication de la planche 10, *figure* 2.

Poa ægyptiaca. *a*, le calice; *b*, épillet dont le rachis à sa partie moyenne n'est garni que des valves intérieures persistantes des corolles; *c*, la graine.

PLANCHE 10.

Fig. 3. POA CYNOSUROIDES.

Poa cynosuroïdes. P. paniculâ gladiatâ; spicis numerosissimis patentibus; spiculis pendulis biseriatis. ♃

Poa cynosuroïdes. P. paniculâ strictâ pyramidali; pedunculis patentissimis; spiculis dependentibus distichis. Retz., *Obs.* p. 20. — Vahl, *Symb. bot.* 3, pag. 10. — Willden., *Spec.* 1, pag. 393.

Uniola bipinnata. Linné, *Spec. pl.* 1, p. 104. — *Flor. palæst. in Amœn. acad.* 4, pag. 450.

Cynosurus durus. Forskal, *Descr.* pag. 71.

Gramen memphiticum elatius, spicâ cubitali spicas innumeras exilissimas gerente. Lippi, *Mss.*

La racine est ligneuse, dure, vivace, rampante, comprimée, marquée de cicatrices annulaires rapprochées.

Le chaume est épais de 6 millimètres (3 lignes), garni de beaucoup de feuilles droites à sa base, et s'élève à un et 2 mètres (3 à 6 pieds. Les feuilles radicales sont rapprochées par faisceaux larges de deux à trois doigts; elles sont glabres, très-coriaces, bordées d'une collerette de cils très-courts à l'entrée de leur gaîne, linéaires, étroites, rudes sur les bords, longues de 6 décimètres (2 pieds). Les feuilles sont plus longues et plus étroites à la partie moyenne du chaume qu'à sa base; elles ont quelquefois 12 décimètres de long (près de 4 pieds; elles se roulent par les bords, et deviennent très-déliées à leur sommet. Le chaume est droit, et produit une panicule effilée comme une lame d'épée, longue de 30 à 40 centimètres (un pied à un pied et demi). Cette panicule est composée d'un grand nombre d'épis sessiles, placés alternativement sur un axe strié et velu, quelques-uns solitairement, et la plupart en groupes de trois à cinq. Les épis prennent une direction horizontale en se développant; ils sont longs de 15 à 30 millimètres (6 à 12 lignes), composés de deux rangs d'épillets tournés en bas, au nombre de quinze à vingt sur chaque rang. Les épis sont plus courts par degrés vers le sommet de la panicule, qui se rétrécit et se termine par quelques épillets simples.

Les épillets sont comprimés et tranchans sur les bords, composés de sept à dix-huit fleurons, ou de trois à cinq fleurons seulement, sur divers pieds.

Le calice est à deux valves aiguës en carène. Les fleurons ou corolles sont plus longs que le calice, à deux valves : l'une extérieure en carène, denticulée sur sa nervure dorsale comme les valves du calice; l'autre intérieure, un peu plus courte, canaliculée sur le dos. Les anthères sont petites, oblongues, blanches ou bleuâtres; les styles sont fins comme de la soie, et se terminent chacun par un stigmate plumeux.

La graine est brune, lisse, ovoïde et fort petite, avec un prolongement en mamelon à sa base.

Cette plante est connue de tous les habitans de la campagne dans la haute et dans la basse Égypte; elle croît au bord des chemins, dans des champs abandonnés et autour des ruines des anciennes villes. On la nomme *halfeh* : elle sert à brûler lorsqu'on la déracine; et c'est avec ses chaumes ou avec le *saccharum cylindricum* arraché dans les jardins et dans la campagne, que les pâtissiers du Kaire chauffent leurs fours. On fait, avec ses feuilles, des cordes à bas prix, presque aussi grosses que le poignet, et qu'on adapte aux roues à arrosement garnies de pots de terre en chapelet pour monter l'eau.

Explication de la planche 10, *figure* 3.

Poa cynosuroïdes. La gravure représente le sommet de la plante en fleur, la panicule ayant été fléchie et renversée contre le chaume. *a*, un épillet; *b*, le calice; *c*, un fleuron; *d*, graine. Ces détails sont d'un tiers plus grands que nature.

PLANCHE 11.

Fig. 1. FESTUCA FUSCA.

Festuca fusca. F. culmo basi geniculato, ramoso; foliis scabris, vaginis basi dilatatis; paniculæ ramis simplicibus erectis; valvulis sub-acutis aut mucronulatis, dorso sub-carinatis.

Festuca fusca. F. paniculâ erectâ, ramosâ; spiculis sessilibus, carinatis, muticis. Linné, *Spec. plant.* 109.

Variat. α. Spiculis pallidè virentibus; flosculis acutis.
β. Spiculis atro-virentibus, obtusiusculis.

Les chaumes sont écartés, couchés à leur base et coudés en se redressant sur des nœuds qui poussent des racines. Leurs entre-nœuds sont longs de 9 à 13 centimètres (3 pouces et demi à 5 pouces), épais de 3 millimètres (une ligne et demie), grossis par les gaînes des feuilles. Ces gaînes sont douces au toucher, plus longues que les entre-nœuds, un peu renflées à leur base, insensiblement rétrécies vers leur sommet, garnies d'une languette membraneuse, transparente, découpée en dents aiguës; la lame des feuilles est linéaire, longuement aiguë, rude à sa face inférieure.

Les chaumes sont ordinairement très-peu noueux au-dessus de leur base couchée, qui produit des rameaux de ses nœuds. La hauteur des chaumes, jusqu'à la naissance de leur panicule, est de 24 à 32 centimètres (9 à 12 pouces). Leur panicule est ovoïde, composée de rameaux grêles, rudes, simples, redressés; elle est longue de 15 à 24 centimètres (5 pouces et demi à 9 pouces). Les épillets, renfermant de cinq à neuf fleurs, sont sessiles, alternes, solitaires et redressés près de leur axe commun, qui est constamment simple, long de 5 à 10 centimètres (2 pouces à 3 pouces et demi), et qui porte dix à vingt épillets. Les épillets sont lancéolés, longs de 7 à 10 millimètres (3 lignes à 4 lignes et demie). Leur calice est à deux valves lancéolées aiguës, dont l'extérieure est la plus courte, garnie d'une nervure dorsale un peu rude.

Les fleurons sont à deux valves, dont l'extérieure, un peu plus grande que l'intérieure, est très-légèrement fendue au sommet avec une pointe intermédiaire : cette pointe ou soie très-courte est un prolongement de la nervure de la valve entre deux dents, qu'elle soude quelquefois de manière à former un sommet simple, aigu; quelquefois aussi cette nervure se termine au-dessous des dents de la valve sans se prolonger en une soie : la valve intérieure est en gouttière sur le dos, médiocrement aiguë au sommet, ou déchirée en deux ou trois pointes mousses. Il y a trois étamines à anthères blanchâtres; l'ovaire est à deux cornes, portant chacune un style très-fin et un stigmate plumeux de toutes parts, violet-brun.

Le *festuca fusca* croît dans la basse Égypte et aux environs du Kaire, dans les prairies humides ; ses chaumes sont quelquefois obliques dans l'eau des mares et des fossés, et quelques-unes de ses feuilles flottantes au mois de novembre.

Cette plante est remarquable par les rameaux simples de sa panicule, caractère qui est rare dans les graminées à panicules divisées en aussi longs rameaux. La description que Linné donne du *festuca fusca*, s'applique mal à la plante que je donne sous ce nom, et qui est cependant bien ce *festuca*. J'ai envoyé cette plante en Angleterre à M. J. E. Smith, qui possède l'herbier de Linné, et qui a bien voulu me répondre qu'elle était le *festuca fusca*.

Hasselquist avait découvert cette graminée en Syrie ; aucune figure ni aucune bonne description n'en avaient été faites jusqu'à présent.

Le *festuca fusca* ne diffère que par ses fleurons brièvement mucronés du *festuca polystachya* (Mich. *Amér.* 1, pag. 66), ou *festuca fascicularis* (Lamarck, *Illustr.* n°. 1030), *diplachne* (Beauvois, *Agrostogr.* pag. 80), qui a les fleurons plus longuement sétacés et les dents de la valve plus aiguës.

Explication de la planche 11, *figure* 1.

FESTUCA *fusca. a*, un épillet ; *b*, calice ; *c*, fleuron ouvert, avec les étamines et les stigmates ; *d*, portion moyenne d'une feuille pour faire voir la languette à l'entrée de la gaîne.

PLANCHE 11.

Fig. 2. BROMUS RUBENS.

Bromus rubens. B. culmo palmari; spicis villosis, lanceolato-linearibus, 7-12-floris, turbinatâ paniculâ congestis; dentibus valvulæ flosculorum externæ ciliato-villosis. ☉

Bromus rubens. Linné. — Smith, *Icon. Flor. Græc. Sibthorp.* tab. 83.

Racine fibreuse en botte; chaumes en faisceaux ordinairement moins hauts que la longueur de la main; feuilles molles, velues, principalement les inférieures; languette de leur gaîne membraneuse, aiguë, dentelée; panicule de six à dix épis presque sessiles, longs de 20 à 35 millimètres (9 à 15 lignes), lancéolés-linéaires, à sept, onze et quinze fleurons. Calice à deux valves aiguës, velues sur leurs nervures; l'une de ces valves est interne, plus large et plus longue que l'externe.

Fleurons à deux valves : l'extérieure presque linéaire, longue d'environ 12 millimètres (5 lignes), pliée en gouttière en dedans, velue et arrondie sur le dos, portant une soie au-dessous de son sommet, bifide et velue au-dessus de la naissance de cette soie; la valve intérieure est canaliculée sur le dos, ciliée sur deux nervures fines parallèles. La graine est linéaire, collée contre les valves qui l'enveloppent; elle est velue au sommet, sur lequel les deux anthères du fleuron se trouvent conservées.

Cette plante croît à Alexandrie autour des champs d'orge, entre la colonne de Pompée et les catacombes; ses panicules, ses tiges et ses feuilles sont souvent rougeâtres ou violettes.

Le *bromus rubens* a été confondu par plusieurs botanistes avec un autre *bromus* à panicule rougeâtre ou violette, que j'ai nommé *bromus purpurascens*, n°. 117 de l'*Illustratio Floræ Ægyptiacæ*, et qui est caractérisé par une panicule ovoïde très-serrée, de douze à trente épis, par ses fleurons peu nombreux, dont les valves extérieures sont glabres, rudes, et les valves intérieures ciliées sur les deux nervures dorsales assez longuement pour faire paraître les fleurons velus, si l'on n'examine pas assez attentivement l'origine de ces cils. Je définis donc ainsi les caractères spécifiques du *bromus purpurascens : bromus paniculâ sub-ovatâ, contractâ; spicis numerosis, oblongis, 5-7-floris; valvulâ flosculorum exteriore glabrâ, interiore ciliatâ.*

Explication de la planche 11, *figure* 2.

Bromus *rubens. a*, un épi détaché de sa panicule; *b*, calice; *c*, valves du fleuron; *d*, gaîne.

PLANCHE 11.

Fig. 3. DINÆBA ÆGYPTIACA.

Dinæba ægyptiaca. D. culmo geniculato ramoso; foliis sub-asperis, planis; ligulâ membranaceâ; spicis paniculatis, linearibus, maturis deflexis. ☉

Dactylis paspaloïdes. Willden., *Enum. plant. Berol.* 1, p. 111.
Cynosurus retroflexus. Vahl, *Symb. bot.* 2, pag. 20. — Persoon, *Synops.* 1, pag. 86.
Dinæba arabica. Beauvois, *Agrostogr.* tab. 16, fig. 2.

Caractère générique. Calice à deux valves presque égales, subulées, aiguës-sétacées, renfermant trois à quatre fleurons beaucoup plus petits que le calice; corolles ovoïdes, à deux valves, dont l'extérieure est aiguë ou acuminée, et l'intérieure émarginée; trois étamines, deux styles; épillets imbriqués alternativement sur deux rangs à la face inférieure d'un axe linéaire; épis disposés en panicule pyramidale allongée.

Description. Ses chaumes sont grêles, lisses, cylindriques, rameux, hauts de 3 décimètres (9 pouces), coudés sur les nœuds à leur base : les feuilles sont lancéolées-linéaires, très-aiguës, molles, un peu rudes, larges de 3 à 5 millimètres (une ligne et demie à 2 lignes), longues de 5 à 13 centimètres (2 à 5 pouces), non compris leur gaîne.

Les chaumes et leurs rameaux se terminent en panicules droites, pyramidales-allongées, formées d'épis linéaires, alternes, horizontaux ou réfléchis, écartés les uns des autres, courts vers le sommet de la panicule.

L'axe propre des épis est garni d'un nombre d'épillets proportionné à la longueur de ces épis; cet axe est plane en dessus : les épillets sont disposés alternativement sur deux rangs à la face inférieure, contre laquelle ils sont appliqués et imbriqués : l'axe se termine par un épillet.

Le calice de chaque épillet est à deux valves subulées, aiguës-sétacées, anguleuses sur le dos, égales ou presque égales l'une à l'autre, beaucoup plus longues que les fleurons. Ce calice renferme trois fleurons bivalves, ovoïdes : la valve extérieure des fleurons, plus grande que l'intérieure, est longue de 2 millimètres (une ligne), et porte une nervure dorsale qui forme une très-petite pointe au sommet aigu, membraneux et un peu déchiré de la valve; la seconde valve est fendue à son sommet en deux dents courtes, à chacune desquelles aboutit une nervure. Les étamines, au nombre de trois, ont leurs anthères petites, jaunes; les stigmates sont violets et plumeux; la graine est ovoïde-renversée, cachée dans la corolle, avec laquelle elle tombe et dont on peut la séparer facilement.

J'ai cueilli cette plante à Damiette dans un champ de cannes à sucre, au mois de décembre 1798; j'en ai rapporté les graines en France en 1802 : elles ont très-bien levé pendant l'été, et la plante a été répandue depuis dans plusieurs jardins de botanique sous le nom de *dinæba* que je lui avais donné. J'avais formé ce nom du mot arabe *denâb*, qui signifie *queue*, parce que les panicules de cette plante sont longues et étroites.

J'ai vu la même plante sèche dans l'herbier de Michaux, qui l'avait recueillie en Perse.

Explication de la planche 11, *figure* 3.

DINÆBA *ægyptiaca. a*, épillet de grandeur naturelle; *b*, fleuron ouvert représenté grossi, vu à la loupe.

PLANCHE 12.

Fig. 1. AVENA ARUNDINACEA.

AVENA arundinacea. A. culmo rigido, pedali; paniculâ lanceolatâ, confertâ, folio terminali sub-involutâ; calicibus glabris, trifloris; flosculis lanatis, inclusis. ♃

Sa racine est composée de très-longues fibres cotonneuses, produites par plusieurs nœuds du chaume, qui est un peu traçant à sa base, enveloppé d'écailles blanches membraneuses.

Les chaumes ne sont rameux ou divisés qu'à leur base radicale ; ils s'élèvent à environ 32 centimètres (un pied), en touffes un peu étalées ; ils sont pleins et fermes : leurs entre-nœuds sont finement striés, longs de 27 à 50 millimètres (1 à 2 pouces), garnis de raies longitudinales de poils très-courts, blancs, couchés en bas, très-apparens à la partie inférieure des chaumes ; ces poils sont insérés sur la saillie ou crête des stries.

Les feuilles sont lancéolées, aiguës, longues de 2 à 6 centimètres (environ un pouce à deux pouces et demi), non compris la gaîne, qui est presque de la même longueur. La languette de la gaîne est formée par une collerette de cils. Les feuilles supérieures sont presque glabres ; les inférieures sont un peu striées et velues en dessus, et ont leurs gaînes couvertes d'un coton court très-couché.

Les épillets viennent à l'extrémité des chaumes en panicule lancéolée, de 7 centimètres de long (2 pouces et demi), enveloppée inférieurement par la gaîne prolongée d'une des feuilles.

Le calice est à deux valves aiguës, pointillées, glabres, striées, longues de 7 millimètres (3 lignes) ; il renferme trois fleurons, dont les deux intérieurs sont parfaits, et le troisième avorté, de moitié plus petit que les deux autres. La valve extérieure des fleurons est convexe, garnie de stries et de raies de poils longs vers le haut de la valve, qui se termine sur les côtés par deux dents membraneuses aiguës, non ciliées, entre lesquelles naît une arête un peu torse, longue comme la valve, et qui ne dépasse pas le calice : la valve intérieure des fleurons est glabre, en gouttière sur le dos, terminée par deux dents très-courtes. Les fleurons, à l'exception de celui qui est imparfait, contiennent trois étamines et un ovaire surmonté de deux styles glabres, plus longs que leurs stigmates, qui sont plumeux. La graine est ovoïde-renversée, marquée inférieurement d'un écusson oblong un peu pâle, terminée par deux pointes qui sont les vestiges des styles.

L'*avena arundinacea* croît dans le désert, au pied des collines de sable, à Rosette, et fleurit en mars.

Explication de la planche 12, *figure* 1.

AVENA *arundinacea*. *a*, un épillet demi-ouvert dans l'état où les fleurons laissent paraître le duvet dont ils sont garnis; *b*, épillet dont les fleurons sont ouverts; *c*, une feuille, pour faire voir la languette ciliée de la gaîne.

PLANCHE 12.

Fig. 2. AVENA FORSKALII.

AVENA Forskalii. A. culmo humillimo, prostrato; foliis subarcuatis, brevi-lanceolatis; paniculâ terminali culmum adæquante; calicibus apertè trifloris; flosculis lanatis inclusis. ⊙

AVENA Forskalii. A. paniculata, calicibus trifloris; corollis hirsutis, aristatis; culmo ramoso; foliis involutis, rigidis. Vahl, *Symb. bot.* 2, pag. 25. — Willden., *Spec. plant.* 1, pag. 447. — Persoon, *Synops.* 1, pag. 100.

AVENA pensylvanica. Forskal, *Descr.* pag. 23.

Petite plante annuelle, dont la racine fibreuse, déliée, est couronnée par un faisceau de chaumes étalés en rayons, de 27 à 40 millimètres (un pouce à un pouce et demi).

Les feuilles sont environ de la longueur de l'ongle, lancéolées-élargies, aiguës, recourbées, un peu cotonneuses, principalement les inférieures, qui sont en même temps poilues sur leurs gaînes. La languette des gaînes est une frange de cils.

Les épillets sont en panicules oblongues, portées quelquefois par des chaumes si courts, qu'elles paraissent être radicales. Une feuille dont la gaîne est renflée, enveloppe en partie la panicule, qui est rameuse, médiocrement serrée. Le calice des épillets est à deux valves aiguës, striées, presque glabres, longues d'environ 8 millimètres (un peu plus de 3 lignes); les corolles, y compris l'arête qui termine leur valve extérieure, ont cette même longueur. Deux fleurons fertiles et un troisième avorté sont renfermés dans le calice, et ne le surpassent point ou presque point en longueur, quoique pourvus d'arêtes. La valve extérieure des fleurons est striée, garnie de poils couchés entre les stries et longs au sommet de la valve; ce sommet est bifide à deux dents aiguës, molles, membraneuses, un peu ciliées, avec une arête intermédiaire un peu torse et qui a environ la même longueur que la valve. La valve intérieure est un peu fendue au sommet, et très-brièvement denticulée ou ciliée vers le haut des nervures qui bordent la gouttière dorsale. Les étamines et le pistil ne diffèrent point de ceux de l'espèce précédente. Le fleuron avorté contient le rudiment d'un autre fleuron appliqué contre lui entre les bords rapprochés et un peu roulés de sa valve extérieure.

Cette plante croît dans la plaine sablonneuse des pyramides de Saqqârah, au mois de décembre; elle est si petite, que ses panicules sont quelquefois plus longues que ses chaumes : ses fleurs sont tout-à-fait semblables à celles de l'*avena arundinacea*, mais un peu plus grandes.

Explication de la planche 12, *figure* 2.

AVENA *Forskalii*. *a*, le calice ; *b*, les fleurons ou corolles d'un épillet ; *c*, une feuille.

PLANCHE 12.

Fig. 3. TRISETARIA LINEARIS.

TRISETARIA linearis. T. culmo stricto ; foliis inferioribus subvillosis ; paniculâ lanceolatâ, spiciformi ; spiculis 1–2–floris ; pedicello flosculi abortivi incluso, setis aristisve appressis, erectis.

TRISETARIA linearis. Forskal, *Flor. Ægypt.* pag. LX, n°. 52. — *Descr.* pag. 27.

TRISETUM arenarium. T. paniculâ spicatâ, elongatâ; glumis æqualibus, 1–2–floris, setâ baseos flosculi pilosâ ; foliis striatis sub-hirsutis. La Billardière, *Syr. Dec.* 5, pag. 10, tab. 7.

Caractère générique. Épillets de deux à trois fleurons ; calice à deux valves acuminées ; corolles ayant leur valve extérieure bifide-sétacée au sommet, avec une arête produite par le dos de la valve.

Description. Racine chevelue, cotonneuse. Chaumes grêles, en faisceaux droits peu garnis, hauts de 16 à 27 centimètres (6 à 10 pouces).

Feuilles molles, linéaires, aiguës, striées, les radicales pubescentes. La languette de la gaîne des feuilles radicales est presque nulle ou tronquée ; elle est membraneuse, transparente, doublement dentée dans les feuilles supérieures.

Une panicule étroite-lancéolée, longue de 8 à 14 centimètres (3 à 7 pouces), termine chacun des chaumes.

Les épillets sont verticaux et serrés en épis fusiformes; leur calice est à deux valves subulées, aiguës, nerveuses à leur base, un peu en carène et denticulées sur leur nervure dorsale, transparentes à leur sommet, presque égales l'une à l'autre, contenant un fleuron presque sessile et un pédicelle de fleuron avorté, ou deux fleurons dont le second est pédicellé jusqu'à moitié de la hauteur du premier, et accompagné du pédicelle d'un fleuron avorté : ce pédicelle est droit, cilié, de moitié plus court que le fleuron contre lequel il s'applique, et se termine tantôt par le rudiment d'un fleuron, et tantôt est tronqué. Les fleurons ont leurs valves plus courtes que le calice, mais terminées par deux soies et une arête plus longues. La valve extérieure des fleurons est lancéolée, très-aiguë, partagée au sommet en deux soies droites qui s'élèvent à moitié d'une arête produite par le milieu du dos de la même valve : la valve intérieure est tout-à-fait membraneuse, transparente, linéaire-aiguë, bifide. Les fleurons renferment trois étamines, un ovaire oblong, échancré au sommet et produisant deux stigmates plumeux.

. Le *trisetaria linearis* croît au cap des Figuiers à Alexandrie, et sur les collines de sable de Rosette et du Delta, au mois de février.

J'ai décrit cette plante sous le nom que lui a donné Forskal, qui l'a découverte en Égypte. On doit substituer à ce nom celui de *trisetum* donné par Persoon *in Synops.* 1, pag. 97, et qui a été adopté par MM. de la Billardière, de Beauvois, etc. Plusieurs espèces d'*avena*, entre autres l'*avena flavescens* Linn., rentrent dans le genre *trisetum* ; mais je ne trouve pas que les *avena arundinacea* et *avena Forskalii* que j'ai décrits, puissent se rapporter au genre *trisetum*.

Explication de la planche 12, *figure* 3.

TRISETARIA *linearis*. *a*, épillet à deux fleurons avec le rudiment d'un troisième fleuron; *b*, fleuron ouvert; *c*, une des feuilles de la partie inférieure du chaume.

PLANCHE 13.

Fig. 1. ELYMUS GENICULATUS.

ELYMUS geniculatus. E. culmo palmari, sub-erecto; foliis summis vaginâ glabris, laminâ hirsutis; spica articulis hirsutis, calicibus oppositis, bifloris, flosculo altero mutico abortivo. ☉

Cette graminée forme une petite touffe d'où sortent trois à six tiges étalées, non rameuses, longues d'un à 2 décimètres (4 à 7 pouces). Ses racines sont capillaires. Ses feuilles sont linéaires-aiguës, molles, striées : les radicales ont leur gaîne velue et leur lame glabre; les feuilles supérieures ont au contraire leur gaîne glabre et la lame velue en dessus.

Les chaumes sont lisses et coudés à chaque nœud sur les pieds bien développés, dont les entre-nœuds sont plus longs que les gaînes des feuilles : ces chaumes sont droits et garnis de feuilles rapprochées sur d'autres pieds de moitié moins élevés; la languette de l'ouverture des gaînes est courte et membraneuse.

Les chaumes portent un épi oblong de 3 centimètres (un peu plus d'un pouce), dont l'axe articulé se brise en autant de pièces qu'il y a de faisceaux d'épillets qui forment l'épi. Chaque pièce articulée est pyramidalerenversée, courte, poilue; elle porte un faisceau de deux épillets opposés l'un à l'autre, dont le calice latéral est de deux feuilles roides, subulées, plus longues que les fleurons : un seul fleuron fertile répond à chaque calice et y est presque sessile; le rudiment d'un second fleuron est porté sur un pédicelle dans le pli dorsal de la valve intérieure du fleuron fertile. La valve extérieure du fleuron fertile est striée, hispide, un peu aplatie sur le dos, terminée par une soie rude : la valve intérieure est canaliculée sur le dos et mousse au sommet.

La graine, fortement serrée dans la corolle, est ovoïde, aplatie, canaliculée du côté de la valve interne de la corolle, longue de 5 millimètres (3 lignes), garnie au sommet d'une houppe cotonneuse.

Il y a à la base et au sommet des épis un ou deux calices vides.

J'ai trouvé cette plante à Alexandrie dans des champs d'orge, entre le lac *Maréotis* et la mer, au mois de mars 1800.

Explication de la planche 13, *figure* 1.

ELYMUS *geniculatus*. *a*, épillets géminés, opposés, portés par une pièce articulée de l'axe de l'épi; *b*, fleuron complet, ouvert.

PLANCHE 13.

Fig. 2. ARISTIDA OBTUSA.

ARISTIDA obtusa. A. foliis capillaribus, striatis, radicalibus congestis; vaginis ore tomentosis; culmo filiformi, erecto, undique glaberrimo, monophyllo; calicibus subulatis; corollâ brevissimâ, obtusâ, bidentatâ; aristâ inter dentes erectâ, supernè trifidâ. ♃

La racine de cette graminée est fibreuse, en faisceau, perpendiculaire, dure, cotonneuse. Les feuilles sont capillaires, striées, canaliculées en dessus, ramassées en paquets serrés au-dessus de la racine : leurs gaînes sont blanches et striées, glabres, excepté au sommet de leur ouverture, qui est un peu cotonneuse sur les côtés.

Les chaumes sont filiformes, droits, hauts de 10 à 25 centimètres (3 pouces et demi à 9 pouces), ne portant qu'une seule feuille insérée dans leur milieu sur un nœud glabre.

La panicule est terminale, longue de 5 à 10 centimètres (2 à 4 pouces environ). Les épillets sont subulés-aigus, un peu striés, longs de 9 millimètres (4 lignes); leur calice est à deux valves, dont l'extérieure est la plus longue et embrasse celle qui est intérieure. La corolle est de deux tiers plus courte que le calice, portée sur une base coriace velue, échancrée au sommet en deux lobes ou dents latérales droites, obtuses, entre lesquelles naît une barbe trois ou quatre fois plus longue que le calice. Cette barbe se sépare en trois branches, dont une dorsale longue, plumeuse, et deux autres antérieures, de moitié plus courtes, glabres, capillaires. La branche dorsale de cette barbe ne se prolonge pas au-delà des cils qui la rendent plumeuse et qui forment une extrémité arrondie.

Les anthères sont beaucoup plus longues que la corolle; les stigmates épais, plumeux et violets.

J'ai cueilli cette nouvelle espèce d'*aristida* dans le désert, sur le chemin du Kaire à Soueys, à la fin de janvier 1800.

Explication de la planche 13, figure 2.

ARISTIDA obtusa. *a*, un épillet dont le calice est ouvert; *b*, corolle garnie de sa barbe trifide; *c*, pistil détaché.

PLANCHE 13.

Fig. 3. ARISTIDA CILIATA.

ARISTIDA ciliata. A. culmis erectis, glabris; nodis annulato-barbatis; foliis rigidiusculis, sub-pungentibus, ore vaginarum ciliatis, corollâ circumscissâ; setâ mediâ longiore, plumosâ. ♃

ARISTIDA ciliata. A. foliis rigidis, glabris, convolutis, nodis barbatis; aristâ intermediâ longiore plumosâ. Desfont., *Emendat. altera ad calcem Flor. atlant.*

ARISTIDA plumosa. Lamarck, *Illustr. gen.* n°. 778, tab. 41, fig. 1; et Desfont., *Flor. atlant.* 1, pag. 109; *non* Linn.

La racine est un faisceau de longues fibres épaisses et coriaces. La base radicale des chaumes est ligneuse, dure et persistante, recouverte de débris d'anciennes gaînes sous lesquelles on découvre un duvet qui naît de l'insertion des gaînes, et des nœuds très-rapprochés. Les feuilles sont striées, un peu roides et piquantes, roulées par leurs bords en dessus, glabres, à l'exception des côtés de l'ouverture de leurs gaînes, qui sont ciliés, et qui se joignent à la languette très-courte ciliée de cette ouverture. Les feuilles varient beaucoup quant à leur longueur.

Les chaumes sont verticaux, longs de 32 centimètres (un pied), munis de deux à trois feuilles qui naissent chacune d'un nœud cilié. Leur panicule terminale est longue de 10 à 15 centimètres (3 à 6 pouces), formée d'épillets peu ramassés, longs de 12 millimètres (5 lignes et demie), non compris leur barbe plumeuse, qui est trois et quatre fois plus longue que l'épillet.

Le calice est à deux valves, dont l'extérieure ovale-allongée se termine par deux dents courtes; la valve intérieure, plus longue et plus étroite, se termine aussi par deux dents.

La corolle, portée sur une base coriace velue, est roulée longitudinalement sur elle-même; ses bords s'écartent seulement un peu à sa base pour laisser sortir les stigmates; elle est articulée circulairement dans son milieu, où elle se brise transversalement; son sommet caduc est roulé en cornet, et se rétrécit en produisant une arête trifide, dont la branche dorsale, longue de 4 centimètres (un pouce et demi), est plumeuse dans sa moitié supérieure, avec un prolongement sétiforme au-delà de ses cils latéraux.

J'ai cueilli cette plante, en même temps que la précédente, dans le désert de Soueys.

Explication de la planche 13, *figure* 3.

ARISTIDA *ciliata. a*, calice; *b*, fleuron ouvert; *c*, une feuille avec les cils de sa gaîne.

PLANCHE 14.

Fig. 1. ROTTBOLLIA HIRSUTA.

ROTTBOLLIA hirsuta. R. culmo basi frutescente, ramoso; spicâ tereti, sericeâ, fragili; spiculis hirsutis, involucratis; pedicello flosculi neutri parallelè adjuncto. ♃

ROTTBOLLIA hirsuta. R. spicâ subulatâ, hirsutâ; flosculis hermaphroditis patentibus, sterilibus pedicellatis appressis. Vahl,

Symb. bot. **1**, pag. 11. — Willden., *Spec. plant.* **1**, pag. 465. — Persoon, *Synops.* **1**, pag. 106.

TRITICUM ægylopoïdes. Forskal, *Descr.* pag. 26.

GRAMEN ægyptiacum argenteâ spicâ, glumam glumâ sustinente. Lippi, *Mss. et Herb. Vaill.*

Les chaumes sont durs et redressés en touffes peu garnies, hauts de 3 à 6 décimètres (un à 2 pieds); ils naissent d'une souche rameuse, étalée, persistante, ligneuse. Quelques entre-nœuds de la base des chaumes sont courts et soyeux; les entre-nœuds suivans sont glabres, longs d'un doigt, demi-cylindriques, un peu rudes, canaliculés d'un côté jusqu'au-dessous du dernier ou de l'avant-dernier nœud, qui supporte un épi terminal.

Les feuilles adultes sont glabres, striées, linéaires, longuement aiguës, larges de 5 millimètres (plus de 2 lignes), roulées en dessus par leurs bords, pourvues de languettes de cils. Leur gaîne embrasse étroitement le rudiment axillaire, soyeux, d'un rameau, au bas de la cannelure de chaque entre-nœud. Les feuilles et les pousses primordiales sont soyeuses.

Les chaumes, cylindriques à leur sommet, portent un épi grêle, soyeux, aigu, qui se brise facilement à ses articulations. Chaque portion articulée est concave sur une face contre laquelle les épillets sont appliqués. La base et le sommet de l'épi sont rétrécis, et ne produisent à chaque articulation qu'un épillet et un fleuron neutre pédicellé; mais les épis vigoureux, un peu renflés à leur partie moyenne, portent des groupes réguliers de deux épillets séparés par un fleuron avorté pédicellé. Le calice des épillets est à deux valves velues à leur sommet et sur les côtés, coriaces, accompagnées d'un involucre de poils soyeux : la valve extérieure est lancéolée, longue d'un centimètre (4 lignes et demie), un peu aplatie sur le dos, repliée en dedans par les bords, rétrécie au sommet, nerveuse longitudinalement, terminée en deux pointes séparées par une courte fissure; la valve interne est concave, plus courte que l'extérieure, et velue seulement au sommet, qui est entier. Les deux fleurons contenus dans chaque calice sont à deux valves membraneuses transparentes : le fleuron appliqué contre la valve extérieure du calice est mâle, et un peu plus long que le second fleuron, qui est hermaphrodite. Les styles sont distincts et velus à leur base, presque glabres au-dessus jusqu'à la naissance de leurs stigmates, qui sont plumeux et longs comme les styles.

La graine est ovoïde, sans sillon, longue d'environ 4 millimètres (plus d'une ligne et demie).

Cette plante croît dans la vallée de l'Égarement, à quelques lieues de la mer Rouge, et fleurit à la fin de décembre.

Explication de la planche 14, figure 1.

ROTTBOLLIA *hirsuta*. *a*, groupe de deux épillets insérés parallèlement sur une des dents du milieu d'un épi, avec un fleuron neutre pédicellé; *b*, un épillet et ses fleurons ouverts; *c*, une feuille pour montrer sa languette ciliée.

PLANCHE 14.

Fig. 2. TRITICUM SATIVUM TURGIDUM.

Triticum sativum turgidum. T. spicâ sub-tetragonâ, basi et apice obtusâ, ex utrâque facie canaliculatâ; spiculis serie geminâ tumidis, hirsutis; aristis spicâ longioribus. ☉

Les Égyptiens nomment ce blé *qamh sébaqeh;* ce qui signifie *blé le plus fort:* du moins les agriculteurs, si ce nom n'est pas connu dans toute l'Égypte, s'en servent pour désigner cette variété dans la campagne aux environs du Kaire.

Ce blé s'élève à un mètre (3 pieds); ses feuilles sont larges de 12 à 24 millimètres (5 à 10 lignes).

L'épi est long de 5 à 10 centimètres (2 pouces à 3 pouces et demi), large de 15 à 30 millimètres environ (7 lignes à un pouce); sa grande largeur provenant quelquefois des fleurons fort allongés et comme prolifères de l'extrémité des épillets. Cet épi se compose de vingt à trente épillets séparés en deux rangs par une canelure qui suit la direction du rachis. Les barbes de l'épi ont 16 centimètres (6 pouces) de long. Les épillets se composent de quatre ou sept fleurons, dont les deux terminaux sont neutres. Les calices sont à deux valves ovoïdes-ventrues, garnies d'une crête dorsale en carène, qui se termine par une dent au-dessus des bords de la valve. Les valves extérieures des fleurons ressemblent à celles du calice, mais sont moins coriaces, non carénées, velues seulement au sommet; les valves intérieures sont concaves sur le dos, à deux nervures ciliées, et terminées par deux dents. Deux et quelquefois cinq fleurons sont parfaits et fertiles dans chaque épillet; mais il n'y a que deux fleurons qui soient longuement barbus, la barbe ou arête étant produite par le sommet de leur valve extérieure.

Le grain est ovoïde-ventru, soyeux au sommet.

Le *triticum turgidum* LINN., très-bien désigné par la phrase de Morison, *triticum spicâ villosâ quadratâ breviore et turgidiore* (*Hist. Oxon.* 3, p. 176, s. 8, t. 1, fig. 14), offre presque tous les caractères de la variété que je viens de décrire, qui cependant diffère par ses épillets très-serrés sur deux rangs relevés aux côtés d'une canelure, et par ses arêtes plus longues que l'épi. Host, *Gram. Austr.* 3, pag. 19, t. 28, représente le *triticum turgidum* à arêtes plus courtes que l'épi.

Explication de la planche 14, figure 2.

TRITICUM *sativum turgidum*. *a*, un épillet; *b*, une feuille et une portion du chaume coupé.

PLANCHE 14.

FIG. 3. TRITICUM SATIVUM PYRAMIDALE.

TRITICUM sativum pyramidale. T. spicâ brevi pyramidatâ; spiculis per maturitatem horizontalibus; glumis glabris aut hirsutis. ☉

Ce blé diffère du précédent, fig. 2, par la forme de ses épis. Les dents du rachis sont tellement rapprochées et les articulations si courtes, que les épillets, au lieu de pouvoir s'appliquer contre une portion libre du rachis, se rejettent en dehors, et font avec cet axe un angle très-ouvert.

Le chaume s'élève à 88 centimètres (2 pieds 9 pouces). L'épi est court, pyramidal, large vers sa partie inférieure de 18 à 26 millimètres (7 lignes et demie à un pouce), long de 4 à 5 centimètres (un pouce et demi à 2 pouces), composé de quinze à vingt-cinq épillets, dont deux à trois sont imparfaits à la base de l'épi.

Les épillets sont de quatre à six fleurons, dont deux, contigus au calice, sont aristés, et deux terminaux avortés.

Les valves des calices sont ovoïdes-renflées, relevées sur leur nervure dorsale en une crête ou carène terminée par une dent. Les barbes ou arêtes des fleurons fertiles sont presque trois fois plus longues que les épis.

Les épillets à cinq et six fleurons en produisent, dans ce nombre, plusieurs fertiles qui n'ont point d'arête.

Quelquefois les épillets deviennent en quelque sorte prolifères; leurs fleurons terminaux s'allongent et donnent à l'épi une grande largeur.

Les épis de cette variété de blé sont tantôt glabres et tantôt velus; ceux qui parviennent à la plus grande taille, sont presque toujours velus.

Explication de la planche 14, *figure* 3.

TRITICUM *sativum pyramidale*. *a*, un des fleurons fertiles aristés, avec le grain sorti des valves de ce fleuron; *b*, un épillet.

PLANCHE 15.

Fig. 1. TRITICUM BICORNE.

TRITICUM bicorne. T. foliis planis linearibus hirsutis; culmis erectis; spicâ gracili asperâ; spiculis 3-4-floris, flosculis duobus inferioribus aristatis, supremo abortivo; valvulis calicinis striatis, apice lunato-emarginatis. ⊙

TRITICUM bicorne. T. calicibus striatis, bicornibus, trifloris; flosculis lateralibus fertilibus aristatis, medio sterili. Forskal, *Descr.* pag. 26.

La racine est chevelue en faisceau; les feuilles radicales sont nombreuses en gazon, linéaires, velues; la languette des gaînes est membraneuse, courte, crénelée.

Les chaumes droits, non rameux, sont longs d'environ 2 décimètres (près d'un pied); ils portent trois à quatre feuilles velues, à gaînes striées, et se terminent par un épi linéaire, très-étroit, long de 6 centimètres (plus de 2 pouces), rude et garni de barbes longues environ comme l'épi. L'axe de l'épi est glabre, composé de pièces articulées, un peu cunéiformes, presque aussi longues que les épillets, comprimées, rudes sur les bords et sur leur face externe.

Les épillets renferment trois à quatre fleurons, dont un pédicellé, terminal, avorté, et deux inférieurs aristés.

Le calice est à deux valves droites, linéaires, striées, médiocrement convexes, longues de 6 millimètres (3 lignes, terminées par une échancrure semi-lunaire qui sépare deux dents courtes.

Les deux fleurons contigus au calice ont leur valve extérieure striée au sommet et rude, terminée par une arête de 4 à 5 centimètres (un pouce et demi à 2 pouces). Leur valve intérieure est canaliculée entre deux nervures qui aboutissent chacune à une dent courte. Un pédicelle fin élève un fleuron neutre en massue entre les premiers fleurons aristés, et porte quelquefois un autre fleuron fertile, mutique au-dessous de celui qui avorte.

L'ovaire est hérissé au sommet; il porte deux stigmates qui sont plumeux dans toute leur longueur; les deux écailles dont l'ovaire est accompagné, sont laciniées, très-aiguës.

La graine est ovale-oblongue, très-adhérente au calice, canaliculée sur sa face interne, terminée par une petite houppe de poils droits.

Explication de la planche 15, *figure* 1.

Triticum *bicorne. a*, épillet porté sur une des portions articulées du rachis; *b*, fleuron fertile aristé; *c*, graine; *d*, portion d'une feuille sur laquelle on voit deux prolongemens ou appendices en oreillette aux côtés de l'ouverture de la graine.

PLANCHE 15.

Fig. 2. AMMANNIA AURICULATA.

Ammannia auriculata. A. ramis tetragonis alatis; foliis subamplexicaulibus lanceolatis, nonnullis supra basim utrinque angustatis; floribus tetrapetalis octandris; racemis trifidis; stylo capsulæ longitudine. ☉

Ammannia auriculata. A. foliis sessilibus, lanceolatis, basi attenuatis, auriculato-cordatis; caule tetragono; pedunculis trifloris; floribus octandris. Willden., *Hort. Berol.* 1, pag. 7, tom. 7.

La racine est dure, fibreuse. La tige s'élève à 2 et 3 décimètres (8 à 12 pouces); elle est presque cylindrique et comme ligneuse inférieurement : elle se ramifie dès sa base. Les rameaux diminuent successivement de longueur vers le sommet de la plante, et lui donnent une forme pyramidale; les rameaux, ainsi que les feuilles, sont opposés en croix.

La tige est tétragone, excepté à sa partie inférieure; ses angles et ceux des rameaux sont ailés.

Les feuilles sont linéaires-lancéolées, aiguës, demi-amplexicaules et en cœur, assez souvent un peu étranglées de chaque côté au-dessus de leur base.

Les fleurs naissent en grappes dichotomes, dans les aisselles des feuilles, avec une fleur solitaire pédiculée dans chaque dichotomie; ce qui rend les grappes trifides et leurs sommets communément triflores.

Le calice est urcéolé, à huit nervures, long de 2 millimètres (deux tiers de ligne), à quatre dents séparées par quatre plis qui forment autant de dents intermédiaires très-courtes.

La corolle est à quatre pétales rose, ovoïdes-renversés, onguiculés, un peu plus grands que le calice; il y a huit étamines, quatre opposées aux pétales et quatre alternes; les filets dépassent un peu les pétales.

Le style est filiforme, persistant, aussi long que la capsule; il se termine par un stigmate en tête. La capsule est globuleuse, de 2 à 3 millimètres (deux tiers de ligne à une ligne); elle est recouverte dans sa moitié inférieure par le calice : elle est très-mince et fragile, remplie de graines anguleuses fort petites, adhérentes à un placenta qui naît du fond de la capsule, et qui produit de deux côtés une cloison fine qui ne s'élève que jusqu'à la moitié de la capsule.

Cet *ammannia* croît dans les rizières de la basse Égypte, et fleurit à la fin de l'été jusqu'en automne.

Explication de la planche 15, figure 2.

AMMANNIA *auriculata*. *a*, le calice, considérablement grossi, étendu avec les étamines et les pétales, vu par dehors; *b*, le calice vu par dedans, avec les étamines et les pétales qui y prennent leur insertion; *c*, le pistil; *d*, la capsule avec le calice et le style persistans.

PLANCHE 15.

Fig. 3. AMMANNIA ÆGYPTIACA.

AMMANNIA ægyptiaca. A. caule virgato, ramoso, infrà cylindrico; foliis sessilibus, lanceolatis; floribus glomeratis, apetalis, tetrandris. ☉

AMMANNIA ægyptiaca. A. foliis lanceolatis, basi attenuatis, sessilibus; caule tereti; floribus apetalis. Willden., *Hort. Berol.* 1, pag. 6, tom. 6.

La racine est partagée en longues fibres molles, blanchâtres. La tige est droite, effilée, haute de 3 à 9 décimètres (un pied à environ 3 pieds), médiocrement rameuse, à rameaux simples; elle est tétragone à sa partie moyenne et supérieure; ses faces sont arrondies, et ses angles sont bordés d'une petite ligne décurrente.

Les feuilles sont sessiles, lancéolées : les supérieures un peu élargies sous un rétrécissement médiocre du tiers de leur longueur; les inférieures en très-petit nombre près de la racine, rétrécies en pétiole.

Les fleurs sont sessiles, agglomérées dans les aisselles des feuilles, et comme verticillées; leur calice, avant de s'épanouir, est turbiné à quatre angles qui résultent de plis saillans entre quatre dents élargies de ce calice. Quatre étamines, sans être accompagnées d'aucune trace de pétales, sont insérées dans le calice, très-courtes, opposées à ses quatre dents. L'ovaire est ovoïde, le style presque nul. La capsule est sphérique, épaisse de 2 millimètres (moins d'une ligne), revêtue jusqu'à moitié par le calice : elle est uniloculaire, et renferme des graines fines, anguleuses, attachées à un placenta central.

Cette plante croît, avec la précédente, dans les rizières du Delta.

Explication de la planche 15, *figure* 3.

AMMANNIA *ægyptiaca*. *a*, une fleur; *b*, capsule dans le calice qui persiste.

PLANCHE 16.

Fig. 1. HELIOTROPIUM LINEATUM.

HELIOTROPIUM lineatum. H. suffrutescens, radice crassâ, rimosâ; ramis albidis erectis, ætate spinescentibus nudatis; foliis ovato-acutis, repandis; racemis bifidis; fructu lanato. ♃

LITHOSPERMUM digynum, foliis ovatis, margine reflexis, seminibus villosis. Forskal, *Descr.* pag. 40.

HELIOTROPIUM memphiticum frutescens; caule niveo; raro folio; pallidè viridi; flore luteo. Lippi, *Mss.*

HELIOTROPIUM lineatum. Vahl, *Symb. bot.* pag. 13; *neglectâ designatione specificâ, et admissâ descriptione; synonymo lithospermi heliotropioïdis Forskalii excluso, quod ad* heliotropium supinum Linn. *referendum est.*

NOT. *Heliotropii lineati designationem specificam* lithospermo heliotropioïdi *accommodavit* Vahl, *quanquam utriusque plantæ dissimiles repugnent characteres : folia enim obtusa sunt et semina lævia* lithospermi heliotropioïdis (*confer* Forsk.); *folia verò acuta et semina villosa* heliotropii lineati (*confer* Vahl). *Quapropter* lithospermi heliotropioïdis *titulum in herbario Forskaliano cum* lithospermo digyno *malè conjunctum fuisse facilè dignoscitur ex Vahlii descriptione ad* lithospermum digynum *pertinente.*

La racine est ligneuse, de la grosseur du pouce ou environ, jaunâtre intérieurement, cicatrisée en plusieurs endroits par le dépérissement d'anciennes tiges, cylindrique, un peu tortueuse : cette même racine est grêle lorsque la plante est jeune.

La tige est basse, et se partage en une grande quantité de rameaux longs de 20 à 24 centimètres (environ 9 pouces), fourchus à la base ou ramassés en faisceau, médiocrement garnis de feuilles dans leur partie moyenne, divisés supérieurement en quelques plus petits rameaux alternes, florifères.

Les feuilles sont ovoïdes-aiguës, rétrécies en pétiole, longues de 18 millimètres (8 lignes), repliées en dessous et un peu sinueuses par les bords; marquées de nervures creusées en dessus, saillantes et épaisses en dessous.

Les fleurs viennent en épis terminaux, deux à trois fois fourchus, recourbés. Le calice est conique, à cinq divisions ovales-aiguës. Le tube de la corolle est élargi par la base, resserré dans le milieu, renflé au sommet, velu sur toute sa portion resserrée : il est d'abord étranglé immédiatement sous les divisions du limbe; mais le développement progressif des anthères détruit cet étranglement : ce tube est à cinq angles obtus. Le limbe est en roue, d'un blanc jaunâtre, à cinq dents courtes, séparées par cinq plis. Cinq anthères sessiles, verticales, sont insérées dans la gorge du tube.

L'ovaire est supère, globuleux, à quatre sillons en croix. Le style est en colonne; le stigmate conique, terminé par un faisceau de poils droits qui s'élèvent entre les anthères. Le stigmate et les cinq anthères contiguës ferment la gorge dilatée de la corolle, en quelque sorte moulée sur ces anthères.

Le fruit est presque sphérique, composé de deux à quatre graines convexes en dehors, couvertes de poils soyeux couchés.

Cette plante est toute entière un peu velue et rude; elle varie comme presque toutes les plantes vivaces des déserts, dont les graines donnent souvent des tiges qui fleurissent en hiver, n'étant qu'herbacées, et qui persistent presque dépouillées de feuilles en été; elle croît sur les buttes de sable, au pied des pyramides de Gyzeh.

Explication de la planche 16, *figure* 1.

HELIOTROPIUM *lineatum. a*, une fleur; *b*, le calice et le pistil; *c*, corolle fendue et un peu étalée; *d*, le fruit commençant à se former; *e*, graines réunies; *f*, graine séparée.

PLANCHE 16.

Fig. 2. LITHOSPERMUM CALLOSUM.

LITHOSPERMUM callosum. L. caule frutescente, diffuso, ramosissimo; ramis erectis, hispidis, vetustioribus sub cortice candido deciduo nigricantibus; foliis lanceolatis, sessilibus, verrucoso-hispidis; corollis angustis, clavatis, longitudine foliorum. ♃

Variat. Foliis incanis ciliatis, interdum recurvis, paucissimè verrucosis.

LITHOSPERMUM callosum. L. foliis lanceolato-linearibus, calloso-verrucosis, hispidis; caule suffruticoso, hispido. Vahl, *Symb. bot.* 1, pag. 14. — Willden., *Spec.* 1, pag. 754.

LITHOSPERMUM angustifolium. L. seminibus lævibus; corollis calice triplo-longioribus; caule diffuso; foliis lanceolatis. Forskal, *Descr.* pag. 39.

ECHIUM ægyptium asperius; incano folio; perangusto flore coccineo; radice crassissimâ. Lippi, *Mss. et Herb. Vaill.*

La racine est tortueuse ou pivotante, plus ou moins forte, suivant l'âge de la plante, noirâtre lorsqu'elle est vieille, cylindrique, longue, fourchue et mince sur de jeunes pieds. La tige est rameuse, étalée, quelquefois très-courte, les rameaux sortant presque immédiatement en grand nombre de la racine. Lorsque cette tige devient frutescente, elle se sépare en rameaux principaux, couchés, flexueux, brunâtres, qui en produisent une multitude d'autres redressés, et qui donnent à toute la plante la forme d'une touffe arrondie, large de 3 à 5 décimètres (un pied à un pied et demi). Les rameaux redressés sont seuls garnis de feuilles; leur écorce est blanche, hispide, membraneuse, fragile à la base de ces rameaux, qui, en vieillissant, se dépouillent et prennent une écorce brune qui se renouvelle par feuillets.

Les feuilles n'acquièrent leur plus grande dimension que sur des rameaux tendres qui croissent en hiver et au printemps; elles sont linéaires-lancéolées, longues de 15 millimètres (7 lignes), couvertes de poils dont les plus longs sont verruqueux par leur base : les feuilles sont de moitié plus courtes, un peu pliées longitudinalement en dessus, recourbées en dessous, sur les rameaux adultes en été; quelquefois ces rameaux sans feuilles persistent secs et fragiles.

Les fleurs sont sessiles au sommet des rameaux, dans les aisselles, et un peu sur le côté des feuilles; plusieurs fleurs se succèdent sur un même rang, tournées en haut, disposées en épis. Chacune des fleurs en épis est accompagnée d'une feuille courte, latérale, ciliée, qui tient lieu de bractée.

Le calice est à cinq divisions lancéolées, aiguës, hispides, ciliées. La corolle est grêle, cylindrique, infondibuliforme, longue de 15 millimètres (7 lignes), velue extérieurement; le limbe est à cinq divisions courtes, linéaires, obtuses.

Cinq étamines sont insérées dans la gorge du tube, qui est renflée. Les filets ont un millimètre de long (une demi-ligne); il y en a trois plus longs qui sortent de la corolle, tandis que les deux autres ne sortent point. Les anthères sont ovoïdes-bleuâtres; la corolle est rose, et devient bleue en se fanant.

L'ovaire est globuleux; le style filiforme, plus long que la corolle; le stigmate jaune en tête. Le fruit consiste en quatre graines brillantes, ovoïdes-aiguës, longues de 3 millimètres (un peu plus d'une ligne), triquètres, convexes en dehors, portant sur un ou deux côtés un tubercule qui paraît être le rudiment d'une dent, et qui manque quelquefois.

Cette plante croît sur les collines de sable d'Abouqyr, de Rosette, des Pyramides, et de la Qoubbeh, près du Kaire; elle fleurit à la fin de l'hiver.

Explication de la planche 16, figure 2.

LITHOSPERMUM *callosum*. La plante est représentée entière, cueillie au printemps, garnie de rameaux tendres et de fleurs bien développées; les fleurs et les feuilles en été sont du tiers ou de moitié plus petites. *a*, est une fleur; *b*, la corolle fendue et ouverte dans sa longueur; *c*, le pistil; *d*, le fruit; *e*, une graine.

PLANCHE 16.

Fig. 3. ECHIUM LONGIFOLIUM.

Echium longifolium. E. foliis radicalibus lanceolatis, sub-linguæformibus, verrucoso-hispidis; corollis calice multò longioribus; seminibus echinatis. ☉

Echii plantaginei Linn. *an varietas?* Jacq. *Hort. Vind.* 1, p. 17, t. 45.

Une ou plusieurs tiges droites, hispides, hautes de 3 à 6 décimètres (un à 2 pieds), naissent de la racine, qui est cylindrique pivotante, médiocrement épaisse, et dont l'écorce teint les doigts en rouge.

Les feuilles radicales sont rétrécies en pétiole, longues de 12 à 18 centimètres (4 à 6 pouces), lancéolées ou linéaires.

La tige porte très-peu de feuilles; elle se ramifie en épis qui sortent de l'aisselle des feuilles et qui terminent la tige : ces épis sont solitaires, recourbés par leur extrémité, sur laquelle les fleurs sont serrées en bouton. La base des épis se redresse et s'allonge considérablement à mesure que les fleurs paraissent.

Les corolles sont droites, infondibuliformes, longues de 27 millimètres (un pouce), velues extérieurement. Leur limbe est coupé obliquement, large de 15 millimètres (plus de 6 lignes). Les anthères sont bleues : le style est filiforme hispide, long comme la corolle, bifide au sommet.

Les graines sont triquètres, aiguës, épineuses à leur surface.

Toute la plante est hérissée de poils un peu piquans, dont les plus forts, sur la tige et sur quelques-unes des feuilles radicales, sont verruqueux par leur base.

Cette plante croît aux environs du Kaire et commence à fleurir en février; je l'ai cueillie autour des champs d'orge et de carthame près de *Deyr-el-Tyn*, et dans les îles du Nil.

Explication de la planche 16, *figure* 3.

Echium *longifolium. a*, fleur entière; *b*, corolle ouverte; *c*, le calice; *d*, le pistil.

PLANCHE 17.

Fig. 1. ECHIUM PROSTRATUM.

Echium prostratum. E. caule ramoso, incano, prostrato; foliis linearibus, obtusis, canescentibus, pilis appressis; genitalibus exsertis. ☉ ♂

Echium sericeum. E. foliis lineari-cuneatis, cauleque suffruticoso canis. Vahl, *Symb. bot.* 2, pag. 35. — Willden., *Spec. pl.* 1, pag. 783.

Echium ægyptium procumbens, asperius, folio perangusto; floribus et radice coccineis. Lippi, *Mss.*

  Variat. α. Littorale : humifusum, ramosius; foliis confertis, brevioribus, magis hispidis; corollâ extùs cano-tomentosâ.

Echium setosum. E. foliis lineari-lanceolatis, cauleque suffruticoso procumbente, hispidis, incanis. Vahl, *Symb. bot.* 2, p. 35. — Willden., *Spec.* 1, pag. 784.

Echium rubrum. E. flore rubro; foliis tuberculato-setosis. Forskal, *Descr.* pag. 41. Ex Vahl.

  β. Arenarium : ramis elongatis diffusis, cano-hispidis.

Les feuilles linéaires et la couleur cendrée et un peu

argentée de cet *echium* le font aisément distinguer de toutes les autres espèces du même genre.

Cette plante, lorsqu'elle est très-jeune, pousse un faisceau de feuilles blanchâtres étroites, étalées en rosette et couchées. Plusieurs tiges naissent de cette rosette de feuilles; leur écorce est cendrée, cotonneuse, et garnie de quelques poils couchés plus rudes et plus nombreux dans la variété qui croît au bord de la mer, et qui est moins blanche et moins cotonneuse.

Les tiges sont longues d'environ 3 décimètres (un pied) et partagées en rameaux alternes, couchés comme les tiges. Les feuilles de ces tiges et de leurs rameaux sont courtes, linéaires, canaliculées sur leur nervure moyenne en dessus, repliées en dessous par leurs bords, couvertes de poils couchés.

Les épis de fleurs terminent les tiges et leurs rameaux latéraux.

Les fleurs sont médiocrement serrées; les bractées sont ciliées, glabres en dessous, excepté sur leur nervure moyenne.

La corolle est rose-pourpre, longue de 18 millimètres (8 lignes); le calice n'a que le tiers de cette longueur, tant qu'il ne renferme pas encore le fruit.

Les filets des étamines et le style sont du quart plus longs que la corolle.

Les graines sont triquètres, ovoïdes-aiguës, grises, tuberculeuses.

La racine devient quelquefois ligneuse et vivace dans le désert; et son écorce, qui était rouge et colorante, brunit sur la partie ligneuse.

Cette plante croît à Alexandrie, au cap des Figuiers, à Rosette, et près des Pyramides, au pied des collines de sable.

Explication de la planche 17, figure 1.

Echium *prostratum. a*, une fleur entière; *b*, la corolle fendue dans sa longueur et étalée; *c*, le calice et le pistil; *d*, ovaire considérablement grossi; *e*, le fruit de grandeur naturelle; *f*, une des graines grossie.

PLANCHE 17.

Fig. 2. ECHIUM SETOSUM.

Echium setosum. E. caule diffuso longè-spicato; foliis oblongis; spicis densis, albido-hirtis; staminibus corollâ inclusis. ☉

Racine pivotante, annuelle, dont l'écorce est violette; tige droite ou étalée; feuilles radicales oblongues, ovales-renversées, rétrécies en pétiole. Les feuilles de la partie moyenne des rameaux sont oblongues sessiles, les supérieures ovales-aiguës. La tige devient très-rameuse dans les lieux pierreux et découverts où ses rameaux sont couchés; elle est droite et haute de 15 à 50 centimètres (demi-pied à un pied) dans les champs moins arides.

Les fleurs viennent en longs épis linéaires, très-velus; les corolles sont bleuâtres; les divisions de leurs calices et leurs bractées sont aiguës, ciliées, garnies de poils qui rendent les épis blanchâtres. Les calices sont de moitié plus courts que les corolles. Celles-ci sont tubulées, infondibuliformes, étroites à leur base, longues de 12 millimètres (5 lignes). Les étamines sont un peu plus courtes que la corolle dans laquelle les anthères sont enfermées; le style est saillant hors du limbe, et se termine en deux stigmates glabres.

Les graines sont ovoïdes-triquètres, cendrées, finement tuberculeuses.

Cette plante se trouve à Alexandrie, dans les ruines, depuis le printemps jusqu'à la fin de l'été.

Explication de la planche 17, figure 2.

Echium *setosum*. *a*, une fleur; *b*, la corolle; *c*, le pistil et le calice; *d*, corolle ouverte dans sa longueur, pour faire voir la longueur proportionnée des étamines; *e*, graine de grosseur naturelle; *f*, graine grossie.

PLANCHE 17.

Fig. 3. ANCHUSA SPINOCARPOS.

Anchusa spinocarpos. A. caule humili diffuso, ramoso; foliis linearibus, hispidis, ciliatis; floribus breviter pedunculatis, oppositifoliis aut terminalibus; corollis calice brevioribus; fructu pyramidato, acuto; stylo persistente in spinulam producto; seminibus muricato-spinosis usque ad apicem cum rachi cohærentibus. ⊙ ♃

Anchusa spinocarpos. A. floribus parvis albis; fornicibus quinque supra antheras. Forskal, *Descr.* pag. 41.

Myosotis spinocarpos. M. seminibus muricato-spinosis; racemis foliosis; floribus remotis; foliis linearibus, pilosis. Vahl, *Symb. bot.* 2, p. 32. — Willden., *Spec.* 1, p. 750. — Persoon, *Synops.* 1, p. 157.

Feuilles linéaires, sessiles, longues de 15 millimètres (7 lignes); quelques-unes sont radicales, ovales-allongées, rétrécies en pétiole, peu durables.

Plusieurs tiges dichotomes, droites ou obliques, forment une petite touffe arrondie. Fleurs solitaires, les unes dans la dichotomie des rameaux, ou opposées aux feuilles; les autres terminales entre les feuilles et les rudimens de rameaux plus jeunes, en sorte que les feuilles nombreuses et rapprochées paraissent quelquefois opposées sous les fleurs.

La corolle est blanche, tubuleuse, longue de 3 millimètres (une ligne et demie), à cinq lobes courts arrondis à leur sommet. Cinq écailles épaisses ferment le tube de la corolle; les anthères s'élèvent au-dessous de ces écailles, et sont alternes avec elles.

L'ovaire est conique, aigu; le style pyramidal subulé, terminé par un stigmate obtus un peu en bourrelet.

Le calice grandit considérablement avec le fruit; les divisions de ce calice ressemblent aux feuilles de l'extrémité des rameaux, et sont hispides comme toute la plante.

Le fruit est conique, à quatre sillons, séparant les graines, qui sont triangulaires, épineuses sur leur face extérieure. Ces graines sont appliquées par un angle tranchant vertical contre le rachis commun produit par la base du style, dont la partie supérieure libre persiste et forme une épine centrale qui s'élève au-dessus du fruit, et qui est un peu courbée au sommet.

Toute cette plante est d'un gris cendré, et couverte de poils couchés très-courts. Je ne l'ai trouvée qu'herbacée, à tiges très-courtes, grosses seulement comme des plumes de pigeon. Vahl a décrit la plante plus grande, ligneuse à sa base, d'après l'herbier de Forskal; la même plante s'est trouvée dans deux états différens, comme on trouve l'*anchusa undulata* Linn., l'*echium prostratum*, et presque toutes les plantes vivaces des déserts, qui sont ligneuses à leur base en vieillissant, et à tiges tendres dans leur premier âge.

J'ai cueilli cet *anchusa* au bord du chemin dans le désert, en arrivant à Sâlehyeh, au mois de février 1801.

J'ai conservé le nom d'*anchusa spinocarpos* donné primitivement à cette plante découverte par Forskal à Alexandrie.

La corolle est celle d'un *anchusa* : mais les graines ne sont point attachées, comme celles des *anchusa*, par une base qui laisse une cicatrice creuse; leur adhérence au réceptacle a lieu sur une ligne qui se prolonge au-dessus de leur base et qui les réunit dans toute leur longueur à un axe commun.

Le *myosotis lappula* LINN. a beaucoup d'analogie avec l'*anchusa spinocarpos*, pour la manière dont les graines s'insèrent à la base du style, qui dans les deux plantes est persistant.

Explication de la planche 17, figure 3.

ANCHUSA *spinocarpos*. *a*, fleur; *b*, corolle de grandeur naturelle; *c*, corolle grossie; *d*, corolle ouverte pour montrer les écailles glanduleuses du tube et les étamines; *e*, calice fructifère; *f*, fruit de grandeur naturelle; *g*, fruit grossi; *h*, une graine séparée; *i*, style persistant, et axe des graines nu après la chute de ces graines.

PLANCHE 18.

Fig. 1. PARONYCHIA ARABICA.

PARONYCHIA arabica. P. caule humifuso, articulato, fragili; internodiis pubescentibus; foliis ovato-lanceolatis acutis, glauco-viridibus; stipulis argenteo-nitidis; floribus in capitula sub-ovata congestis. ♃

ILLECEBRUM arabicum. I. floribus sparsis, congestis, bracteas nitidas æquantibus; caulibus procumbentibus. Linné, *Mant.* 51. — Willden., *Spec.* 1, pag. 1207. — Persoon, *Synops.* 1, p. 261.

HERNIARIA lenticulata. Forskal, *Descr.* pag. 52.

CORRIGIOLA albella; foliis oppositis stipulis hyalinis. Forskal, *Descr.* pag. 207.

> *Variat.* α. Radice perenni; foliis inferioribus stipulisque imbricatis; ramulis floriferis terminalibus, subracemosis.
>
> β. Annua; floribus axillaribus, sub-ovato-capitatis; caule prostrato fragili; foliis glauco-viridibus.

La racine est ligneuse, verticale, moins grosse qu'une plume ordinaire, couronnée par un faisceau épais de tiges filiformes, couchées, longues d'un à 3 décimètres (3 pouces à un pied), garnies de feuilles opposées et de stipules brillantes souvent égales aux feuilles.

Les tiges sont articulées, très-fragiles lorsqu'elles sont sèches. Les feuilles sont opposées, ainsi que les stipules, constamment placées entre les feuilles aux mêmes nœuds qu'elles : les unes et les autres sont tellement rapprochées et imbriquées sur la base des rameaux, que ceux-ci en sont couverts; et plus leurs entre-nœuds sont courts, plus les stipules sont développées, en sorte qu'elles donnent quelquefois à toute la plante un aspect brillant de nacre de perle.

Les feuilles sont ovales-lancéolées, presque glabres, longues de 5 à 10 millimètres (3 à 4 lignes), d'un vert un peu glauque, terminées par une pointe jaunâtre ou brune.

Les fleurs naissent, en petits rameaux composés, dans l'aisselle des feuilles, et principalement vers l'extrémité des tiges; elles sont serrées en paquets oblongs, quelquefois en grappes. Chaque fleur est pressée entre plusieurs stipules ou bractées. Le calice est à cinq divisions ovales-linéaires ou un peu cunéiformes, membraneuses sur les bords, concaves, terminées en casque ou voûtées avec une pointe au dehors : la base du calice est hémisphérique, aplatie, velue auprès des divisions.

Les étamines, au nombre de cinq, sont opposées aux divisions du calice, alternes avec cinq filets subulés aigus, semblables aux filets anthérifères, et produits comme eux par la circonférence d'un anneau qui entoure la base de l'ovaire. Les étamines sont plus courtes que le calice; l'ovaire est couvert de papilles et comme cotonneux; le style est court, et se termine par un stigmate bifide.

Le fruit est une capsule membraneuse, indéhiscente, embrassée par le calice qui persiste, et dans laquelle est une seule graine globuleuse-lenticulaire, brune, brillante, dont l'ombilic, marqué par une échancrure, est tourné en haut.

Le *paronychia arabica* a les tiges dichotomes et les stipules beaucoup plus petites que les feuillés, lorsque la racine est encore tendre et nouvelle; mais, lorsque cette racine est devenue ligneuse, les tiges sont très-multipliées, peu dichotomes, cachées à leur base par les stipules plus longues que les feuilles et imbriquées. Ces stipules proviennent de bourgeons brillans, et écailleux sur quatre rangs, produits par la plante vivace, telle qu'elle est commune dans le désert près du Kaire. La même plante, jeune et herbacée, est moins fréquente et ne produit pas ces bourgeons.

PLANTES GRAVÉES.

Le *paronychia arabica* croît dans la plaine sablonneuse de la Qoubbeh près du Kaire, et commence à fleurir au mois de janvier.

Explication de la planche 18, figure 1.

PARONYCHIA *arabica. a*, une fleur entière grossie; *b*, une fleur ouverte.

PLANCHE 18.

FIG. 2, 2'. CONVOLVULUS ARMATUS.

CONVOLVULUS armatus. C. caule fruticoso cubitali, spinosissimo; ramulis divaricato-patentibus, sericeis, apice pungentibus; foliis ovatis minimis; floribus bracteatis capitatis. ♃

C'est un arbrisseau qui croît en buisson arrondi, très-épineux, haut d'un mètre à un mètre et demi (3 pieds à 4 pieds et demi), dont les rameaux sont coudés et divariqués.

Les jeunes rameaux sont velus et soyeux, ouverts, presque horizontaux, piquans par leur sommet, munis de feuilles ovales, tronquées à la base, longues de 5 millimètres (2 lignes), presque sans nervures, et soyeuses.

Les fleurs sont ramassées en têtes dans l'aisselle de quelques rameaux courts terminaux; plusieurs écailles onguiformes, soyeuses en dehors, plus grandes que les feuilles de la plante, servent d'involucre commun aux fleurs qu'elles réunissent. Ces fleurs sont partiellement accompagnées de trois bractées, oblongues, concaves. Leur corolle est soyeuse en dehors, à cinq dents séparées par cinq plis glabres membraneux, transparens; elle renferme cinq étamines, qui répondent aux plis de la corolle, et dont les filets épaissis à leur base sont insérés au fond du tube. Les anthères sont linéaires en fer de flèche.

L'ovaire est conique, supère, implanté dans un godet mince, dont le bord est partagé en cinq dents obtuses. Un bourrelet glanduleux est placé sous ce godet. Le style est filiforme, terminé par deux stigmates linéaires.

J'ai trouvé cet arbrisseau dans la vallée de l'Égarement, près de la mer Rouge, le 27 décembre 1800 : il ne portait point de fleurs ; quelques rameaux desséchés étaient garnis de boutons en partie détruits par les insectes et qui tombaient aisément en poussière. Je les brisai pour chercher des graines et tâcher de connaître le genre de cette plante ; il me parut que ces boutons ne renfermaient que des écailles vides. J'espérais retrouver la même plante en meilleur état ; mais je ne pus la découvrir ailleurs : je parvins à en connaître le genre en examinant, sur un rameau que j'avais conservé, les boutons, dans lesquels je trouvai, après les avoir fait tremper dans l'eau, quelques fleurs qui ne s'étaient point tout-à-fait développées. Je n'ai décrit que la fleur sèche en bouton ; je ne sais rien de la taille ni de la couleur de la corolle.

Cette plante rare est une des plus épineuses du désert : ses jeunes rameaux garnis de feuilles sont piquans à leur sommet ; ils persistent et sont changés en épines sèches, lorsque les feuilles tombent.

' *Explication de la planche* 18, *figure* 2, 2'.

CONVOLVULUS *armatus*. Une branche garnie de feuilles ; une seconde branche avec les boutons de fleur. *a*, un bouton de fleur ; *b*, bractées d'une fleur, et pistil; *c*, corolle et étamines ; *d*, ovaire implanté dans le godet à cinq dents qui surmonte un bourrelet glanduleux ; *e*, bouton d'une corolle ouvert, vu par dehors.

PLANCHE 18.

Fig. 3. CONVOLVULUS FORSKALII.

Convolvulus Forskalii. C. caule suffruticoso tomentoso : ramis aliis spiniferis rigidis, breviter foliosis ; aliis floriferis , majoribus et mollioribus : foliis summis lanceolatis ; floribus glomerato-spicatis ; rachi mortuâ spinescente. ♃

Convolvulus lanatus. C. foliis lanceolatis, linearibus, tomentosis ; ramis senescentibus spinosis ; floribus capitatis involucratis. Vahl, *Symb. bot.* 1, pag. 16. — Willden., *Spec. pl.* 1, pag. 871 ; *admisso solo* Forskalii *synonymo, reliquis rejectis.*

Convolvulus cneorum. Forskal, *Flor. Ægypt.* pag. LXIII, n°. 124, et *Flor. Arab.* pag. CVI, n°. 126.

Racine ligneuse, coriace, pivotante. Plusieurs tiges basses, fourchues, un peu étalées, couvertes d'une écorce sèche, fendillée, cotonneuse; terminées en rameaux, les uns fermes en épines, munis de très-courtes feuilles, les autres droits, tendres, plus soyeux, florifères à leur sommet. La sécheresse, en contrariant la végétation de ce sous-arbrisseau, le réduit à un buisson nain dont la plupart des rameaux sont à moitié morts, épineux. Les feuilles de la base des rameaux sont ovales-renversées, rétrécies en pétiole; les feuilles moyennes et supérieures sont sessiles lancéolées, longues de 3 centimètres (un pouce), soyeuses, unies, presque sans nervures, non ridées.

Les fleurs sont disposées en épis; elles remplissent par pelotons l'aisselle des feuilles supérieures et terminales des rameaux. Ces pelotons de fleurs sont accompagnés de bractées, et sont plus petits à l'extrémité des épis qu'à leur base, où ils s'allongent et produisent quelquefois l'axe d'un épi partiel.

Le calice est à cinq feuilles étroites, lancéolées-aiguës, soyeuses, dont deux plus grandes que les trois autres. La corolle est rose et blanche, un peu soyeuse en dehors. L'ovaire est posé au-dessus d'un anneau glanduleux. La corolle renferme deux stigmates filiformes plus longs que le style.

La plante est un peu blanche et légèrement soyeuse; le duvet des bractées et des calices est quelquefois roux et doré.

Les rameaux se dépouillent des fleurs qu'ils ont produites; l'ancien axe de ces fleurs se dessèche et persiste en une longue épine cassante.

Ce sous-arbrisseau, commun dans le désert entre le Kaire et Sâlehyeh, fleurit en avril et mai. Il est rare de le trouver en bon état; il est mangé par les animaux. C'est une plante du petit nombre de celles que Forskal, *Flor. Ægypt.* pag. LIV, a classées parmi les pâturages des déserts.

Explication de la planche 18, *figure* 3.

CONVOLVULUS *Forskalii. a*, pistil; *b*, étamines.

PLANCHE 19.

Fig. 1 et 2. CORDIA MYXA.

CORDIA myxa. C. foliis ovatis rotundisve, basi trinervis, integerrimis aut repando-dentatis, paginâ inferiore hispido-scabris; petiolis tuberculo urceolato persistente insidentibus; gemmis axillaribus, hispido-tomentosis; corollæ limbo calicem æquante, stigmatibus dilatatis, compressis, lacerato-glandulosis. ɋ

Not. *Folia plantæ adolescentis serrato-dentata.*

CORDIA myxa. Linné, *Spec.* 273. — Willd., *Spec.* 1, p. 1027, *neglectâ descriptione specificâ et synonymis selectis.*

CORDIA myxa. Linné, *Flor. palæst. in Amœn. acad.* 4, p. 452. — Gronov., *Flor. Orient.* n°. 121.

SEBESTENA domestica. Pr. Alp., *De plant. Ægypt.* p. 17, t. 7.

SEBESTEN domestica. Bauh., *Pin.* 446.

PRUNUS sebestena. Matth., *Comm. ed. Valgris.* pag. 267 ; *icon accurata, si flores demantur.*

PRUNUS sebestena. Pluck., *Alm.* tab. 217, fig. 2, *quæ ramulum floridum ad naturam exhibet, sed ex delineatione abbreviatum.*

CORDIA myxa. Hasselq., *It.* pag. 458, *edit. Stock.* ann. 1757, et sebésten *ejusdem, edit. gall.* pag. 239.

SEBESTENA domestica seu myxa. Commel., *Hort.* 1, pag. 139, t. 72, *sistens folia plantæ nondum arboreæ.*

VIDI-MARAM. Rheed., *Mal.* 4, pag. 77, t. 37.

SEBESTENA officinalis. Gærtn., *Fruct.* 1, p. 364, t. 76, fig. 1.

CORDIA officinalis. C. foliis ovatis, acutiusculis, supernè inæqualiter serratis; calice sub-cylindrico, lævi. Lamarck, *Illustr.* p. 420, n°. 1895, tab. 96, fig. 3, *ubi fructus delineatur ex Gœrtnero.*

SEBESTEN. Lippi, *Mss. et Herb. Vaill. et Juss.*

Le MOCHEIT ou SEBESTE dont le fruit est bon à manger. Vansleb, *Relat. d'Égypte*, pag. 96.

CORDIA sebestena, foliis sub-rotundis. Forskal, *Flor. Ægypt.* pag. LXIII, et cornus sanguinea *ejusdem. Descr.* pag. 33.

CORDIA africana. C. foliis sub-rotundo-ovalibus, integris; paniculâ terminali; calicibus turbinatis; drupâ nucleo triquetro. Lamarck, *Illustr.* pag. 420, n°. 1896, *quoad Lippii specimen in herbario Cl. Jussiæi. Hoc autem vidi, et cordiam myxam agnovi fructiferam; drupâ ab exsiccatione, angulosâ, compressâ; calice persistente, ampliato, turbinato, nec cylindrico, quod flori contingit, nucleo ad figuram trigonam vel tetragonam vergente, ex vario loculorum numero. Arbor* Wanzey Bruce, *It.* 5, pag. 70, t. 17, *huc relata à Cl.* Lamarck, *unica habenda est pro* cordiâ africanâ, *notâ tantùm ex icone et descriptione à Bruceo exaratis.*

SEBESTEN. Avicen., *Canon*, lib. 2, tract. 2, cap. 253. — Serapio, *De temp. simpl.* cap. 8. — Averroès, *De simplic.* cap. 56.

SEBESTAN et MOKHAITA des auteurs arabes, dans la *Relation de l'Égypte par Abdellatif*, traduction de M. Silvestre de Sacy.

Le *cordia myxa* est un arbre haut de 10 mètres (30 pieds), dont le tronc est droit, cylindrique, épais d'environ 3 décimètres (près d'un pied), sans côtes ni anfractuosités à la surface, recouvert d'une écorce d'un gris cendré, fendillée longitudinalement. Ce tronc pousse plusieurs branches à une hauteur moyenne de 3 à 4 mètres (10 à 12 pieds), et se termine en une large tête arrondie, un peu plus haute que large.

Les rameaux garnis de feuilles ont l'écorce unie. Les pétioles s'articulent sur une dent urcéolée de l'écorce, laquelle persiste après la chute de la feuille. Un bourgeon obtus, arrondi, grossièrement cotonneux, est placé dans l'aisselle de chaque pétiole.

Les feuilles varient suivant l'âge de l'arbre et suivant la saison. Tant qu'il n'est qu'arbrisseau, il produit des feuilles oblongues dentées, qu'il est rare de trouver sur les vieux pieds de cet arbre. Celles de ses feuilles qui viennent avec les fleurs au printemps, ont leur disque souvent orbiculaire non acuminé, manifestement pubescent à sa face inférieure : les feuilles adultes sont elliptiques ou presque orbiculaires avec un rétrécissement en pointe à leur sommet, longues de 12 à 14 centimètres (4 à 5 pouces), non compris leur pétiole, qui a un peu plus du tiers de la longueur du disque. La plupart des feuilles sont très-entières ou légèrement sinueuses sur les bords ; quelques-unes sont munies de dents courtes aiguës à large base, écartées, et qui répondent à la terminaison des nervures de la feuille. La face supérieure des feuilles est glabre et pointillée : les nervures sont proéminentes à la face inférieure, sur laquelle on découvre à la loupe des poils courts qui la rendent rude ; cette face est d'un vert plus pâle que la supérieure. Le pétiole est canaliculé; il se partage en trois à cinq nervures à la base du disque : les autres divisions de la nervure moyenne sont alternes.

Les fleurs paraissent au mois de mai, en grappes qui terminent de courts rameaux alternes, produits par les bourgeons axillaires des anciennes feuilles qui sont tombées : les divisions de ces grappes sont fourchues. Les fleurs sont rarement sessiles, presque toutes brièvement pédicellées. Leur calice est tubuleux, campanulé, haut de 5 millimètres (2 lignes), à quatre et cinq dents glabres, et sans nervure extérieurement, soyeux en dedans. La corolle est infondibuliforme : le limbe est à cinq divisions linéaires, de même longueur que le tube, qui est renfermé dans le calice. Les étamines, au nombre de cinq, sont insérées à l'ouverture du tube, alternes avec les divisions; leurs filets deviennent longs comme ces divisions, et restent droits; les anthères sont ovoïdes : l'ovaire est ovoïde-allongé, lisse; le style est comprimé, dichotome, à branches terminales inégalement fourchues, comprimées, élargies, glanduleuses et comme déchirées sur les bords. On distingue quatre loges dans l'ovaire en le coupant en travers.

Le fruit est un drupe ovoïde, mucroné, long de 20 à 25 millimètres (9 à 11 lignes), qui varie pour sa couleur jaune pâle ou blanche, quand il est mûr. Il est couvert d'une double pellicule, l'une extérieure membraneuse plus forte, l'autre immédiatement au-dessous, fine et veinée, contenant la chair du fruit. Cette chair est visqueuse et entoure un noyau ovoïde-comprimé ou lenticulaire-oblong, tranchant sur les côtés, échancré et creusé à chaque extrémité, rongé et inégal sur ses deux faces, divisé intérieurement en deux loges. Chacune de ces loges renferme une graine composée de deux cotylédons plissés à plis très-nombreux, serrés les uns contre les autres, suivant la longueur de la graine, qui est droite et ovoïde. On découvre, en cassant le noyau, les vestiges de deux autres loges avortées, dont les parois restées contiguës se séparent. Il n'y a quelquefois qu'une seule loge et qu'une seule graine développées dans le noyau.

Cet arbre est cultivé au Kaire dans les jardins : il y conserve ses feuilles en hiver ; il ne les perd qu'au mois de mai, lorsqu'il fleurit : sa fleur répand une excellente odeur. On vend ses fruits sur les places publiques en été : quelques personnes les mangent ; je ne les ai point trouvés bons.

On voit beaucoup de graines germer sous les arbres de *cordia myxa* d'où elles sont tombées, et qui formeraient du plant, si on ne le détruisait en labourant. On reconnaît les graines qui germent, à leurs larges cotylédons orbiculaires, plissés.

Le bois du *cordia myxa* est blanc et très-solide : on en fait des selles de cheval.

Le *cordia myxa* croît à la côte de Malabar, dans les

lieux humides et marécageux, suivant Rheede : Forskal l'indique comme l'un des arbres les plus communs des plaines humides et de la région basse des montagnes de l'Arabie. J'ai vu, dans un herbier que possède M. l'abbé de Tersan, des feuilles de cet arbre rapportées des environs de Surate et de Bagnagar, et absolument semblables aux échantillons cueillis en Égypte; je fais cette remarque pour que l'on ne doute point que le *cordia myxa* d'Égypte ne soit le même que celui de l'Inde.

Bruce, tom. v, pag. 70, tab. 17, a décrit un arbre d'Abyssinie appelé *wanzey*, que M. de Lamarck, dans les Illustrations de l'Encyclopédie, n°. 1896, nomme *cordia africana*, en y réunissant le *sebesten* d'Égypte de Lippi, qui ne doit point y être rapporté, et qui n'est que le *cordia myxa*.

Les variétés que le *cordia myxa* offre dans la forme de ses feuilles, suivant l'âge que la plante acquiert, ont donné lieu de croire que ce n'était pas ce *cordia* qui, étant grand, produisait des feuilles arrondies, parce que les graines qui en ont été semées dans les jardins de botanique, n'avaient donné que des arbrisseaux à feuilles oblongues dentées, comme on les voit dans une figure de l'*Hortus Amstelod.* de Commelin, 1, tab. 72.

Les fruits du *cordia myxa* ont été introduits par les Arabes dans la pharmacie. Avicenne, Sérapion, Averroès, nomment ce fruit *sebesten*; les vertus qu'ils lui attribuent, sont d'être laxatif et adoucissant pour la poitrine. Les Arabes remarquent que le nom de *sebesten* n'est point un mot de leur langue. Ils admettent celui de *mokhayet*, dont la signification indique la qualité gluante du fruit, comme le nom de *myxa* l'indique dans la langue grecque. En effet, le fruit est tout-à-fait visqueux; ce qui le rend désagréable à manger. Sérapion et Ebn-Beytar disent que le nom de *sebesten* est persan; je crois au moins que le mot *Pharas*, dans la traduction latine de Sérapion (cap. 8), y est pour le mot *Fars* qui signifie *Persan*. Ebn-Beytar attribue au mot persan *sebestan* une signification, celle de *mamelle de chienne*, qui me paraît bien convenir, dans le génie des langues orientales, au fruit visqueux, peu estimé, formé en mamelon tendu à sa surface, luisant et élastique, produit par le *cordia myxa*; mais M. de Sacy observe que le mot *sebesten* n'a point de signification littérale en persan. (*Voyez la traduct. d'Abdellatif par M. de Sacy*, pag. 71 et 72.)

Le nom de *Sebesten*, suivant Gesner (*Hist. plant.* pag. 168, *edit. Basil.* 1541), pourrait venir du grec Σεβαςὸς (*Sebastos*, Auguste), comme si ce fruit eût été appelé ainsi en l'honneur d'Auguste. Plempius adopte à peu près cette étymologie en tirant le mot *Sebastan* de Sébaste, ville de Syrie. (*Plempius cité par M. de Sacy dans ses notes sur Abdellatif*, pag. 72.)

Forskal [1] rapporte que le produit principal de cet arbre en Arabie est la glu qui se tire du fruit; il ajoute que le bois en est solide et employé aux ouvrages de menuiserie. On exportait autrefois d'Égypte et de Syrie la glu que l'on y faisait avec le fruit de cet arbre, et qu'à

---

[1] *Flor. Ægypt. Arab.* pag. 33, où l'auteur décrit l'arbre sous le nom de *cornus sanguinea*; mais Vahl (*Symb. bot.* 1, pag. 19) a reconnu, d'après les échantillons rapportés d'Arabie, que c'était le *cordia myxa*, comme la description de l'auteur le prouve aussi.

Venise on appelait *glu d'Alexandrie*; elle était d'une saveur douce, et avait une couleur blanche comme la chair du fruit, et contenait encore des noyaux du fruit [1]. Olivier a écrit [2], en 1795, que cette glu était un article du commerce d'exportation d'Égypte, quoique déjà ce commerce tombât dans l'oubli.

Linné a appelé le *sebesten* des Arabes *cordia myxa*, et a transporté le nom de *sebesten* à un autre arbre des Antilles, le *cordia sebestena*, dont la fleur jaune est assez belle, beaucoup plus grande que celle du *cordia myxa*.

Sprengel a regardé le *cordia myxa* comme le *lebakh* des Arabes, et non comme le *sebesten*. Il a rapporté le *sebesten* au *cordia sebestena*, qu'il n'a sans doute pas pris pour l'arbre qui croît aux Antilles. La fausse application faite par Linné du synonyme du *cordia myxa* d'Hasselquist au *cordia sebestena*, a induit les botanistes en erreur. Il se trouve en Égypte deux espèces de *sebesten* mentionnées par Prosper Alpin : l'une, le *sebesten sylvestris*; l'autre, le *sebesten domestica*. Sprengel a pu croire, comme Forskal, que ces arbres étaient les *cordia myxa* et *cordia sebestena* de Linné. Il est nécessaire, pour faire un emploi correct de ces diverses dénominations, de distinguer,

1°. Le *cordia sebestena* Linn., qui est un arbre des Antilles tout-à-fait étranger à la Flore d'Égypte;

2°. Le *cordia myxa* Linn., *sebesten domestica* de Prosper Alpin, et *sebesten* des pharmacies et des Arabes;

---

[1] *Matthiol. Comment.* édit. Valgris. pag. 267 et 268.   [2] Voyage dans l'empire othoman, tom. II, pag. 177.

3°. Le *cordia crenata*, que je décris ci-après (pl. 20, fig. 1), et qui est le *sebesten sylvestris* de Prosper Alpin, dont les auteurs arabes ne parlent point.

Le professeur de botanique Schreber a pensé que le *cordia myxa* était le *persea* de l'ancienne Égypte; son opinion a été réfutée par M. de Sacy, qui a prouvé que le *persea* est un arbre particulier que les Arabes ont connu sous le nom de *lebakh* jusqu'au commencement du XVI° siècle, en même temps qu'ils donnaient le nom de *sebesten* au *cordia myxa* qu'ils connaissent encore.

On verra plus loin (à l'article *Balanites œgyptiaca*, pl. 28, fig. 1) que les recherches curieuses de M. de Sacy m'ont conduit à établir que le *lebakh*, dont le nom a passé à plusieurs autres arbres, est l'arbre *heglig* et *haleg* de Nubie et d'Arabie, fort rare en Égypte, et que j'ai appelé *balanites œgyptiaca*, lorsque je ne pouvais encore soupçonner son identité avec le *persea* des anciens.

Explication de la planche 19, *figures* 1 *et* 2.

CORDIA *myxa* en fruit, fig. 1. *a*, le fruit coupé; *b*, le noyau, qui aurait dû être représenté avec une échancrure à son sommet, pareille à celle de la base; *c*, section transversale d'un noyau peu comprimé, et approchant de la forme tétragone.

CORDIA *myxa* en fleur, fig. 2. *a*, fleur entière; *b*, le calice; *c*, la corolle; *d*, le pistil et les stigmates.

PLANCHE 19.

Fig. 3. ECHIUM RAWOLFII.

ECHIUM Rawolfii. E. caule ramoso erecto; spicis adultioribus virgatis, hispido-muricatis; corollis calice paulò longioribus; seminibus nitidis, lævibus. ☉

Lycopsis Dioscoridis. Rawolf, *It.* part. 1, cap. 9, tab. 22. —
Flor. Orient. pag. 16, n°. 38, *sub titulo echii*.
Echium ferox flore suave-rubente. Lippi, *Mss. et Herb. Vaill.*

L'écorce de la racine est rose et mince; la tige est droite et rameuse, haute de 6 décimètres (2 pieds) : les feuilles radicales sont ovales-lancéolées, longues de 8 à 16 centimètres (3 à 6 pouces), rétrécies en pétiole; les rameaux inférieurs sortent de l'aisselle de feuilles ovales-renversées, un peu en spatule; les feuilles supérieures sont linéaires oblongues, non rétrécies en pétiole : la tige et les rameaux se partagent en longs épis grêles, qui portent successivement plus de trente à quarante fleurs.

Leur calice est à cinq divisions lancéolées, dont les trois supérieures sont les plus larges et les plus grandes. La corolle est campanulée, blanche ou rose pâle, très-légèrement velue, longue d'environ 15 millimètres (6 lignes), un peu renflée, à cinq lobes, dont trois plus petits et deux plus longs rendent son limbe oblique, inégal.

Les filets des étamines sont épaissis à leur base, longs comme la corolle, rapprochés avec le style vers le côté du tube où le limbe s'allonge davantage. Le style est filiforme, velu dans sa moitié inférieure, aminci et bifide au sommet.

Le fruit est à quatre graines ovoïdes, triquètres, blanches ou cendrées, lisses et brillantes.

La plante toute entière est hérissée de poils blancs, piquans, dont la base est épaisse. Les tubercules de la base des poils se développent principalement sur les feuilles qui accompagnent les rameaux fructifères, et sur les calices qui s'agrandissent avec le fruit.

Cet *echium* est très-abondant sur les îles sèches et sablonneuses du Nil, pendant les mois d'avril et de mai.

Explication de la planche 19, *figure* 3.

ECHIUM *Rawolfii*. Cette figure représente un rameau un peu grêle de cette plante. *a*, la fleur; *b*, la corolle fendue et ouverte; *c*, le calice et le pistil; *d*, le calice fructifère; *e*, graine.

PLANCHE 20.

FIG. 1. CORDIA CRENATA.

CORDIA crenata. C. ramis virgatis; foliis glabris, paginâ utrâque concolore, nonnullis ovatis integris, plerisque sub-rhomboïdalibus apice crenato-serratis; gemmis axillaribus, pubescentibus, acutis, floribus cymosis terminalibus; stigmatibus filiformibus. ♃

SEBESTEN sylvestris. Pr. Alpin, *de Plant. Ægypt.* pag. 17, t. 8.

CORDIA myxa foliis serratis vel sub-crenatis, staminibus quaternis. Forskal, *Flor. Ægypt.* pag. LXIII, n°. 136.

C'est un arbre médiocre, de 7 mètres de haut (20 pieds), qui a le port d'un jeune poirier et l'écorce brune fendillée.

Ses rameaux sont grêles et fermes, garnis de feuilles alternes souvent rapprochées, ovales ou un peu rhomboïdales, très-rarement entières, parfaitement glabres, crénelées à dents arrondies, terminées par un point glanduleux, plus épais que la nervure qui aboutit à chaque dent.

La longueur moyenne des feuilles est de 6 centimètres (2 pouces et un quart), non compris le pétiole, qui a un tiers de la longueur du disque. Chaque pétiole est canaliculé. Les rameaux portent, dans l'aisselle des pétioles, un bourgeon aigu pubescent : les feuilles, en sortant du bourgeon, sont pliées en deux longitudinalement, pubescentes, dentées en scie, quelquefois entières.

Les fleurs viennent en grappes courtes terminales qui n'excèdent point 4 centimètres de largeur (un pouce et demi), composées de deux à trois branches terminées par de petits paquets de fleurs qui ressemblent à des ombellules. Deux bourgeons se développent ordinairement dans l'aisselle des feuilles qui touchent à une grappe de fleurs, et produisent deux rameaux, dans la fourche desquels les fruits persistent en grappe.

Le calice est linéaire, tubulé, cylindrique, sans nervure, à trois, quatre et cinq dents, soyeux intérieurement, long de 5 millimètres (2 lignes). Le tube de la corolle dépasse à peine le calice. Le limbe est à quatre ou cinq divisions linéaires. Les étamines sont en même nombre que les divisions de la corolle, insérées à l'orifice du tube, alternes avec les divisions, dont elles n'ont pas tout-à-fait la longueur.

L'ovaire est supère, ovoïde-aigu; le style est comprimé, deux fois bifide, à divisions filiformes qui s'élèvent plus que les étamines. L'ovaire est à quatre loges, dont deux contiennent chacune un ovule, et dont les deux autres sont vides.

Le fruit est un drupe ovoïde, long de 12 à 15 millimètres (6 lignes), rouge, lisse, recouvert à sa base par le calice agrandi qui l'embrasse en manière de cupule.

La chair de ce fruit est visqueuse et transparente, douce, un peu astringente, et revêt un noyau creusé au sommet par une fossette aiguë, dont le bord tranchant, doublement échancré, présente quatre dents courtes; le corps de ce noyau est ovoïde-tétragone, marqué de petites dépressions, rongé et aminci sur toute sa circonférence dans son tiers inférieur.

Le noyau est à deux loges qui contiennent chacune une graine; souvent une loge est vide.

Cet arbre est cultivé au Kaire dans les jardins; il porte en été des fleurs et des fruits; ses fleurs ont l'odeur du jasmin d'Arabie.

Explication de la planche 20, figure 1.

CORDIA *crenata*. *a*, une fleur; *b*, le calice; *c*, la corolle fendue et ouverte; *d*, le pistil; *e*, le noyau du fruit.

PLANCHE 20.

Fig. 2. CYNANCHUM ARGEL.

CYNANCHUM argel. C. frutescens, erectum; ramis virgatis; foliis sessilibus, ovato-lanceolatis, acutis; floribus cymosis, terminalibus, ex axillis foliorum; coronâ plicatâ 5–dentatâ stipitem antheriferum sub-æquante; fructibus ovatis, acutis; folliculo sub-lignoso, crasso, elapsis seminibus triangulo incurvo.

CYNANCHUM argel. C. caule bipedali, erecto, ramoso; foliis lanceolatis, glabris. Delile, *Mém. sur l'Égypte*, tom. 3, p. 319; Didot, Paris, an X (1802).

CYNANCHUM oleæfolium, arguel de Nubie. Nectoux, *Voyage dans la haute Égypte*, p. 20, tab. 3; Paris, Didot, 1808, in-fol.

Sa tige forme un buisson droit, élevé de 7 décimètres (2 pieds à 2 pieds et demi), partagé en rameaux cylindriques effilés, dont les feuilles sont opposées, presque sessiles, ovales-lancéolées, d'un vert pâle. La nervure moyenne de ces feuilles est bien prononcée; leur longueur varie de 2 à 4 centimètres (9 lignes à un pouce et demi).

Les fleurs sont blanches, nombreuses, disposées en grappes élargies, dichotomes, au sommet des rameaux, dans les aisselles des feuilles, dont la longueur est la même que celle des grappes. Les pédicelles des fleurs, rapprochés en paquets, et les rameaux des grappes, sont accompagnés de folioles linéaires.

Le calice est à cinq divisions linéaires, profondes, longues de 4 millimètres (environ une ligne et demie). La corolle est en roue un peu plus que double du calice en longueur, à cinq divisions linéaires, alternes avec celles du calice. Une couronne intérieure naît sur la base courte tubuleuse de la corolle, et est longue comme le calice. Cette couronne est à cinq plis et à cinq dents; ses plis sont opposés aux divisions du calice, et ses dents aux divisions de la corolle. Les étamines sont réunies, au nombre de cinq, dans le centre de la fleur, en un corps tronqué élevé sur un pédicelle qui est le filet commun des anthères; ce corps tronqué est à cinq angles, sur chacun desquels est une fissure qui laisse échapper deux masses de pollen oblongues, en massue, attachées par leur sommet à un point noirâtre qui part de chacun des angles du stigmate. Cinq écailles triangulaires se rabattent sur le stigmate entre ses angles.

Le tube court de la corolle cache deux ovaires glabres supères, rétrécis en deux styles capillaires, qui passent au-dedans du filet commun des anthères, et qui aboutissent au stigmate pentagone, terminal, soudé avec les anthères.

Le fruit est un follicule ovoïde, aminci vers le sommet, long de 5 centimètres (2 pouces), tacheté de brun, dont l'écorce est dure et épaisse, et se roule en travers sur elle-même après que les graines en sont sorties : cette écorce prend alors une forme triangulaire, et ressemble un peu à des quartiers secs de peau d'orange; elle résonne comme la coquille d'une noix quand on la frappe, ou quand on la laisse tomber.

Les graines sont aigrettées ovoïdes, d'un brun rouillé, pointillées lorsqu'on les regarde à la loupe, convexes sur leur face dorsale, en gouttière et échancrées sur la face opposée. Ces graines sont appliquées par leur face convexe contre la paroi interne de l'écorce épaisse du fruit, dans laquelle elles impriment des fossettes. Leur face échancrée en gouttière est tournée vers le réceptacle membraneux qui descend de la suture de l'écorce jusqu'à moitié de l'épaisseur du fruit. On voit ce réceptacle dans les fruits qui ne se sont pas encore ouverts d'eux-mêmes.

Cette plante est appelée *argel* par les Arabes, qui la récoltent dans les vallées du désert, à l'est et au midi de Syène; elle est apportée au Kaire avec le séné récolté dans les mêmes vallées et qui doit être débité dans le commerce. On mêle au Kaire l'argel et le séné; les feuilles de ces deux plantes se ressemblent beaucoup : il paraît que l'une a les mêmes propriétés que l'autre. M. Nectoux, mon collègue à la Commission des sciences et arts d'Égypte, rapporte que M. Pugnet, l'un des médecins de l'armée, a obtenu, par des expériences qu'il a faites, d'aussi bons résultats de l'emploi de l'argel que du séné.

Les feuilles d'argel mêlées à celles du séné peuvent en être distinguées, parce qu'elles sont plus épaisses, un peu ridées, moins pointues, et parce qu'elles se replient en dessous, où leur nervure moyenne est saillante, tandis que les feuilles du séné se replient plutôt en dessus, où leur nervure n'est pas saillante.

Explication de la planche 20, figure 2.

CYNANCHUM argel. *a*, une fleur entière; *b*, la corolle détachée du calice, dans lequel sont restés les ovaires et les styles; *c*, le fruit; *d*, graine avec l'aigrette, vue par sa face interne; *e*, la graine dont l'aigrette est tombée, vue par sa face externe.

PLANCHE 20.

Fig. 3. CYNANCHUM PYROTECHNICUM.

CYNANCHUM pyrotechnicum. C. caule frutescente; ramulis strictis, erectis, aphyllis; floribus minutis, racemosis; corollâ basi stellato-excavatâ glandulosâ; pericarpiis reflexis, post elapsa semina pedunculo incrassato tuberculato persistentibus. ♃

CYNANCHUM pyrotechnicum. C. caule fruticoso, nudo; pedunculis solitariis axillaribus, tuberculosis; floribus pedicellatis capitatis. Forskal, *Descr.* pag. 53.

OBSERVATIO. *Flos recedit à cynancho defectu coronæ interioris membranaceæ, in fossulam quinque-radiatam mutatæ.*

C'est un arbuste de 5 mètres (15 pieds), droit, et qui ne s'étale point, dont le tronc, épais de 11 centimètres (4 pouces), est couvert d'une écorce jaune-pâle, molle et élastique, ressemblant un peu à du liége. Les rameaux sont opposés, lisses, effilés, sans feuilles. Les fleurs naissent en petites grappes solitaires, alternes, aux articulations terminales des rameaux. Elles ne sont accompagnées d'aucune bractée; elles sont brièvement pédicellées sur un pédoncule commun, qui conserve les empreintes tuberculeuses de l'insertion des pédicelles lorsqu'ils sont tombés avec la fleur; ce pédoncule se courbe en bas par degrés, lorsqu'il commence à se dépouiller des fleurs.

Le calice est campanulé, long de 2 millimètres (une ligne), à cinq dents courtes, pubescent. La corolle est pubescente, campanulée en roue, à cinq divisions, large de 5 millimètres (un peu plus de 2 lignes). La gorge évasée du tube est creusée par une dépression glanduleuse circulaire qui se prolonge en cinq fossettes triangulaires sur la base des divisions de la corolle.

Le corps anthérifère central au milieu du cercle déprimé de la gorge du tube est à cinq faces, et presque aussi court que les dents du calice. Il n'y a ni couronne, ni renflement annulaire à la base du corps anthérifère : ce corps, tronqué au sommet, cache dans l'intérieur deux styles courts qui surmontent deux ovaires lisses oblongs, supères, embrassés par le tube court de la corolle.

Les fruits sont des follicules glabres, fusiformes, longs de 10 à 11 centimètres (4 pouces), pendans sur leur pédoncule commun épais réfléchi; ces follicules sont coriaces, et persistent après la chute des graines.

Cet arbrisseau était en fleur dans le désert, près de la mer Rouge, à la fin du mois de décembre 1799; il ne sortit de ses rameaux que je coupai, qu'un suc clair, non laiteux, d'une saveur amère. Les fruits, qui étaient secs, persistans, ne contenaient plus de graines : je trouvai dans quelques-uns les fragmens d'une écorce intérieure très-lisse, qui touche immédiatement aux graines et qui doit tomber avec elles.

Les Arabes d'Égypte appellent cet arbrisseau *mareh*, nom qu'on lui donne également dans l'Arabie, où Forskal l'a découvert.

Cet auteur rapporte que la moelle de ce *cynanchum* sert d'amadou pour recevoir et retenir le feu que l'on se procure par le frottement de deux morceaux de bois. Je n'ai pas vu cet usage en Égypte; mais j'ai eu occasion de remarquer qu'il y a fort peu de moelle dans les branches, même les plus grosses, du *cynanchum pyrotechnicum*. Je crois que la moelle qui prend aisément feu, pourrait bien n'être autre chose que l'écorce du tronc, légère, molle, et qui ressemble à du liége.

Les fleurs du *cynanchum pyrotechnicum* ne se rapportent exactement, pour leur caractère, à aucun des genres de la même famille qui ont été décrits jusqu'ici : elles ont plus de ressemblance avec les fleurs du genre *cynanchum* qu'avec celles de tout autre, la couronne simple, intérieure, membraneuse de ce genre étant en quelque sorte remplacée par un cercle glanduleux déprimé, à cinq branches, dans le *cynanchum pyrotechnicum*.

Explication de la planche 20, figure 3.

CYNANCHUM *pyrotechnicum*. *a*, une fleur grossie; *b*, le calice; *c*, la fleur vue à plat en dessus, dans laquelle la fossette glanduleuse en étoile au fond de la corolle est marquée en noir, à cinq dents alternes avec celles du calice; *d*, les ovaires et les styles; *e*, une portion de la corolle, pour faire voir les rayons enfoncés qui s'étendent de la dépression annulaire de la base de la corolle sur ses divisions.

N. B. Le petit cercle élevé et lobé à la base du corps anthérifère n'existe pas dans la fleur, et a été dessiné ainsi par erreur, d'après la fleur sèche.

PLANCHE 21.

Fig. 1. SALSOLA ALOPECUROIDES.

SALSOLA alopecuroïdes. S. caule fruticoso; foliis linearibus, mucronatis, alternis; gemmis glomeratis, tomentosis; ramis recentioribus albidis, vetustis nigricantibus; capitulis florum approximatis, spicato-confertis. ♃

SALSOLA glomerulata. *Illustr. Flor. Ægypt.* n°. 311, *ex* Lippi *in herb. Juss.*

Sous-arbrisseau dont les tiges sont rameuses, brunes, couvertes d'une écorce très-mince, fendillée, dont le bois est dur et un peu jaune. Les tiges prennent diverses directions, leur végétation étant gênée par la trop grande sécheresse. Les rameaux sont ouverts, étalés, quelquefois horizontaux ou courbés. Les feuilles sont linéaires, mucronées, piquantes, charnues, aplaties ou concaves en dessus, demi cylindriques en dessous, longues de 3 à 6 millimètres (1 ligne et demie à 3 lignes), cotonneuses à leur base : elles sont remplies aux aisselles par des bourgeons de folioles ou de bractées agglomérées en têtes arrondies, entremêlées de duvet blanc cotonneux. Les feuilles sont médiocrement rapprochées sur les jeunes rameaux droits, grêles, en pleine végétation, dont l'écorce est blanche; sur d'autres rameaux, les feuilles sont tellement serrées, qu'elles ne laissent point d'intervalle d'un bourgeon à un autre.

Les fleurs naissent par paquets entre les bractées des bourgeons axillaires des feuilles. Les paquets de fleurs se confondent quelquefois par leur rapprochement, et sont alors serrés en épis cylindriques qui terminent les rameaux. Les calices sont glabres, comprimés à leur base lorsqu'ils contiennent le fruit; deux ou trois de leurs divisions sont très-inégalement dilatées en membranes horizontales. La graine est roulée verticalement en spirale dans sa tunique propre, et est enveloppée dans un péricarpe membraneux continu avec le style bifide persistant.

Cette plante croît dans le désert, aux environs des Pyramides.

Explication de la planche 21, *figure* 1.

. SALSOLA *alopecuroïdes. a*, le calice accompagné de trois bractées; *b*, la graine sortie du calice et revêtue du péricarpe membraneux sur lequel le style persiste. Ces détails *a* et *b* sont représentés beaucoup plus grands que nature.

PLANCHE 21.

Fig. 2. SALSOLA ECHINUS.

SALSOLA echinus. S. caule fruticoso, prostrato, glabro; ramis patentibus, spinosis, floriferis; foliis adultis squamiformibus appressis acutis, è caule juniori nec spinescente filiformibus subulatis. ♃

SALSOLA mucronata. S. fruticosa; ramulis mucronatis; foliis subulatis inermibus. Forskal, *Descr.* pag. 56.

ANABASIS spinosissima. A. frutescens ramis nudis spinosissimis. Linné, *Suppl.* pag. 173. — Vahl, *Symb. bot.* 1, pag. 24; *idem*, 3, pag. 45.

ANABASIS spinosissima. A. foliis subulatis, spinis ramosis floriferis. Willden., *Spec. pl.* 1, pag. 1319.

Variat. α. Florum membranis campanulato-approximatis semi-erectis.

Salsola echinus. S. fruticosa, glabra, foliis subulatis muticis; spinis divaricatis, floriferis. La Billardière, *Syr.* déc. 2', pag. 10, tab. 5.

Kali orientale fruticosum, flore magno purpureo. Tournef., *Cor.* pag. 18. *Herb. Vaill.*

β. Florum membranis planis rotatis.

Kali armenum fruticosum, florum staminibus purpureis, i. e. Kali orientale fruticosum floribus albis. Tournef., *Cor.* pag. 18. *Herb. Vaill.*

γ. Ramis gracilioribus, foliisque plantæ adhuc teneræ capillaceo-subulatis.

Salsola camphorosmoïdes. Desfont., *Flor. atl.* 1, pag. 218.

Kali orientale fruticosum, spinosum, camphoratæ foliis. Tournef., *Cor.* pag. 18. *Herb. Vaill.*

Sous-arbrisseau couché, dont la tige se partage, dès la racine, en branches épineuses écartées, dures, ligneuses, de l'épaisseur d'une plume, brunâtres et se dépouillant d'un épiderme blanc qui les couvrait auparavant, très-divisées en rameaux composés, souvent groupés et radiés, terminés en épine. L'écorce de ces rameaux est blanche, excepté vers leur extrémité, où sa couleur est glauque comme celle des feuilles. Les seules feuilles que l'on trouve sur les rameaux épineux, sont aiguës, courtes, n'ayant de longueur que 4 millimètres (environ 2 lignes), creusées en gouttière en dessus, anguleuses en dessous. Les rameaux très-jeunes qui naissent de la tige, à sa base, avant d'être encore épineux, portent des feuilles subulées un peu triquètres, longues de 15 millimètres (6 lignes). Toutes les parties de cette plante sont glabres.

Les fleurs sont ternées ou solitaires, dans les aisselles des rameaux et des feuilles, le long des épines. Leur calice est soutenu par trois bractées semblables aux feuilles qui sont sur les épines, mais un peu plus courtes. Les divisions du calice sont lancéolées, rouges au sommet. Les fleurs sont polygames : les unes sont mâles et renferment cinq étamines à anthères rouges, fertiles, en fer de flèche, et un pistil grêle avorté : les autres fleurs sont femelles, n'ont point d'étamines, ont seulement des filets terminés par des anthères arrondies avortées; elles contiennent un ovaire fertile globuleux, surmonté d'un style charnu filiforme.

Les divisions du calice des fleurs mâles se dessèchent dans les bractées; celles du calice des fleurs femelles changent de forme, s'épaississent, deviennent concaves à leur base, et se dilatent transversalement dans le milieu, au-dessus des bractées, en une membrane veinée, horizontale. Les calices à limbe ainsi dilaté contiennent la graine couverte de son péricarpe et roulée verticalement en spirale au-dedans de sa tunique propre, sa radicule étant tournée en haut sous le style persistant.

Cette plante offre plusieurs variétés qui peuvent dépendre de l'âge des tiges et de l'aridité du sol ou de la saison. Ces variétés sont distinctes par l'épanouissement plus ou moins grand de la membrane des calices fructifères, par la couleur rose ou blanchâtre de ces calices, par l'épaisseur ou la finesse des feuilles et des rameaux.

On trouve cette plante à Alexandrie, sur le cap des Figuiers et sur la côte, entre le lac *Maréotis* et la mer; elle croît dans les terrains secs et pierreux.

FLORE D'ÉGYPTE.

Explication de la planche 21, figure 2.

SALSOLA *echinus*. *a*, Fleur mâle entière accompagnée de trois bractées; *b*, involucre de trois bractées; *c*, calice sorti des bractées; *d*, fleur mâle dont les parties sont écartées pour faire voir distinctement les étamines; *e*, pistil grêle avorté de la fleur mâle; *f*, fleur femelle, dont le calice est dilaté en ailes horizontales, membraneuses; *g*, une des divisions dilatées du calice; *h*, involucre de trois bractées entre lesquelles est le pistil environné des étamines avortées; *i*, les étamines avortées et le pistil fertile de la fleur mâle; *k*, graine enveloppée de son péricarpe, qui est terminé par le style persistant; *l*, graine dans sa position naturelle; *m*, radicule et cotylédons de la graine déroulés.

PLANCHE 21.

Fig. 3. CAUCALIS TENELLA[1].

CAUCALIS tenella. C. caule gracili pusillo, retrorsùm hispidulo; foliis pinnatis hispidis, pinnulis pinnatifidis, laciniis lineari-subulatis, setaceo-acutis; umbellis quinque-radiatis; involucris nullis; involucellis subulatis; seminibus linearibus, sulcis glabriusculis. ⊙

Petite plante grêle, haute de 8 centimètres (3 pouces), droite, dont la tige ne se partage qu'en trois rameaux terminés chacun par une ombelle à trois ou cinq rayons.

Les feuilles sont ailées, très-fines, à divisions pinnatifides presque subulées, aiguës, sétacées, recouvertes de poils blancs couchés. La tige, les rameaux, les pédoncules des ombelles et les pétioles des feuilles sont hérissés de poils courts couchés en bas; les poils sont couchés en haut sur les folioles pinnatifides et sur les rayons des ombelles.

[1] Les noms des fig. 3 et 4, pl. 21, ont été gravés d'une manière fautive : il faut les corriger ainsi qu'il suit; savoir : fig. 3, *caucalis tenella*; fig. 4, *salsola tetragona*.

Le pédoncule de l'ombelle moyenne de la plante est opposé à une feuille de l'aisselle de laquelle sort le rameau simple et terminal de la tige.

Les ombelles n'ont point d'involucre; elles sont à trois et six rayons, dont un central plus court. Les ombellules ont leur involucelle de quatre à cinq folioles presque filiformes, aiguës, un peu plus longues que les pédicelles des fleurs. Les fruits sont linéaires, longs de 4 millimètres (un peu moins de 2 lignes), à huit sillons : les graines offrent sur leur face libre trois sillons séparés par quatre crêtes verticales d'aiguillons rudes, blanchâtres, horizontaux, un peu courbés en dessus, dilatés faiblement en double hameçon à leur extrémité. Les sillons sont plus glabres que dans les graines de toute autre espèce : ils ne présentent qu'un rang de poils très-courts, en même nombre que les aiguillons rudes des crêtes hérissées, et régulièrement intermédiaires un à un avec ces aiguillons; ce qui ne se voit qu'à la loupe. Les graines sont aplaties à leur face interne, par laquelle elles sont contiguës l'une à l'autre avant de quitter leur axe commun, qui est une soie persistante. Les ombellules sont à cinq et six rayons.

Cette petite ombellifère croît à Alexandrie, au mois d'avril, dans les terrains pierreux, près des catacombes.

Explication de la planche 21, figure 3, au haut de la planche.

CAUCALIS *tenella*. La plante entière de grandeur naturelle. *a*, portion de feuille grossie, pour en faire voir les poils couchés vers le sommet de la feuille; *b*, portion de tige coupée, grossie pour faire voir les poils couchés en sens contraire de ceux des feuilles, leur sommet étant tourné en bas.

PLANCHE 21.

Fig. 4. SALSOLA TETRAGONA[1].

SALSOLA tetragona. S. caule fruticoso, diffuso; foliis succulentis, oppositis, squamiformibus, sericeis, obtusis, interdum in amenta tetragona contiguis; floribus solitariis alternis; calicibus fructiferis quinquefidis, radiato-membranaceis. ♃

 Sous-arbrisseau tortueux, dont les rameaux sont noueux, opposés, cylindriques, un peu cotonneux; les feuilles charnues, presque globuleuses, opposées, sessiles, demi-amplexicaules, en gouttière en dessus, demi-cylindriques en dessous et soyeuses, un peu aiguës lorsque la grande sécheresse absorbe leurs sucs. Les entre-nœuds des rameaux sont longs de 5 millimètres (2 lignes et demie); ce qui établit une distance pareille entre chaque paire de feuilles opposées en croix sur les nœuds : mais un grand nombre de feuilles sont imbriquées en chatons tétragones, étant contiguës par paires croisées les unes au-dessus des autres.

 Ces chatons ne portent qu'une ou deux fleurs solitaires dans l'aisselle d'une ou de deux de leurs feuilles.

 Le calice est accompagné de trois bractées courtes, concaves, obtuses, analogues aux feuilles : ce calice est à cinq divisions linéaires, soyeuses en dehors dans leurs deux tiers supérieurs, glabres et coriaces dans leur tiers inférieur, au-dessus duquel elles se dilatent en une membrane horizontale. Les filets des étamines, persistans,

---

[1] C'est par erreur que le nom de *salsola tetrandra* a été mis sur la planche à la fig. 3, qui représente le *caucalis tenella*. La note de la page 226 indique les corrections à faire.

tiennent à la base des divisions du calice; le style est bifide.

Le fruit consiste en une graine roulée verticalement en spirale, embrassée dans la base du calice.

Cette plante a les feuilles et les chatons du *salsola tetrandra* de Forskal; mais les calices n'ont point de membranes transversales, ne sont que de quatre divisions, et n'ont que quatre étamines dans le *salsola tetrandra*, qui diffère encore par ses tiges moins grosses, ordinairement couchées, et par ses fleurs opposées. Je crois cependant que, malgré ces différences, le *salsola tetragona* pourrait bien n'être qu'une variété à fleurs hermaphrodites fertiles du *salsola tetrandra*, que j'ai constamment rencontré avec les graines avortées. L'accroissement d'une cinquième partie dans le nombre des étamines et des divisions du calice du *salsola tetragona* peut avoir été occasioné par l'insertion alterne des fleurs, tandis que la symétrie des quatre divisions des fleurs du *salsola tetrandra* semblerait dépendre de l'opposition régulière des fleurs sur les chatons tétragones symétriques.

Quant à l'absence des membranes du calice du *salsola tetrandra*, il se pourrait qu'il y eût quelque relation entre la présence simultanée nécessaire des membranes et des graines de plusieurs *salsola*. J'observe à ce sujet que le *salsola oppositifolia*, qui a été découvert en Égypte par Forskal, et en Barbarie par M. Desfontaines, avec des fleurs fertiles pourvues de membranes, ne produisait à Alexandrie (où j'en ai trouvé beaucoup de pieds dans des saisons et des années différentes) ni fruits ni membranes autour des calices. Les fleurs du *salsola op-*

positifolia sont polygames ; et il n'y a peut-être que les pieds à fleurs hermaphrodites fertiles qui produisent des calices à membranes rayonnées.

Explication de la planche 21, *figure* 4, *au bas de la planche.*

SALSOLA *tetragona. a*, le calice, à la base duquel on a conservé deux bractées ; *b*, une des divisions du calice séparée de la fleur, avec le filet d'une étamine ; *c*, calice fructifère ; *d*, l'utricule qui contient la graine, et qui est un sac membraneux faisant corps avec le style persistant.

Ces détails sont représentés beaucoup plus grands que nature.

PLANCHE 22.

Fig. 1. TRAGANUM NUDATUM.

TRAGANUM nudatum. T. caule frutescente diffuso ; ramis junioribus albidis, glabris, apice tomentosis ; foliis triquetris mucronato-acutis. ♃

Caractère générique. Calice persistant à cinq divisions ; anthères caduques en fer de flèche, articulées au sommet des filets linéaires en ruban. Le fruit est une noix d'un tissu médullaire très-serré, ouverte au sommet ; formée par la base épaissie du calice, et qui contient une graine dont l'embryon est roulé horizontalement en spirale. Genre voisin du *salsola*, et dont le nom, emprunté de Dioscoride, était synonyme du *salsola* ou *tragus* des Grecs.

Description. Ce sous-arbrisseau a ses tiges étalées en un buisson clair, couvertes d'une écorce grise gercée. Les plus jeunes rameaux sont d'un blanc mat, ouverts presque à angle droit, cylindriques, un peu plus gros qu'une plume de pigeon, cotonneux à leur extrémité et dans l'aisselle des feuilles; ils portent des feuilles distantes, alternes, sessiles, charnues, triquètres, brièvement mucronées, longues communément de 5 millimètres (2 lignes et un quart), un peu recourbées en dessous, concaves en gouttière à leur face supérieure : l'aisselle de ces feuilles est remplie de feuilles petites en faisceau, entremêlées de coton blanc, ou de fleurs solitaires ou ternées.

Les fleurs sont un peu plus courtes que les feuilles, accompagnées de bractées charnues pareilles aux feuilles, mais plus petites : le calice est placé entre trois de ces bractées, ou entre deux seulement; la troisième bractée étant remplacée par la feuille propre du rameau, dans l'aisselle de laquelle une ou plusieurs fleurs sont logées.

Le calice est persistant, dur, épais et monophylle à sa base, à cinq divisions linéaires, obtuses, transparentes, droites et rapprochées, qui ferment la fleur au sommet. Les filets des étamines sont linéaires en ruban, persistans, plus longs que le calice. Les anthères sont en fer de flèche, verticales, articulées sur un point au milieu du sommet tronqué des filets, et caduques. Ces anthères sont linéaires, appliquées par leur moitié inférieure contre la face interne des filets, avant de sortir de la fleur. Les filets dépouillés de leurs anthères se rejettent un peu en dehors au-dessus du calice, et sont épaissis à leur sommet, qui porte un petit tubercule de l'extrémité duquel l'anthère se détache. L'ovaire est supère, globuleux; le style est filiforme, en colonne, bifide au sommet, un peu plus court que les étamines.

Le fruit est une noix ligneuse, cylindrique, ovoïdetronquée, longue de 4 millimètres (une ligne et demie), ouverte au sommet, terminée par les divisions persistantes verticales du calice, et formée par la base grossie de ce calice. Cette noix renferme une graine sphérique aplatie, roulée horizontalement en spirale, revêtue de sa tunique propre et d'un utricule membraneux.

L'écorce blanche et nue des rameaux, dont les intervalles entre les groupes de fleurs ou de feuilles sont grands par rapport à ces feuilles, m'a fait donner à cette plante le nom spécifique de *traganum nudatum*, par opposition à plusieurs plantes des genres voisins, dont les fleurs et les feuilles sont serrées en paquet, souvent confondues les unes avec les autres, et couvrant de toutes parts les rameaux.

Explication de la planche 22, figure 1.

TRAGANUM *nudatum*. *a*, bractées; *b*, calice; *c*, les cinq étamines de la fleur considérablement grossies, et dont trois sont représentées sans les anthères; *d*, le pistil; *e*, le calice fructifère grossi; *f*, le même calice coupé, pour faire voir sa cavité intérieure; *g*, la graine en spirale, dépouillée de ses enveloppes.

PLANCHE 22.

Fig. 2. BUPLEVRUM PROLIFERUM.

BUPLEVRUM proliferum. B. caule sub-nullo; foliis linearibus, radicalibus distichis; ramis patentibus, sub-ternis, furcatis; umbellis solitariis axillaribus et terminalibus; involucris involucellisque pentaphyllis. ☉

Petite plante, presque sans tige, à rameaux prolifères, divergens.

La racine est blanche, pivotante; les feuilles radicales

sont distiques : trois rameaux étalés, alternes, naissent immédiatement au-dessus des feuilles radicales, avec une ombelle sessile demi-sphérique. Ces rameaux sont un peu triquètres, longs de 5 à 10 centimètres (2 à 4 pouces), fourchus, à deux ombelles terminales, avec une troisième ombelle sessile dans leur division.

Les feuilles sont linéaires, longues de 4 centimètres (1 pouce et demi), placées sous l'aisselle de chacun des rameaux et sous les involucres des ombelles terminales. Une seule feuille latérale, à la partie moyenne des rameaux, est rarement nue dans son aisselle, qui émet plus ordinairement un rameau court ou une ombelle.

Les ombelles sont larges de 12 millimètres (6 lignes), à involucres de la grandeur de l'ombelle, formés de cinq folioles ovoïdes, piquantes, coriaces, à trois nervures, qui laissent entre elles deux mailles oblongues, membraneuses et transparentes; les ombelles partielles, groupées au nombre de huit à dix dans les involucres, sont sessiles au centre de l'ombelle, et portées sur de très-courts rayons à la circonférence. Les involucelles sont de cinq folioles égales, conformes aux folioles des involucres, mais plus petites. Les fleurs, au nombre de dix, sont sessiles, d'un millimètre (une demi-ligne) de largeur, à cinq pétales blanchâtres repliés et recourbés en dessus, marqués d'une nervure moyenne ferrugineuse.

Les ovaires sont striés, non verruqueux, oblongs, à quatre faces.

Explication de la planche 22, *figure* 2.

Bupleurum *proliferum*. *a*, ombellule; *b*, fleur, double de sa grandeur naturelle; *c*, fleur représentée encore plus grande que la précédente.

PLANCHE 22.

Fig. 3. CORNULACA MONACANTHA.

Cornulaca monacantha. C. caule fruticoso ramoso; ramis junioribus articulatis; articulis folio mucronato squamiformi terminatis; floribus glomeratis, axillaribus, bracteatis; villorum involucris interpositis. ♃

Ficoides, ficus aizoïdes memphitica, fruticosa, geniculata, ferocior. Lippi, *Mss. et Herb. Vaill.*

Observatio. *Genus salsolæ proximum; sed calix, alis membranaceis destitutus, differt laciniâ unicâ dorso medio in spinulam erectam productâ. Laciniæ singulæ in salsolâ muricatâ* Linn. *dorso spiniferæ, et semen horizontaliter compressum, embryone curvo albumen amplexante, genus diversum constituunt.*

Caractère générique. Involucre épais de poils droits, pressés autour du calice, entre trois bractées; calice persistant à cinq divisions, dont une seule produit, par le milieu de sa face dorsale, une épine verticale; cinq étamines hypogynes, à filets réunis à leur base en un tube membraneux, terminé par cinq dents obtuses, alternes avec les filets; graine comprimée sans albumen, roulée verticalement en spirale.

Ce genre est voisin des illécébrées par la réunion des étamines à leur base en anneau, avec une dent entre chaque filet.

Je croyais pouvoir comprendre dans le même genre le *salsola muricata* de Linné, dont les fleurs produisent une épine à chaque division de leur calice, au lieu de la membrane des vrais *salsola* : mais j'ai reconnu que l'embryon de la graine du *salsola muricata* est horizontal, en fer-à-cheval, dont les branches embrassent circulairement un albumen; en sorte que le *salsola muricata* fera un genre différent.

Description. Sous-arbrisseau dont le bois est dur et très-fort. Sa racine est tortueuse et épaisse. Sa tige, couverte d'une écorce noirâtre, mince et fendillée, s'élève à 6 et 8 décimètres (2 pieds à 2 pieds et demi) : elle pousse beaucoup de rameaux, les uns droits et effilés, les autres courts et rapprochés. L'écorce de ces rameaux est blanchâtre et presque glabre; ils verdissent seulement au sommet. Les feuilles sont très-petites; elles n'ont que 4 ou 5 millimètres (2 lignes de longueur) : elles sont triangulaires, en pointe piquante à leur sommet, demi-amplexicaules et cotonneuses par leur base, creusées en gouttière par-dessus et un peu recourbées en-dessous. Ces feuilles, et les rameaux qui les portent, imitent le tamarix commun (*tamarix gallica*); ce sont des pièces articulées les unes au-dessus des autres, qui, par leur sommet, donnent naissance à une feuille courte.

Les fleurs sont sessiles dans les aisselles des feuilles, où elles se trouvent communément au nombre de trois: chacune d'elles est enveloppée de trois bractées qui lui forment un calice extérieur; ces bractées ressemblent aux feuilles, et, dans l'une des fleurs, la troisième bractée est toujours remplacée par une feuille propre au rameau; chaque fleur, située au-dedans des bractées, n'a que 4 millimètres de long (une ligne deux tiers), et est pressée dans un involucre épais de poils droits.

Le calice est à cinq divisions lancéolées, plus courtes que les filets des étamines. Les anthères sont ovoïdes-linéaires, bifides à leur base; le style est filiforme et bifide. Après la fécondation, les divisions du calice se rapprochent, et enveloppent fort étroitement la graine dans leur base devenue coriace. Il naît alors, du dos de l'une des cinq divisions, une épine plus longue que la fleur.

La graine, enfermée dans le calice et dans un utricule membraneux, est couverte de sa tunique propre : son embryon filiforme est tourné verticalement en spirale.

Cette plante est toute hérissée des épines qui sortent de ses fleurs, et de celles qui terminent les feuilles : elle forme des buissons peu élevés, souvent à moitié desséchés; ce qui leur donne plus de roideur et rend leur aspect plus triste. Elle croît dans le désert, entre la mer Rouge et le Nil. Je l'ai recueillie dans la haute Égypte, et près des pyramides de Gyzeh et de Saqqârah.

Explication de la planche 22, figure 3.

CORNULACA *monacantha*. *a*, les trois bractées de la fleur ; *b*, le calice enveloppé de poils; *c*, étamine vue en dedans; *d*, étamine vue par dehors; *e*, pistil ; *f*, calice fructifère ; *g*, la graine, contournée verticalement en spirale, et dont la radicule est placée sous le style.

PLANCHE 23.

Fig. 1. SOLANUM COAGULANS.

SOLANUM coagulans. S. nervo foliorum medio petiolisque aculeatis; aculeis crassis basi tomentosis, apice coloratis; ramorum veterum aculeis recurvis, foliis repandis, ovato-rotundatis, obtusis; juniorum foliis obliquè cordatis, sinuato-dentatis, undulatis, ovato-oblongis, acutis; fructu globoso flavo, nucis magnitudine. ♃

SOLANUM coagulans? Forskal, *Flor. Ægypt. Arab.* pag. 47.

Arbrisseau droit, peu rameux, haut d'un mètre à un mètre et demi (3 pieds à 4 pieds et demi). Son tronc est nu, épais de deux doigts. Ses rameaux sont cotonneux, couverts, ainsi que les feuilles, de poils étoilés très-serrés et confondus ensemble; ces rameaux sont garnis d'aiguillons recourbés en dessous. Les pétioles des feuilles sont canaliculés en dessus, garnis de quelques aiguillons; la nervure moyenne des feuilles est aussi aiguillonnée en dessus et en dessous, jusqu'à la moitié de sa longueur : les feuilles sont les unes ovales-arrondies, planes, longues de 5 centimètres (2 pouces), sinueuses, à échancrures très-légères, obtuses; les autres sont en cœur, ovales-aiguës, longues de 11 à 14 centimètres (4 à 5 pouces), ondulées, à plis enfoncés, échancrées en dents ou lobes larges, triangulaires : la face inférieure des feuilles est plus pâle que la supérieure. Les feuilles varient en général beaucoup pour la grandeur; elles n'ont, sur des rameaux anciens et ligneux, que moitié de la taille qu'elles acquièrent sur des pousses tendres et nouvelles. Les fleurs viennent en grappes sur le côté des rameaux, dans l'intervalle d'une feuille à une autre. Ces fleurs sont pendantes, au nombre de six à huit : il n'y en a qu'une ou deux qui soient hermaphrodites fertiles à la base de la grappe; les autres sont mâles. Les fleurs de la base des grappes, dont le pistil même avorte quelquefois, ont leur calice muni d'aiguillons : la corolle est blanche, cotonneuse en dehors; le style est cylindrique, épais, velu à sa base, presque double des anthères pour la longueur : les dents du calice s'allongent et deviennent linéaires dans les fleurs fertiles; ces dents sont courtes et obtuses dans les fleurs stériles terminales.

Le fruit est jaune, sphérique, pendant sur le pédoncule durci et recourbé de la grappe; il est épais d'environ 4 centimètres (près d'un pouce et demi) : les graines sont comprimées, jaunâtres, pâles, ovales-arrondies, longues de 3 millimètres (près d'une ligne et demie).

J'ai trouvé quelques pieds de ce *solanum* autour des champs cultivés, à Syène et à Éléphantine, dans la haute Égypte : je l'ai regardé comme le *solanum coagulans* d'Arabie, découvert par Forskal, et caractérisé, d'après cet auteur, par le fruit jaune, coriace, gros comme une noix. (*Voyez* Forskal, *Descr.* pag. 47.)

Le *solanum coagulans*, Jacq. *Hort. Schœnbr.* IV, pag. 35, tab. 160, et Dunal, *Monographie des solanum*, pag. 156, est une espèce différente, à fleurs violettes, à fruit sphérique d'un pouce de diamètre, et qui a le port et les feuilles du *solanum melongena* Linn.

Explication de la planche 23, figure 1.

Solanum *coagulans*. *a*, fleur hermaphrodite vue par dessous; *b*, la même vue en dessus; *c*, calice d'une des fleurs mâles de l'extrémité des grappes.

PLANCHE 23.

Fig. 2 et 3. CAUCALIS GLABRA.

CAUCALIS glabra. C. caule ramoso aspero; foliis pinnatis, sub-hispidis; pinnulis pinnatifidis, laciniis linearibus aut trifidis; involucris trifidis; seminibus oblongis, aculeis apice duplicato-hamatis. ⊙

Variat. α. Minor, maritima : caule humili diffuso.

CAUCALIS glabra. C. foliis tripinnatis, glabris; involucris universalibus tridentatis; floribus omnibus pedicellatis. Forskal, *Descr.* pag. 206.

β. Major, arenaria : caule altiore erecto.

La racine est blanchâtre, pivotante. Les feuilles radicales sont doublement pinnatifides, à découpures trilobées, courtes, presque linéaires.

La tige est très-basse et partagée en rameaux ouverts et étalés, longs de 11 centimètres (4 pouces), dans la variété maritime de cette plante.

Cette tige s'élève à 5 décimètres (un pied et demi) dans la seconde variété, qui croît dans les sables du désert : elle est un peu grêle, striée, médiocrement rude et hispide, quelquefois presque glabre, remplie de moelle intérieurement, moins épaisse à sa base qu'une plume à écrire ordinaire; elle produit par quatre à cinq nœuds un pareil nombre de rameaux droits, divisés à la manière de la tige, et dont les feuilles ailées, à pinnules doublement pinnatifides, ont leurs découpures presque linéaires, trifides, médiocrement aiguës. Les pétioles et leurs ramifications sont en gouttière en dessus.

Les ombelles consistent ordinairement de cinq à onze

rayons, dont les extérieurs sont les plus longs; leur involucre est de quatre à six feuilles linéaires, dont quelques-unes sont simples, et les autres trifides à leur sommet. Ces ombelles sont assez communément larges de 3 à 5 centimètres (un pouce et demi à 2 pouces).

Les ombellules sont bien fournies de fleurs portées sur de courts pédicelles; leurs involucelles sont de six à neuf folioles linéaires, aiguës, égales à ces pédicelles qui s'allongent un peu avec le fruit.

Les fleurs sont blanches, larges de 2 millimètres (une ligne); leurs pétales sont repliés en cœur en dessus; leurs ovaires sont blanchâtres, hispides.

Les fruits sont ovoïdes-tronqués, longs de 5 à 6 millimètres (2 lignes et demie), à six côtes. Les graines sont appliquées l'une contre l'autre par leur face interne, et sont creusées de trois sillons sur leur face convexe; le fond de ces sillons est hérissé de poils courts, transversaux, qui prennent naissance sur une nervure dans le fond du sillon. Il y a sur chaque crête de la graine huit à neuf aiguillons, dilatés à leur base, rabattus en double hameçon par leurs côtés à leur sommet, et aigus.

Forskal, en décrivant cette plante, dit qu'*elle est glabre, ses poils pouvant être à peine aperçus*. Mais avec le secours d'une loupe on distingue des poils courts sur toutes les parties du *caucalis glabra*; et c'est seulement par opposition avec le *caucalis maritima*, que Forskal a nommé *caucalis glabra* cette seconde espèce qu'il a découverte à Alexandrie.

Le *caucalis glabra*, var. α, croît au cap des Figuiers, à Alexandrie, au mois d'avril; et la variété β, sur les collines de sable d'Abouqyr et de Rosette, dans la même saison.

Explication de la planche 23, figures 2 et 3.

CAUCALIS *glabra*, *var. minor*, fig. 2. *a*, un fruit grossi; *b*, fruit qui se sépare en deux graines.
CAUCALIS *glabra*, *var. major*, fig. 3.

PLANCHE 24.

Fig. 1. POLYCARPEA FRAGILIS.

POLYCARPEA fragilis. P. caule prostrato fragili; foliis oppositis aggregatis, lanceolatis, mucronatis, margine replicatis; stylo petalorum longitudine; capsulâ 8-10-spermâ. ♃

Variat. α. Incana : internodiis foliisque cinereo-tomentosis.

β. Virens : foliis glabris.

CORRIGIOLA repens foliis ovato-lanceolatis, floribus capitatis. Forskal, *Descr.* pag. 207.

La racine est noueuse et vivace, épaisse de 2 à 6 millimètres (une à 3 lignes). Elle produit plusieurs tiges couchées, cylindriques, cotonneuses, articulées, longues de 10 à 16 centimètres (4 à 6 pouces), rameuses, dichotomes à leur extrémité, fragiles sur les nœuds quand elles sont sèches.

Les feuilles sont opposées et agrégées, longues de 3 à 8 millimètres (une ligne et demie à 4 lignes), lancéolées, repliées en dessous par les bords, un peu cotonneuses, mucronées, glabres dans la variété β. Les stipules placées près de la base des feuilles sont blanches, transparentes, aiguës-sétacées, déchirées sur les bords. Les feuilles et les stipules se multiplient en rosettes dans l'aisselle des feuilles opposées, et forment des groupes épais.

Les fleurs viennent en grappes dichotomes à l'extrémité des tiges. Ces grappes sont quelquefois très-resserrées en petites têtes globuleuses : plusieurs fleurs sont ternées à l'extrémité des divisions des grappes, et les autres sont solitaires dans la dichotomie de ces grappes.

Le calice est à cinq divisions ovales-aiguës, vertes et épaisses dans le milieu, longues de 2 millimètres (une ligne), blanches, membraneuses et transparentes sur les bords.

La corolle est à cinq pétales triangulaires, aigus, de moitié plus courts que le calice. Les étamines, au nombre de cinq, ont leurs filets capillaires alternes avec ces pétales, égaux en longueur à la corolle.

L'ovaire est trigone, ovoïde, terminé par un style filiforme, long comme les étamines, et qui supporte un stigmate un peu globuleux, à trois lobes.

La capsule est trigone, uniloculaire, renfermée dans le calice qui persiste, ouverte sur les angles par le sommet en trois valves coriaces élastiques; elle contient environ huit graines ovoïdes, d'un jaune fauve, marquées d'une ligne brune longitudinale, attachées au fond de la capsule par des cordons en faisceau.

Cette plante croît dans le désert de la Qoubbeh et de Birket el-Hâggy, et fleurit depuis le mois de décembre jusqu'au mois de mars.

Le genre *polycarpea* a été établi par M. de Lamarck dans le Journal d'histoire naturelle, tome II, Paris, année 1792, et a été nommé *polycarpea* par affinité avec le genre *polycarpon*. Les feuilles, que l'on décrit dans ces genres comme verticillées, ne sont point disposées en verticilles annulaires parfaits comme les feuilles de *galium* ou d'*asperula;* mais elles paraissent verticillées par le développement de plusieurs feuilles axillaires : c'est pourquoi je me suis servi du terme d'*opposées agrégées*, pour exprimer la disposition des feuilles du *polycarpea*.

Explication de la planche 24, figure 1.

POLYCARPEA *fragilis*. *a*, une fleur entière ouverte ; *b*, capsule ouverte ; *c*, une des graines.
Ces détails sont représentés beaucoup plus grands que nature.

PLANCHE 24.

Fig. 2. POLYCARPEA MEMPHITICA.

POLYCARPEA memphitica. P. caule prostrato, villoso; foliis ovatis, planis, oppositè-aggregatis, petalis germine longioribus; stigmate brevi, trifido, sessili; seminibus numerosis. ☉

ALSINASTRUM niliacum atro-virens Galii villoso folio. Lippi, *Mss. et Herb. Vaill.*

La racine est blanche et pivotante. Les tiges sont nombreuses, couchées, verticillées sur le collet de la racine, rameuses, articulées, pubescentes ou cotonneuses, longues de 10 à 25 centimètres (4 à 9 pouces).

Les feuilles sont opposées chacune entre deux stipules aiguës membraneuses, et deviennent verticillées par le développement de plusieurs feuilles axillaires.

Les feuilles radicales sont ovales-renversées, en spatule, pétiolées; les feuilles moyennes sont seulement rétrécies en pétiole, et les terminales ovales, sessiles.

Les fleurs sont paniculées en grappes dichotomes. Plusieurs fleurs sont groupées trois par trois en petites têtes terminales, tandis que les autres fleurs sont solitaires dans la dichotomie des grappes.

Le calice est à cinq divisions persistantes, ovales-lancéolées, vertes et en carène sur leur ligne moyenne, blanches et membraneuses sur les bords.

La corolle est à cinq pétales ovales-lancéolés, très-minces, alternes avec les divisions du calice, et plus courts que ces divisions.

Les étamines, au nombre de cinq, sont égales en longueur aux pétales, opposées aux divisions du calice; leurs anthères sont blanches, globuleuses, portées sur des filets capillaires.

L'ovaire est ovoïde, terminé par trois stigmates presque sessiles, très-courts, linéaires, recourbés.

La capsule est ovoïde-trigone, un peu plus courte que le calice, uniloculaire, à trois valves minces, renfermant environ cinquante graines ovoïdes, roussâtres, attachées à des filets droits, les uns rapprochés, les autres soudés en une base qui s'élève du fond de la capsule.

Cette plante est commune dans le terrain sablonneux des îles du Nil près du Kaire, particulièrement à l'île Gezyret el-Dahab, au-dessus de Roudah, dans les mois de mai et de juin.

Explication de la planche 24, *figure* 2.

Polycarpea *memphitica. a*, une fleur ouverte vue en dessus; *b*, capsule ouverte; *c*, graines.

Ces détails sont représentés vus à la loupe; la grosseur naturelle des graines est indiquée par deux très-petits points noirs, à côté de la fig. *c*.

PLANCHE 24.

Fig. 3. ALSINE SUCCULENTA.

ALSINE succulenta. A. caule humifuso pusillo, glabro; ramis dichotomis, apice stipulaceis floriferis; foliis ovatis aggregatis oppositis; corollâ calicis longitudine; valvulis capsulæ post dehiscentiam margine involutis. ☉

ILLECEBRUM alsinefolium. I. caulibus diffusis; foliis ovatis; floribus congestis, bracteis nitidis. Linné, *Mant.* 51. — Willden., *Spec. pl.* 1, pag. 1209. — Persoon, *Synops.* 1, pag. 261. *Quoad Tournefortii synonymum, et excluso scopolii synonymo, quod spectat ad* illecebrum frutescens L'Hérit.

PARONYCHIA hispanica supina, alsinifolia, capitulis minoribus. Tournef., *Inst.* 508. *Herb. Vaill.*

C'est une très-petite plante glabre et charnue, dont les tiges sont filiformes, dichotomes, étalées en rayons couchés sur le sable, longues de 3 à 4 centimètres (un pouce à un pouce et demi).

Les feuilles sont opposées, ovales, pétiolées entre deux stipules scarieuses, transparentes, aiguës, quelquefois laciniées, et paraissent verticillées par le développement de feuilles axillaires.

Les fleurs terminent les tiges en grappes dichotomes; ces grappes sont pourvues de stipules, au lieu de feuilles. Quelques fleurs sont presque sessiles à l'extrémité des grappes; les autres sont pédicellées dans les dichotomies.

Le calice est à cinq divisions ovales-lancéolées, concaves, longues de 2 millimètres (une ligne), membraneuses sur les bords : la corolle est à cinq pétales ovoïdes de la longueur du calice et d'un blanc de lait. Les étamines, au nombre de cinq, ont leurs filets subulés, un peu plus courts que les pétales, terminés par des anthères globuleuses.

L'ovaire est sphérique, terminé par un style capillaire, long comme les étamines, et par un stigmate à trois têtes filiformes linéaires.

La capsule est de la longueur du calice, ovoïde-trigone, et s'ouvre en trois valves qui se replient par les côtés en dedans; elle renferme environ huit graines ovoïdes-renversées, attachées à un réceptacle central élevé du fond de la capsule, et divisé en filets courts, qui aboutissent aux graines.

L'*alsine succulenta* croît en hiver, dans de petits ravins sablonneux, sur le chemin du Kaire à Soueys.

Explication de la planche 24, *figure* 3.

ALSINE *succulenta*. *a*, fleur entière; *b*, calice; *c*, pistil; *d*, capsule; *e*, capsule ouverte; *f*, feuilles et stipules.
Ces détails sont représentés grossis, étant vus à la loupe.

PLANCHE 24.

Fig. 4. ALSINE PROSTRATA.

ALSINE prostrata. A. caule dichotomo, prostrato, glabro; foliis linearibus sub-verticillatis; ramulis extremis filiformibus; foliolis calicinis inæqualibus; petalis cordatis, brevi-unguiculatis. ⊙

ALSINE prostrata. A. foliis oblongis; caule prostrato, dichotomo; flore pentandro trigyno. Forskal, *Descr.* pag. 207.

Racine perpendiculaire un peu flexueuse, amincie et chevelue à l'extrémité. Tiges plus ou moins nombreuses, rayonnées au-dessus de la racine, longues de 5 à 25 centimètres (2 à 9 pouces), filiformes, glabres, articulées, rameuses, dichotomes.

Feuilles ovales-linéaires renversées, ou ovales, opposées chacune entre deux stipules courtes, triangulaires, membraneuses.

Plusieurs feuilles axillaires en faisceau paraissent verticillées; les radicales sont rétrécies en pétiole, et les stipules sont quelquefois dentées.

Les fleurs viennent en panicules terminales, dichotomes, à rameaux capillaires; elles sont pédicellées et solitaires dans la dichotomie des rameaux, ternées aux extrémités.

Les pédicelles inférieurs sont longs d'environ 6 millimètres (2 lignes et demie). Le calice est à cinq divisions ovales, concaves, dont deux plus petites que les autres. Les pétales sont onguiculés, en cœur, arrondis, rose, plus grands que le calice. Les étamines, au nombre de cinq, alternes avec les pétales, ont leurs filets beaucoup plus courts. Les anthères sont jaunes ovoïdes.

L'ovaire est sphérique, luisant, terminé par un style capillaire, et par un stigmate à trois lobes.

La capsule est ovoïde, renfermée dans le calice, et s'ouvre par le sommet en trois valves qui se recourbent en dehors; elle contient plus de trente graines ovoïdes, demi-transparentes, rousses, un peu verdâtres, très-petites, attachées à un réceptacle qui s'élève du fond de la capsule.

Cette plante est glabre sans être luisante, ordinairement d'un vert bleuâtre; ses calices se colorent souvent de rouge ou de violet. Elle croît dans les plaines sablonneuses de Birket el-Hâggy.

Explication de la planche 24, *figure* 4.

ALSINE *prostrata. a*, fleur entière ; *b*, pétale dont la forme n'a pas été correctement représentée (l'onglet de ce pétale devait être représenté naissant du milieu d'une échancrure en cœur); *c*, calice; *d*, pistil; *e*, capsule; *f*, capsule ouverte; *g*, feuilles et stipules.

Ces détails sont vus à la loupe, plus grands que nature.

PLANCHE 25.

FIG. 1, 1'. LANCRETIA SUFFRUTICOSA.

LANCRETIA suffruticosa. L. caule ramoso prostrato ; foliis sessilibus ovatis, crenatis, margine replicatis; floribus terminalibus sub-racemosis. ⚥

> OBSERVATIO. *Frutex, ramis foliisque oppositis; stipulis brevibus foliaceis adjunctis. Flores decandri. Calix quinque-partitus. Corolla quinque-partita. Germen superum stylis quinque coronatum. Capsula quinque-locularis, loculis polyspermis, quinque-valvis. Semina et valvarum dissepimenta marginalia receptaculo centrali affixa, unde magna oritur affinitas cum hypericis nonnullis. Quinta pars floris interdum deficit; fit calix quadri-partitus, et corolla quadri-partita; stamina evadunt octona, styli quaterni, et capsula quadri-locularis quadri-valvis.*

ASCYROIDES africanum frutescens chamædryos folio. Lippi, *Mss*.

Caractère générique. Calice à cinq divisions; corolle à cinq divisions, un peu plus grande que le calice; dix étamines; ovaire supère, terminé par cinq styles; capsule ovoïde-pyramidale à cinq sillons, à cinq valves, et à cinq loges polyspermes; graines lisses, ovoïdes, très-petites, insérées sur un réceptacle auquel tiennent cinq cloisons qui unissent les valves dans chaque sillon de la capsule.

Le nombre de toutes les parties de la fleur est quelquefois réduit d'un cinquième ; le calice et la corolle n'ont alors que quatre divisions, et ne renferment que huit étamines ; il n'y a plus que quatre styles, et la capsule est à quatre loges.

Description. C'est un sous-arbrisseau très-bas et étalé, qui, étant jeune, couvre la terre de verdure comme ferait un gazon. Ses branches sont cylindriques, noueuses, environ de l'épaisseur d'une plume à écrire, recouvertes d'une écorce d'un brun rougeâtre ; elles produisent un grand nombre de rameaux courts, un peu velus, déliés, opposés.

Les feuilles sont opposées, ovales, sessiles, un peu velues, dentées ou crénelées, repliées en dessous par leurs bords, longues de 3 à 8 millimètres (une ligne et demie à 4 lignes), accompagnées de chaque côté par une petite stipule denticulée, foliacée, non scarieuse ; elles produisent des groupes de très-petites feuilles dans leurs aisselles.

Les fleurs sont disposées en petites têtes, de trois à cinq, à l'extrémité des rameaux ; elles sont pédicellées, solitaires et opposées dans les aisselles des feuilles terminales de ces rameaux. Leurs pédicelles sont de la longueur des feuilles. Les divisions du calice sont ovales-lancéolées, aiguës, un peu velues en dehors, et vertes sur leur ligne moyenne, blanches et glabres sur les bords. Les divisions de la corolle sont ovales, un peu plus grandes que le calice, blanches, longues de 3 millimètres (une ligne et demie). Cinq des étamines sont opposées aux divisions de la corolle, et plus courtes que les cinq autres étamines alternes. Les filets, tous renfermés dans la corolle, sont subulés, élargis à leur base. Les anthères sont en cœur. Le pistil est de la longueur des étamines; l'ovaire est conique, et porte cinq styles courts, en faisceau, à stigmates linéaires courbés en dehors. La capsule est brune, de même longueur que la fleur, dont les parties se dessèchent et persistent. Cette capsule est partagée en cinq loges par un pareil nombre de cloisons qui attachent les bords des valves à un réceptacle central. Les graines s'insèrent en grand nombre sur la face du réceptacle qui répond dans chaque loge.

Ce sous-arbrisseau a une odeur un peu aromatique. Les chèvres le mangeaient là où je l'ai trouvé, près du Gebel Selseleh, au village de Koubanyeh, dans le Sa'yd, et auprès de la cataracte, entre les rochers, sur le bord du Nil.

Lippi a découvert cette plante en Nubie; il rapporte que les campagnes en sont couvertes au bord du Nil, entre Blocho et Dongola : il dit qu'elle est légèrement amère. Le nom d'*ascyroïdes*, qu'il lui a donné, était fondé sur l'analogie qui existe entre le fruit de cette plante et celui des *ascyrum* de Tournefort, qui sont des *hypericum* à cinq styles.

Le nombre des parties de la fleur indique la place du *lanoretia* à côté du *spergula*, dans le système sexuel; mais la capsule fixe cette place à côté des *hypericum*, dans l'ordre naturel.

Explication de la planche 25, *figures* 1, 1'.

1. 1'. LANCRETIA *suffruticosa*. Un jeune rameau herbacé est placé à côté d'un rameau adulte, ligneux, pour faire voir la variété que les feuilles offrent dans leurs dimensions, suivant l'âge de la plante.

a, est le calice sur son pédicelle; *b*, la fleur ouverte, vue en dessus; *c*, le pistil; *d*, le pistil considérablement grossi et coupé en travers.

PLANCHE 25.

Fig. 2. STATICE TUBIFLORA.

STATICE tubiflora. S. foliis radicalibus sub-ovatis; scapo articulato scabro; floribus spicatis; spicis paniculâ turbinatâ corymbosis; calicibus decem-dentatis, dentibus quinque alternis majoribus nervosis setaceo-acutis; tubo corollæ exserto; limbo plano, rotato, laciniis sub-rotundo-ovatis. ♃

Racine perpendiculaire, ligneuse, vivace, un peu moins grosse que le petit doigt, fourchue et fasciculée à son sommet.

Feuilles toutes radicales, tantôt ovales-lancéolées, et tantôt presque orbiculaires, rétrécies en pétiole, longues de 13 à 26 millimètres (6 lignes à un pouce), y compris leur pétiole.

Tiges droites, déliées, presque sans rameaux, articulées, hautes de 10 à 12 centimètres (4 à 5 pouces); stipules courtes, triangulaires, solitaires à chaque articulation de la tige; épiderme recouvert d'inégalités granuleuses.

Fleurs rose, droites, en épis qui forment un corymbe turbiné au sommet des tiges; elles sont placées deux à deux entre trois bractées d'inégale grandeur, en gouttière, membraneuses sur les bords.

Le calice est découpé en dix dents, dont cinq longues, subulées, munies d'une nervure moyenne, terminées par une barbe, et alternes avec cinq autres dents courtes, membraneuses, sans nervure.

Le tube de la corolle s'élève au-dessus du calice, et est long de 12 millimètres (près de 6 lignes). Le limbe est plane, en roue, à cinq divisions ovales.

Cette plante croît à Alexandrie sur la côte, près des catacombes, et fleurit au mois de mars.

Explication de la planche 25, figure 2.

STATICE *tubiflora*. *a*, calice et bractée; *b*, corolle tirée hors du calice.

PLANCHE 25.

Fig. 3. STATICE ÆGYPTIACA.

STATICE ægyptiaca. S. foliis radicalibus sinuatis, lyratis, superioribus lineari-lanceolatis decurrentibus; floribus paniculatis, fasciculatis; bracteis majoribus coriaceis apice bi-spinosis; calice decem-dentato, dentibus quinque alternis setaceis; corollâ inclusâ. ☉

STATICE ægyptiaca. Viviani *in Persoon Synops.* 1, pag. 334.

Racine perpendiculaire. Feuilles radicales lancéolées, sinuées en lyre, ciliées, aiguës, ou sétacées-acuminées à leur sommet, longues de 4 à 8 centimètres (un pouce et demi à 3 pouces).

Plusieurs tiges droites, hautes de 12 à 25 centimètres (4 à 9 pouces), simples dans leur moitié inférieure, dures, cylindriques, glabres, naissant entre plusieurs écailles très-courtes radicales, et munies d'une ou deux écailles caulinaires qui marquent des nœuds. Les tiges deviennent anguleuses, ailées à deux lames, paniculées à leur sommet; leurs rameaux sont alternes, presque horizontaux hors de l'aisselle d'une lame foliacée, linéaire-aiguë, sessile, décurrente, à trois crêtes. Ces rameaux sont simples ou composés, divisés en pédoncules pyramidaux-renversés, bordés de trois ailes décurrentes, terminés par trois dents.

Les fleurs sont distribuées en plusieurs faisceaux au sommet de ces pédoncules; chaque faisceau, de deux à trois fleurs, est accompagné d'écailles dont une extérieure, coriace, à cinq dents. Trois dents de cette écaille sont droites et membraneuses; et les deux autres sont recourbées et épineuses.

Le calice est long d'un centimètre (4 lignes et demie), en tube à la base, infondibuliforme dans sa moitié supérieure, à limbe plissé et à dix dents, dont cinq larges, membraneuses, déchirées sur les bords, alternes avec cinq autres dents capillaires.

Les cinq pétales sont étroits, en spatule, réunis à leur base, longs comme le calice, canelés sur leurs onglets.

Les étamines ont leurs filets capillaires, de même longueur que les onglets des pétales et opposés à ces pétales; les anthères sont versatiles, ovoïdes, en cœur.

L'ovaire est supère, oblong, à cinq sillons, terminé par cinq styles capillaires amincis, et moins lisses dans leur tiers supérieur qu'à leur base.

La capsule est oblongue, étroitement embrassée par le tube du calice; elle est mince et fragile, à cinq plis au sommet, et couronnée par la base de la corolle en entonnoir renversé, à cinq dents courtes, pendantes.

La graine est ovoïde-lancéolée, brune, longue de 4 millimètres (près de 2 lignes).

Le calice frais est blanc, et devient un peu bleu en se fanant; il est jaunâtre quand il est sec : la corolle est jaune-serin, et se flétrit promptement.

Cette plante croît à Alexandrie, sur la côte, près des catacombes, et fleurit au mois de mars.

Explication de la planche 25, figure 3.

STATICE *ægyptiaca*. *a*, une des bractées extérieures des groupes de fleurs; *b*, calice; *c*, corolle ouverte après avoir été retirée du calice; *d*, les cinq styles et l'ovaire.

PLANCHE 26.

Fig. 1. ELATINE LUXURIANS.

ELATINE luxurians. E. caule fistuloso, erecto; foliis lanceolatis serrulatis; floribus octandris decandrisque, axillaribus, glomeratis. ☉

BERGIA capensis. Linné, *Mant.* 241.

BERGIA verticillata. Willden., *Sp. pl.* 2, pag. 770. — Persoon, *Synops.* 1, pag. 513; *sed flores non verè verticillati.*

POLA tsjera. Rheed., *Mal.* 9, pag. 153, tab. 78.

BERGIA aquatica. Roxburg, *Coromand.* pag. 22, tab. 142.

Plante aquatique, dont les racines sont blanches et chevelues. La tige, grosse comme une forte plume, est cylindrique, faible et fistuleuse, amincie par degrés jusqu'à son sommet; elle s'élève de 2 à 3 décimètres (un demi-pied à un pied) : ses feuilles sont opposées, lancéolées, rétrécies en pétiole, et entières sur les bords à leur base, denticulées en scie très-légèrement dans leur moitié supérieure. Les feuilles ont environ la même longueur que les entre-nœuds de la tige. Quelques rameaux naissent de l'aisselle de deux ou trois des feuilles inférieures, et sont parfaitement semblables à la tige, excepté qu'ils restent plus courts.

Les fleurs sont presque sessiles, situées dans les aisselles des feuilles, en paquets globuleux. Leur calice est à cinq divisions lancéolées, longues de 2 millimètres (une ligne). La corolle est à cinq pétales lancéolés, un peu plus longs que le calice, d'un blanc sale, ou un peu verdâtres. Dix étamines à filets subulés, à anthères globuleuses en cœur, entourent l'ovaire, qui est supère, sphérique, à cinq côtes, et terminé par cinq styles droits, persistans, très-courts, à stigmates linéaires, courbés en dehors. Le fruit est une capsule sphérique, déprimée, à cinq valves et à cinq loges polyspermes. Les bords des valves sont membraneux et pliés en dedans, où ils s'unissent aux cloisons qui partent d'un réceptacle spongieux central. Les graines sont cylindriques, un peu courbées, longues d'un demi-millimètre (un quart de ligne), striées, et chagrinées avec régularité sur la crête de leurs stries.

Une cinquième partie manque quelquefois dans le nombre de celles qui composent la fleur : les divisions du calice se réduisent à quatre; la corolle est à quatre pétales; il n'y a que huit étamines au lieu de dix, quatre styles et quatre loges à la capsule.

L'augmentation du nombre des parties de la fleur de l'*elatine luxurians*, d'un cinquième de plus que dans les fleurs de l'*elatine hydropiper*, qui a huit étamines, ne fournit qu'un seul caractère d'espèce; aucun caractère générique ne distingue le *bergia* de l'*elatine*. La capsule que Roxburg nomme une baie dans le *bergia*, est à cinq valves concaves avec un placenta central et médullaire. Les valves ne diffèrent de celles des autres espèces d'*elatine* que par un peu plus d'épaisseur, qui contribue à laisser la capsule ouverte plus régulièrement en quatre ou cinq parties; mais cette capsule, qui a été comparée à une corolle par Linné, n'y ressemble que sous le seul rapport de ses cinq valves ouvertes en rond, de la même manière que les pétales d'une corolle se tiennent ouverts.

Cette plante croît dans les rizières du Delta, avec les *ammannia*, et fleurit au mois d'août.

Explication de la planche 26, figure 1.

ELATINE *luxurians*. *a*, une fleur entière; *b*, la capsule; *c*, capsule ouverte; *d*, graines de grandeur naturelle; *e*, graine vue à la loupe.

PLANCHE 26.

Fig. 2, 2'. SODADA DECIDUA.

SODADA decidua. S. caule fruticoso erecto; ramis flagelliformibus, aculeatis; foliis teretibus, deciduis, aculeorum longitudine. ♃

SODADA decidua. Forskal, *Descr.* pag. 81.

HOMBAK aconitoïdes africana, floribus et fructu coccineis. Lippi, *Mss*.

Arbrisseau arrondi en buisson, haut de 2 mètres (6 pieds), dont le tronc est cylindrique, de la grosseur du bras, revêtu d'une écorce jaunâtre, épaisse, fendillée. Cet arbrisseau est chargé de longs rameaux grêles, cylindriques, très-divisés, dont plusieurs retombent jusqu'à terre; les rameaux sont garnis d'aiguillons géminés, très-piquans, jaunes, recourbés, qui persistent, après avoir servi de stipules aux feuilles extrêmement petites, cylindriques, que l'on découvre seulement sur les nouveaux rameaux tendres.

Il y a un très-petit bourgeon ou œilleton de deux à trois écailles, au-dessus de l'aisselle de chaque feuille, entre les aiguillons; la feuille tombe, et le bourgeon persiste. Les fleurs naissent de ce bourgeon, dont les écailles sont cotonneuses, et appliquées à la base des pédoncules. Les pédoncules sont solitaires, ou assez communément ternés. Quelquefois les fleurs alternes, au nombre de six à huit, sur de très-courts rameaux, semblent naître en grappes; la longueur des pédoncules est de 13 millimètres (6 lignes); les pétales ont environ un tiers de moins de longueur.

Le calice est irrégulier, coloré, à quatre folioles conniventes, dont la supérieure est plus grande que les autres, voûtée, comprimée : une foliole inférieure est concave, ovale-lancéolée, abaissée sur le pédoncule; les deux autres sont latérales, oblongues, cotonneuses en dehors et sur les bords.

La corolle est à quatre pétales rouges, un peu cotonneux, oblongs, médiocrement ouverts, et dont les deux supérieurs, plus larges, presque demi-orbiculaires, sont couverts à moitié par la foliole voûtée du calice. Les étamines, communément au nombre de huit, varient jusqu'à quinze; leurs filets sont abaissés, inégaux, terminés chacun par une anthère cordiforme-linéaire, arquée en dessous après l'émission du pollen, à deux loges ouvertes sur la convexité de l'anthère en dessus. L'ovaire est globuleux, acuminé, à quatre sillons, à quatre loges, stipité sur un pédicelle qui dépasse un peu les étamines et la corolle; ce pédicelle naît de la partie inférieure du réceptacle de la fleur, et est abaissé dans la direction des étamines. Un stigmate déprimé, un peu élargi, termine l'ovaire.

« Cet ovaire devient une baie molle, rouge, lisse, qui ressemble à une cerise, et qui est couverte d'une poussière fine blanchâtre. Il y a dans cette baie huit à neuf graines, épaisses de 2 lignes (4 millimètres), blanches, brillantes, chagrinées à la surface, tournées en limaçon. La pellicule de la baie a une saveur amère qui approche de celle de l'ail; son parenchyme est douceâtre. » (LIPPI, *Man. de la bibliothèque de M. de Jussieu.*)

L'ovaire stipité, la fleur irrégulière, les étamines en nombre variable de huit à treize ou quinze, et la graine en spirale ou en limaçon, marquent le rapprochement entre le genre *sodada*, le *capparis* et le *reseda*, et même entre ces genres et les crucifères, par la graine.

MM. Nectoux et Jomard ont trouvé cet arbrisseau en fleurs dans les déserts de la haute Égypte : ils n'ont cueilli ces fleurs que sur des buissons qui étaient sans feuilles, taillés par la dent des animaux. Nous avons vu cet arbrisseau bien garni de jeunes branches, mais sans fruit et sans fleurs, le 22 septembre 1799, dans les terrains secs, au pied des montagnes, à Elâl, près des ruines de l'ancienne *Elethyia*.

PLANTES GRAVÉES.

Explication de la planche 26, *figure* 2, 2'.

Sodada *decidua*. 2, rameau sur lequel se trouvent les feuilles, et qui est entier, non taillé à ses extrémités; 2', rameau en fleurs et sans feuilles, provenant d'un buisson qui était rongé aux extrémités par les animaux.

PLANCHE 27.

Fig. 1. CASSIA ACUTIFOLIA.

Cassia acutifolia. C. caule suffruticoso; foliis pinnatis; petiolo eglandulato; foliolis 5–7-jugis, lanceolatis, acutis; leguminibus planis, ellipticis, facie utrâque nudis, margine superiore sub-arcuatis. ♃

Senna alexandrina sive foliis acutis. Bauh., *Pin*. 397. — Tournef., *Inst*. 618.

Cassia acutifolia. Delile, *Mém. sur l'Égypte*, t. III, pag. 316; Paris, Didot, an x.

Cassia lanceolata. Nectoux, *Voyage dans la haute Égypte*, pag. 19, pl. 2; Paris, Didot jeune, 1808. Non verò cassia lanceolata Forskalii, petiolis glandulosis distincta.

> Observatio. *Narrat Forskalius de cassiarum usu medico, se ab Arabe quodam audivisse* sennam Mekkensem, *apud Europæos nomine* sennæ Alexandrinæ *exportatam, gigni è cassiâ lanceolatâ, cujus petioli sunt glandulosi;* senna verò Alexandrina, *in officinis Ægypti et Europæ vulgatissima, petiolos nunquam gerit glandulosos. Cassia nostra acutifolia, è Nubiâ per Nilum advecta, senna est Alexandrina officinarum, forte eadem cum cassiâ medicâ petiolis non glandulosis* Forsk. Catalog. Arab. pag. cxi, n°. 271.
> *Cassia lanceolata* Forsk. Descr. pag. 85, *pro specie aliâ sennæ minùs usitatæ habenda est.*

Le *cassia acutifolia*, ou séné à feuilles aiguës, est un sous-arbrisseau droit, rameux, qui s'élève de 7 décimètres (2 pieds). Son écorce est pâle; il porte des feuilles ailées, à cinq et six paires de folioles lancéolées, aiguës; il n'y a aucune glande sur ses pétioles : ses fleurs sont jaunes, à cinq pétales ovales-renversés; elles viennent en grappes, dans l'aisselle des feuilles, au sommet des rameaux.

Les fruits sont des gousses plates, oblongues, un peu courbées en dessus, nues sur leurs faces, qui sont peu renflées par les semences, dont le nombre est de six à sept.

Les jeunes feuilles sont un peu soyeuses ou pubescentes.

Cette plante croît dans les vallées du désert, au midi et à l'est de Syène; les Arabes la récoltent et en font le commerce avec les marchands qui l'apportent au Kaire.

Forskal a décrit une casse à pétioles glanduleux, qu'il a nommée *cassia lanceolata*, et qui lui fut indiquée, en Arabie, pour être la plante sur laquelle on recueillait le séné.

Nous n'avons pu trouver les pétioles glanduleux du *cassia lanceolata* dans aucune des espèces de séné que nous avons examinées : cependant les droguistes d'Égypte nous montraient des échantillons de séné qu'ils nous disaient venir d'Arabie, et que nous pensions, d'après les renseignemens de Forskal, être produits par le *cassia lanceolata*; mais nous n'avons pu reconnaître les pétioles glanduleux qui auraient établi une différence bien réelle entre le séné d'Arabie et celui des déserts de Syène.

Nous avons trouvé, dans les pharmacies, deux espèces de séné mêlées avec l'argel, qui est une plante d'un genre fort différent[1]. L'une des espèces de séné

---

[1] *Voyez* le cynanchum argel, pl. 20, fig. 2.

est le *cassia acutifolia*, à feuilles aiguës; et l'autre, le *cassia senna*, à feuilles obtuses. Le *cassia lanceolata* est une troisième espèce que Forskal a vue en Arabie.

Forskal a fait mention d'un *cassia medica* dont les pétioles n'ont point de glandes, et que je conjecture, d'après ce caractère, être le *cassia acutifolia*, qui croîtrait en Arabie, comme il croît aux environs de Syène, sur les confins de l'Égypte.

Explication de la planche 27, figure 1.

CASSIA *acutifolia*. Cette figure représente un rameau très-fort, garni des fruits que l'on nomme follicules dans les pharmacies ; *a*, est un des fruits, dont une valve a été enlevée pour montrer les graines et les cordons déliés qui les attachent.

PLANCHE 27.

Fig. 2. FAGONIA MOLLIS.

FAGONIA mollis. F. caule suffruticoso, diffuso; ramis numerosis, erectis, sub-palmaribus, hispidis; spinis stipularibus subulatis, foliorum longitudine; foliolis sub-ovatis, villosis. ♃

Ce *fagonia* est plus garni de feuilles et porte de plus grandes fleurs que les autres espèces de ce genre; sa tige est ligneuse à sa base, et épaisse comme le doigt près de la racine; ses rameaux sont droits et touffus, alternes ou opposés, striés, hispides comme toutes les parties vertes de cette plante. Les épines sont fines et velues, plus longues que les pétioles des feuilles. Les folioles sont ovales, longues d'un centimètre (4 lignes et demie), mucronées, molles et velues. Les fleurs sont solitaires et alternes dans les aisselles des feuilles, à l'extrémité des rameaux; leurs pédoncules sont un peu plus courts que les pétioles des feuilles. Les folioles du calice sont ovales-aiguës, velues en dehors, et n'ont que le tiers de la longueur des pétales. Les filets des étamines sont subulés. L'ovaire est pyramidal, très-velu; le style droit, sillonné à sa base. La capsule est à cinq côtes comme celle des autres *fagonia*, et à cinq loges renfermant chacune une graine.

Ce fagonia croît dans les vallées du désert, près du Kaire.

Explication de la planche 27, *figure* 2.

FAGONIA *mollis*. *a*, le calice et le pistil; *b*, un pétale; *c*, les étamines et le pistil; *d*, une des cinq loges de la capsule; *e*, capsule coupée en travers.

PLANCHE 27.

Fig. 3. ZYGOPHYLLUM DECUMBENS.

ZYGOPHYLLUM decumbens. Z. caule decumbente, basi perennante; foliolis conjugatis ob-ovatis, carnosis, planis; fructibus turbinato-sphæricis. ♃

Cette plante pousse des tiges étalées, glabres, un peu noueuses, longues d'environ 3 décimètres (près d'un pied), de la grosseur d'une plume de corbeau, et qui se partagent en rameaux opposés, dichotomes, tendres et garnis de feuilles conjuguées, charnues.

Les folioles ovales-renversées, longues de 15 millimètres (6 lignes), décroissent très-sensiblement de grandeur à l'extrémité des rameaux. Les fleurs, dont je n'ai vu que les boutons, sont solitaires, pédonculées dans l'aisselle des feuilles terminales. Les fruits forment des grappes dichotomes après la chute des feuilles; ils sont sphériques turbinés, épais de 5 millimètres (environ deux lignes et demie), formés par la réunion de cinq loges presque semi-lunaires ; ils sont plus courts que leurs pétioles, qui deviennent inclinés.

J'ai trouvé cette plante dans la vallée de l'Égarement, à la fin de décembre 1799.

Explication de la planche 27, *figure* 3.

ZYGOPHYLLUM *decumbens. a*, le fruit représenté avec une des valves détachée.

PLANCHE 28.

FIG. 1. BALANITES ÆGYPTIACA.

BALANITES ægyptiaca. B. ramis cinereis; foliis conjugatis, ellipticis; spinis suprà-axillaribus; drupâ ovato-oblongâ, nuce pentagonâ, monospermâ. ⚥

OBSERVATIO. *Arbor, facie zizyphi spinæ-Christi, floribus in axillâ foliorum glomeratis aut racemosis. Calix* 5-*partitus, corolla* 5-*petala, stamina decem sub-æqualia. Germen superum, ovulis quinque fœtum,* 5-*loculare, reconditum disco glanduloso, ad basim fructûs deinceps exsucco. Semen unicum superstes, loculamentis quatuor et ovulis totidem evanidis. Drupa monosperma, ovato-oblonga. Putamen ovoïdeum, pentagonum, fibroso-lignosum. Semen ovoïdeo-acutum ; cotyledones semi-ovatæ ; radicula recta in vertice seminis ; plumula inversa diphylla brevis : integumentum duplex ; exterius fibrosum, parieti interno putaminis, dimidiâ superficie, secus longitudinem affixum; interius membranaceum, transversim lacerum, circa radiculam in seminis vertice carnoso-incrassatum.*

Balanitem *novum hoc genus appellavi propter formam fructûs* myrobolanis *parem.*

AGIHALID. Alpin, *Plant. Ægypt.* pag. 20, tab. 11 ; *tantummodò quoad vocem è nomine Arabico* heglig *detortam : nempe aliam arborem, speciem quamdam lycii, fructu sphærico ebuli, et flore tubuloso hyacinthi, descripsit auctor.*

MYROBOLANUS chebulus. Vesling., *in libr. Alpin. de Plant. Ægypt.* pag. 205.

HILELGIE. Vansleb, *Voyage en Égypte*, pag. 97.
XIMENIA ægyptiaca. X. foliis geminis. Linné, *Spec. pl.* p. 1194, *edit.* ann. 1753.
AGIHALID Alpini. Lippi, *Mss.* — Adanson, *Fam. des plantes*, tom. II, pag. 508.
HALEDJ. Forskal, *Plant. Arab.* pag. XCVI, *et Descr.* pag. 197.
HEGLIG. Browne, *Voyage à Darfour*, tom. II, pag. 37.
BALANITES. Delile, *Mémoires sur l'Égypte*, tom. III, pag. 326; Paris, Didot, an X.
ALLABUCH (*lege* al-lebakh). Avicenna, *edit. Venet.* n°. 1563, tom. I, pag. 254.
LEBAKH. Abdellatif, *Relation de l'Égypte*, p. 17, traduction de M. de Sacy; Paris, 1810.
PERSEA. Theophr., *Hist. plant.* lib. IV, cap. 2, pag. 286; *edit. Bod. à Stapel.*

OBSERVATIO. *Varietas sequens differt à balanite ægyptiacâ solo putamine angustiore, magis angulato et acutiore; scilicet:*
XIMENIA ferox, *foliis rotundatis, sub-sessilibus, coriaceis, spinis sub-foliosis, longissimis; floribus axillaribus sub-umbellatis.* Poiret, *Dict. encycl.* tom. VIII, pag. 805, *ex herb. Desf. ubi specimina ex Hispaniolâ à Poitæo allata folia gerunt conjugata. Hujus arboris semina forsan Nigritæ secum ex Africâ in Hispaniolam transtulerunt?*

Caractère générique. Calice à cinq divisions. Corolle à cinq pétales, dix étamines. Filets et pétales insérés sous un disque glanduleux qui embrasse l'ovaire et qui se dessèche sous le fruit. Ovaire supère, arrondi, à cinq loges, dont quatre s'oblitèrent totalement dans le fruit. Un style court, terminé par un stigmate tronqué; un ovule dans chaque loge de l'ovaire. Drupe ovoïde-oblong; noyau ligneux, obtusément pentagone, fibreux, n'ayant qu'une loge et ne renfermant qu'une graine. Lobes de la graine demi-ovoïdes, aigus, unis à leur sommet par la radicule droite, terminale, sous laquelle est la plumule renversée à deux folioles. La graine est soudée longitudinalement par l'adhérence de sa tunique extérieure, dans plus de moitié de sa circonférence, à la paroi interne du noyau. Cette tunique est fibreuse et se déchire dans le sens de sa longueur par sa partie adhérente, où ses fibres se mêlent et se confondent avec celles du noyau; la tunique intérieure est membraneuse, facile à déchirer en travers, épaisse, charnue et comme albumineuse à sa partie supérieure autour de la radicule.

J'ai appelé ce nouveau genre *balanites*, parce que son fruit a la même forme que les myrobolans. Vesling le confondait avec ces fruits.

Description. Le balanites est un arbre haut de 6 à 7 mètres (18 à 20 pieds), très-rameux, dont l'écorce est blanchâtre. Plusieurs branches sont effilées et s'élèvent d'abord perpendiculairement pour se recourber d'elles-mêmes : elles portent de longues épines simples, insérées à angle droit au-dessus de l'aisselle des feuilles, ou au-dessus de l'aisselle des rameaux transversaux. Les nouvelles pousses sont sans épines à la partie supérieure de l'arbre, tandis qu'il produit à sa base des branches sur lesquelles les épines sont aussi nombreuses et plus longues que les feuilles. Les feuilles sont alternes, à folioles géminées sur un pétiole commun qui naît entre deux stipules courtes, cotonneuses, et qui se termine par une pointe semblable aux stipules de la base. Les pétioles sont demi-cylindriques, longs de 8 à 16 millimètres (4 à 7 lignes). Les folioles sont entières, ovales-arrondies, un peu épaisses, longues de 3 à 5 centimètres (un pouce à un pouce et demi).

Les rameaux qui naissent de la plante très-jeune ou

de la base du tronc, et qui ressemblent à des *gourmands* (comme on appelle, en termes de jardinage, certaines branches d'arbres fruitiers), portent souvent des feuilles sans pétioles, à folioles ovales, rondes ou lancéolées, conjuguées.

L'épiderme de toutes les parties les plus nouvelles de l'arbre est finement pubescent et d'un vert cendré ; les feuilles sont plus blanchâtres ou plus cendrées en dessous qu'en dessus. Les rameaux et les épines sont délicatement striés étant secs : la pointe des épines est glabre et jaunâtre.

Les fleurs viennent trois à cinq en paquets et presque en petites ombelles au-dessus de l'aisselle de chaque pétiole; leurs calices forment, avant de s'épanouir, des boutons sphériques, plus petits que des grains de poivre; leurs pédicelles sont longs de 3 à 6 millimètres (une ligne et demie à 3 lignes), et accompagnés à leur base de très-petites écailles. Les fleurs sont plus rarement distribuées en grappes par paquets ou ombelles alternes sur un axe commun, long de 3 à 5 centimètres (un à 2 pouces), qui naît au-dessus de l'aisselle des pétioles.

Les rameaux épineux ne sont point ordinairement ceux qui donnent des fleurs sur l'arbre adulte; cependant ils produisent quelquefois des fleurs sous leurs épines, entre ces épines et les feuilles.

Le calice est à cinq divisions ovales, concaves, membraneuses sur les bords, pubescentes en dehors, longues de 5 millimètres (2 lignes). La corolle est à cinq pétales lancéolés, glabres, verdâtres, un peu plus longs que le calice. Les étamines ont leurs filets de même longueur que les pétales; leurs anthères sont terminales, ovoïdes.

L'ovaire est supère, soyeux, et grandit hors du disque glanduleux qui l'entoure. Ce disque est canelé en dessous par la pression des filets des étamines, insérés avec les pétales à sa base. L'ovaire fécondé s'allonge et devient filiforme, en même temps que ses loges intérieures se réduisent de cinq à une seule; il se change en un drupe ovoïde qui acquiert la grosseur du doigt et une longueur de 30 millimètres (environ 15 lignes).

Ce fruit a une chair verte très-ferme, qui jaunit en mûrissant et qui devient un peu visqueuse, plus molle que la banane mûre. Le noyau est gros par rapport au volume du fruit : il consiste en une enveloppe plutôt ligneuse qu'osseuse, à cinq côtes mousses, fibreuses, et à cinq sillons plats; un des sillons répond à l'un des côtés, le plus mince du noyau, contre lequel la graine n'est que contiguë intérieurement, tandis qu'elle est adnée, par tout son côté opposé, à la paroi interne et épaisse de la cavité du noyau. Il est probable que, lorsque la graine germe, le noyau se déchire par son côté le plus faible jusqu'à son sommet, qui est fibreux, facile à percer au-dessus de la radicule.

L'amande, composée de deux lobes, est d'un blanc sale, un peu jaune, huileuse et amère.

Histoire. Je n'ai vu au Kaire qu'un seul pied de cet arbre dans un jardin, près de la place *Birket el-Fyl;* les jardiniers le nommaient *sagar el-kably* (*arbre qui produit les chebules*), et je reconnus bientôt que Vesling, qui a écrit en Égypte sur les plantes au commencement du xviie siècle, avait décrit, sur la foi des jardiniers, les fruits de la même espèce d'arbre pour les myrobolans chebules, qui sont une autre sorte de fruit dont les Arabes ont introduit l'usage comme drogue médicinale. Les myrobolans chebules sont caractérisés par les lobes de leur amande roulés en cornet; ils sont produits par le *terminalia chebula*, arbre de l'Inde.

Le balanites est commun dans l'intérieur de l'Afrique: les nègres amenés en caravane de Sennâr et de Dârfour au Kaire connaissent tous cet arbre. Lippi[1] en trouva autrefois deux pieds à l'*oasis* d'el-Ouâh, où s'assemblent les caravanes d'Égypte avant de traverser le désert de Nubie. Je découvris à Syout, dans la haute Égypte, deux jeunes pieds de balanites auprès de quelques grands sycomores, du côté du désert. J'en fis voir des rameaux à un droguiste qui avait quelque instruction, et qui m'écrivit aussitôt le nom de cet arbre *heglyg*, mot que je crois corrompu de celui de *helyleg*, qui signifie les myrobolans chebules.

Je compris, en lisant la relation du voyage en Égypte par Vansleb, que l'arbre nommé *hilelgie* par cet auteur devait être le même que le heglyg. En effet, Vansleb dit que le hilelgie est un grand arbre épineux, dont le fruit est semblable aux dattes jaunes; ce qui est vrai aussi en parlant de notre balanites ou heglyg. La description donnée par Forskal, d'un arbre épineux d'Arabie, qu'il nomme *haleg*, se trouva convenir tout-à-fait au heglyg des environs de Syout. Je lus, long-

[1] Manuscrit de la bibliothèque de M. de Jussieu.

temps après, le nom de *heglyg* dans la relation du voyage de Browne, qui a convenablement décrit cet arbre du pays de Dârfour. Browne rapporte que l'on dit à Dârfour que le heglyg vient d'Arabie. Il me paraît également certain qu'il est indigène d'Afrique : c'est un penchant naturel des mahométans, de vanter les productions de l'Arabie, qui est la terre bénie du prophète, et d'attribuer la plupart de leurs fruits à ce pays.

Le balanites ou heglyg a dû toujours être rare dans la partie de l'Égypte que les voyageurs ont le plus fréquentée, je veux dire la basse Égypte, où ils ont abordé. Cet arbre n'est déjà point naturel au degré de latitude du Kaire, où Prosper Alpin et Vesling l'avaient vu cultivé; il croît spontanément au sud du tropique, dans les régions occidentale et orientale de l'Afrique, au Sénégal, suivant Adanson, à Sennâr et à Dârfour, suivant Lippi et Browne, et jusqu'en Arabie, suivant Forskal. Le nom de *heglyg* est celui qui est usité dans la langue de Dârfour. Les auteurs arabes qui ont écrit sur l'histoire naturelle de l'Égypte, ne font point mention du heglyg; mais ils décrivent cet arbre sous le nom de *lébakh*, et l'indiquent particulièrement dans la haute Égypte. C'est dans la Relation de l'Égypte d'Abdellatif, traduite par M. de Sacy, qu'il faut lire l'histoire du *lébakh*, rendue claire et précise par la réunion des passages extraits des auteurs arabes sur le même sujet. Abdellatif[1] compare le lébakh au sidra ou nabeca, dont il a en effet le port et la feuille. « Son fruit ressemble, dit-il, à la datte. » Nous avons vu précédemment que

[1] *Relation de l'Égypte* par Abdellatif, trad. de M. de Sacy, pag. 17.

Vansleb comparait avec raison les fruits du hilelgie aux dattes. Maqryzy[1], celui des auteurs arabes qui a donné le plus de détails sur l'Égypte, dit que le fruit du lébakh ressemble, pour la grosseur, à l'amande verte. Il ajoute que cet arbre, qui était une des plus belles productions de l'Égypte, a cessé d'y exister vers l'an 700 de l'hégire (vers 1300), et il rapporte ailleurs que cet arbre se trouve seulement sur le terrain d'un monastère de la haute Égypte. Il est remarquable que, pour retrouver le lébakh, il faille toujours se rapprocher de la route par laquelle les caravanes d'Éthiopie arrivent en Égypte. J'ai dit plus haut que je n'avais trouvé qu'à Syout deux arbres de heglyg, que je dis être le lébakh; cette ville est la première où arrivent les caravanes de Dârfour, après avoir stationné à el-Ouâh, pays où le même arbre fut découvert par Lippi lorsqu'il gagnait l'intérieur de l'Afrique. Ensiné[2], ville de la haute Égypte, plus distante du Kaire vers le sud que le Kaire n'est au sud des côtes de la Méditerranée, est le point précis où les auteurs arabes indiquent le lébakh; il est vrai qu'ils copient un seul auteur, Abou-Hanyfah Dynoury.

Il y a, dit un commentateur d'Avicenne[3], quelques arbres de lébakh isolés dans les maisons d'Ensiné; le monastère d'el-Kalamoun dans la haute Égypte, écrit Maqryzy[4], recèle encore l'arbre lébakh : or, c'est précisément au monastère d'Abouhennis, proche Ensiné, que Vausleb vit le hilelgie, qui donne le même fruit

---

[1] *Notes sur Abdellatif*, trad. de M. de Sacy, pag. 65.
[2] *Ibid.* pag. 58.
[3] *Notes sur Abdellatif*, trad. de M. de Sacy, pag. 56.
[4] *Ibid.* pag. 66.

que le lébakh. Cette ressemblance m'a fait conjecturer que les deux noms *heglyg et lébakh* avaient servi à désigner un arbre d'une seule espèce, de même que les noms *sidra* et *nabeca*, l'un littéral, l'autre vulgaire, désignent, soit dans les auteurs arabes, soit dans le langage actuel des Égyptiens, un seul arbre, le *zizyphus spina-Christi*. Il est beaucoup d'autres exemples de synonymes de ce genre dans la langue arabe.

Le nom de *haleg*, que le lébakh a reçu en Arabie, me paraît avoir une origine commune avec celui de *heglyg*, l'addition et la transposition des consonnes dans un mot ne changeant pas toujours nécessairement sa signification, et pouvant indiquer un pluriel. Forskal dit que le fruit de l'arbre haleg est vert, doux et visqueux, positivement comme Abdellatif le dit du lébakh.

Quant aux noms d'*agihalid* et de *hilelgie*, cités, l'un par Prosper Alpin, l'autre par Vansleb, et défigurés de celui de *heglyg*, il faut les attribuer à la seule difficulté d'imiter la prononciation ou l'orthographe arabe. Les noms des plantes d'Avicenne, transcrits d'arabe en latin par les traducteurs, sont méconnaissables : les plus habiles commentateurs ont cité souvent, à défaut de meilleures traductions, ces noms incorrects et devenus barbares.

Je n'ai fait voir que les rapports directs entre le heglyg et le lébakh ; il est nécessaire que je n'omette point les moins frappans, et que je concilie quelques caractères opposés qui laisseraient douter qu'un de ces arbres pût être le même que l'autre.

J'ai dit que le heglyg était épineux et d'un vert cendré; Forskal l'a décrit de la même manière : *arbor spinosa, valdè munita; folia sub-farinosa, etc.* Cette description ne s'accorde pas avec celle du lébakh, qui, comme le dit Abdellatif, ressemble au sidra par sa belle végétation et par l'éclat de sa verdure; il ne faudra pas cependant en conclure que le lébakh est sans épines, et que sa verdure contraste avec la couleur cendrée du heglyg. Je ferai remarquer qu'il est juste de comparer le heglyg au sidra ou nabeca, l'un des plus beaux arbres de l'Égypte. Browne[1], dans la relation de son voyage à Dârfour, compare le heglyg au nabeca : « Il y a surtout, dit ce voyageur, dans la ville de Cobbé, capitale du Dârfour, des heglygs et des nebkas (*nabeca*) qui, à peu de distance, donnent à cette ville un coup d'œil agréable. Le heglyg est un arbre de la même grandeur que le nebbek (*nabeca*); il vient, dit-on, d'Arabie : il a de petites feuilles, et porte un fruit oblong, de la grosseur d'une datte, d'une couleur brune et orangée, et d'une qualité à-la-fois sèche et visqueuse; le noyau, très-gros proportionnément au fruit, est très-adhérent à la pulpe. On fait aussi avec ce fruit une pâte; mais elle est moins bonne que celle du nebka. Le bois du heglyg est très-dur, épineux et d'une couleur jaunâtre; on se sert des branches du heglyg, comme de celles du nebbek, pour garnir les palissades. »

Le nabeca en Égypte varie beaucoup, comme peut varier sans doute le heglyg ou lébakh; les grands *nabeca* sont sans épines, comme les grands *acacia nilotica*, tandis que ces arbres jeunes forment des buissons hé-

[1] Tom. I, pag. 352, et tom. II, pag. 37.

rissés de piquans. La sécheresse ou l'humidité change la couleur du feuillage de ces arbres; et si Abdellatif a vu la couleur des feuilles du lébakh très-verte, un autre écrivain arabe[1] nous a appris qu'elles tiraient un peu sur le blanc; ce que je reconnais être plus exact.

J'ai réuni, par le rapprochement des caractères botaniques, le heglyg de la haute Égypte ou balanites au haleg d'Arabie de Forskal : les parties de la fleur sont les mêmes dans l'arbre d'Égypte et dans celui d'Arabie; les feuilles sont conjuguées; le fruit est un drupe qui contient un noyau monosperme : ce noyau est gros par rapport à la petite quantité de chair qui le couvre; il est à cinq côtes, à cinq sillons. Le seul caractère sur lequel Forskal se soit trompé, est celui du noyau, qu'il a décrit à cinq valves, parce qu'il aura compté les valves par les sillons pris pour des sutures. Linné et Jacquin ont ainsi compté trois valves dans le coco entier à trois sutures.

Je trouve maintenant que le heglyg ou lébakh est le même arbre que le perséa de l'ancienne Égypte : les citations suivantes le confirmeront.

Diodore de Sicile[2] rapporte que le perséa avait été introduit d'Éthiopie en Égypte, par les Perses, du temps de Cambyse. Strabon[3] a parlé du perséa comme d'un grand arbre d'Égypte et d'Éthiopie. Le perséa ou lébakh

---

[1] *Notes sur Abdellatif,* pag. 53.

[2] *Biblioth. hist.* lib. 1, pag. 30, C, edit. Hanov. 1604.

[3] Lib. xvii, pag. 1178. Le fruit est grand, dit Strabon; ce qui est au moins exagéré, si l'on prend pour le perséa le lébakh, qui est du volume d'une datte. Il est encore possible que les fruits du pêcher et du citronnier, appelés *pommes persiques* et confondus avec le fruit du perséa, aient fait quelquefois juger faussement de sa grosseur.

est en effet un arbre d'Éthiopie, puisque c'est l'arbre heglyg des pays de Dârfour et de Sennâr.

Athénée[1] a cité un auteur qui faisait remarquer que le perséa croissait en Arabie et en Syrie. Cet arbre a été trouvé par Forskal en Arabie, sous le nom de *haleg* : son bois dur et tenace y sert pour des instrumens et des meubles. Sa couleur, que je suppose n'être belle et noire que dans le cœur des troncs les plus vieux, n'a point été remarquée par Forskal.

Je n'omettrai pas de dire que le tronc du heglyg, considéré au dehors, est jaunâtre, comme Browne me semble l'avoir désigné avec assez de justesse par les expressions de *bois très-dur, épineux et jaunâtre* : car, s'il eût voulu parler de la couleur du bois réduit en planches pour être travaillé, il n'aurait pas fait en même temps la remarque que ce bois est épineux ; ce qui ne se voit que sur l'arbre planté, ou sur des branches en effet très-dures. Je place ici cette observation pour qu'on ne décide pas légèrement que le heglyg, paraissant avoir le bois jaunâtre, ne peut être ni le perséa ni le lébakh, auxquels les Grecs et les Arabes attribuent un beau bois noir.

Les couronnes de perséa servaient dans les fêtes ; on faisait aussi des couronnes avec l'*acacia nilotica* ou gommier[2], que les anciens appelaient *épine d'Égypte*. On est étonné que deux arbres épineux aient été employés à cet usage ; mais l'un ou l'autre présente assez de branches tendres, fleuries, sans épines, pour pouvoir être mises

[1] *Deipnosoph.* pag. 649.
[2] Theophrast. *Hist. plant.* l. IV, cap. III, pag. 303.

dans des couronnes. Pline[1], sur l'autorité des auteurs les plus érudits de son temps, traite de pure fable ce qu'on débitait au sujet du perséa et du pêcher : on prétendait qu'un de ces arbres vénéneux dans la Perse, ayant été transplanté par vengeance en Égypte, y était devenu bon par l'effet puissant du climat. Pline ajoute que le perséa ne croît qu'en Orient, et que ce fut Persée qui le planta à Memphis, en sorte qu'Alexandre ordonna que les vainqueurs porteraient des couronnes de feuilles de cet arbre pour honorer Persée, qu'il comptait parmi ses aïeux.

La douceur des fruits du perséa était vantée ; les fruits du haleg d'Arabie, que je crois être les mêmes que ceux du perséa, sont doux, suivant Forskal. J'ai goûté quelques-uns de ces fruits sur un seul arbre dans un jardin presque abandonné au Kaire; ils étaient astringens et fermes avant leur maturité : j'en gardai quelques-uns, qui se ramollirent et prirent une saveur douce que je ne trouvai point agréable. Les nègres de Dârfour m'assurèrent cependant que ce fruit était très-bon dans leur pays.

Il a paru d'autant plus étonnant aux auteurs qui ont étudié l'antiquité, de ne plus retrouver le perséa en Égypte, qu'ils étaient persuadés que cet arbre y avait été commun comme tout autre arbre indigène; mais à cet égard ils se trompaient.

Le perséa était exotique, puisqu'il avait été apporté d'Éthiopie[2]; il était mis sous la protection de la religion,

[1] *Hist. Nat.* lib. xv, cap. xiii.
[2] *Voyez* Diodore de Sicile, *Bibl. hist.* lib. i, pag. 30, C.

et dédié à Isis. On trouvait de la ressemblance entre quelques-unes de ses parties et celles des corps animés : son fruit avait, disait-on, la forme du cœur; et sa feuille, la forme de la langue [1].

Les Qobtes, en nommant *lébakh* l'ancien perséa, ont rapporté que cet arbre adora Jésus-Christ dans la haute Égypte; la même tradition religieuse a été conservée par les historiens de l'Église [2].

Cet arbre est toujours devenu de plus en plus rare en Égypte depuis les Romains, qui avaient fait une loi pour qu'on ne le coupât point [3].

Le nom de *lébakh* est donné vulgairement en Égypte à un arbre nouveau qui est l'*acacia lebbek* de l'Inde; le lébakh des Qobtes, ou ancien perséa, appelé aujourd'hui *heglyg*, n'a été retrouvé que dans très-peu de jardins appartenant à des gouverneurs du pays, ou à quelques communautés religieuses.

Le perséa, originaire d'Éthiopie, suivant Diodore de Sicile, croissait principalement dans la haute Égypte.

Le nome Thébaïque produisait, à plus de trois cents stades du Nil, beaucoup de perséas [4] et de gommiers épineux, arrosés par des sources, et non par le Nil. C'est dans la haute Égypte, suivant les auteurs arabes, que

---

[1] Plut. *Op. gr. et lat.* tom. 11, *de Iside et Osiride*, pag. 378, C, édit. de Paris, 1624, et *Traité d'Isis et Osiris*, trad. de D. Ricard, p. 158. Saumaise me paraît avoir justement remarqué que la forme en cœur du fruit du perséa devait s'entendre de celle du cœur considéré comme viscère, et non de la forme du cœur de pure invention, que l'on peint le plus communément. Voyez *Homonym. hyl. iatr.* à la fin des *Exercit. Plin. in Solin.* pag. 87, D.

[2] *Voyez* les notes de M. de Sacy dans sa traduction d'Abdellatif, pag. 67.

[3] *Cod. Justin.* l. xi, tit. 77, t. 11, p. 986, édit. de Paris, 1628, in-fol.

[4] Theophrast. *Hist. plant.* l. iv, cap. iii, pag. 303.

se trouve le lébakh; et Lippi nous représente le même arbre sous le nom d'*agihalid* (heglyg), croissant d'abord dans une *oasis* au pays d'el-Ouâh, et plus abondant ensuite dans la Nubie.

Avicenne n'a fait mention du lébakh qu'en traduisant une partie de l'article de Dioscoride sur le perséa. Plusieurs écrivains arabes donnent la description du lébakh, dont il est facile de saisir les ressemblances avec le perséa, malgré les diverses incorrections de leurs écrits souvent mêlés de fables.

« Le fruit du lébakh, écrit Abdellatif[1], est du volume d'une grosse datte qui n'est pas encore mûre, et lui ressemble pour la couleur, si ce n'est qu'il est d'un vert plus foncé, pareil à celui de la pierre à aiguiser. Tant que ce fruit est vert, il a une saveur styptique, comme la datte verte; mais, quand il est mûr, il devient agréable et doux, et prend une qualité visqueuse. Son noyau ressemble à celui de la prune, ou à l'intérieur du fruit de l'amandier : il est d'un blanc tirant sur le gris; il se casse aisément, et contient une amande dont la chair offre au goût une amertume bien sensible.

« Ce fruit est rare et cher, car les arbres qui le portent sont en petit nombre dans le pays : le bois du lébakh est excellent, dur, couleur de vin et noir; il est d'un grand prix. On sert en Égypte le lébakh avec le dessert et les fruits.

« Soyouty[2] dit que le lébakh est un fruit de la grosseur de l'amande verte, mais qui en diffère en ce que la

---

[1] Trad. de M. de Sacy, pag. 17.
[2] Extrait des notes sur Abdellatif, trad. de M. de Sacy, pag. 62 et 63.

partie du fruit qui se mange est la pulpe ou brou extérieur. Le bois du lébakh, suivant le même auteur, est plus beau que l'ébénier grec. »

Abou-Hanyfah Dynoury[1] parle du lébakh comme d'un arbre du Sa'yd, et même comme d'un arbre particulier aux environs d'Ensiné.

L'auteur d'une note qui se lit à la marge du manuscrit arabe de Dioscoride dit : « La feuille du lébakh ressemble à la feuille de l'abricotier[2] pour la grandeur et la forme, sinon qu'elle est plus lisse et tire un peu sur le blanc. Le fruit du lébakh approche, pour la couleur et la grosseur, de celui du câprier, en retranchant le pédoncule de ce dernier : ce fruit renferme un noyau de la grosseur d'une pistache, un peu allongé; il est doux, et on le mange.

« Suivant Théophraste[3], le fruit du perséa est de la grosseur d'une poire[4], allongé, formé comme une amande; sa couleur est verte; il contient un noyau qui ressemble à celui du *doum*[5], excepté qu'il est beaucoup plus mou et plus petit : sa chair est bonne et très-douce, et ne fait point de mal quoique l'on en mange beaucoup. Cet arbre ressemble au poirier, mais garde toujours ses feuilles, tandis que le poirier les perd; il pousse abon-

---

[1] Extrait des notes sur Abdellatif, traduction de M. de Sacy, pag. 64.
[2] *Ibid.* pag. 53.
[3] *Hist. plant.* l. vi, c. ii, p. 286.
[4] La poire est un fruit qui varie beaucoup; il y a des poires extrêmement petites, surtout dans les pays méridionaux.
[5] J'admets dans cette traduction une correction proposée par Rob. Constantin dans son Dictionnaire grec, et qui est imprimée en marge du texte de Théophraste, *édition de Bod. à Stapel.* Cette correction substitue le mot κουκίμηλον, *cucipomum*, à celui de κοκκύμηλον, *prunum.* Il en résulte que ce n'est pas au noyau de la prune, mais à celui beaucoup plus gros, tout-à-fait dur et corné, du

damment de longues et fortes racines. Son bois est beau et solide; on en fait des statues, de petits lits et des tables. »

Le fruit du perséa et celui de l'heglyg ont l'un avec l'autre trop d'analogie par la forme et la couleur, pour que l'on ne reconnaisse pas dans tous deux le fruit d'un même arbre.

La tradition des ouvrages arabes dans lesquels le mot *lébakh* devient synonyme de celui de *perséa*, comme tous les vocabulaires l'admettent, est une indication authentique de l'arbre auquel doit se rapporter ce qui est dit du perséa par les anciens.

Comme il est souvent question du perséa dans l'histoire de l'Égypte, beaucoup d'auteurs se sont occupés de rechercher quel pouvait être cet arbre : l'Écluse[1] a prétendu que le perséa était l'espèce de laurier appelée *avocatier*[2] aux Antilles; et cet arbre d'Amérique, qui n'a jamais existé en Égypte, a été long-temps regardé comme le perséa.

M. Schreber[3], professeur à l'université d'Erlang, a fait valoir une opinion différente en cherchant à appliquer la description de l'ancien perséa à un arbre de l'Égypte moderne; il a donné pour le perséa le sebesten des Arabes, qu'il a confondu avec le lébakh : mais les Arabes distinguent le sebesten du lébakh, et décrivent ces deux arbres.

M. de Sacy a mis hors de doute l'identité du lébakh

---

doum ou palmier de la Thébaïde, que Théophraste aurait comparé le noyau du perséa.

[1] Clus. *Rar. plant. Hist.* 1, p. 3.
[2] Lamarck, *Dict. enc.* 3, p. 449.
[3] *De Persea Comment.* 1 à IV.

et du perséa, et a prouvé que le sebesten n'était point le perséa. Je me suis borné, pour éclaircir définitivement cette question, à tâcher de prouver que le balanites est le lébakh ou perséa, qui semblait être disparu de l'Égypte.

Explication de la planche 28, figure 1.

BALANITES *ægyptiaca*. *a*, une fleur entière; *b*, fleur dont le calice et les pétales ont été enlevés, et dans laquelle le disque glanduleux qui enveloppe naturellement l'ovaire, a été fendu et écarté en deux parties pour montrer cet ovaire nu; *c*, fruit entier; *d*, le fruit coupé en travers avec l'amande saillante dans le milieu; plus, les deux cotylédons de l'amande coupés et séparés suivant celle de leurs faces par laquelle ils sont naturellement appliqués l'un contre l'autre dans le fruit.

PLANCHE 28.

FIG. 2. FAGONIA GLUTINOSA.

FAGONIA glutinosa. F. caule prostrato glutinoso; foliolis obovatis. ☉ ♃

La racine est grêle, cylindrique, tortueuse et pivotante; les tiges sont étalées, couchées, dichotomes, demi-cylindriques, canelées en dessus; les feuilles opposées ont leurs folioles ternées, ovales, presque égales, longues de 5 à 10 millimètres (3 à 6 lignes); les fleurs sont solitaires dans la dichotomie des rameaux et terminales, portées sur des pédicelles droits, de la longueur des pétioles; le calice est à divisions ovoïdes; la corolle, deux fois plus grande que le calice, est d'un rose pâle; la capsule, qui succède à la fleur, est globuleuse, à cinq côtes, velue, terminée par le style persistant.

Toute cette plante est légèrement velue; elle est visqueuse, en sorte que le sable se colle aux feuilles et aux tiges : elle croît dans les déserts du Kaire.

Explication de la planche 28, figure 2.

FAGONIA *glutinosa*. *a*, la capsule entière; *b*, la même coupée en travers, pour faire voir les cinq loges qui la composent; *c*, graines séparées; *d*, une des loges de la capsule; *e*, verticille des épines, et feuilles de l'un des nœuds de la plante.

PLANCHE 28.

Fig. 3. FAGONIA LATIFOLIA.

FAGONIA latifolia. F. caule piloso herbaceo; foliolis lateralibus lanceolatis acutis, tertio extremo latiore sub-orbiculato. ☉

Cette espèce est la seule de son genre que j'aie constamment trouvée annuelle et herbacée; sa racine est grêle, blanchâtre et pivotante; les feuilles radicales sont verticillées, au nombre de quatre à six, au-dessous des rameaux qui sortent à peu près en pareil nombre. Quelques feuilles radicales sont simples; les autres sont à trois folioles, dont les deux latérales petites et étroites, tandis que la terminale est presque orbiculaire, cunéiforme, mucronée à son sommet, arrondie. Les rameaux sont médiocrement étalés, rayonnés trois à quatre, et ensuite dichotomes, striés et garnis de poils écartés; les feuilles vont en diminuant de grandeur, comme les entre-nœuds de ces rameaux, de leur base à leur sommet. Les folioles radicales ont 2 centimètres (9 lignes) de largeur; les terminales n'ont environ que la dixième partie des premières : les unes et les autres sont un peu charnues et ciliées. Les stipules épineuses et piquantes, insérées aux nœuds des rameaux, sont plus courtes que les pétioles; les fleurs sont fort petites, à pédoncule grêle, dans la dichotomie et à l'extrémité des rameaux; les fruits sont médiocrement velus, à pédoncule réfléchi.

Cette plante varie de 5 à 15 centimètres (2 à 6 pouces) de hauteur : elle croît près du Kaire, dans le sable, au pied de la montagne de grès rouge appelée *Gebel-Ahmar;* je l'ai cueillie en fleur au mois de janvier.

Explication de la planche 28, *figure* 3.

FAGONIA *latifolia.* La plante entière de grandeur naturelle.

PLANCHE 29.

FIG. 1. GYPSOPHILA ROKEJEKA.

GYPSOPHILA rokejeka. G. foliis radicalibus ovatis oblongis, superioribus linearibus; caule erecto; ramis exilibus, paniculatis, dichotomis; pedunculis capillaceis; corollâ majusculâ, lineato-pictâ. ☉ ♃

ROKEJEKA. Forskal, *Descr.* pag. 90, n°. 77.

ALSINASTRUM ægyptium ramis et folio perexiguis, albo flore, lineis atro-violaceis notato. Lippi, *Mss. et Herb. Vaill.*

La racine est vivace, droite, épaisse et couverte d'une écorce jaunâtre. Ses feuilles sont glabres, charnues et entières; les radicales sont ovales-lancéolées, longues de 6 centimètres (plus de 2 pouces). Sa tige, haute de 6 décimètres (2 pieds), est dichotome, à feuilles opposées, dont les supérieures sont tout-à-fait linéaires : cette tige se termine en rameaux capillaires divariqués, portant les fleurs solitaires dans leurs divisions. Les pédoncules sont longs d'environ 2 centimètres (9 lignes); le calice est à cinq divisions droites, lancéolées, membraneuses sur les bords; la corolle est à cinq pétales plus grands que le calice, ouverts en cloche, marqués de trois raies violettes longitudinales; dix étamines à filets déliés, de la longueur des pétales, se terminent par des anthères bleues, globuleuses; l'ovaire est sphérique, et porte deux styles filiformes de la longueur des pétales. Le fruit est une capsule uniloculaire, plus petite que le calice, qui persiste; elle s'ouvre, du sommet vers la base, en quatre valves, et renferme six à huit semences presque sphériques, noires et chagrinées : quelquefois la capsule ne renferme qu'une à trois graines.

Cette plante croît dans le désert, sur le chemin de Soueys; ses feuilles sont d'une couleur verte, plus brillantes que celles des autres plantes qui croissent au même lieu : elle fleurit dans le mois d'avril.

J'observai beaucoup de pieds de cette plante, en traversant le désert au mois de février, et je ne trouvai de fleurs que sur les rameaux persistans d'un ancien pied : ce fut seulement par ces fleurs que je découvris qu'elle était du genre *gypsophila*, dans lequel le fruit varie pour le nombre des valves et des graines. Le nom arabe *rokejeka* (roqeyqah) signifie *grêle*, comme cette plante l'est en effet; et elle me fut désignée sous ce nom par les conducteurs arabes qui nous accompagnaient.

Explication de la planche 29, *figure* 1.

GYPSOPHILA *rokejeka*. *a*, le calice; *b*, la fleur grossie, dont le calice a été séparé; *c*, la capsule; *d*, graines; *e*, feuilles de la partie moyenne d'une tige.

PLANCHE 29.

Fig. 2. SILENE SUCCULENTA.

SILENE succulenta. S. caule diffuso ramoso; foliis carnosis sessilibus, ovatis, oblongis; floribus terminalibus et axillaribus; petalis bifidis involutis, unguibus calice multò longioribus; germinis apice tuberculato-tricorni. ♃

OBSERVATIO. *Planta undique viscido-pubens.*

SILENE succulenta. S. floribus axillaribus, solitariis, pedunculatis, petalis bifidis; foliis carnosis, ovalibus, villosis, sessilibus, sub-viscidis, confertis, patentissimis. Forskal, *Descr.* pag. 89.
Variat. Caule humiliori diffuso foliis sub-rotundis; *sileni corsicæ* affinis, sed apex germinis in silene corsicâ rotundato-unilobus seu integer.

La racine est blanchâtre, grêle, fusiforme, longue de 3 décimètres (un pied). Les tiges sont médiocrement étalées, moins grosses qu'une plume ordinaire, longues de 15 à 30 centimètres (6 pouces à un pied) : elles sont velues et un peu visqueuses, comme toutes les parties de cette plante. Les nœuds sont peu écartés. Les feuilles ont environ la même longueur que les entre-nœuds; ces feuilles sont charnues, oblongues, un peu en spatule, quelquefois arrondies, non rétrécies en pétiole à la base. Les fleurs sont axillaires dans l'aisselle des feuilles et dans la dichotomie des rameaux. Leur pédoncule est un peu plus court que le calice; ce dernier est tubulé, en massue, un peu renflé, long de 2 centimètres (9 lignes), strié, terminé par cinq dents aiguës déjetées en dehors. Les onglets et la corolle sont très-saillans hors du calice; le limbe est bifide, très-communément roulé en dedans.

Cette plante croît dans le sable à Alexandrie, au cap des Figuiers; elle pousse au printemps des tiges à feuilles oblongues, et produit pendant l'été des tiges plus basses, plus étalées, à feuilles arrondies : elle ressemble alors beaucoup au *silene corsica ;* mais elle est moins visqueuse et plus forte dans toutes ses parties. Ses fleurs offrent un caractère que le *silene corsica* n'a point, et qui consiste dans le sommet de l'ovaire à trois tubercules ou trois cornes courtes, en faisceau, qui supportent les styles capillaires terminaux.

Explication de la planche 29, *figure* 2.

SILENE *succulenta. a,* le calice; *b,* la corolle; *c,* les étamines; *d,* le pistil; *e,* la capsule; *f,* une graine grossie.

PLANCHE 29.

Fig. 3. SILENE RUBELLA.

SILENE rubella. S. caule glabello, erecto, simpliciusculo; foliis ob-ovatis, serrulato-ciliatis; floribus terminalibus; calicibus pellucido-membranaceis, decem-nervosis, limbo brevi, exserto, coronâ faucis annulatâ dentibus coalitis. ⊙

SILENE rubella. S. erecta lævis, calicibus sub-globosis, glabris, venosis; corollis inapertis. Linné, *Spec. pl.* pag. 600. — Willd., *Spec.* 2, pag. 703.

VISCAGO lusitanica, flore rubro vix conspicuo. Dill., *Elth.* 423, tab. 314, fig. 406.

Sa racine est faible, tortueuse, chevelue à l'extrémité. Sa tige est droite, haute de 3 décimètres (un pied) : elle paraît glabre; mais on découvre à la loupe qu'elle est garnie de poils courts. Ses feuilles sont sessiles, ovales-renversées, longues de 4 centimètres (un pouce et demi), presque glabres, très-finement denticulées, molles, un peu ondulées. Les entre-nœuds supérieurs sont trois fois plus allongés que les inférieurs. Les fleurs, en petit nombre, sont terminales. Le calice est glabre, membraneux, presque transparent, tubulé, cylindrique, à dix nervures. La corolle est de cinq pétales rose, échancrés au sommet, à onglets linéaires, deux fois plus longs que le limbe. Les dents bifides de la base du limbe des pétales se soudent ensemble par leurs bords. Il y a dix étamines, dont cinq alternativement plus courtes, insérées à la base des pétales. Le réceptacle élevé dans le fond du calice est légèrement velu. La capsule est ovale, renflée, et contient des graines noires, réniformes, chagrinées, creusées d'un sillon sur leur contour.

J'ai cueilli cette plante dans un champ de trèfle à Damiette, pendant l'hiver; je l'ai aussi vue sèche, rapportée d'Égypte, dans l'herbier de M. de Jussieu.

Explication de la planche 29, *figure* 3.

SILENE *rubella*. *a*, le calice; *b*, la fleur dont les pétales sont abaissés après que le calice en a été ôté; *c*, la capsule sur son réceptacle propre élevé; *d*, graines grossies; *e*, une graine de grosseur naturelle.

PLANCHE 3o.

Fig. 1. EUPHORBIA CALENDULÆFOLIA.

EUPHORBIA calendulæfolia. E. caule erecto, piloso, basi ramoso; foliis lanceolatis, acutis, duplicato-serratis, basi integris; umbellâ 3-5-fidâ, involucellis rotundatis, cordatis; petalis integris; semine lævi, globoso. ☉

La racine est droite, pivotante, insensiblement amincie jusqu'à son extrémité. La tige est droite, cylindrique, poilue, haute de 5 décimètres (un pied) : elle émet de sa base deux ou trois rameaux redressés, moins élevés qu'elle. Les feuilles sont sessiles, ovales-oblongues, aiguës, doublement dentées en scie, entières sur les bords à leur base, un peu ciliées, longues de 5 centimètres ou environ (2 pouces). Les fleurs sont en ombelle terminale, de trois à cinq rayons. Les feuilles de l'involucre sont semblables à celles de la tige. Les rayons sont bifides, à involucelles de deux folioles opposées, cordiformes, aiguës, dentées en scie. Les pétales sont entiers, arrondis. La capsule est lisse et contient des graines brunes, ovoïdes, unies à la surface.

Cet euphorbe croît dans quelques-uns des champs de trèfle près du Kaire; il y est rare. Je l'ai particulièrement recueilli à Mataryeh. Ses feuilles étaient d'un vert un peu glauque, ressemblant par cette couleur à celles du *calendula arvensis* des déserts du Kaire.

Explication de la planche 30, *figure* 1.

EUPHORBIA *calendulæfolia*. *a*, une des fleurs avec les bractées qui forment un des involucelles terminaux; *b*, le fruit; *c*, une graine.

PLANCHE 30.

Fig. 2. EUPHORBIA ALEXANDRINA.

EUPHORBIA alexandrina. E. foliis lineari-cuneiformibus, umbellâ 3-4-fidâ; involucellis obliquis, basi dilatatis, sub-deltoïdeis; petalis 2-dentatis; seminibus lævibus cylindricis, ovatis. ☉ ♃

EUPHORBIA obliquata, involucellis latè-subcordatis, obliquis. Forskal, *Descr.* pag. 93, n°. 86.

Variat. Caulibus numerosis, sub-prostratis, involucris angustioribus, involucellis acutis.

Sa racine est blanchâtre, coriace et ligneuse. Lorsque la plante est jeune, elle produit trois ou quatre tiges droites, hautes de 15 à 25 centimètres (6 à 9 pouces), et de la base desquelles partent plusieurs petits rameaux. Ces tiges portent des feuilles linéaires-cunéiformes, obtuses ou échancrées en cœur à l'extrémité. Les ombelles sont terminales, simplement dichotomes, ou à trois et à quatre rayons. L'involucre principal est de trois à quatre feuilles linéaires, ou de deux seulement sous les ombelles bifides. Les rayons sont dichotomes, à involucelles formés de deux folioles ovales-obliques, un peu deltoïdes, à angles arrondis, plus étroites et aiguës dans la variété de cette plante à tiges nombreuses étalées. Les fleurs ont leurs pétales largement échancrés, à deux dents étroites. La capsule est lisse, épaisse de 4 millimètres (une ligne et demie), et renferme trois graines lisses ovoïdes.

Cette plante croît au cap des Figuiers, à Alexandrie. Elle est herbacée, à tige peu rameuse la première année : les tiges nombreuses et étalées qui croissent les années suivantes de sa racine ligneuse et vivace, sont grêles, à feuilles linéaires étroites, et sont dichotomes non terminées en ombelle. Cet état de la plante vivace constitue une variété qui croît dans les lieux pierreux et sur les terrasses de quelques-unes des tours d'Alexandrie.

L'*euphorbia alexandrina* est d'un vert glauque; ce qui le rend différent de l'*euphorbia diffusa* de Jacquin,

Icon. rar. 1, tab. 88, plus distinct encore comme espèce par sa graine tuberculée.

Explication de la planche 30, *figure* 2.

EUPHORBIA *alexandrina. a*, une fleur avec ses pétales; *b*, le fruit entier; *c*, le même dont une des loges est séparée; *d*, la graine.
Ces détails sont représentés plus grands que nature.

PLANCHE 30.

Fig. 3. EUPHORBIA PUNCTATA.

EUPHORBIA punctata. E. caule pusillo, alternè ramoso, foliis cuneato-rotundatis; umbellâ trifidâ, bifidâ; involucris dilatatis; seminibus rugoso-punctatis. ⊙

OBSERVATIO. *Differt ab* euphorbiâ rotundifoliâ, *cujus semina sunt punctato-foveolata*, *foveolis distinctis*, *neque rugosa.*

C'est une plante fort petite, dont la tige se partage en deux ou trois rameaux alternes, qui portent quelques feuilles sessiles, en cœur renversé, longues de 4 à 5 millimètres (environ 2 lignes); chacun des rameaux se termine en une ombelle trifide, dont l'involucre est formé de trois folioles ovales arrondies, un peu plus grandes que les feuilles inférieures; les rayons sont dichotomes, à involucelles, ovoïdes, dilatés à la base, un peu deltoïdes; les pétales, au nombre de quatre, sont à deux dents courtes; l'ovaire et le fruit sont lisses : la graine est ovoïde, ponctuée par des fossettes qui rendent sa surface rugueuse; ces fossettes sont irrégulières, blanches comme le reste de la surface de la graine. Toute cette plante est un peu charnue; elle est rougeâtre, et croît dans les lieux secs près des champs d'orge d'Alexandrie, où je ne l'ai trouvée que très-rarement.

J'ai comparé cette plante avec l'*euphorbia rotundifolia* du midi de la France, qui en diffère surtout par la graine à fossettes brunes régulières, moins multipliées et non confondues par des rides comme celles de l'*euphorbia punctata*.

L'*euphorbia rubra* de Cavanilles, *Icon.* 1, pag. 21, tab. 34, fig. 1, est une autre espèce très-voisine, différente par son fruit ovale, ses ombelles moins dichotomes, ses graines sillonnées et rayées de rouge. (*Ex Cavanill.* ibid.)

Explication de la planche 30, *figure* 3.

EUPHORBIA *punctata. a*, involucelle d'un rayon dichotome de l'ombelle; *b*, une fleur; *c*, le fruit; *d*, la graine; *e*, la même, presque réduite à la grandeur naturelle; ces détails étant tous représentés grossis.

PLANCHE 30.

Fig. 4. EUPHORBIA PARVULA.

EUPHORBIA parvula. E. caule pusillo, supernè trifido, dichotomo; foliis ob-ovatis, apice rotundatis, acuminatis; involucris spathulatis; capsulâ glabrâ; seminibus ovato-globosis, verrucosis. ☉

OBSERVATIO. *Differt ab* euphorbiâ exiguâ, *cujus semina sunt angulata, inter angulos rugoso-verrucosa.*

Petite plante de 5 centimètres (environ 2 pouces), dont les feuilles sont ovales-renversées, arrondies ou échancrées avec une pointe moyenne courte à leur sommet. La tige porte une ombelle bifide ou trifide à rayons dichotomes, dont l'involucre est à deux ou trois folioles oblongues, en spatule; les involucelles sont aigus; les pétales se terminent en deux dents fort courtes; la capsule est glabre; les graines sont ovoïdes-globuleuses, garnies de petites verrues arrondies.

Cet euphorbe a beaucoup de rapport avec l'*euphorbia exigua*, dont les graines offrent un caractère distinctif non équivoque, étant anguleuses, verruqueuses sur les faces limitées par leurs angles, tandis que la surface arrondie des graines de l'*euphorbia parvula* est verruqueuse de toutes parts, et non par bandes.

J'ai trouvé cette plante à Alexandrie, dans les lieux incultes, entre la mer et le lac *Maréotis*.

Explication de la planche 30, *figure* 4.

EUPHORBIA *parvula*. *a*, involucelle de la partie inférieure des rayons; *b*, involucelle terminal; *c*, fleur; *d*, fruit; *e*, graine; *f*, la même, presque réduite à sa grandeur naturelle; les détails de cette plante étant représentés grossis.

PLANCHE 31.

Fig. 1. OCHRADENUS BACCATUS.

OCHRADENUS baccatus. O. foliis angustis lineàribus, glandulâ luteolâ axillari; floribus spicatis, rachibus cylindricis, persistentibus, spinosis. ♃

> OBSERVATIO. *Frutex 3-4-pedalis, odore capparidis aut ferè cochleariæ. Flores apetali. Calix minimus, rotatus, 5-dentatus, tectus glandulâ parte superiore gibbâ, ovarium cingente. Stamina 12-15, filamentis è sulco annulari inter ovarium et glandulam declinatis. Ovarium conicum tricorne, stigmatibus tribus sub-sessilibus. Bacca breviter stipitata, pellucida, trigono-ovata, polysperma; seminibus plicato-reniformibus, scaberulis. An resedæ species apetala, capsulâ molliori succulentâ?*

Caractère générique. Calice persistant, en roue, à cinq dents courtes, rempli par une glande annulaire large et relevée en bosse au côté supérieur de la fleur, très-étroite et presque ouverte en fer-à-cheval à sa partie inférieure; douze à quinze étamines insérées entre la glande annulaire et l'ovaire; filets déclinés. Ovaire brièvement stipité après la fécondation, à trois stigmates persistans. Le fruit est une baie transparente, ovoïde, blanchâtre, qui contient plusieurs graines réniformes, chagrinées finement à la surface.

Description. Arbrisseau d'un mètre et demi (4 et 5 pieds), formant un buisson arrondi, à rameaux droits effilés. L'écorce du tronc est jaunâtre, celle des rameaux est d'un vert clair. Les feuilles sont éparses, linéaires, sessiles, longues d'environ 3o millimètres (un pouce), insérées au-dessous d'un tubercule glanduleux jaune et luisant, très-peu apparent sur la plante sèche : les fleurs terminent les rameaux en épis grêles, fusiformes; elles sont très-brièvement pédicellées dans l'aisselle d'une bractée extrêmement petite. Le calice est en roue, à cinq dents courtes, réfléchies; il est rempli par la glande verdâtre, en bourlet, qui le surmonte. Les étamines sont jaunâtres et déclinées; l'ovaire est ovoïde, à trois styles très-courts divergens; le fruit est une baie blanche, molle et transparente à sa maturité, ovoïde, longue d'un centimètre (environ 4 lignes). Il ne persiste qu'un très-petit nombre de fruits : les fleurs tombent presque toutes de bonne heure; leurs rachis persistent et forment des épines jaunâtres, desséchées : la graine est ovoïde, pliée en anse sur elle-même.

Toutes les parties de cet arbrisseau sont glabres, et ont une forte saveur et l'odeur du cochléaria. Les rameaux, broutés par les chameaux, les chèvres et les moutons, hérissent singulièrement cet arbrisseau, qui devient un buisson entrelacé, au milieu duquel on ne trouve que quelques épis de fleurs hors de l'atteinte des animaux.

Je n'ai vu cet arbrisseau en pleine végétation que dans des lieux très-écartés; je l'ai trouvé à rameaux très-grêles dans la haute Égypte, à Medynet-abou, Qournah et Denderah, sur les limites du désert : il croît dans les ravins entre les rochers à l'embouchure de la vallée de l'Égarement, du côté de la mer Rouge; il y fleurit en décembre.

Explication de la planche 31, *figure* 1.

OCHRADENUS *baccatus*. *a*, une fleur entière; *b*, la même, vue en dessus; *c*, le fruit avant sa maturité; *d*, le fruit à maturité; *e*, le même, coupé en travers; *f*, une graine.

PLANCHE 31.

Fig. 2. HELIANTHEMUM KAHIRICUM.

HELIANTHEMUM kahiricum. H. foliis alternis ob–ovatis, basi stipulatis; floribus lineari-racemosis, secundis; calicibus acutis; capsulâ oblongâ, villosâ, corollam marcidam extinctorii-formem propellente. ♃

OBSERVATIO. Cistus Lippii, *huic affinis, differt capsulis et calicibus globosis, petalis ob-cordatis, foliis ramisque sub exsiccatione albidis.*

CISTUS stipulatus. *Var.* B. foliis alternis rarò appositis et minùs confertis. Forskal, *Descr.* pag. 101.

Sous-arbrisseau très-rameux, dont la base est tortueuse et étalée. Ses rameaux redressés, longs de 12 centimètres (4 pouces et demi), portent des feuilles alternes, ovales-oblongues, repliées par les bords, blanches et à nervures saillantes en dessous; les fleurs viennent en grappes tournées d'un seul côté; les calices sont ovoïdes-aigus, velus, souvent corollés. La corolle, que je n'ai point vue parfaite, m'a paru être blanche; elle se détache en capuchon à cinq branches courtes, pendantes sur l'ovaire, qui se change en une capsule oblongue, soyeuse.

Ce sous-arbrisseau croît dans les ravins des montagnes, derrière la citadelle du Kaire.

Explication de la planche 31, *figure* 2.

HELIANTHEMUM *kahiricum*. *a*, une fleur; *b*, la même dont le calice est étendu; la corolle, en manière de couvercle ou d'éteignoir, étant soulevée de dessus l'ovaire; *c*, la base du fruit coupée en travers; *d*, le fruit séparé en trois valves; *e*, graines; *f*, une feuille garnie des deux stipules de sa base.

PLANCHE 31.

FIG. 3. CAPPARIS ÆGYPTIA.

CAPPARIS ægyptia. C. pedunculis solitariis, unifloris; stipulis spinosis; foliis rotundo-cuneiformibus, apice mucronatis. Lamarck, *Dict. encyclopédique*, tom. 1, p. 605. — Willd., *Spec.* 2, pag. 1131. — Persoon, *Synops.* 2, pag. 59, 1. ꝗ

CAPPARIS ægyptia; parvo rotundo folio acuminato; clavato fructu; spinis aureis ferox. Lippi, *Mss.*

C'est un arbrisseau étalé et non touffu, dont les rameaux sont fermes et effilés. Leurs feuilles sont alternes, orbiculaires, longues de 2 centimètres (9 lignes), mucronées au sommet, très-brièvement pétiolées; elles s'insèrent entre deux aiguillons d'un jaune vif, recourbés. Les fleurs sont solitaires dans l'aisselle des feuilles à l'extrémité des rameaux; leur pédoncule est un peu plus long que la feuille dans l'aisselle de laquelle il est inséré. Les feuilles du calice sont concaves; les pétales sont arrondis, cunéiformes. Les étamines, très-nombreuses, ont leurs filets déliés, longs de 4 centimètres (un pouce et demi) : le support de l'ovaire les dépasse en longueur. Le fruit est ovoïde, en massue, long de 8 centimètres (3 pouces), y compris son support rétréci en manière de pédoncule.

Cet arbrisseau est parfaitement glabre dans toutes ses parties; ses feuilles sont glauques; ses fleurs sont élégantes, d'un blanc rose : il croît dans les montagnes du désert en face de Minyeh.

Explication de la planche 31, *figure* 3.

CAPPARIS *ægyptia*. *a*, un pétale; *b*, le calice et le pistil.

PLANCHE 32.

Fig. 1. LAVANDULA STRICTA.

LAVANDULA stricta. L. foliis pinnatifidis hispidulis, laciniis angustè-linearibus; spicis strictis, simplicibus, terminalibus; verticillis bifloris in basi racheos remotis. ⚥

OBSERVATIO. Lavandula multifida *et* lavandula elegans *auctorum ab hâc differunt foliis bipinnatifidis, spicis crassioribus, verticillis florum confertis.*

Cette plante présente des touffes de rameaux grêles, la plupart dégarnis de feuilles et desséchés, d'entre lesquelles sort un petit nombre d'autres rameaux droits et effilés, en pleine végétation. Les feuilles sont pinnatifides, à divisions linéaires très-étroites, un peu hérissées et rudes au toucher, comme toute la plante. Les rameaux sont insensiblement amincis et deviennent filiformes à leur sommet, où ils produisent un épi linéaire de fleurs d'abord imbriquées, et ensuite écartées lors de leur parfait développement : leur calice est finement strié et velu ; la corolle, beaucoup plus longue que le calice, est bleuâtre, tubulée, à deux lèvres ; les graines sont noires, un peu comprimées, avec un hile blanc, oblique, déprimé. Cette espèce est principalement caractérisée par ses longs épis linéaires. Les *lavandula multifida* et *lavandula elegans* ont beaucoup de rapport avec elle, mais en diffèrent par leurs épis à fleurs ramassées.

Le *lavandula stricta* croît dans la vallée de l'Égarement, et fleurit à la fin de l'hiver.

Il ressemble beaucoup à un échantillon d'une lavande de Perse, figurée par Burmann dans la *Florâ indica*, pag. 58, mais qui diffère encore par ses feuilles doublement pinnées.

Explication de la planche 32, *figure* 1.

LAVANDULA *stricta. a*, le calice ; *b*, la corolle fendue sur le côté, et étalée ; *c*, le pistil.

PLANCHE 32.

FIG. 2. LINARIA ÆGYPTIACA.

LINARIA ægyptiaca. L• ramis strictis, pubescentibus, rigidiusculis ; foliis ovatis glabris, basi 1-2-dentatis ; pedunculis persistentibus sub-spinosis. ☉ ♃

ANTIRRHINUM ægyptiacum. A. foliis hastatis, caule erecto, ramosissimo. Linné, *Spec. plant.* pag. 851. — Willden., *Spec.* 3, pag. 236. — Persoon, *Synops.* 2, pag. 155.

ANTIRRHINUM ægyptiacum, foliis ovatis glabris sub-tridentatis. Forskal, *Descr.* pag. 112.

LINARIA memphitica pumila, hastato folio tricuspidi, flore luteo. Lippi, *Mss. et Herb. Vaill.*

Les tiges sont roides, plus ou moins étalées, à rameaux divergens; les feuilles sont petites, ovales-hastées, quelquefois à deux dents inégales sur un de leurs côtés; les fleurs sont solitaires, pédonculées dans l'aisselle des feuilles; le pédoncule est coudé un peu au-dessous du calice, qui est campanulé à cinq divisions aiguës; la lèvre supérieure de la corolle est échancrée, repliée en arrière par les bords; l'inférieure est à trois lobes, et marquée, dans le milieu, de deux bosses relevées, tachetées de points bruns; l'éperon de la corolle se recourbe en devant; les filets des étamines sont velus, coudés en avant par leur sommet; leurs anthères sont noires, cotonneuses en dessus, soudées en un anneau ovale dans lequel passe le sommet du style dont le stigmate terminal ferme cet anneau; le fruit est une capsule à deux loges, ouverte sur deux de ses faces, de chacune desquelles une petite portion se détache en manière de couvercle, et laisse à découvert une ou deux graines ovoïdes dans chaque loge : quelquefois une des loges et plusieurs graines avortent, et la capsule devient monosperme.

Cette plante est d'abord herbacée lorsqu'elle est très-jeune; elle vieillit et prend un port tout différent en devenant ligneuse par sa base.

Les pédoncules se brisent au point où ils sont fléchis sous le calice, et persistent en formant une épine.

On trouve cette plante dans les déserts auprès du Kaire.

Explication de la planche 32, figure 2.

LINARIA *ægyptiaca*. *a*, le calice; *b*, la corolle; *c*, les étamines, dont les anthères sont soudées en anneau; *d*, le pistil, dont le stigmate était engagé dans l'anneau formé par les anthères; *e*, une graine; *f*, la capsule ouverte sur une de ses faces, dont est détaché l'opercule latéral qui la fermait : on voit, dans la loge ouverte, une graine, d'un côté; et, de l'autre côté, une cavité qui était remplie par une seconde graine.

PLANCHE 32.

FIG. 3. CAPRARIA DISSECTA.

CAPRARIA dissecta. C. caule diffuso, ramoso, pubescente, viscido; ramis erectis, terminalibus racemoso-spiciferis; foliis dissectis, summis alternis in axillâ floriferis; capsulis ovatis, compressis, pedicellatis erectis. ⊙

C'est une plante herbacée, un peu visqueuse et pubescente, qui s'élève en une seule touffe à 10 et 25 centimètres de hauteur (de 3 à 9 pouces). La racine est ferme, brune en dehors, verticale, un peu flexueuse : plusieurs tiges sortent en se ramifiant du collet de cette racine; elles sont médiocrement droites, à rameaux et à feuilles opposés. Les feuilles sont découpées, pinnatifides, à lobes étroits, dentés. Les fleurs sont terminales sur les rameaux, qui deviennent grêles, et produisent des folioles alternes, aiguës, incisées, dans l'aisselle de chacune desquelles est une fleur pédicellée : ces fleurs se succèdent en épis maigres qui, lorsque les fruits sont formés, ressemblent à ceux de quelques petites espèces de véronique; chaque fleur présente un calice à cinq divisions linéaires, persistantes, longues de 3 millimètres (un peu plus d'une ligne). La corolle est à deux lèvres, dont la supérieure a deux lobes; l'inférieure, plus grande, se partage en trois lobes. Le tube est plus long que le calice; il est marqué de cinq nervures rose, dont chacune aboutit à une portion lobée du limbe à deux lèvres. Les étamines, au nombre de quatre, sont didynames, à filets de la longueur du tube au bas duquel ils s'insèrent. Les anthères globuleuses ferment la gorge de la corolle; le style est filiforme, persistant, terminé par un stigmate échancré; la capsule est ovoïde, comprimée, longue d'environ 5 millimètres (2 lignes), à deux loges et à deux valves qui s'ouvrent par le sommet, dont les bords rentrans s'attachent à un réceptacle central auquel tiennent un grand nombre de graines fines.

Cette plante est rare sur les îles sablonneuses du Nil, au Kaire et dans la haute Égypte. Je l'ai trouvée abondamment dans les champs marécageux, ensemencés, à deux lieues de Belbeys, le 15 février 1801. La plante entière répand une légère odeur bitumineuse.

Explication de la planche 32, *figure* 3.

CAPRARIA dissecta. *a*, le calice; *b*, le pistil; *c*, la corolle fendue et étalée; *d*, la capsule dont les valves ouvertes laissent voir le réceptacle central.

PLANCHE 33.

Fig. 1. SCROPHULARIA DESERTI.

SCROPHULARIA deserti. S. caule basi ramoso suffruticoso; ramis erectis; foliis incisis, glabris, margine cartilagineis, inferioribus sub-lyratis, superioribus pinnatifidis, laciniis angustis ob-ovatis dentatis; floribus paniculato-racemosis, sub-sessilibus. ♄

Tige noueuse, blanchâtre, ligneuse à sa base, produisant de ses nœuds plusieurs rameaux droits, herbacés, glabres, à écorce d'un brun tirant sur le violet. Les feuilles inférieures sont pinnatifides, un peu lobées en lyre; les supérieures découpées à divisions plus étroites, presque linéaires, dentées. Toutes les feuilles sont un peu charnues, cartilagineuses sur les bords. Les fleurs terminent les rameaux en grappes paniculées, pyramidales; elles sont petites et violettes. Les rameaux des grappes sont accompagnés, à leurs divisions, d'une foliole aiguë.

Les fleurs sont partiellement portées sur de courts pédicelles; le calice est à cinq divisions arrondies, cartilagineuses sur leurs bords, et dont les trois supérieures sont plus petites que les deux inférieures; la corolle est ventrue; le limbe se partage en quatre lobes, un inférieur et deux latéraux arrondis, et un supérieur bifide, portant en dessous un petit cal blanc. Quatre étamines ont leurs filets cylindriques, naissant du fond du tube de la corolle; deux de la partie qui produit le lobe inférieur, et deux de la partie qui répond à l'intervalle du lobe inférieur et des lobes latéraux. Les anthères sont noires, terminales; les filets sont plus longs que le tube de la corolle, et plus gros que le style : ce dernier est capillaire, plus long que les étamines, terminé par un stigmate simple.

La capsule est glabre, globuleuse, acuminée, longue de 3 millimètres (une ligne et demie), à deux valves, et à deux loges qui contiennent des graines noires, ovoïdes-allongées, dont la surface, vue à la loupe, est rugueuse, à plis séparés par des fossettes aiguës.

J'ai cueilli cette plante en fleur dans la vallée de l'Égarement, le 26 janvier 1800.

Explication de la planche 33, *figure* 1.

SCROPHULARIA *deserti*. *a*, une fleur entière; *b*, le calice et le pistil; *c*, le pistil séparé; *d*, la capsule; *e*, la même ouverte; *f*, coupe transversale de la capsule; *g*, graines dont la plus petite est seule de grandeur naturelle. Tous les autres détails sont grossis.

PLANCHE 33.

FIG. 2. ACANTHODIUM SPICATUM.

ACANTHODIUM spicatum. A. caule brevi, ramoso; foliis sessilibus, ovatis, acutis; spicis elongatis, rigidis, quadrifariàm imbricatis, pectinatis; bracteis spinosis, aculeato-dentatis. ♂

OBSERVATIO. *Planta basi sub-lignosa : spicæ terminales, caule multò longiores; calix quadripartitus, persistens, laciniis concavis, per paria conniventibus, duabus lateralibus intimis minoribus, duabus externis majoribus unguiformibus, altera superiore, longiore, acuminatâ. Bracteæ tres, quarum duæ laterales setaceæ, tertiâ intermediâ foliaceâ, dentato-spinosâ. Corolla unilabiata, tubo brevi; ore coarctato, villoso, suprà-emarginato : labium apice dilatato-trilobum; stamina quatuor, antheris conniventibus, barbatis; filamenta duo inferiora acinaciformia, in dentem acutum ultra antheram producta. Capsula ovato-acuta, calice inclusa, plana, bilocularis, bivalvis; valvulis, rupto apice, elasticè dehiscentibus : semen in singulo loculamento unicum, ovatum, compressum, retinaculo adunco insertum, tectum pilis appressis, in aquâ sese per comam floccosam, gelatinosam, explicantibus.*

Differt ab acantho imprimis structurâ seminum et situ radiculæ : nempe in acanthodio, ut in barleriâ et ruelliâ, radicula seminis retinaculum respicit, dum in acantho marginem seminis oppositum occupat.

Hujus novi generis speciem alteram, habitationis ignotæ, in ditissimo suo herbario habet clarissimus Jussieu, *distinctam staturâ sesquipollicari, caule subnullo spicam capitatam gerente; floribus con-*

fertis densè imbricatis; bracteis palmatis, lobatis; lobis angustis, incisis, spinosis.

Caractère générique. Calice persistant, à quatre folioles conniventes deux par deux; involucre de trois bractées, dont une grande, semblable aux feuilles de la plante, et deux latérales subulées, longues comme le calice. Corolle unilabiée; quatre étamines didynames à anthères barbues. Capsule à deux loges, renfermant chacune une graine comprimée, dont la radicule est placée vers le point d'attache de la graine, tandis que, dans le genre *acanthus*, la radicule est placée sur le bord le plus éloigné de l'insertion de la graine.

Description. Cette plante est presque dépourvue de tige; elle est dure et ligneuse à sa base, partagée en un petit nombre de rameaux qui sont les courts supports d'épis terminaux : ces rameaux, durs, cylindriques, environ de la grosseur d'une plume ordinaire, portent quelques feuilles sessiles, ovales-aiguës, bordées d'aiguillons subulés, et terminées en épines; ces feuilles sont plus courtes et moins nerveuses que les bractées des épis, auxquelles elles ressemblent beaucoup.

Les épis, dont la plante emprunte un port général, varient de 6 à 20 centimètres de longueur (2 pouces et demi à 7 pouces); ils sont tétragones, d'une égale épaisseur à leur base et à leur sommet. Ils se composent de quatre rangs de bractées alternes imbriquées verticalement : ces bractées sont lancéolées, épineuses à leur extrémité, garnies sur chaque côté de quatre à cinq aiguillons; elles sont à cinq nervures en dessous, dont la moyenne aboutit à leur aiguillon terminal. Ces bractées sont divergentes et arquées dans leurs deux tiers extérieurs; elles sont pliées en gouttière en dessus à leur base, et chacune d'elles presse une fleur dans son aisselle. Deux bractées secondaires presque filiformes, subulées, membraneuses, velues, s'insèrent sur les côtés et au-dedans de la base de chaque bractée principale.

Le calice est comprimé, persistant, à quatre divisions conniventes par paires : deux de ces divisions sont extérieures, ovales, membraneuses, striées sur leur milieu, soyeuses en dedans et en dehors; l'une est supérieure, plus longue, trifide au sommet : les deux divisions intérieures du calice sont courtes, concaves, linéaires.

La corolle est à une seule lèvre, en tube très-court à sa base : cette base est un peu renflée pour envelopper l'ovaire, et étranglée au-dessus; l'insertion des étamines a lieu sur cet étranglement. Les bords de la lame unilabiée de la corolle forment une échancrure par leur rapprochement sur la base en tube de la corolle. La lame de la corolle est en gouttière arrondie, et s'étend en une lèvre veinée à trois lobes, et à deux dents courtes aux côtés de l'origine dilatée de ces lobes. Les étamines, au nombre de quatre, ont leurs anthères oblongues, frangées de cils épais : les filets des deux étamines inférieures sont courbés, épais, un peu poilus à leur base; ils portent leur anthère sur un petit appendice coudé en dessus, et se prolongent en une forte pointe droite parallèle à l'anthère. L'ovaire est ovoïde, terminé par un style droit, glabre, cylindrique, de la longueur des filets des étamines, insensiblement rétréci jusqu'au sommet, terminé par un stigmate aigu, bifide, placé entre les anthères.

La capsule est aplatie, ovale-acuminée, luisante, cachée dans le calice, à deux loges, et formée de deux valves unies supérieurement par un petit tubercule, naviculaires, et qui se séparent élastiquement, avec un peu de bruit, de leur sommet à la base : ce bruit est produit lorsque l'on brise ou que l'on fend le tubercule terminal de la capsule, qui la rend acuminée et qui retient les valves contiguës. Chaque loge est remplie par une graine plate, ovoïde, dont le hile est basilaire, reposant sur une dent coudée en crochet de la base de chaque valve.

Les graines sont longues de 6 millimètres (près de 3 lignes), couvertes de poils blancs couchés de bas en haut, et comme collés, qui naissent de la tunique de la graine : ces poils, lorsque l'on met la graine dans l'eau, la retiennent d'abord flottante par l'air qui occupe leurs intervalles; il se dégage presque aussitôt, et la graine tombe au fond de l'eau; elle se hérisse de toutes parts par les poils qui se dressent à sa surface; les rangs de poils couchés sur les bords de la graine se séparent les uns des autres et presque simultanément, après ceux des faces de la graine; ils sont surtout longs et abondans sur ses bords, et sont coudés par leur extrémité libre que l'on voit se déployer dans l'eau, du sommet vers la base de la graine. Ces poils mouillés se couvrent et sont agglutinés par un enduit visqueux, transparent. La graine, dépouillée de sa tunique, est facile à séparer en deux cotylédons plats, unis à leur base par une radicule droite, cylindrique. J'ai trouvé cette plante dans un des ravins de la plaine déserte près de Soueys.

Explication de la planche 33, *figure* 2.

ACANTHODIUM *spicatum*. *a*, le calice de quatre folioles, renversé et tiré de dedans la bractée contre laquelle il est serré dans les épis; *b*, bractée garnie des deux appendices membraneux, subulés, de sa base; *c*, la corolle entière et les étamines; *d*, une des deux étamines inférieures, c'est-à-dire une de celles qui sont couchées sur la gouttière de la corolle; *e*, une des deux étamines supérieures; *f*, la corolle et les étamines vues de côté; *g*, le pistil; *h*, calice fructifère; *i*, capsule dépouillée du calice; *k*, la même, ouverte en deux valves; *l*, graine sortie d'une des valves; *m*, graine dépouillée de sa tunique après avoir été mise dans l'eau; *n*, tunique détachée de la graine; *o*, lobes de la graine écartés.

PLANCHE 33.

Fig. 3. SINAPIS PHILÆANA.

SINAPIS philæana. S. ramis suffruticosis hispidis; foliis sessilibus, ob-ovatis, acutis, basi angustè-cuneatis integris, apice 4-5-dentatis; pilis stellatis; siliquis compressiusculis erectis brevirostratis, foliorum longitudine.

Cette plante pousse des rameaux un peu tortueux et desséchés à leur base, divisés, hispides, cylindriques, de la grosseur d'une plume de pigeon, garnis de feuilles alternes, ovoïdes, presque sessiles, longues d'un ou 2 centimètres (9 lignes), cunéiformes et entières à leur base, à trois ou quatre dents vers leur sommet. Les fleurs sont peu nombreuses, solitaires dans les aisselles des feuilles, vers le sommet des rameaux, presque de même longueur que les feuilles; leur calice est à quatre divisions étroites; les pétales sont linéaires; leurs onglets sont à peine de la longueur du calice; le fruit est une silique fusiforme, comprimée, longue d'environ 15 millimètres (6 lignes), brièvement mucronée au-dessus des valves; celles-ci sont oblongues, concaves, marquées chacune de sept fossettes qui correspondent à un pareil nombre de graines rougeâtres, comprimées, dont la radicule est pliée sur un des bords des cotylédons.

Toute cette plante est un peu cendrée, couverte de poils étoilés; elle a été trouvée aux environs de l'île de Philæ, dans la Nubie, par M. Nectoux, qui m'en a communiqué des rameaux.

Explication de la planche 33, *figure* 3.

SINAPIS *philæana. a,* la fleur entière; *b,* un pétale; *c,* les étamines; *d,* le pistil; *e,* la capsule grossie; *f,* graines dont la plus petite est seule de grandeur naturelle; *g,* portion de feuille et poils étoilés vus à la loupe.

PLANCHE 34.

Fig. 1. ERUCARIA CRASSIFOLIA.

ERUCARIA crassifolia. E. foliis pinnatifidis glabris, laciniis linearibus; siliquis torulosis curvis; valvulis rostro indehiscente multò brevioribus. ⊙

BRASSICA crassifolia. B. foliis pinnatifidis, laciniis linearibus. Vahl, *Symb. bot.* 1, pag. 78. — Willden., *Spec.* 3, pag. 554. — Persoon, *Synops.* 2, pag. 206.

BRASSICA crassifolia foliis crassis, pinnatifidis. Forskal, *Descr.* pag. 118.

Plante herbacée, dont la racine est droite, blanche, de même grosseur que la tige: celle-ci est rameuse, haute de 2 à 4 décimètres (7 pouces et demi à 15 pouces), glabre, excepté à sa base, où se trouvent quelques poils courts. Les feuilles sont charnues, pinnatifides, à divisions linéaires : les inférieures sont longues de 5 à 10 centimètres (2 à 4 pouces), à découpures inégalement dentées; les feuilles supérieures sont découpées en divisions linéaires, entières, plus étroites. Les fleurs terminent les rameaux en longues grappes; les calices sont droits, à divisions linéaires, obtuses, un peu lâches : les pétales sont portés sur des onglets déliés; leur limbe est ovale, blanc ou un peu rose, très-entier : les anthères sont allongées en fer de flèche; l'ovaire est fusiforme, comprimé, de la longueur du calice, et se termine par un stigmate en tête. La silique est glabre, cylindrique, un peu subulée et irrégulièrement courbée, longue de 2 centimètres (9 lignes), formée de deux portions inégales : l'une, supérieure, s'ouvre en deux valves parallèles à une cloison intermédiaire, transparente; l'autre portion persiste au sommet de la cloison, ne s'ouvre point, et contient de deux à six graines. Les cotylédons des graines sont roulés en spirale.

Cette plante froissée a l'odeur du cresson. Elle croît abondamment dans les lieux pierreux du désert, auprès des pyramides de Saqqârah. Ses fleurs paraissent en décembre, et sont agréablement odorantes.

Il se trouve, dans le sommet des siliques de l'*erucaria crassifolia*, de petites loges dont les graines avortent. Comme cette extrémité est indéhiscente, formée d'une seule pièce, on n'y découvre point de cloison moyenne, régulière : peut-être cette cloison existe-t-elle dans le principe, et disparaît-elle étant comprimée et déjetée par les graines.

Explication de la planche 34, *figure* 1.

ERUCARIA *crassifolia*. *a*, une fleur entière; *b*, le calice; *c*, un pétale; *d*, les étamines et le pistil; *e*, la silique, dont les valves sont détachées dans toute leur étendue; *f*, une graine.
Tous ces détails sont représentés vus à la loupe.

PLANCHE 34.

FIG. 2. COCHLEARIA NILOTICA.

COCHLEARIA nilotica. C. foliis pinnatifidis, glabris; siliculis rugosis, bilobis, sub-globosis, basi cordatis. ☉

OBSERVATIO. *Siliculæ, lobis usque ad apicem coeuntibus, differunt à lepidio didymo Linn. cujus siliculæ sunt apice emarginatæ.*

Plante glabre, à feuilles pinnatifides, dont les divisions sont tantôt courtes, rapprochées, dentées, tantôt longues, profondément découpées. Plusieurs variétés de cette plante résultent de la forme que prennent les feuilles en se découpant plus ou moins. La tige est glabre, droite, cylindrique, paniculée, quelquefois accompagnée de longs rameaux radicaux, étalés. Les fleurs sont blanches, très-petites, en grappes obtuses, longues de 2 à 5 centimètres (9 à 15 lignes), opposées aux feuilles de l'extrémité des tiges et des rameaux. Chaque fleur n'a guère qu'un millimètre de long (une demi-ligne); quelques-unes de ses parties sont sujettes à se trouver en moindre nombre que celui qui appartient communément aux plantes du même ordre. Les pédicelles sont capillaires et allongés sous le fruit, qui est une silique globuleuse, réniforme, plus large que haute, à deux lobes séparés sur chaque face de la graine par un sillon vertical, et qui n'ont guère qu'un millimètre et demi de largeur (environ une ligne).

Cette plante croît naturellement autour des îles ou près des bords du Nil : elle a la saveur du cresson : on la mange en salade.

Explication de la planche 34, figure 2.

Cochlearia *nilotica*. *a*, le calice et la corolle; *b*, le fruit.
Ces figures sont considérablement grossies.

PLANCHE 34.

Fig. 3. BUCHNERA HERMONTHICA.

Buchnera hermonthica. B. caule tetragono, sulcato, angulis rotundatis; foliis lanceolatis, scabris, sub-recurvis; floribus longè-spicatis; corollæ majusculæ tubo flexo, lobo superiore emarginato.

Dauab flore purpureo. Lippi, *Mss. et Herb. Vaill.*

La racine est blanche, charnue, écailleuse, formée d'un enchaînement de tubercules qui semblent être des rudimens de feuilles, et d'entre lesquels partent des radicules chevelues.

La tige est droite, peu rameuse, haute de 5 à 6 décimètres (un pied et demi à 2 pieds). La tige et les rameaux sont tétragones, canelés sur leurs faces, arrondis sur les angles; leur écorce est rude, hérissée de poils courts. Les rameaux sont opposés et très-rarement alternes; les feuilles sont lancéolées, longues de 6 à 10 centimètres (2 à 3 pouces), sessiles, opposées, recouvertes, surtout à leur face inférieure, de tubercules blancs, terminées par des poils rudes au toucher. Les feuilles sont pliées longitudinalement en dessus, courbées en arc en dessous.

Les fleurs terminent la tige et les rameaux en épis pyramidaux, longs d'un ou 2 décimètres (3 à 7 pouces). Ces fleurs sont purpurines, sessiles, opposées dans l'aisselle de bractées aiguës : leur calice est en tube de moitié plus court que le tube de la corolle, accompagné, de chaque côté, d'une bractée subulée; ce calice est strié, terminé par cinq dents aiguës.

Le limbe de la corolle est labié, porté sur un tube infondibuliforme, légèrement coudé dans le milieu : la lèvre supérieure est échancrée en cœur; l'inférieure est à trois lobes égaux, obtus, dont les deux latéraux sont un peu abaissés. Les étamines sont incluses dans le tube, à filets très-courts, dont deux, répondant à la paroi supérieure du tube, s'insèrent un peu plus bas que les deux autres; les anthères sont noires, en fer de flèche, logées à la base de la portion coudée du tube de la corolle : le style s'élève jusqu'à la base des anthères; il est formé de deux branches soudées l'une à l'autre, et distinctes à leur sommet, qui se change en un stigmate fourchu, court et aigu : l'ovaire est supère, lisse et oblong.

Le fruit est une capsule comprimée à deux loges, et à deux valves qui s'ouvrent par le sommet et emportent chacune moitié de la cloison qui les unit, et à laquelle adhèrent le réceptacle et les graines.

Cette plante est d'un vert très-foncé : ses feuilles sont

rudes et cassantes; elles se teignent d'un bleu pourpré en se desséchant. J'ai trouvé quelques pieds de cette plante dans les champs de sorgho à Erment et près de Koum-Omboû, dans la haute Égypte; j'ai tiré son nom spécifique de celui de la ville d'*Hermonthis*, célèbre par ses monumens conservés encore au lieu dont le nom a peu changé.

Cette plante est commune dans les champs auprès de Philæ. Lippi l'avait trouvée autrefois en Nubie, près de Korti, dans un champ de dourah; il dit que les feuilles infusées dans l'eau lui communiquent une couleur violette, et que sa saveur est un peu salée. Les épis de fleurs sont très-élégans.

Explication de la planche 34, *figure* 3.

BUCHNERA *hermonthica*. *a*, la corolle entière; *b*, la même fendue sur le côté pour faire voir les étamines et le pistil; *c*, la capsule; *d*, valves séparées de la capsule; *e*, graines.

PLANCHE 35.

FIG. 1. SINAPIS ALLIONII.

SINAPIS Allionii. S. foliis pinnatifidis, dentatis, siliquis ovatis, mucrone angusto, valvularum ferè longitudine. ☉

SINAPIS Allionii. Murr., *Syst. veg. ed.* 14, pag. 602. — Jacq., *Hort. Vind.* 2, pag. 79, fig. 168. — Willden., *Spec.* 3, pag. 557. — Persoon, *Synops.* 2, pag. 208.

Cette plante s'élève à 6 décimètres (2 pieds), et se partage en rameaux à sa partie supérieure; ses feuilles sont pétiolées, longues d'un décimètre (4 pouces), très-minces, découpées en ailes à divisions profondes, dentées; les fleurs viennent en longue grappe terminale; les divisions des calices sont linéaires, ouvertes; les pétales sont entiers, ovales, à onglets très-déliés; les étamines ont leurs anthères sagittées; l'ovaire est cylindrique; le style est de même longueur que l'ovaire, et se termine par un stigmate en tête; la silique est ovoïde, longue d'un centimètre (4 lignes), terminée par un prolongement presque aussi long que les valves; les semences sont rougeâtres et comprimées.

La base de la tige et les pétioles des feuilles inférieures sont quelquefois garnis de poils blancs écartés; le reste de la plante est lisse. Les siliques sont unies à la surface, seulement veinées et un peu bosselées par la pression intérieure des graines. Le *raphanus turgidus* (Persoon, *Synops.* 2, pag. 209), que je rapportais, dans le tableau de la Flore d'Égypte, au *sinapis Allionii*, est distinct par les nervures saillantes de ses siliques et par ses feuilles.

Le *sinapis Allionii* est une des herbes les plus communes dans les champs de lin; il est rare que la graine de lin que l'on voit vendre en Égypte, ne contienne pas de graines de ce *sinapis*. Il m'a paru que c'étaient les feuilles de cette plante que l'on vendait au Kaire et dans les villages sous le nom de *qerilleh*, pour les manger comme une espèce de cresson.

Explication de la planche 35, *figure* 1.

SINAPIS *Allionii*. *a*, un pétale; *b*, la fleur sans les pétales; *c*, une étamine considérablement grossie.

PLANCHE 35.

Fig. 2. HESPERIS ACRIS.

HESPERIS acris. H. foliis ovatis, glabris, sinuato-dentatis; calicibus pedunculisque villosis; siliquis linearibus, erectis; valvulis nervo longitudinali medio depressis. ⊙

HESPERIS acris, foliis oblongo-ovatis, dentato-sinuatis, glabris, inferioribus petiolatis; petalis sub-rotundis obtusis. Forsk., *Descr.* pag. 118.

Cette plante est annuelle, haute de 5 décimètres (un pied et demi), glabre, à l'exception de ses calices et de ses pédicelles.

Sa tige et ses rameaux sont droits. Ses feuilles radicales sont ovales-arrondies, pétiolées, dentées ou crénelées; celles des rameaux sont oblongues, largement dentées. Les fleurs viennent en longue grappe droite, terminale; elles sont rose, portées sur des pédicelles hispides. Les calices ont leurs folioles linéaires, plus courtes que les onglets des pétales; deux de ces feuilles sont renflées en sac à la base; le limbe des pétales est entier et arrondi; les anthères des quatre plus grandes étamines s'élèvent hors de la fleur; les filets sont plats. Le pistil est égal en longueur aux onglets; il est composé d'un ovaire cylindrique et d'un stigmate sessile à deux lobes. Les siliques sont légèrement comprimées, linéaires, canelées longitudinalement sur chacune de leurs faces, et finement bosselées par les graines; elles sont longues de 4 centimètres (un pouce et demi), et s'ouvrent de la base au sommet: leur cloison est membraneuse, transparente, terminée par un prolongement pyramidal de 3 millimètres (une ligne) au-dessus des valves.

L'*hesperis acris* a l'odeur et la saveur du *brassica eruca*. J'ai trouvé cette plante en hiver dans le désert de la Qoubbeh, et à Mataryeh, près des ruines. Ses fleurs sont plus grandes que celles des autres crucifères sauvages des campagnes ou du désert; elles ressemblent beaucoup à celles de la julienne des jardins de France, ou *hesperis matronalis* LINN.

Explication de la planche 35, figure 2.

HESPERIS *acris*. *a*, le calice; *b*, les étamines et le pistil; *c*, un pétale; *d*, graines de grosseur naturelle; *e*, une graine grossie.

PLANCHE 35.

Fig. 3. LUNARIA PARVIFLORA.

LUNARIA parviflora. L. foliis crassiusculis, radicalibus ovatis crenatis, superioribus linearibus; racemis oppositifoliis; pedunculis fructiferis patentibus; siliquis ellipticis, planis, tumidiusculis. ☉

C'est une herbe annuelle, dont la racine est blanche, droite, simple, et produit seulement quelques radicules déliées. Ses tiges n'ont que 10 à 25 centimètres de longueur (3 pouces et demi à 8 pouces). Ses feuilles sont glabres et épaisses; les radicales ovales, crénelées, rétrécies en pétiole, longues de 4 à 6 centimètres (un pouce et demi à 2 pouces et demi). Les rameaux sont fourchus, lisses, cylindriques, peu feuillés; leurs feuilles moyennes et supérieures sont sessiles, linéaires, un peu obtuses, en gouttière, recourbées. Les fleurs n'ont que

5 millimètres de longueur (2 lignes); elles forment des grappes opposées aux feuilles supérieures : les pédicelles sont filiformes, courts et verticaux sous la fleur, horizontaux ou abaissés sous le fruit.

Le calice est droit, à quatre folioles égales, ovales-lancéolées; les pétales sont très-entiers, d'un blanc tirant un peu sur le rose; les étamines ont leurs filets aplatis et leurs anthères ovales-oblongues. Il y a quatre glandes au fond de la fleur, deux entre le calice et les filets des longues étamines, et deux entre l'ovaire et les filets les plus courts : l'ovaire est lancéolé; le stigmate s'élève un peu au-dessus des étamines. Le fruit est une silique elliptique, un peu renflée, longue de 12 millimètres (5 à 6 lignes), à deux valves légèrement concaves, à deux loges qui contiennent chacune de neuf à quinze graines insérées sur deux rangs près de la suture des valves et de la cloison. Ces graines sont plates, orbiculaires, échancrées en dehors, bordées d'une membrane; les fruits et la racine de cette plante ont une saveur âcre et une odeur de roquette, ou *brassica eruca*, que n'ont point les feuilles.

Cette plante fleurit au milieu de l'automne, dans le sable, aux environs de la pyramide à cinq étages de Saqqârah. Les Arabes me nommèrent cette plante *rechâd gebely*, c'est-à-dire, cresson du désert.

Explication de la planche 35, *figure* 3.

Lunaria *parviflora*. *a*, le calice; *b*, la fleur entière; *c*, un pétale; *d*, les étamines et le pistil; *e*, le pistil séparé; *f*, le fruit dont les valves sont écartées; *g*, disposition des graines dans leurs loges; elles y sont imbriquées sur deux rangs de bas en haut et de dehors en dedans; *h*, la cloison après la chute des graines; *i*, une graine; *k*, la même grossie.

PLANCHE 36.

Fig. 1. RAPHANUS RECURVATUS.

RAPHANUS recurvatus. R. foliis inferioribus runcinato-pinnatifidis, sub-lyratis, dentatis; floribus longè spicatis; pedicellis sub axillâ bracteolatis; siliquis arcuatis. ☉

RAPHANUS recurvatus. R. siliquis recurvatis, bilocularibus, striatis; foliis runcinato-pinnatifidis. Persoon, *Synops.* 2, p. 209.

RAPHANUS lyratus; siliquis teretibus, hispidis; foliis lyratis, caule basi procumbente. Forskal, *Descr.* pag. 119.

ENARTHROCARPUS arcuatus. E. foliis runcinatis; siliquis arcuatis, hispidis. La Billard., *Syr.* déc. 5, tab. 2.

RAPHANISTRUM creticum siliquâ incurvâ, villosâ. Tournef., *Cor.* 17.

ERUCA maritima, cretica, siliquâ articulatâ. *C. B. Prodr.* 40.

RAPHANISTRUM ægyptium siliquis singularibus in foliorum alis. Lippi, *Mss.*

  Variat. α. Siliquis hispidis.
   β. Siliquis glabris.

La racine est blanchâtre, annuelle, moins épaisse qu'une plume ordinaire; la tige se partage dès sa base en rameaux étalés, longs d'environ un pied, simples, ou produisant un ou deux rameaux secondaires. Les feuilles inférieures sont incisées en lyre, à lobes inégaux, dentés, distincts et un peu recourbés à la base; les feuilles supérieures sont sinueuses, dentées. Les fleurs viennent dans l'aisselle des feuilles de l'extrémité des rameaux, qui se transforment en longues grappes; les pédicelles sont très-courts, accompagnés d'une foliole dentée d'autant plus petite qu'elle se trouve plus à l'extrémité des grappes; le calice est à quatre feuilles linéaires, velues; les pétales sont jaunes, à limbe ovoïde entier, violets près de leur onglet, et veinés de cette couleur; les siliques cylindriques, comprimées ou ensiformes, arquées sur un de leurs bords : elles sont formées de pièces articulées, un peu fongueuses, qui se séparent dans leurs articulations en manière de vertèbres. Il se trouve à la base de la silique une suture articulaire, un peu saillante, au-dessous de laquelle la silique renferme d'une à trois graines ; cette base de la silique varie de longueur suivant le nombre de ses semences.

Toute cette plante est ordinairement hispide : elle produit dans les lieux humides et abrités des variétés presque glabres ; elle est, au contraire, très-velue dans le désert. Les siliques sont larges, et leurs articulations plus fortes lorsque la plante croît dans un bon terrain; elles sont plus grêles, à articulations rapprochées, nombreuses et arrondies, dans les lieux arides.

Cette plante croît à Alexandrie auprès des champs d'orge, entre le lac *Maréotis* et la mer; elle croît aussi dans les îles du Nil.

Explication de la planche 36, figure 1.

RAPHANUS *recurvatus*. *a*, fleur avec la foliole de sa base; *b*, pétale; *c*, étamines et pistil; *d*, calice renfermant le pistil.

PLANCHE 36.

Fig. 2. CLEOME DROSERIFOLIA.

CLEOME droserifolia. C. caule suffruticoso, ramosissimo, hispido; foliis bituminosis, orbiculatis, trinervis; floribus 4-andris. ♃

RORIDULA. Forskal, *Descr.* pag. 35.

Arbrisseau bas, rameux, touffu, dont le bois est blanc et l'écorce ridée; il est couvert dans toutes ses parties, excepté sur le milieu et à la base de ses tiges, de poils glanduleux à leur extrémité. Les rameaux terminaux sont grêles, tortueux, cassans; leurs feuilles sont alternes, orbiculaires-réniformes, larges de 9 à 12 millimètres (4 à 5 lignes), un peu pliées en dessus, à trois nervures saillantes en dessous. Leur pétiole est filiforme, long de 15 millimètres (6 lignes). Les fleurs garnissent le haut des rameaux; elles sont solitaires, pédonculées dans l'aisselle des feuilles : leur calice est à quatre feuilles droites lancéolées; la corolle est à quatre pétales, dont deux un peu plus courts et plus étroits, et deux un peu plus grands, en gouttière, avec une fossette près de leur base; les pétales sont jaunes; la base de la gouttière des deux plus grands est violette. Les étamines, au nombre de quatre, ont leurs filets cylindriques, velus à leur base, inégaux en longueur, terminés par de fortes anthères biloculaires, oblongues, en cœur. L'ovaire est supère, cylindrique, plus court que le calice. Le style est filiforme, plus long que les étamines, terminé par un stigmate arrondi en tête. Le fruit est une capsule ovoïde-aiguë, renflée, à deux valves concaves, renfermant des graines fort petites, d'un brun rougeâtre, lisses, réniformes-arquées, attachées par leur échancrure au bord intérieur du réceptacle filiforme qui unit les valves.

Cette plante croît dans les ravins du désert, entre le Nil et la mer Rouge : M. Berthe, officier d'artillerie, en a rapporté des échantillons du mont Ghâreb de la haute Égypte; je l'ai trouvée aux environs de Soueys.

Explication de la planche 36, *figure* 2.

Cleome *droserifolia*. *a*, le calice et les pétales représentés étalés avec le pistil; *b*, les étamines et le pistil; *c*, le fruit ouvert.

PLANCHE 37.

Fig. 1. SPARTIUM THEBAICUM.

Spartium thebaïcum. S. caule suffruticoso, pubescente, ramulis vetustis spinescentibus; foliis mollibus, oblongis, villosis, undulatis; spicis sparsis 2-3-floris; floribus remotis; fructu brevi turgido, ovato, 1-2-spermo.

Arbrisseau de 5 à 6 décimètres (un ou 2 pieds), très-rameux, en touffe à sa base, qui est épaissie par beaucoup de rameaux courts, desséchés, jaunâtres, amincis en pointe et comme épineux.

Les rameaux qui donnent quelque verdure à cette plante, sont grêles, cylindriques, finement striés, munis de feuilles simples, ovoïdes, alternes, pliées et ondulées : quelquefois elles n'ont que 2 millimètres (une ligne) et sont recourbées; les plus grandes ont environ un centimètre (près de 5 lignes) : elles sont velues comme les rameaux; les jeunes pousses sont un peu roussâtres. Les fleurs ne sont point serrées les unes contre les autres; elles viennent, ou à l'extrémité des longs rameaux, ou sur des rameaux latéraux fort courts : les pédoncules sont plus courts que la fleur, solitaires dans l'aisselle d'une feuille très-petite, garnis de deux appendices droits, aigus sous la fleur; le calice est à cinq divisions linéaires, aiguës, ciliées. La corolle dépasse peu le calice; sa longueur est d'environ 7 millimètres (3 lignes) : l'étendard est ovoïde, échancré au sommet, marqué de raies brunes, replié sur les ailes et sur la carène avant son épanouissement; les ailes sont oblongues et montantes; la carène est aiguë, courbée en croissant. Les étamines, au nombre de dix, sont réunies par leur base, autour de l'ovaire, en une gaîne fendue en dessus, partagée à son sommet en dix filets, dont cinq plus courts portent des anthères linéaires, tandis que les cinq autres plus longs portent des anthères globuleuses : l'ovaire est oblong, velu; le style redressé, plus long que les étamines : le stigmate est velu en pinceau. Le fruit est court, renflé, velu, ovoïde, terminé par le style filiforme, coudé, persistant; ce fruit contient une ou deux gaînes lisses, ovoïdes comprimées, dont le hile est échancré.

Cet arbrisseau croît au bord des chemins dans les environs de l'île de Philæ, et à Thèbes, entre Karnak et Louqsor. Sa fleur, jaune, rayée de brun, ressemble tout-à-fait à celle de l'*ononis*.

Explication de la planche 37, *figure* 1.

SPARTIUM *thebaïcum*. *a*, le calice, dont le pédicelle est garni de deux appendices; *b*, l'étendard, les ailes et la carène de la corolle, séparés; *c*, les étamines; *d*, le pistil; *e*, le fruit ouvert; *f*, une graine séparée.

PLANCHE 37.

Fig. 2, 2'. INDIGOFERA PAUCIFOLIA.

INDIGOFERA paucifolia. I. ramis cinereis erectis; foliis simplicibus vel ternatis; foliolis basi stipulatis, ovato-lanceolatis; spicis axillaribus folia superantibus; leguminibus sub-filiformibus, incurvis, acutis. ꝙ

Ce sous-arbrisseau est très-rameux et touffu à sa base, entrelacé de beaucoup de rameaux desséchés qui deviennent épineux; il est blanc comme l'*indigofera argentea* cultivé, mais élevé seulement de 4 décimètres (un pied 4 pouces). Les feuilles sont simples, lorsqu'il croît dans un terrain aride; elles deviennent ternées ou ailées à cinq folioles, lorsque la plante est arrosée : ces folioles sont ovales, alternes, longues d'un à 2 centimètres (5 à 9 lignes), pliées sur leur nervure moyenne, un peu recourbées en dessus, couvertes de poils blancs très-serrés, couchés à leur surface. La base des pétioles est garnie de deux stipules aiguës; les folioles sont alternes, articulées sur le pétiole, et sont chacune accompagnées d'une petite écaille stipulaire. Les fleurs viennent en épis dans les aisselles des feuilles : leur calice est urcéolé, fort petit, à cinq dents; l'étendard est ovale, rayé en devant, soyeux en dehors; les ailes sont rose, linéaires, échancrées à la base, concaves; la carène, échancrée en arrière, porte de chaque côté un éperon court, caché sous la base des ailes; les étamines sont diadelphes; l'ovaire est filiforme, soyeux. Les fruits sont cylindriques, subulés, aigus, arqués, longs de 15 millimètres (7 lignes), un peu étranglés à chacune de leurs cloisons, et renferment sept graines. J'ai cueilli cette plante en fleur et en fruit vers la pointe méridionale de l'île d'Éléphantine, au mois de septembre 1799.

Explication de la planche 37, *figures* 2, 2'.

INDIGOFERA *paucifolia*. *a*, parties détachées de la corolle; *b*, une fleur entière; *c*, étamines et pistil; *d*, fruit; *e*, *f*, graines séparées, considérablement grossies.

PLANCHE 37.

Fig. 3. PSORALEA PLICATA.

PSORALEA plicata. P. ramis verrucosis; foliis ternatis; foliolis oblongo-lanceolatis, plicatis, repandis; rachibus spicarum persistentibus. ♃

Cette plante est vivace, un peu ligneuse, à rameaux grêles, flexueux : l'écorce est jaunâtre à la base des tiges, striée, velue, et garnie de papilles glanduleuses sur les jeunes rameaux, dont la longueur est de 4 à 5 décimètres (15 à 20 pouces). Les feuilles sont ternées, munies de stipules aiguës; les folioles sont lancéolées, longues de 6 à 20 millimètres (3 à 9 lignes), plissées, un peu dentées sur leurs bords et frisées. Les fleurs sont petites, en épis très-peu garnis qui sortent des aisselles des feuilles et des rameaux : leur calice est campanulé, strié, à cinq dents, dont l'inférieure est la plus grande; l'étendard est blanc, ovoïde, obtus, plié en gouttière en dessous; les ailes sont linéaires, échancrées en arrière et capillaires à leur base; la carène est oblongue, concave, brune en devant; les étamines, au nombre de dix, sont diadelphes, à anthères globuleuses; l'ovaire est ovoïde, velu au sommet, et se termine par un style coudé, filiforme, et par un stigmate en tête. Le fruit est une gousse ovoïde, velue, cendrée, en partie cachée dans le calice, qui devient réfléchi; elle contient deux graines. Cette plante est très-odorante, d'un vert cendré; l'axe persistant de ses épis se transforme en épines sèches.

J'ai cueilli cette plante dans la haute Égypte au pied des montagnes, entre Qournah et Medynet-abou.

Explication de la planche 37, *figure* 3.

PSORALEA *plicata. a*, le calice; *b*, les parties séparées de la corolle; *c*, étamines et pistil; *d*, calice fructifère; *e*, gousse séparée du calice; *f*, feuille et stipules.

PLANCHE 38.

FIG. 1. DOLICHOS NILOTICA.

DOLICHOS nilotica. D. caule volubili, pubescente; pilis appressis, reflexis; foliis ovatis, acuminatis; spicis basi longiore nudis; leguminibus villosis, sub-cylindricis, pendulis, foliorum longitudine.

DOLICHOS sinensis, pedunculis racemosis, cirris nullis, foliolis ternatis, stipulatis ovato-lanceolatis. Forskal, *Descr.* pag. 132.

Tige grimpante, entortillée, s'élevant à 2 mètres (6 pieds); feuilles à trois folioles, ovales-lancéolées, acuminées, dont une terminale, plus longuement pédicellée que les deux latérales. Les folioles sont longues de 6 centimètres (2 pouces), velues sur leurs nervures, et paraissent glabres lorsqu'on ne les examine pas à la loupe. Le pétiole commun est beaucoup plus court que les folioles; il porte à sa base deux stipules aiguës fort petites. Les folioles sont accompagnées d'une écaille stipulaire sous-axillaire à leur articulation avec le pétiole commun; la foliole terminale, pareillement articulée sur un prolongement du pétiole, y est accompagnée de deux écailles stipulaires courtes.

Les fleurs sont d'un jaune verdâtre, et viennent en grappes droites dont les pédoncules sont beaucoup plus longs que les feuilles : ces pédoncules ne sont florifères qu'à leur sommet. Le calice est court, urcéolé, à cinq dents, dont les deux supérieures sont plus marquées. L'étendard est cunéiforme, élargi en cœur renversé, plié longitudinalement dans le milieu, veiné de lignes fines divergentes en éventail depuis sa base; il est canelé en gouttière par cette base rétrécie, aux côtés de laquelle se trouvent deux appendices ou replis épais, saillans en crochet en devant, et allongés en pointe vers le bas. Les ailes sont obliquement cunéiformes, et portent chacune en arrière une dent linéaire un peu relevée; la carène est arquée en croissant, rétrécie au sommet; les étamines sont diadelphes; les anthères petites, oblongues; l'ovaire est linéaire soyeux; le style est coudé, filiforme, barbu en dessus dans son tiers supérieur, et terminé par un stigmate oblique un peu en gouttière; les fruits sont des gousses pendantes, longues d'environ 6 centimètres (2 pouces), velues, fusiformes, un peu comprimées, aiguës, inégalement renflées par les graines au nombre de six ou environ; les valves sont brunâtres à l'extérieur et blanches intérieurement. Les graines sont brunâtres, quelquefois d'un vert-olive, panachées de noir; elles sont ovoïdes, un peu carrées et comprimées : leur hile est blanc, déprimé.

Le sommet des tiges, les pétioles et les pédoncules récens sont garnis de poils courts couchés.

Le *dolichos nilotica* croît entre les roseaux sur les bords du Nil, dans la basse Égypte, particulièrement auprès des villages de Berenbâl et de Metoubis; ses tiges sont annuelles. Je n'ai pu observer sa racine.

Explication de la planche 38, *figure* 1.

DOLICHOS *nilotica. a*, étamines et pistil dans le calice; *b*, étendard, ailes et carène de la corolle; *c*, graines.

PLANCHE 38.

Fig. 2. TRIGONELLA ANGUINA.

TRIGONELLA anguina. T. caule ramoso, prostrato; foliis cuneatis, crenatis; capitulis florum sessilibus; leguminibus linearibus, compressis, plicato-flexuosis. ⊙

Racine ferme, pivotante ; tiges couchées, étendues comme autant de rayons, glabres, cylindriques, partagées en rameaux alternes, longues d'un à 2 décimètres (4 à 8 pouces); feuilles alternes, à trois folioles cunéiformes, un peu en cœur, crénelées, garnies en dessous de quelques poils visibles à la loupe. Les stipules sont demi-sagittées, découpées en dents aiguës, fourchues, inégales; les pétioles sont demi-cylindriques, filiformes, deux à trois fois plus longs que les folioles. Les fleurs viennent en petites rosettes sessiles, ou presque sessiles, dans l'aisselle des pétioles : ces rosettes, de trois à six fleurs, ne sont accompagnées d'aucune pointe centrale. Les fleurs sont linéaires, étroites, d'un jaune très-pâle, longues de 4 millimètres (environ 2 lignes).

Le calice est campanulé, étroit, un peu velu en dehors, à cinq dents subulées, aiguës, presque égales, l'inférieure étant seulement un peu plus longue que les autres; l'étendard est ovale-linéaire, rabattu par les côtés sur les ailes qui sont très-fines, un peu courbées en dessus; la carène est linéaire, arrondie en devant; les étamines sont diadelphes, à anthères ovoïdes; l'ovaire est ovoïde, pubescent; le style capillaire.

Le fruit est linéaire, comprimé, flexueux, replié sur lui-même en zigzag. Je n'ai point trouvé de graines mûres; elles m'ont paru être au nombre de six ou environ dans les fruits.

J'ai cueilli cette plante dans la campagne, entre le vieux Kaire et le village de Baçâtyn, le 12 février 1799: elle répand tout-à-fait l'odeur du mélilot.

Explication de la planche 38, *figure* 2.

TRIGONELLA *anguina*. *a*, fleur; *b*, calice; *c*, étamines et pistil; *d*, parties séparées de la corolle; *e*, un fruit; *f*, feuille et stipules.
Ces détails sont plus grands que nature.

PLANCHE 38.

Fig. 3. DOLICHOS MEMNONIA.

DOLICHOS memnonia. D. caule volubili; ramis gracilibus, tomentosis, cinereis; foliis rotundatis; nervis subtùs prominulis, sericeis; floribus angustè-spicatis; vexillo lineato, venoso; leguminibus dispermis, compressis, sub-arcuatis. ♃

Tiges couchées, sarmenteuses, grêles, cylindriques, cotonneuses; feuilles pétiolées, longues de 4 centimètres (un pouce et demi), à folioles ternées, cunéiformes-arrondies, cotonneuses-cendrées, nerveuses en dessous. La foliole terminale est pédicellée un peu plus longuement que les latérales; les deux stipules de la base du pétiole commun sont très-petites, aiguës. Les fleurs viennent en épis deux ou trois fois plus longs que les feuilles, garnis de six à neuf fleurs lâches. La base de la grappe est nue : les fleurs ou les fruits en occupent les deux tiers supérieurs. Le calice est en tube à deux lèvres, la supérieure à deux dents peu profondes, l'inférieure à trois dents, dont la moyenne est la plus longue. L'étendard est ovale-renversé, légèrement émarginé, redressé en arrière, veiné longitudinalement, un peu en voûte à sa base, sur les côtés de laquelle il produit deux dents qui pressent entre elles les ailes et la carène; il est porté par un onglet canelé en dessous, qui loge le dixième filament libre des étamines. Les ailes sont linéaires, appliquées contre la carène, soutenues sur un onglet filiforme, garnies à leur bord supérieur d'une dent linéaire qui se dirige en arrière, et d'une autre dent beaucoup plus courte à leur bord inférieur. La carène est obtuse, de deux pièces unies en devant; les étamines sont diadelphes, à anthères globuleuses; l'ovaire est oblong, soyeux; le style est filiforme, de la longueur des étamines, courbé en dessus, terminé par un stigmate en petite tête. Les gousses sont comprimées, pendantes, un peu arquées, longues de 15 à 20 millimètres (6 à 9 lignes), cotonneuses, renfermant deux graines comprimées, presque elliptiques, dont le hile est fort petit : ces graines sont brillantes, noires, ou d'un vert jaunâtre.

Cette plante croît dans la haute Égypte, sur les limites du désert : on en trouve quelques pieds à Thèbes; elle est assez commune à Syène.

Explication de la planche 38, *figure* 3.

Dolichos *memnonia. a*, une fleur; *b*, étamines et pistil; *c*, calice; *d*, l'étendard, les ailes et la carène, séparés; *e*, fruit ouvert.

PLANCHE 39.

Fig. 1. HEDYSARUM PTOLEMAICUM.

Hedysarum ptolemaïcum. H. caulescens, foliis pinnatis 3-6-jugis villosis; spicis axillaribus alternis; leguminibus dispermis, orbicularibus, integris, sericeis, barbatis. ♃

Racine ligneuse, coriace, se déchirant facilement en fibres longitudinales : il en sort plusieurs tiges; celles du centre sont droites, et les autres médiocrement étalées. Toutes ces tiges sont cylindriques, poilues; leurs feuilles sont ailées à quatre et cinq paires de folioles, avec une impaire. Les folioles sont molles, ovoïdes, soyeuses en dessous; leurs pédicelles et leurs bords sont d'un rouge brun; les stipules sont aiguës, subulées; les fleurs naissent de l'aisselle des feuilles, en épis qui deviennent plus longs que ces feuilles. Les épis forment, avant de se développer, des têtes oblongues, soyeuses; l'axe des épis est beaucoup plus épais que les pétioles. Chacune des fleurs est accompagnée d'une bractée sous-axillaire, molle, subulée; le calice est velu, campanulé, coloré, à cinq dents aiguës presque égales; l'étendard de la corolle est ovale, redressé, un peu échancré au sommet, velu en dessus et sur les bords; les ailes, très-petites et tout-à-fait cachées dans le calice, sont demi-sagittées; la carène est composée de deux pièces finement onguiculées, échancrées en arrière et en dessus, réunies en devant en une seule pièce tronquée, obtuse. Les étamines sont diadelphes, cachées dans la carène; les anthères sont en bouclier, ovoïdes; le style est capillaire, de la longueur des étamines; l'ovaire en forme de rein, courbé en haut; le stigmate est simple en tête; la corolle, en se fanant, se contourne en spirale en dessous, tandis que le fruit se courbe en sens contraire en dessus. Le fruit est comprimé, longuement soyeux, orbiculaire, échancré en dessus, entier à sa circonférence, contenant deux graines.

Toute cette plante est couverte d'un duvet doux; ses fleurs sont jaunes, élégamment veinées de raies brunes. Elle croît dans les vallées du désert, sur la route du Kaire à Soueys, et commence à fleurir au milieu de l'hiver.

Cet *hedysarum* ressemble beaucoup à l'*hedysarum venosum* DESFONT. *Flor. atl.* 2, pag. 179, tab. 201, qui diffère par son fruit denté, et qui d'ailleurs n'est point une plante caulescente.

Explication de la planche 39, *figure* 1.

HEDYSARUM *ptolemaïcum. a*, le calice; *b*, l'étendard de la corolle; *c*, les ailes; *d*, la carène; *e*, les étamines; *f*, le pistil; *g*, le fruit.

PLANCHE 39.

Fig. 2. ASTRAGALUS LONGIFLORUS.

ASTRAGALUS longiflorus. A. stipulis caulinis lunatis; foliis 5-7-jugis; foliolis orbiculatis, tomentosis; calice fructifero inflato. ♃

OBSERVATIO. *Corollæ magnæ ochroleucæ.*

La racine est une souche ligneuse, environ de la grosseur du petit doigt, et qui produit plusieurs tiges rameuses médiocrement étalées, cotonneuses, un peu fléchies en zigzag à chacun de leurs nœuds. Les feuilles sont longues de 2 décimètres (8 pouces), ailées, à six et huit paires de folioles orbiculaires brièvement pédicellées; les stipules sont caulinaires, larges et très-courtes. Les fleurs forment des épis ovoïdes, axillaires; le calice est en tube, velu, renflé, à cinq dents aiguës, presque égales. La corolle est droite, à étendard elliptique, long de 3 centimètres (14 lignes), rétréci en onglet à la base, un peu redressé et replié en dessus par ses côtés avec une très-petite échancrure au sommet. Les ailes sont linéaires; la carène est un peu plus large et plus courte que les ailes. Les étamines sont monadelphes, à anthères ovoïdes. L'ovaire est pédicellé, lisse, ovoïde. Le fruit, que je n'ai point vu à maturité, est ovoïde, renflé, pédicellé dans le calice, considérablement agrandi.

J'ai cueilli cet *astragalus* sur le chemin du Kaire à Soueys, dans la vallée de l'Égarement.

Explication de la planche 39, *figure* 2.

Astragalus *longiflorus*. *a*, le calice; *b*, l'étendard déployé; *c*, une des ailes; *d*, la carène; *e*, étamines et pistil.

PLANCHE 39.

Fig. 3. ASTRAGALUS MAREOTICUS.

Astragalus mareoticus. A. caule prostrato, diffuso; foliolis ob-ovatis, emarginatis, hispidulis; spicis 3-4-floris; leguminibus hamoso arcuatis, sub-cylindricis, dorsi sulcati margine utroque obtuso, rudimento dissepimenti angustissimo, lineari. ☉

Plante herbacée, annuelle, dont les branches, au nombre de quatre à cinq, sont couchées, rayonnées en partant de la racine, longues d'environ 2 décimètres (7 pouces). Les feuilles sont molles, à huit et dix paires de folioles, avec une impaire. Les folioles sont ovales-renversées, cunéiformes, émarginées, poilues en dessous et sur les bords, pliées et glabres en dessus. Les feuilles sont longues de 4 centimètres (un pouce et demi), leurs folioles étant insérées par paires rapprochées jusqu'auprès de la base du pétiole commun. Les stipules sont aiguës, non attachées au pétiole. Les fleurs sont en tête dans l'aisselle des feuilles, portées sur un pédoncule commun, allongé sous les fruits, mais qui reste ordinairement plus court que les feuilles. Les fleurs sont au nombre de trois à quatre sur chaque tête ou épi, dans l'aisselle d'une bractée ciliée, aiguë, fort petite. Le calice est tubuleux, campanulé, à cinq dents aiguës plus courtes que le tube; il est garni de poils bruns. La corolle est de couleur lilas, de moitié plus longue que le calice. L'étendard, plié en dessous, embrasse les ailes et la carène. Le fruit est courbé en hameçon et quelquefois en anse presque fermée; il est linéaire-aigu, un peu prismatique, tranchant sur son bord concave, sillonné entre deux crêtes arrondies sur son bord convexe. Il se sépare en deux valves, dont la cloison, formée par le repli de la valve, ne s'élève qu'aux deux tiers de l'épaisseur du fruit sans le partager en deux loges complètes.

Cet astragale a beaucoup de rapports avec les *astragalus hamosus* et *trimestris;* il est plus petit que ces deux espèces. Son fruit diffère de celui de l'*astragalus trimes-*

tris, en ce que les deux crêtes qui sont séparées par le sillon dorsal, sont arrondies et non tranchantes. Il s'éloigne de l'*astragalus hamosus* par les valves, qui se séparent facilement l'une de l'autre, dont la cloison est incomplète, et qui n'ont qu'une portion très-étroite de cloison propre.

L'*astragalus mareoticus* croît auprès des anciennes carrières à Alexandrie, entre le lac *Maréotis* et la mer.

Explication de la planche 39, *figure* 3.

ASTRAGALUS *mareoticus*. *a*, le calice et le rudiment du fruit; *b*, rudiment du fruit hors du calice; *c*, une des valves du fruit mûr.

PLANCHE 40.

Fig. 1. DORYCNIUM ARGENTEUM.

DORYCNIUM argenteum. D. caule suffruticoso, diffuso; ramulis sericeis erectis; foliolis quinatis, sessilibus, lanceolatis, acutis. ♃

OBSERVATIO. *Species ad* lotum *revocanda; capitulis florum involucro suffultis; leguminibus interdum calice longioribus* 3-4-*spermis.*

DORYCNIUM argenteum alexandrinum. Lippi, *Mss.*

C'est un sous-arbrisseau blanc, soyeux et argenté. Ses tiges sont étalées, rameuses, longues de 2 décimètres (7 pouces et demi), à rameaux grêles et cylindriques; les feuilles sont sessiles, à cinq folioles lancéolées, aiguës, longues d'environ un centimètre (4 lignes); les fleurs sont ternées sur un pédoncule axillaire de la longueur des feuilles; les corolles sont jaunes, peu saillantes hors du calice; les étamines sont diadelphes; le style est filiforme, glabre; le fruit est une gousse ovoïde qui contient ordinairement deux semences sphériques : quelques gousses plus longues contiennent trois graines, et une quatrième avortée.

Cette plante est commune au cap des Figuiers à Alexandrie.

Explication de la planche 40, *figure* 1.

DORYCNIUM *argenteum. a*, la fleur entière ; *b*, parties séparées de la corolle ; *c*, le calice et le rudiment du fruit ; *d*, étamines et pistil grossis ; *e*, folioles quinées sur une portion de la tige.

PLANCHE 40.

Fig. 2. PICRIS SULPHUREA.

PICRIS sulphurea. P. foliis lanceolatis, hispidis, pauci-dentatis ; ramulis alternis unifloris. ☉

Variat. Caule erecto vel diffuso.

OBSERVATIO. *Semina disci et marginis conformia, transversìm rugosa ; pappo stipitato, plumoso.*

La racine est droite, pivotante, peu épaisse. Les feuilles radicales sont lancéolées, poilues, principalement en dessous, et ciliées, rétrécies en pétiole, bordées, de chaque côté, de trois à quatre dents courtes. Les tiges sont droites, rameuses, longues d'environ 2 décimètres (7 pouces) ; elles sont hispides, très-peu garnies de feuilles qui sont lancéolées, sessiles, dentées à l'aisselle des rameaux, entières et linéaires sur les rameaux terminaux. Les fleurs sont solitaires, longuement pétiolées ; leur calice est polyphylle, à plusieurs côtes. Les folioles du rang extérieur sont très-peu nombreuses, petites et ciliées. Le calice intérieur est formé de folioles égales, lancéolées, hérissées en dehors, canaliculées en dedans. La fleur est jaune-serin, d'un diamètre de 15 millimètres (6 à 7 lignes). Le calice s'accroît et ses feuilles se dressent et prennent de la roideur lorsque les graines mûrissent; il devient ovale, piriforme, et laisse voir le sommet des aigrettes qu'il tient resserrées et qui s'élèvent à la même hauteur que ses folioles. Le réceptacle est nu. Les graines du centre et de la circonférence sont pareilles, cylindriques, striées longitudinalement et chagrinées avec symétrie, rétrécies et acuminées sous l'aigrette, qui se détache d'elle-même de ce sommet, sur lequel elle paraît stipitée. L'aigrette se compose d'un grand nombre de soies plumeuses, qui sont de même longueur que la graine.

On trouve cette plante dans l'île de Gezyret el-Dahab, près du vieux Kaire.

Explication de la planche 40, figure 2.

Picris *sulphurea*. *a*, une fleur entière; *b*, le calice; *c*, un des demi-fleurons; *d*, une graine de grandeur naturelle; *e*, la même considérablement grossie.

PLANCHE 40.

Fig. 3. PICRIS LYRATA.

Picris lyrata. P. foliis radicalibus oblongis pinnatifido-incisis, vel grandi-dentatis, sub-lyratis; ramis hispidulis, alternis, unifloris; calicibus fructiferis costatis, hispidis. ⊙

OBSERVATIO. *In* picride lyratâ *et* picride pilosâ *pappus est sessilis, plumosus, seminum centralium longus, et marginalium brevissimus.*

HIERACIUM ægyptium hirsutius, asplenii divisurâ, succo sulphureo. Lippi, *Mss.*

HELMINTHOTHECA hispidosa, asplenioïdes, succo sulphureo.

Vaill., *Act. Paris.* ann. 1721, pag. 206, *et Herb. Vaill. Quod synonymum Linneus ad* picridem asplenioïdem *transtulit. Picris verò asplenioïdes planta est prorsus diversa, staturâ et facie tragapogonis Dalecampii.*

Variat. Major, foliis ramorum pinnatifidis.

Feuilles radicales, étalées en rosette, lancéolées, profondément incisées, à lobes transversaux qui représentent des dents plus ou moins profondes, simples ou inégalement surdentées. Les tiges sont un peu ascendantes, lorsqu'elles sortent plusieurs ensemble du milieu de la rosette des feuilles radicales ; ces tiges se partagent en un petit nombre de rameaux alternes ; une feuille sessile, lancéolée ou pinnatifide, est placée sous l'aisselle de chaque rameau ; les fleurs terminent solitairement chaque rameau, qui devient, par son sommet, un long pédoncule garni de deux ou trois folioles aiguës, imbriquées, très-petites.

Le calice est double : l'extérieur est composé de folioles courtes, inégales ; l'intérieur consiste en un rang de folioles lancéolées, aiguës, hispides en dehors. Les fleurons sont jaunes, à cinq dents. Les graines sont de deux sortes : celles de la circonférence, cylindriques, un peu filiformes, arquées, persistantes, logées par leur face convexe dans la canelure des feuilles calicinales ; ces graines se terminent par une houppe barbue, très-courte : les graines centrales sont ovoïdes-renversées, un peu en massue, à cinq sillons longitudinaux, et finement ridées ou chagrinées en travers ; une aigrette blanche, plumeuse, termine ces graines. Cette plante est hispide dans toutes ses parties, sur ses tiges et sur les faces supérieure et inférieure de ses feuilles. Le calice, après la chute des graines centrales du réceptacle, persiste et se réfléchit avec les graines de la circonférence, qu'il retient dans la canelure de ses folioles.

Le port et la grandeur de cette plante varient; elle s'élève d'un décimètre et demi à 3 décimètres (5 pouces et demi à 11 pouces), et ses feuilles radicales varient de 6 à 15 centimètres (2 pouces et demi à 6 pouces).

Cette plante croît sur la côte à Alexandrie et aux environs de Rosette, dans les champs sablonneux du côté du désert. Lippi rapporte que le suc de cette plante est jaunâtre.

Explication de la planche 40, *figure* 3.

PICRIS *lyrata*. *a*, un des demi-fleurons; *b*, feuilles calicinales et graine de la circonférence de la fleur; *c*, graine du centre de la fleur.

Ces détails sont représentés plus grands que nature.

PLANCHE 41.

Fig. 1. PICRIS PILOSA.

PICRIS pilosa. P. foliis oblongis dentatis, radicalibus sub-integris; caule piloso; floribus solitariis, alternis, longè-pedunculosis. ☉

Cette plante a beaucoup de rapports avec la précédente; elle est de la même taille; ses tiges se partagent de la même manière en rameaux fourchus avec une feuille sessile demi-embrassante sous l'aisselle de ses rameaux.

Les feuilles radicales sont lancéolées, bordées d'un petit nombre de dents courtes, aiguës. Les fleurs, longuement pédonculées, terminent les rameaux : le calice extérieur consiste en un petit nombre de folioles étroites, très-ouvertes ou réfléchies; les folioles du calice intérieur sont longuement hispides. Les graines sont semblables à celles du *picris lyrata* : les unes étroites autour du réceptacle, arquées, terminées par une houppe de poils, et persistantes avec le calice; les autres, au centre du réceptacle, sont ovoïdes-renversées, moins arquées, très-finement striées. Toute cette plante est hérissée de poils longs, transversaux sur toute la longueur de sa tige et jusque sur les pédoncules et les calices des fleurs.

Elle croît à Alexandrie, dans les anciennes carrières, autour des champs d'orge, et au cap des Figuiers.

Explication de la planche 41, *figure* 1.

PICRIS *pilosa*. *a*, coupe verticale du calice avec les graines persistantes à la circonférence du réceptacle; *b*, une feuille du calice; *c*, demi-fleuron épanoui; *d*, demi-fleuron non épanoui; *e*, une graine grossie; *f*, une feuille du calice, et graine persistante avec cette feuille autour du réceptacle.

PLANCHE 41.

Fig. 2. PICRIS ALTISSIMA.

PICRIS. altissima. P. caule ramoso, erecto; foliis radicalibus sinuato-dentatis, oblongis, superioribus linearibus, acutis; pilis hamatis; floribus lateralibus sessilibus, aut pedunculatis terminalibus. ☉

OBSERVATIO. *Semina disci marginisque conformia, pappo sessili plumoso, deciduo. Seminum marginalium pappus tantummodò brevior, nec persistens ut in picride lyratâ et in picride pilosâ.*

HIERACIUM ægyptium, gigas. Lippi, *Mss.*
HELMINTHOTHECA ægyptiaca, endiviæ folio, ovariis nigricantibus. Vaill., *Act. Paris.* ann. 1721, pag. 206.

Feuilles radicales lancéolées, sinueuses, à dents courtes, rarement aiguës, médiocrement garnies de poils; tige droite, simple à sa base, très-rameuse et paniculée en se bifurquant. Ses rameaux ne sont accompagnés de feuilles que sous leurs points de partage, où ces feuilles sont sessiles, lancéolées-linéaires. Les fleurs sont terminales, solitaires, la plupart longuement pédonculées : quelques fleurs sont sessiles dans la fourche des rameaux terminaux, et au côté supérieur de quelques-uns de ces rameaux. Leur calice extérieur est composé de six à huit folioles linéaires, lâches, très-petites; le calice intérieur consiste en un rang de douze à quatorze folioles lancéolées, hispides en dehors, et qui, lorsque les graines mûrissent, deviennent saillantes, en manière de côtes, par leur base. Les graines sont d'un brun noirâtre, ovoïdes un peu arquées, rétrécies en pointe à chacune de leurs extrémités, principalement par le sommet, rugueuses et plissées transversalement à la surface; ces graines se terminent par une aigrette plumeuse, longue de 5 millimètres (un peu plus de 2 lignes) : les graines de la circonférence du réceptacle, contiguës au calice, et persistantes dans la canelure de ses folioles, sont semblables à celles du centre de la fleur, seulement un peu plus arquées et terminées par une aigrette de moitié moins longue. Toutes les parties de cette plante sont rudes au toucher, et hérissées de poils crochus en double hameçon par leur sommet. Cette plante croît autour des champs cultivés, dans les îles sèches et sablonneuses du Nil, et fleurit au commencement de l'été.

Ce *picris* diffère des deux précédens, en ce que ses

graines contiguës au calice et persistantes ont leurs aigrettes caduques comme les graines centrales, tandis que les aigrettes des graines de la circonférence des fleurs ne sont point caduques dans les *picris lyrata* et *pilosa*.

Explication de la planche 41, *figure* 2.

PICRIS *altissima*. *a*, un demi-fleuron; *b*, une des graines du centre de la fleur; *c*, une graine de la circonférence du réceptacle, dont l'aigrette est détachée; *d*, graine de la circonférence du réceptacle, logée dans la gouttière d'une des feuilles du calice; *e*, portion de la tige vue à la loupe.

PLANCHE 42.

Fig. 1. CREPIS HISPIDULA.

CREPIS hispidula. C. foliis lanceolatis, sinuatis, dentatis, hispidulis; dentibus acutis; scapis erectis suprà glabris, infrà villosis, raró bifloris. ☉

OBSERVATIO. *Semina subulato-ovata, sulcata, rugosa; pappus stipitatus, plumosus, setulis lateralibus caducis.*

Toutes les feuilles sont radicales, lancéolées, sinueuses, dentées, longues de 8 à 12 centimètres (3 pouces à 4 pouces et demi), presque glabres, un peu ciliées, velues principalement sur leur nervure moyenne en dessus et en dessous. Les tiges sont un peu ascendantes, hautes de 15 à 25 centimètres (6 à 9 pouces), glabres supérieurement, velues à leur base: ces tiges sont ordinairement de véritables hampes simples, grêles, un peu fermes, uniflores; quelques tiges plus fortes sont partagées en deux rameaux ou pédoncules uniflores. Il n'y a point de feuilles, mais seulement une écaille très-courte et un peu de duvet cotonneux au point de séparation du sommet de la tige. Les hampes, presque tout-à-fait nues, ne portent qu'une ou deux petites écailles sétacées, distantes, au-dessous de la fleur. Le calice est formé d'écailles imbriquées, dont les plus petites sont inférieures, étroites et hispides; il consiste intérieurement en folioles lancéolées, longues de 10 millimètres (4 lignes et demie) et glabres: les demi-fleurons ont le double de la longueur du calice. Le réceptacle n'est point écailleux. Les graines sont oblongues, étroites, striées et chagrinées à la surface: leur aigrette est stipitée sur un support égal en longueur au corps de la graine; cette aigrette est composée de huit à dix soies plumeuses, dont les barbes latérales caduques laissent ensuite les soies simples, denticulées.

Les folioles inférieures du calice ne sont point creusées en gouttière en dedans, ni saillantes en côte par dehors, comme dans les *picris* décrits plus haut.

Cette plante croît sur le bord des chemins, dans la campagne, entre le village de Baçâtyn et le vieux Kaire.

Explication de la planche 42, figure 1.

CREPIS *hispidula*. *a*, coupe verticale du calice; *b*, demi-fleuron; *c*, graine; *d*, graine considérablement grossie; *e*, soies de la graine qui restent dentées après la chute de leurs barbes latérales.

PLANCHE 42.

Fig. 2. CREPIS SENECIOIDES.

CREPIS senecioïdes. C. foliis radicalibus oblongis, ob-ovatis, angustè dentatis, ciliolatis; caule humili, ramoso; ramis lateralibus 3–5–floris; calice cylindrico, nervis denticulatis, hispidis; pappo longè stipitato. ⊙

Les feuilles de cette plante sont presque uniquement radicales, ovales-oblongues, rétrécies en pétiole, dentées, à dents aiguës et finement ciliées; ces feuilles sont longues de 5 centimètres (2 pouces). Les tiges s'élèvent à 11 centimètres (4 pouces) : la plupart ne se divisent qu'à leur sommet en petits corymbes de trois à huit fleurs; les pédoncules de ces corymbes sont accompagnés sous leur aisselle de folioles sétacées; quelques tiges se ramifient peu au-dessus de leur base, et portent une ou deux feuilles laciniées sous l'aisselle de leurs rameaux, dont chacun se termine en petits corymbes semblables à ceux des tiges qui sont simples. Le calice est double : l'extérieur est d'environ cinq folioles presque sétacée, hispides, denticulées sur le dos; le calice intérieur est de huit folioles linéaires, membraneuses sur les bords, portant extérieurement une double nervure longitudinale, brune, hispide, denticulée. Les demi-fleurons dépassent peu le calice, qui grandit, se resserre, devient cylindrique et long de 8 millimètres (3 lignes et demie), en pressant les graines dont les aigrettes forment une houppe courte, terminale. Les graines sont ovoïdes, striées et finement chagrinées; leur aigrette est composée de soies denticulées : cette aigrette est courte, n'ayant qu'un millimètre et demi (trois quarts de ligne) de hauteur, tandis qu'elle est stipitée sur un prolongement grêle, long de 5 millimètres (2 lignes).

Cette plante croît au bord des chemins sablonneux, près du Kaire.

Explication de la planche 42, figure 2.

Crepis senecioïdes. *a*, calice fructifère considérablement grossi ; *b*, graine beaucoup plus grosse que nature.

PLANCHE 42.

Fig. 3. SANTOLINA FRAGRANTISSIMA.

Santolina fragrantissima. S. floribus corymbosis ; foliis ovatis, crenulatis. Vahl, *Symb. bot.* 1, pag. 70. ⚥

Observatio. *Species leviter conjuncta cum santolinis genuinis ; distincta calice angusto, oblongo.*

Santolina fragrantissima, corymbis fastigiatis ; caule fruticoso ; foliis ovatis, serratis, sessilibus. Forskal, *Descr.* p. 147.

Coma-aurea memphitica, agerati folio. Lippi, *Mss. et Herb. Vaill.*

Tige étalée, en buisson, ligneuse, partagée en rameaux droits, cylindriques, cotonneux, et qui s'élèvent à 4 et 5 décimètres (un pied et demi) ; les rameaux supérieurs sont alternes, nombreux, effilés, terminés par de petits corymbes de fleurs jaunes. Les feuilles sont sessiles, ovales-linéaires, blanches et cotonneuses sur les nouvelles pousses, finement dentées en scie avec beaucoup de régularité ; leur longueur est de 6 à 15 millimètres (3 à 7 lignes) : les plus petites sont couchées sur les rameaux corymbifères. Les fleurs sont verticales, ternées au sommet des pédoncules en corymbe ; les boutons de fleur sont glanduleux, blancs et cotonneux. Les calices deviennent oblongs lorsqu'ils s'épanouissent ; ils sont formés de feuilles lancéolées, imbriquées, un peu convexes.

Tous les fleurons sont hermaphrodites ; le réceptacle est garni de paillettes conformes aux feuilles intérieures du calice, et cotonneuses à leur sommet. Les corolles sont cylindriques ; elles ne dépassent le calice que par leur limbe. Le stigmate est bifide, peu élevé au-dessus des anthères ; les graines sont striées, glabres, ovales, tronquées au sommet.

Cette plante est commune dans le désert de Soueys ; elle a l'odeur de la camomille, *anthemis nobilis*, mais beaucoup plus forte. Ses fleurs sèches se trouvent chez tous les droguistes du Kaire, qui les nomment *bâbouneg* ou *qeysoun*.

Explication de la planche 42, *figure* 3.

SANTOLINA *fragrantissima*. *a*, une fleur entière ; *b*, fleuron et paillette du réceptacle ; *c*, fleuron dont la corolle est fendue au-dessus de l'ovaire, et écartée du pistil et des étamines ; *d*, la graine.

PLANCHE 43.

Fig. 1. ARTEMISIA MONOSPERMA.

ARTEMISIA monosperma. A. caule paniculato fruticoso, inodoro ; foliis glabris, pinnatifidis ; laciniis linearibus acutis ; ramis floriferis pyramidatis ; calicibus tuberculatis ; receptaculis decemfloris, monospermis. ♃

Sous-arbrisseau rameux, paniculé, haut de 6 décimètres (2 pieds), glabre et d'un vert foncé. Ses feuilles sont pinnatifides, à découpures linéaires, étroites, aiguës. On ne trouve ces feuilles que sur de jeunes rameaux tendres et herbacés. Les rameaux ligneux ne portent que de très-petites feuilles linéaires, bifides ou trifides, quelquefois réunies en paquets, pliées et canaliculées en dessus; les fleurs sont nombreuses, en paniculcs pyramidales, dont les rameaux sont un peu divariqués, presque horizontaux. Les fleurs sont ovoïdes, longues d'un peu plus de 3 millimètres (une ligne et demie), tournées d'un seul côté; la plupart brièvement pédicellées, accompagnées de deux petites bractées. Le calice est imbriqué, à folioles arrondies, saillantes en manière de petits tubercules, qui se dépriment dans les calices fructifères. Chaque fleur contient environ dix fleurons tubuleux, hermaphrodites, de la longueur du calice, et deux fleurons femelles à styles filiformes, bifides, dont la corolle est petite et avortée; un seul de ces demi-fleurons est fécondé et séminifère dans chaque fleur. La graine est brune, lisse, ovoïde-arrondie.

Cette plante est toute entière inodore; elle ressemble à l'*artemisia crithmifolia* LINN., qui est plus forte, à calices allongés et à feuilles plus larges. L'*artemisia paniculata* LAMARCK *Dict.* diffère par ses feuilles sétacées-linéaires, ses panicules droites, non étalées, et par ses calices à folioles non renflées en tubercule.

Cette plante croît dans la vallée de l'Égarement, où elle fleurit pendant l'hiver; elle a été trouvée par M. Redouté sur le chemin de Terrâneh aux lacs de Natroun.

Explication de la planche 43, figure 1.

ARTEMISIA *monosperma*. *a*, une fleur entière, grossie; *b*, demi-fleuron femelle; *c*, fleuron; *d*, graines; *e*, graine grossie.

PLANCHE 43.

Fig. 2. ARTEMISIA INCULTA.

Artemisia inculta. A. caule suffruticoso; ramulis tomentosis, incanis; foliis bipinnatifidis, laciniis angustè linearibus; paniculis thyrsoïdeis; floribus approximatis, sessilibus, oblongis, quadri-flosculosis. ꝗ

Tige basse, ligneuse, étalée. Rameaux anciens, épais d'environ 4 millimètres (2 lignes), longs de 10 à 15 millimètres (4 à 5 pouces), dont le bois est jaunâtre pâle, et l'écorce d'un brun clair, se déchirant et se soulevant d'elle-même en lames crevassées, fibreuses; jeunes rameaux droits, touffus, blancs et cotonneux. Feuilles cendrées, doublement pinnatifides, longues de 15 à 20 millimètres (6 à 9 lignes), larges de 8 millimètres (3 lignes et demie), à découpures linéaires très-étroites, simples en pétiole dans la moitié inférieure de leur longueur.

Fleurs brunes, sessiles, oblongues, serrées en panicule courte, thyrsoïde. Les calices ont environ douze folioles imbriquées, dont les extérieures sont très-courtes, arrondies, cotonneuses, et les intérieures linéaires, brunes, membraneuses, brillantes : ces calices sont étroits, longs de 3 millimètres (une ligne et demie); ils contiennent quatre fleurons à corolle campanulée, un peu en grelot, rétrécie par la base; le style de ces fleurons est bifide, cylindrique : les étamines ont leurs anthères sagittées, acuminées.

J'ai trouvé cette plante en fleur, pendant l'hiver, dans

la partie élevée de la vallée de l'Égarement, du côté des sources de Gandely : les branches de cette plante étaient nouvelles sur des tiges qui avaient été broutées par les troupeaux des Arabes; ce qui pouvait avoir fait croître les fleurs en panicules plus rétrécies.

Explication de la planche 43, figure 2.

ARTEMISIA *inculta. a*, une fleur entière; *b*, un fleuron; *c*, pistil; *d*, une des étamines.

PLANCHE 43.

Fig. 3. ARTEMISIA JUDAICA.

ARTEMISIA judaïca. A. ramis frutescentibus, paniculatis, cinereo-tomentosis; foliis inferioribus bipinnatifidis, in petiolum attenuatis, superioribus numerosis sessilibus 3-5-fidis, laciniis angustis ob-ovatis; floribus hemisphæricis, paniculato-racemosis, sub-pedicellatis. ♃

ARTEMISIA judaïca. A. foliis caulinis minutis, ob-ovatis, palmatis, obtusis, planis, tomentosis. Linné, *Mant.* 111 et 281. — Willden., *Spec.* 3, pag. 1816.

ARTEMISIA tota cinerea. Gronov., *Flor. Orient.* p. 106, n°. 259.

Absinthium santonicum, SCHEHA arabum. Rauwolf, *It.* part. 3, cap. 22, pag. 456, *et tab. ultimâ.*

Dubia planta SCHIHE. Hasselq., *It.* pag. 473, *ubi descript. inaccurata, omninò delenda.*

SCHIACH foliis pinnato-divisis, tomentosis, fragrantibus. Forskal, *Descr.* pag. 198.

SCHIHH, herbe très-amère, dont on se sert en médecine. Niebuhr, *Description de l'Arabie*, préface, pag. XXXV.

ABSINTHIUM breve memphiticum, folio tenui niveo, floribus niveis, ex quo pulvis contra conficitur. Lippi, *Mss.*

Sous-arbrisseau qui répand une odeur d'absinthe et de tanaisie extrêmement pénétrante, dont les feuilles et les rameaux sont couverts d'un duvet très-court, d'une couleur cendrée, blanchâtre.

Cette plante s'élève de 3 à 6 décimètres (un ou 2 pieds). Sa racine est épaisse, jaunâtre intérieurement; elle se déchire au-dehors en fibres coriaces. Les rameaux sont nombreux, droits, alternes : les inférieurs plus longs, ouverts, presque horizontaux; les supérieurs plus courts par degrés, en panicules pyramidales. Les feuilles sont communément sessiles, pinnatifides, à trois et à cinq lobes étroits, ovales-renversés, longues de 5 à 6 millimètres (une ligne et demie à 3 lignes).

Les fleurs sont jaunes, globuleuses-déprimées, larges de 3 millimètres (environ une ligne et demie), et contiennent plus de vingt fleurons à corolles campanulées, infondibuliformes, parmi lesquels se trouvent environ trois demi-fleurons dont les corolles sont linéaires-tronquées, et les styles épaissis, bifides.

Ces fleurs sont souvent pédicellées, solitaires ou groupées en petites grappes dans les aisselles des feuilles, le long du sommet des rameaux ; elles forment, par leur nombre, des panicules qui varient beaucoup, suivant les lieux plus ou moins arides dans lesquels on rencontre cette plante. Il n'est aucune plante qui soit plus connue des Arabes, dans le désert de Soueys; elle est commune chez tous les droguistes égyptiens : elle conserve son odeur étant sèche.

Rauwolf et Lippi ont indiqué cette plante pour être celle qui donne le *semen contra vermes* des pharmacies; mais elle en est évidemment différente.

Explication de la planche 43, *figure* 3.

ARTEMISIA *judaïca. a*, une fleur entière; *b*, fleur dont le réceptacle, presque entièrement dégarni, présente un demi-fleuron, à corolle étroite, entre deux fleurons campanulés, hermaphrodites.

PLANCHE 44.

FIG. 1. GNAPHALIUM PULVINATUM.

GNAPHALIUM pulvinatum. G. caulibus prostratis, radiantibus, lanuginosis, foliis spathulatis; floribus terminalibus, globoso-aggregatis; calicibus rectis, acutis, flosculos paulò superantibus. ☉

Tiges nombreuses, couchées, grêles, cylindriques, cotonneuses, étendues en manière de rayons, longues de 10 à 15 centimètres (5 à 5 pouces), souvent divisées en rameaux alternes, étalés. Feuilles en spatule, longues de 10 à 20 millimètres (4 à 8 lignes), lanugineuses, ovales à leur extrémité, acuminées par leur nervure moyenne. Fleurs enveloppées de duvet cotonneux, petites, n'ayant que 4 millimètres (un peu plus d'une ligne) de longueur, agglomérées en têtes globuleuses qui terminent les rameaux. Les folioles calicinales intérieures sont droites, un peu pliées en gouttière, plus longues que les fleurons, médiocrement aiguës, scarieuses, un peu roussâtres à leur sommet : les calices renferment quatre ou cinq fleurons hermaphrodites, entourés d'un grand nombre de fleurons femelles déliés comme une soie, à stigmates bifides. Les semences sont lisses, ovoïdes, portant des aigrettes caduques, composées de six à huit soies sur les fleurons femelles, et de trois à quatre soies seulement sur les fleurons hermaphrodites du centre.

Cette plante est une des plus communes, au printemps et en été, sur les terres basses qui ont été inondées.

Explication de la planche 44, *figure* 1.

GNAPHALIUM *pulvinatum*. *a*, une fleur séparée des têtes terminales ; *b*, foliole intérieure du calice ; *c*, fleuron femelle ; *d*, fleuron hermaphrodite. Ces détails sont beaucoup plus grands que nature.

PLANCHE 44.

Fig. 2. GNAPHALIUM SPATHULATUM.

GNAPHALIUM spathulatum. G. caulibus ramosis, sub-erectis; foliis lanuginosis, ob-ovatis, spathulatis, nervo medio mucronulatis; floribus terminalibus spicato-aggregatis; foliolis calicinis acutiusculis, flosculos sub-æquantibus. ☉

GNAPHALIUM spathulatum. Lamarck, *Dict. encycl.* 2, p. 758, n°. 5, et Desfont., *Hort. Paris.*

Tiges plus ou moins nombreuses, un peu étalées, rameuses, longues de 15 à 25 centimètres (6 à 10 pouces). Feuilles en spatule, lanugineuses, principalement sur les bords et en dessous, mucronées par leur nervure moyenne. Fleurs en épis composés, feuillés à leur base, un peu pyramidaux et en forme de grappe, terminant les tiges et leurs rameaux; calices presque globuleux : folioles extérieures petites, cotonneuses; les intérieures presque glabres, à sommet un peu rouillé, ovoïde, pointillé, s'élevant presque au niveau des fleurons. Il y a dans le centre de la fleur quatre ou cinq fleurons épais, tubulés, entourés d'un grand nombre de fleurons grêles femelles; les graines des uns et des autres sont ovoïdes, très-petites, couronnées de soies caduques.

Cette plante est commune dans les plaines basses de limon du Nil desséchées.

Explication de la planche 44, figure 2.

GNAPHALIUM *spathulatum. a*, une fleur entière pour montrer la longueur relative des folioles calicinales et des fleurons; *b*, calice à folioles étendues en rayons après la chute des fleurons; *c*, fleuron central à corolle tubuleuse, épaisse, hermaphrodite; *d*, fleuron grêle femelle de la circonférence; *e*, graine dont les soies sont naturellement tombées.

Ces détails sont représentés beaucoup plus grands que nature.

PLANCHE 44.

Fig. 3. GNAPHALIUM CRISPATULUM.

GNAPHALIUM crispatulum. G. caulibus diffusis, flexuosis; foliis spathulatis, angustis, undulatis; floribus capitato-spicatis; ramulis floralibus sub-corymbosis; foliolis calicinis interioribus apice lacteis, radiantibus. ⊙

Tiges rameuses, étalées, blanches, cotonneuses, un peu flexueuses, longues d'environ 20 centimètres (8 pouces), garnies de feuilles ovales-renversées, étroites, peu étalées, cotonneuses, légèrement ondulées, longues de 15 millimètres (7 lignes), très-brièvement mucronées.

Fleurs terminales, en épis courts rapprochés en corymbe; calice lanugineux, à folioles intérieures presque glabres, linéaires-obtuses, blanches et étalées par leur sommet, plus longues que les fleurons, et devenant roussâtres après la chute des graines. Il y a cinq fleurons hermaphrodites au centre de beaucoup de demi-fleurons grêles : les aigrettes sont caduques; les semences fines, lisses, ovoïdes.

J'ai cueilli cette plante dans les îles du Nil.

Explication de la planche 44, *figure* 3.

GNAPHALIUM *crispatulum*. *a*, une fleur entière; *b*, calice étalé, à folioles rayonnées après la chute des graines; *c*, fleuron hermaphrodite; *d*, fleuron femelle; *e*, graine.

Ces détails sont représentés grossis, vus à la loupe.

PLANCHE 45.

Fig. 1. ANTHEMIS MELAMPODINA.

ANTHEMIS melampodina. A. caule tomentoso, diffuso; foliis pinnatifidis, laciniis linearibus simplicibus aut trifidis; radiis ovatis, calice tomentoso longioribus; pappo seminum ligulato, membranaceo. ☉

Variat. α. Arenaria, humilior, incana; laciniis foliorum obtusis.

β. Campestris, pubescens, elatior; laciniis foliorum longis, angustis, acutis.

Sa racine est pivotante, peu rameuse; ses tiges sont étalées, cylindriques, cotonneuses, longues de 15 à 30 centimètres (6 pouces à un pied), partagées en nombreux rameaux ascendans.

Les feuilles sont pinnatifides, cotonneuses, cendrées, à découpures linéaires, simples ou trifides, un peu ovoïdes à leurs extrémités; les pédoncules sont simples, terminaux.

Les fleurs sont jaunes dans le disque, et pourvues de larges rayons blancs; elles ont de 2 à 3 centimètres de largeur (9 lignes à un pouce). Le calice est demi-sphérique, déprimé, formé de deux rangs de folioles : les unes, extérieures, un peu plus courtes, plus étroites; les intérieures linéaires-obtuses, brunes et membraneuses au sommet. Le réceptacle est conique, garni de paillettes scarieuses de la longueur des fleurons.

Les graines du disque et des rayons sont semblables, pyramidales-renversées, cylindriques, longues de 2 millimètres (environ une ligne), terminées à leur sommet, sur la moitié de leur circonférence, par une membrane ligulée, demi-tubuleuse, insérée du côté qui regarde le centre du réceptacle : cette membrane est tronquée, déchirée, à dents mousses, sur les graines de la partie inférieure et moyenne du réceptacle; elle est aiguë sur les graines des fleurons terminaux. La base des fleurons est épaissie en un renflement dur, globuleux, sur le sommet de la graine; les rayons n'offrent point ce renflement à la base de leur corolle.

Cette plante est commune, au mois de février, dans les plaines incultes de Birket el-Hâggy.

J'en trouvai une seule fois un pied dans une des îles sablonneuses du Nil, où le sol humide avait tout-à-fait changé le port de la plante devenue beaucoup plus grande, peu cotonneuse, et dont les feuilles s'étaient beaucoup allongées et rétrécies.

Explication de la planche 45, figure 1.

ANTHEMIS *melampodina*. *a*, réceptacle grossi, montrant l'insertion des graines et des paillettes; *b*, un des rayons détaché; *c*, graine de la partie inférieure du réceptacle; *d*, fleuron accompagné d'une paillette; *e*, une graine avec un fleuron persistant à son sommet; *f*, fleuron épaissi à sa base, détaché de dessus la graine; *g*, *h*, *i*, rayon, fleuron et graine de grandeur naturelle, tous les autres détails étant représentés grossis.

PLANCHE 45.

Fig. 2. INULA CRISPA.

INULA crispa. I. caule paniculato, gracili; foliis semi-amplexi-caulibus, dentatis, crispis; radiis brevissimis, recurvis; flosculis 4-fidis; pappo setoso, deciduo; setis basi in annulum coalitis, apice plumoso-penicillatis. ⊙ ♂

> OBSERVATIO. *Pappus plumoso-penicillatus occurrit in rhantherio* Desf. *Atl.* 2, tab. 240, *et in synantheris nonnullis, de quibus agitur apud* Gærtn. *Fruct.* 2, pag. 409 *et seq.*

JACOBÆA niliaca, tomentosa, foliis angustissimis, crispis, exilior. Lippi, *Mss.*

HELENIUM ægyptiacum tomentosum et incanum, bellidioïdis foliis crispis. Vaill., *Act. Paris.* 1720, pag. 304, n°. 24.

ASTER crispus; radio disco breviore; caule tomentoso; foliis linearibus serrato-crispis. Forskal, *Descr.* pag. 150.

INULA crispa. *Hort. Paris.*, *et* Persoon, *Synops.* 2, pag. 450, n°. 8, *excluso synonymo inulæ gnaphalodis.*

Les tiges en buisson, partagées en nombreux rameaux un peu fermes, grêles, s'élèvent de 3 à 6 décimètres (un à 2 pieds). Les tiges nouvelles et encore tendres sont très-blanches, cotonneuses, garnies de feuilles linéaires, irrégulièrement dentées, un peu crispées, obtuses : les radicales sont ovales-oblongues, rétrécies en pétiole; toutes les autres feuilles sont sessiles, demi-amplexicaules, et diminuent de grandeur jusqu'au sommet des rameaux, en devenant aiguës.

Les rameaux se terminent en pédoncules très-grêles, et s'écartent en panicules sur lesquelles les feuilles sont très-petites, frisées, aiguës et couchées.

Le calice est demi-sphérique, à folioles imbriquées,

linéaires-subulées, aiguës, finement ciliées étant vues à la loupe. Les fleurs ont de 8 à 11 millimètres de large (3 lignes et demie à 5 lignes). Les rayons, très-courts, sont linéaires, recourbés, à trois dents; les fleurons sont tubulés, à quatre dents; les graines, ovoïdes, fort petites, portent une aigrette caduque, longue de 3 millimètres (une ligne et un tiers), composée de dix à treize soies denticulées, plumeuses seulement à leur sommet, qui forme une petite touffe en pinceau : ces soies sont réunies à leur base en une couronne qui emporte les soies adhérentes.

Cette plante croît sur les limites du désert auprès des pyramides, et y forme des touffes qui m'ont paru vivaces; j'en ai trouvé quelques pieds herbacés dans les îles sablonneuses du Nil, en été : elle est très-peu odorante.

Explication de la planche 45, figure 2.

INULA *crispa*. *a*, le calice, dont une portion est enlevée pour montrer le réceptacle nu; *b*, rayon ou demi-fleuron; *c*, fleuron; *d*, aigrette séparée de la graine.
Ces détails sont représentés grossis.

PLANCHE 45.

Fig. 3. SENECIO BELBEYSIUS.

SENECIO belbeysius. S. foliis inferioribus petiolatis crenatis, superioribus dentatis incisis; caule ramoso; calicibus flosculosis, intactis, cylindraceo-globosis, parcè corymbosis; seminibus compressis, glabris, coronatis urceolo dilatato sub-stipitato setigero, setis deciduis. ☉

Racine droite, pivotante, donnant naissance à plusieurs tiges en faisceau, dont les extérieures sont courbées à la base, remontantes. Feuilles radicales ovales-pétiolées : les premières plus petites, entières ou crénelées; les suivantes sinueuses, découpées. Les tiges s'élèvent de 2 à 4 décimètres (8 à 15 pouces); elles portent des feuilles un peu pinnatifides, et se séparent en un petit nombre de rameaux verticaux en corymbe : les feuilles insérées à la naissance de ces rameaux sont amplexicaules, découpées, dentées, quelquefois auriculées. Les fleurs sont terminales, pédonculées, alternes, par petits bouquets d'environ trois fleurs; leurs pédoncules portent une ou deux petites écailles subulées, aiguës, et naissent de l'aisselle d'une semblable écaille : quelques boutons de fleurs presque sessiles se rencontrent aussi à la base des pédoncules. Les calices sont cylindriques, formés d'un rang supérieur de folioles linéaires-aiguës, et garnis à la base de petites écailles aiguës semblables à celles des pédoncules. Les corolles dépassent peu le calice; elles sont jaunes, et passent au brun violet par degrés. Les graines sont noires, lisses, ovoïdes-comprimées, couronnées par une cupule ou membrane en godet, d'où partent des soies denticulées, caduques, de même longueur que les fleurons.

Ce seneçon ressemble beaucoup au *senecio arabicus;* mais il en diffère par sa taille beaucoup plus petite, ses fleurs moins nombreuses, plus grosses, et surtout par ses graines lisses, terminées en un godet porté sur un court étranglement.

J'ai cueilli cette plante dans des champs humides, près de la ville de Belbeys.

Explication de la planche 45, *figure* 3.

Senecio *belbeysius*. *a*, une fleur entière; *b*, calice, dont une portion est enlevée pour montrer le réceptacle nu; *c*, fleuron entier; *d*, graine dont l'aigrette soyeuse est tombée.

Ces détails sont beaucoup plus grands que nature.

planche 46.

Fig. 1. INULA UNDULATA.

Inula undulata. I. foliis amplexicaulibus, cordato-lanceolatis, undulatis. Linné, *Mant.* 115. — Willden., *Spec.* 3, pag. 2092. Persoon, *Synops.* 1, pag. 450. — Lamarck, *Dict. encyclopédique*, tom. 3, pag. 406, n°. 7. ☉ ♂

Observatio. *Semina in hâc specie coronantur pappo duplici : altero exteriori, membranaceo, brevissimo, persistente, urceolato, lacero; altero interiori, 12-15-setoso, setis denticulatis, deciduis. Congener est omninò* pulicaria *illustrata à* Gærtn. *Fruct.* tab. 173.

Aster ægyptius, foliis integris undulatis et crispis, suaveolens. Lippi, *Mss.*

Helenium ægyptiacum, tomentosum et incanum polii folio. Vaill., *Act. Paris.* 1720, pag. 305, n°. 25.

Variat. Foliis planiusculis, dentato-laceris.
Inula incisa. Lamarck, *Dict.* 3, pag. 256, n°. 8.

Cette plante porte des tiges rameuses, hautes de 15 à 30 centimètres (6 pouces à un pied), cylindriques, cotonneuses.

Les feuilles radicales, qu'on ne voit que sur les plus jeunes tiges, sont ovales, rétrécies en pétiole, découpées sur les bords en dents aiguës, déchirées, ondulées. Les feuilles, plus courtes et plus rapprochées sur les tiges anciennes, sont oblongues, amplexicaules, sinueuses et frisées; les rameaux se terminent en pédoncules uniflores, garnis de quelques folioles couchées.

Les fleurs varient de 12 à 18 millimètres de large (5 à 8 lignes); leurs rayons sont linéaires, beaucoup moins remarquables dans les fleurs tardives des anciennes tiges que sur les premières fleurs; les graines sont cylindriques, presque glabres et très-peu striées, terminées par une collerette scarieuse, denticulée, persistante, au-dedans de laquelle sont insérées douze à quinze soies caduques formant l'aigrette. Ces graines sont tout-à-fait conformes à celles des *inula pulicaria, arabica,* et *dysenterica,* dont Gærtner, *Fruct.,* tom. 2, pag. 461, tab. 173, fig. 7, a fait le genre *pulicaria,* fondé sur la présence d'une collerette ou cupule extérieure à la base de l'aigrette caduque.

L'*inula undulata* croît dans les déserts de Soucys; c'est une herbe cotonneuse, qui répand une odeur aromatique très-forte, comme celle de menthe et de citron. Cette plante varie beaucoup par la sécheresse ou l'humidité: je l'ai trouvée à tige tendre et à feuilles ovales, dentées, dans quelques ravins; elle produisait des rameaux durs, à feuilles courtes, imbriquées, crépues, dans les plaines désertes.

Explication de la planche 46, *figure* 1.

INULA *undulata. a,* un des rayons; *b,* fleuron du disque; *c,* fleuron fendu et ouvert pour montrer les anthères; *d,* anthères réunies; *e,* une anthère détachée; *f,* graine.

Ces derniers détails sont beaucoup plus grands que nature.

PLANCHE 46.

Fig. 2. CHRYSOCOMA CANDICANS.

CHRYSOCOMA candicans. C. caule suffrutescente, diffuso; foliis linearibus, margine replicatis, sericeo-pubescentibus; floribus paniculatis, confertis, 5-9-flosculosis. ♃

>OBSERVATIO. *Calix cylindricus, imbricatus squamis apice coloratis. Receptaculum punctatum nec foveolatum. Discrepat hæc species à chrysocomis genuinis, quarum receptaculum alveolatum depinxit* Gærtn. *Fruct.* 2, tab. 166.

Sous-arbrisseau couché par sa base, produisant des rameaux velus aux aisselles des feuilles, quelquefois blancs et soyeux, un peu visqueux à leur extrémité; ces rameaux sont garnis de feuilles linéaires, pubescentes, repliées en dessous par les bords, longues de 25 millimètres (un pouce et demi), ayant à leur aisselle d'autres petites feuilles en paquet.

Les fleurs sont paniculées, terminales, en bouquets de trois à cinq, sessiles ou portées sur de courts pédicelles recouverts de folioles lâches imbriquées; elles sont cylindriques, un peu turbinées, longues de 8 millimètres (3 lignes et demie). Le calice est imbriqué de folioles linéaires, un peu épaissies et verdâtres à leur sommet, dont les extérieures sont fort courtes; les fleurs se composent de cinq à neuf fleurons hermaphrodites, en tube, à cinq dents; le réceptacle est nu, sans fossettes, un peu tuberculé; les graines sont oblongues, couvertes de poils couchés, terminées par une aigrette de soies nombreuses, rousses, denticulées, inégales, et la plupart de même longueur que le tube des fleurons.

J'ai cueilli cette plante en fleur pendant l'été, à Alexandrie, entre les pierres, près des murailles; je n'en ai vu que quelques pieds : elle répand une odeur bitumineuse.

Explication de la planche 46, figure 2.

CHRYSOCOMA *candicans.* a, une fleur entière; b, fleuron séparé; c, fleuron fendu pour montrer les étamines.

PLANCHE 46.

Fig. 3. CHRYSOCOMA SPINOSA.

CHRYSOCOMA spinosa. C. caule frutescente, erecto; ramulis scabriusculis; foliis subulatis, pinnatifidis, spinosis, superioribus hastato-bispinosis amplexicaulibus. ♃

OBSERVATIO. *Calix cylindricus apice coloratus; receptaculum alveolato-dentatum; semina ovato-turbinata, striata, coronata pappo rufo, multiseto, denticulato.*

CHRYSOCOMA mucronata foliis teretibus, mucronatis. Forskal, *Descr.* pag. 147.

STÆHELINA spinosa. S. fruticosa; foliis subulatis, spinescentibus, basi spinulâ utrinque. Vahl, *Symb. bot.* 1, pag. 69. — Willden., *Spec.* 3, pag. 1785. — Persoon, *Synops.* pag. 391, n°. 10.

CONYZA pungens. C. foliis tricuspidatis, subulatis, pungentibus; caule paniculato, angulato, scabro. Lamarck, *Dict.* 2, pag. 86, n°. 21. — Willden., 3, p. 1932. — Persoon, *Synops.* 2, pag. 427.

CONYZA memphitica, juniperi folio tricuspidi, sæpius auriculato, floribus aureis. Lippi, *Mss.* — Vaill., *Act. Paris.* 1719, pag. 301.

C'est un sous-arbrisseau droit, à feuilles épineuses, dont les nouvelles pousses sont bitumineuses et odorantes; sa racine est épaisse, recouverte près de la tige par une écorce molle, blanchâtre; la tige principale est courte; ses rameaux sont verticaux, divisés, hauts de 3 à 4 décimètres (un peu plus d'un pied). Les feuilles sont rudes, cylindriques, subulées, pinnatifides, à dents courtes, piquantes, peu nombreuses : plusieurs feuilles sont longues de 4 centimètres (un pouce et demi), et garnissent la base des rameaux; celles du sommet sont très-courtes, écartées, hastées ou auriculées, à deux pointes amplexicaules; les pédoncules sont terminaux, uniflores, un peu divariqués en corymbe, garnis de quelques écailles aiguës. Les fleurs sont d'un jaune pâle, longues de 8 millimètres (4 lignes), à calice oblong, cylindrique, formé d'écailles imbriquées, ovales-lancéolées, mucronées, vertes ou violettes au sommet. Le réceptacle est divisé en petits alvéoles membraneux à quatre dents, et contient huit à treize fleurons. Les graines sont ovoïdes-turbinées, hispides, à plusieurs côtes ou stries; les soies des aigrettes sont rousses, inégales, nombreuses, dentées en scie.

On rencontre fréquemment des buissons de cette plante dans les vallées du désert, sur la route du Kaire à Soueys; les fleurs paraissent en hiver et au printemps.

Explication de la planche 46, figure 3.

CHRYSOCOMA *spinosa*. *a*, une fleur sur son pédoncule; *b*, corolle d'un fleuron, fendue et étalée, considérablement grossie; *c*, style et stigmate; *d*, graine, et fleuron persistant.

PLANCHE 47.

Fig. 1. BALSAMITA TRIDENTATA.

BALSAMITA tridentata. B. caule glabro, palmari, ramoso, erecto; foliis linearibus, apice integris aut dentato-trilobis, inferioribus oppositis; pedunculis terminalibus unifloris. ☉

> OBSERVATIO. *Pappus seminum dimidiatus ligulatus, interior est, seu centrum receptaculi spectat, ut in balsamitis aliis pappo ligulato donatis. Sola balsamita vulgaris (tanacetum balsamita* Linn.) *pappo instruitur brevissimo, annulato, nec in ligulam producto.*

Ses tiges sont droites, herbacées, hautes de 10 à 15 centimètres (4 à 6 pouces); elles produisent, de l'aisselle de leurs feuilles, des rameaux solitaires, alternes, terminés en pédoncules verticaux.

Les feuilles sont glabres, linéaires, charnues, longues de 27 millimètres (environ un pouce), simples ou découpées en deux ou trois dents à leur extrémité. Les feuilles inférieures sont opposées.

Les fleurs terminent de longs pédoncules ou des rameaux simples sur lesquels les feuilles sont alternes. Le calice est demi-sphérique, aplati, formé d'écailles oblongues, obtuses, imbriquées, dont les intérieures sont membraneuses sur les bords et au sommet. Le réceptacle est nu, conique-globuleux, pointillé par de petites élévations; il est garni de fleurons uniformes, à cinq dents, dans lesquels les étamines et les stigmates sont renfermés. Les graines sont ovoïdes-renversées, finement striées, un peu arquées, longues d'un millimètre (une demi-ligne), couronnées d'une aigrette membraneuse, tubulée, un peu en entonnoir dans son tiers inférieur, en languette et courbée du côté qui répond vers le centre du réceptacle, légèrement déchirée au sommet, et de même longueur que le tube de la corolle persistante.

Cette plante croît au printemps près d'Alexandrie, aux environs de la colonne de Pompée et du lac *Maréotis*.

Explication de la planche 47, figure 1.

BALSAMITA *tridentata*. Le calice et le réceptacle de la fleur, avec un seul fleuron écarté, mais placé dans sa direction naturelle par rapport au réceptacle.

PLANCHE 47.

FIG. 2. FILAGO MAREOTICA.

FILAGO mareotica. F. caule pumilo, erecto; ramis dichotomis; floribus minutis, unilateralibus, imbricatis, longitudine foliorum. ☉

Tige droite, ferme, partagée en rameaux dichotomes, hauts de 3 à 5 centimètres (un à 2 pouces). La tige et les rameaux sont garnis de feuilles imbriquées, ovales-linéaires, longues de 3 millimètres (une ligne et demie).

Les fleurs sont unilatérales au côté interne des rameaux, solitaires et sessiles les unes au-dessus des autres dans l'aisselle d'une feuille principale et de deux feuilles latérales qui leur servent d'involucre. Le calice consiste en feuilles imbriquées, cotonneuses à la base, lisses et aiguës au sommet; ces folioles sont alternes sur un réceptacle en colonne, et chacune d'elles recouvre un demi-fleuron femelle capillaire à graine ovoïde, fertile; le sommet du réceptacle contient trois à quatre fleurons stériles, caducs, à corolles épaisses, tubuleuses. Il n'y a aucune aigrette, ni sur les ovaires des fleurons femelles fertiles, ni sur ceux avortés des fleurons terminaux.

Cette plante croît auprès des anciennes carrières d'Alexandrie et du lac *Maréotis*.

Explication de la planche 47, *figure* 2.

FILAGO *mareotica*. *a*, une fleur entière accompagnée des feuilles qui lui servent d'involucre; *b*, fleur dans laquelle les écailles du calice sont écartées; *c*, coupe verticale de la fleur et du réceptacle; *d*, demi-fleuron à graines fertiles; *e*, fleuron hermaphrodite stérile; *f*, graine.

Ces détails sont considérablement grossis.

PLANCHE 47.

Fig. 3. ANTHEMIS INDURATA.

ANTHEMIS indurata. A. caule diffuso pubescente; foliis planis, linearibus, pinnatifidis, nonnullis trilobis; receptaculo conico, paleis flosculos æquantibus; seminibus apice depressis, margine tenui elevato dentato coronatis. ⊙

Les tiges sont étalées, glabres à leur base, cylindriques et de même épaisseur que la racine, qui est perpendiculaire, un peu flexueuse, annuelle.

Les feuilles sont pinnatifides, longues d'environ 27 millimètres (un pouce), entières ou dentées à leur base, à divisions linéaires et trilobées au-dessus de la base, qui leur sert de pétiole.

Les fleurs sont terminales sur des pédoncules un peu épaissis, pubescens; le calice est demi-globuleux, large d'un centimètre (4 lignes), à folioles imbriquées, dont les intérieures se terminent en membranes blanches, scarieuses; les rayons sont blancs, ovales, émarginés;

le réceptacle est étroitement conique, garni de paillettes lancéolées, dont les inférieures sont un peu planes, déchirées, et les supérieures en carène, membraneuses sur les bords, émarginées avec une pointe : les fleurons sont tubuleux, infondibuliformes, plus longs que les paillettes; leur corolle est persistante, épaissie par la base en un corps durci, globuleux : les graines sont turbinées, cendrées, obtusément anguleuses, hautes de 2 millimètres (environ une ligne), sans aigrette, terminées au sommet par un bord relevé, tranchant, denticulé.

Le renflement solide de la base des fleurons s'articule sur le sommet creusé des graines; ce renflement n'existe point dans les demi-fleurons.

Cette plante croît au cap des Figuiers à Alexandrie : ses tiges sont longues de 15 centimètres (6 pouces); la sécheresse les rend quelquefois tout-à-fait naines.

Explication de la planche 47, figure 3.

ANTHEMIS *indurata*. *a*, coupe verticale d'une fleur; *b*, paillette du réceptacle, et fleuron; *c*, rayon; *d*, graine; *e*, section longitudinale d'un fleuron, et de sa base renflée qui s'articule sur la graine.

PLANCHE 47.

Fig. 4. COTULA CINEREA.

COTULA cinerea. C. caule cinereo, tomentoso, diffuso; foliis pinnatifidis; laciniis linearibus; floribus globosis, pedunculatis, terminalibus. ☉

OBSERVATIO. *Flos discoïdeus corollulis quadri-dentatis, sed flosculi marginales feminei nulli.*

Tiges touffues, sous-ligneuses et couchées à la base, produisant un grand nombre de rameaux redressés et rapprochés en boule, longs de 15 centimètres (6 pouces), cotonneux, très-divisés, garnis de feuilles linéaires pinnatifides, longues de 2 centimètres (9 lignes).

Les fleurs sont globuleuses, terminales, portées sur des pédoncules striés lorsque la plante est fraîche, garnies inférieurement de quelques feuilles; le calice est hémisphérique, composé de folioles linéaires, presque égales, cotonneuses. Le réceptacle est nu et demi-sphérique, garni de fleurons uniformes, tubulés, hermaphrodites, à quatre dents; les semences sont nues, ovoïdes, de couleur gris-de-lin, sans aigrette ni membranes.

Toutes les parties de cette plante sont couvertes d'un duvet blanchâtre, et répandent une odeur d'absinthe.

Cette plante est rameuse et touffue au mois de mars, dans la plaine sablonneuse des pyramides de Gyzeh et de Saqqârah; elle paraît, à l'entrée de l'hiver, comme une très-petite herbe, qui commence à fleurir sur le sable presque aussitôt qu'elle a germé.

Explication de la planche 47, figure 4.

COTULA *cinerea*. *a*, coupe verticale d'une fleur; *b*, calice et réceptacle; *c*, fleuron; *d*, graine.

PLANCHE 48.

Fig. 1. CARTHAMUS MAREOTICUS.

CARTHAMUS mareoticus. C. caule basi frutescente, diffuso; foliis angustè-lanccolatis spinosis, margine dentato-aculeatis; squamis calicinis obtusis, mucronatis, ciliato-laceratis; pappo seminum plumoso, deciduo. ♃

Ce sous-arbrisseau forme un buisson bas, étalé, arrondi, et que ses feuilles rendent épineux de toutes parts. Son écorce est molle et crevassée près de la racine: son bois est d'un blanc jaunâtre; l'épiderme des vieux rameaux se détache en une membrane blanche, un peu lisse. Les rameaux sont grêles, roides, alternes, très-ouverts au haut des tiges, blanchâtres, striés, glabres ou un peu lanugineux. Les feuilles sont sessiles, lancéolées, longues de 3 à 5 centimètres (un à 2 pouces), roides, pliées en gouttière en dessus, à trois nervures en dessous, dont deux latérales, faibles, peu apparentes : ces feuilles sont aiguillonnées à trois et quatre dents sur chacun de leurs bords, et terminées en épine très-aiguë. Les fleurs sont terminales, solitaires, presque globuleuses, épaisses de 12 millimètres (environ 6 lignes), placées dans un involucre de feuilles pareilles à celles des rameaux. Le calice est à plusieurs rangs d'écailles membraneuses, denticulées à leur sommet, brillantes intérieurement; les écailles extérieures sont onguiformes, mucronées, et les intérieures linéaires-obtuses. Le réceptacle est couvert de soies plates, brillantes, très-serrées. Les fleurons sont de couleur jaunâtre pâle, hermaphrodites, tubuleux, filiformes par la base; les graines sont ovoïdes-turbinées, aigrettées, légèrement tétragones, hautes de 3 à 10 millimètres (une ligne et demie à 2 lignes), d'un blanc sale, et tachetées de points brunâtres. L'aigrette de ces graines est composée de poils généralement un peu plus longs que le corps des graines, inégaux, plumeux-denticulés et caducs; la base des graines est tronquée obliquement par le hile.

Cette plante croît sur la côte à Alexandrie, entre l'ancien lac *Maréotis* et la mer, et fleurit principalement à la fin d'avril.

Explication de la planche 48, figure 1.

CARTHAMUS mareoticus. *a*, fleuron et paillettes soyeuses détachées du réceptacle; *b*, corolle fendue en deux portions pour faire voir les étamines et le style; *c*, graine.

Ces détails sont beaucoup plus grands que nature.

PLANCHE 48.

Fig. 2. BUPHTHALMUM PRATENSE.

BUPHTHALMUM pratense. B. caule erecto, hispido; ramis strictis, corymbosis: foliis radicalibus pinnatifidis lobatis, caulinis semi-amplexicaulibus ob-ovatis dentatis, summis linearibus appressis; floribus globosis; corollulis marginalibus tubulosis nec ligulatis. ☉

OBSERVATIO. *Planta herbacea annua buphthalmi congener; floribus, inter ramos proliferos, sessilibus pedunculatisque, aut terminalibus, sed absque radiis ligulatis.*

BUPHTHALMUM pratense. B. calicibus acutè-foliosis; foliis alternis, cuneiformibus, incisis, hirtis. Vahl, *Symb. bot.* 1, p. 75. — Willden., *Spec. plant.* 3, pag. 2232. — Persoon, *Synops.* 2, pag. 474.

CERUANA pratensis. Forskal, *Flor. Ægypt.* pag. LXXIV; — *Descr.* pag. 153.

BACCHARIS ægyptia, senecionis folio. Lippi, *Mss.* — Vaill., *Act. Paris.* 1719, pag. 314, n°. 6. — *Herb. Vaill.*

La racine est pivotante, ligneuse. La tige est droite, quelquefois simple, le plus souvent accompagnée de plusieurs tiges arquées près de la racine et remontantes: les tiges varient de 3 à 5 décimètres (depuis un pied jusqu'à environ 2 pieds) de hauteur; elles sont velues, cylindriques, fermes, coriaces. Les feuilles inférieures sont pinnatifides, lobées, rétrécies en pétiole; les moyennes, demi-amplexicaules, dentées, ovales-renversées; les supérieures, étroites, dentées ou entières, appliquées contre les rameaux. Les tiges se divisent, par étages, en corymbes peu fournis. Les rameaux portent un peu au-dessus de leur point de partage une fleur sessile, contre laquelle il en naît une seconde pédonculée. Les fleurs naissent ensuite sessiles ou brièvement pédonculées, opposées à quelques-unes des feuilles, le long des rameaux, et deviennent aussi tout-à-fait terminales.

Chaque fleur est globuleuse-déprimée, accompagnée de trois à cinq bractées ou feuilles extérieures, vertes, entières; le calice est cylindrique, étranglé au sommet, formé d'un double rang d'écailles lancéolées presque égales, hautes de 4 millimètres (2 lignes). Le réceptacle est plane, garni de paillettes linéaires; il porte à sa circonférence deux rangs de fleurons femelles, dont la corolle est filiforme en tube à trois dents, hors desquelles sort un stigmate grêle, bifide. Les fleurons hermaphrodites remplissent le centre de la fleur; leur corolle est évasée en entonnoir à cinq dents; leur style est bifide, plus court et plus épais que celui des fleurons femelles, et renfermé dans la corolle avec les étamines.

Le calice persistant resserre les graines cunéiformes, comprimées, un peu tétragones et couronnées par une membrane déchirée en soies courtes, inégales; les écailles qui séparent ces graines sont ciliées, déchirées sur leurs bords à leur sommet.

Les feuilles sont velues, et répandent une odeur de pomme de reinette, lorsqu'on les froisse.

Cette plante est ferme et se plie sans se déchirer ni se briser; on en fait des balais; elle croît sur les bords desséchés, un peu escarpés, du Nil, et sur les îles sablonneuses; elle est fort commune près de Gyzeh et de Boulâq, en février.

Explication de la planche 48, figure 2.

BUPHTHALMUM *pratense*. *a*, fleur; *b*, coupe verticale du calice et du réceptacle; *c*, fleuron hermaphrodite, à cinq dents (les anthères et les stigmates sont représentés à côté de la fleur); *d*, fleuron femelle; *e*, graine.

PLANCHE 48.

Fig. 3. ANACYCLUS ALEXANDRINUS.

ANACYCLUS alexandrinus. A. foliis duplicato-pinnatifidis; laciniis linearibus acutis; floribus supra radicem sessilibus solitariis aut glomeratis; caulibus circumfusis, floriferis; seminum exteriorum margine membranaceo dentato, lacero. ☉

ANACYCLUS alexandrinus. A. foliis bipinnatis; foliolis linearibus, planis; caule prostrato; floribus axillaribus sub-sessilibus, terminali pedunculato. Willden., *Spec.* 3, pag. 2173.

Tiges couchées, rayonnantes au-dessous d'une ou de plusieurs fleurs sessiles au centre de la plante.

Les feuilles sont doublement pinnatifides, longues d'environ 4 centimètres (un pouce et demi), à découpures aiguës, linéaires-étroites. Les tiges se terminent en pédoncules uniflores, élargis en massue; un petit nombre de fleurs sont alternes, sessiles ou brièvement pédonculées. Le calice est plus cotonneux que le reste de la plante : il se compose d'un petit nombre d'écailles courtes, aiguës, auxquelles succèdent les écailles du réceptacle, plus larges, cunéiformes, acuminées et presque trilobées, concaves, velues et courbées à leur sommet; elles sont appliquées contre des fleurons tubulés, à cinq dents, tous hermaphrodites au centre et vers l'extérieur de la fleur. Le tube des fleurons extérieurs est plus court; leur graine est en cœur renversé, comprimée, membraneuse, denticulée et comme déchirée sur les bords et à son sommet, déprimée sous l'insertion du tube du fleuron, et dépourvue, du côté calicinal ou extérieur, de dentelures qui forment un demi-anneau du côté tourné vers le réceptacle.

Les graines du centre sont cunéiformes, étroites, un peu trigones, ou comprimées à deux tranchans avec une ligne relevée sur leur face extérieure; elles sont tronquées ou échancrées à leur sommet, qui est nu ou denté.

Cette plante croît à Alexandrie, dans les prairies auprès des carrières, au mois de mai.

Explication de la planche 48, *figure* 3.

ANACYCLUS *alexandrinus*. *a*, section verticale d'une fleur; *b*, fleuron et écaille du sommet du réceptacle; *c*, fleuron et écaille de la circonférence; *d*, l'un des fleurons de la circonférence, fendu pour montrer les étamines et le pistil; *e*, graine et fleuron persistant du centre; *f*, graine de la circonférence, vue par son côté intérieur; *g*, coupe transversale de la même graine.

PLANCHE 49.

Fig. 1. CENTAUREA PALLESCENS.

CENTAUREA pallescens. C. ramis diffusis; foliis inferioribus pinnatifidis runcinatis crenatis, superioribus linearibus sub-hastatis; spinis calicinis teretibus, angustis, subulatis, basi ramosis; pappo setoso, seminibus breviore. ☉

Racine droite, pivotante, annuelle; feuilles radicales très-profondément pinnatifides, étroites, longuement rétrécies en pétiole, à divisions crénelées et comme déchirées, aiguës, recourbées en faux, à lobe terminal lancéolé, crénelé. Tiges droites, partagées en rameaux épars, alternes, longs de 3 à 6 décimètres (un à 2 pieds). Les feuilles des rameaux sont sessiles, demi-amplexicaules; les terminales linéaires, dentées inégalement en scie, pliées en gouttière en dessus; les moyennes lancéolées, hastées, sinueuses, à plusieurs dents triangulaires vers leur base.

Les fleurs terminent de nombreux rameaux courts, partiels, latéraux. Les fleurs ont leur calice globuleux, glabre, épais de 8 millimètres (3 lignes et demie), formé d'écailles munies d'une longue épine terminale, à la base de laquelle naissent deux courtes épines de chaque côté. Les corolles sont d'un jaune très-pâle, neutres et trifides à la circonférence. Les graines, serrées entre les soies épaisses du réceptacle, sont oblongues, presque cylindriques, tronquées, couronnées d'une aigrette soyeuse plus courte que le corps de la graine. Le hile consiste dans une échancrure latérale au-dessus de la base de la graine.

L'aspect de cette plante est glabre; on découvre cependant un peu de duvet et quelques aspérités semblables à des poils courts sur les tiges et sur les jeunes pousses.

Le *centaurea pallescens* croît au bord de la route du

désert, du Kaire à Sâlchyeh, et dans les îles sablonneuses du Nil.

Explication de la planche 49, *figure* 1.

CENTAUREA *pallescens. a*, écaille extérieure du calice (elle est à trois épines de chaque côté au-dessous de l'épine moyenne, au lieu de deux qui se rencontrent plus communément); *b*, écaille intérieure du calice; *c*, fleuron neutre de la circonférence; *d*, fleuron hermaphrodite; *e*, graine; *f*, la même considérablement grossie.

PLANCHE 49.

Fig. 2. CENTAUREA ÆGYPTIACA.

CENTAUREA ægyptiaca. C. calicibus duplicato-spinosis, sublanatis; foliis lanceolatis, sessilibus integris dentatisque; caule prolifero. Linné., *Mant*. p. 118. — Willden., *Sp*. 3, p. 2316. ♃

CENTAUREA eriophora. Forskal, *Catalog. pl. Ægypt.* p. LXXIV, n°. 465.

CALCITRAPA ægyptiaca, caule striato, tomentoso, tricolore flore. *Herb. Vaill.*

CARDUUS ægyptius jaceæ folio, tricolor. Lippi, *Mss.*

Racine vivace, ligneuse, pivotante, tortueuse. Feuilles velues: les inférieures pinnatifides, à lobes arrondis; celles de la tige demi-amplexicaules, ondulées, pinnatifides, à lobes étroits. Les tiges croissent en touffe, et varient depuis un palme jusqu'à deux et trois de longueur; elles sont cotonneuses, striées: ces tiges deviennent grêles, lorsqu'elles sont plus longues, et ne portent alors que des feuilles lancéolées, grossièrement dentées en scie.

Les fleurs sont purpurines pâles, quelquefois à moitié blanches, les unes terminales, les autres presque sessiles sur les côtés et dans la division des rameaux. Les écailles des calices se terminent par une épine brune, grêle, garnie à sa base, de chaque côté, de deux aiguillons presque sétacés, alternes, rarement opposés : une laine fine unit entre elles les écailles. Les corolles de la circonférence sont vides, à trois divisions; les fleurons hermaphrodites sont en tube, jaunâtres, à cinq dents. Les anthères et les styles sont violets; les stigmates linéaires, jaunes.

Les graines sont oblongues, tronquées, terminées par une aigrette un peu rousse, brillante, dont les poils sont de même longueur que le corps de la graine.

Le *centaurea ægyptiaca* croît dans le désert aux environs du Kaire, et commence à fleurir au mois de janvier.

Explication de la planche 49, *figure* 2.

CENTAUREA *ægyptiaca*. *a*, écaille inférieure du calice; *b*, écaille moyenne; *c*, écaille intérieure; *d*, fleuron neutre et soies du réceptacle; *e*, fleuron hermaphrodite; *f*, graine; *g*, graine considérablement grossie.

PLANCHE 49.

Fig. 3. CENTAUREA ALEXANDRINA.

CENTAUREA alexandrina. C. squamis calicinis coriaceis, duplicato-spinosis; foliis sub-villoso-scabris, inferioribus pinnatifidis, laciniis sinuatis dentatis mucronatis, summis oblongis auriculatis dentatis; stigmatibus basi articulatis. ⊙ ♂

OBSERVATIO. *Semina ob-ovata compressiuscula nuda.*

La racine est perpendiculaire, épaisse comme le petit doigt, brune au dehors; elle produit une ou plusieurs tiges de la grosseur d'une forte plume, hautes de 3 décimètres (un pied), dont les rameaux alternes s'écartent pour se diviser à leurs sommets en rameaux courts terminés par les fleurs.

Les feuilles inférieures sont pinnatifides, sinuées, à découpures bordées de dents courtes, larges, mucronées; quelquefois ces feuilles sont pinnées; leur longueur varie de 8 à 16 centimètres (3 à 6 pouces) : celles situées sous l'aisselle et le long des rameaux sont sinuées, dentées, amplexicaules, auriculées, et décroissent beaucoup de grandeur, ainsi que les fleurs elles-mêmes, sur les plus petits rameaux.

Les fleurs ont le corps de leur calice épais de 15 millimètres (6 à 7 lignes), à écailles très-fortes, armées d'une longue épine subulée composée à sa base.

Les fleurs du milieu des tiges ont leur calice glabre, et sont d'un tiers plus grandes que les fleurs des extrémités, qui ont leur calice un peu cotonneux.

Les fleurons sont jaunâtres et bruns; leur stigmate est cylindrique subulé, uni au style par une articulation rétrécie.

Les graines sont ovoïdes-renversées, non aigrettées, un peu comprimées, verdâtres, tachées de points bruns; le hile est latéral au-dessus de leur base.

C'est une plante très-légèrement cotonneuse, sans être blanchâtre, dont les feuilles sont un peu rudes; elle est commune à Alexandrie dans les lieux secs, au cap des Figuiers et auprès des anciennes carrières.

Explication de la planche 49, *figure* 3.

CENTAUREA *alexandrina*. *a*, écaille calicinale; *b*, soies du réceptacle, et fleuron; *c*, fleuron fendu et ouvert pour faire voir les étamines et le style; *d*, graine.

PLANCHE 5o.

Fig. 1. NAYAS MURICATA.

NAYAS muricata. N. caule muricato; foliis dentatis, crispis, breviusculis. ☉

Tiges filiformes, fourchues, longues environ d'un palme, garnies de rameaux courts, alternes, hérissés d'aiguillons transversaux dont la longueur est presque égale à l'épaisseur des rameaux.

Les feuilles sont linéaires, courtes, n'ayant que 6 millimètres (environ 3 lignes) de longueur, opposées ou ternées sur les nœuds des rameaux; ces feuilles sont crispées, un peu plus larges que le diamètre des tiges ou des rameaux, découpées sur leur bord en aiguillons presque transversaux, rapprochés en manière de dentelures de scie.

Je n'ai vu sur cette plante que les fleurs femelles, qui consistent en ovaires ovoïdes, sessiles et solitaires dans l'aisselle des feuilles ou dans la fourche des rameaux. L'ovaire de chaque fleur se termine par trois styles capillaires, en faisceau, plus courts que le corps de l'ovaire.

Le fruit est une noix de même forme que l'ovaire, de moitié moins longue que les feuilles, enveloppée d'une tunique qui est continue avec les stigmates; cette tunique est formée d'une membrane à nervures réunies par petites mailles presque carrées. La noix est composée d'une écorce ferme, sur laquelle sont empreintes les mailles de la membrane qui se continue avec le style; cette écorce est épaissie sur une ligne longitudinale qui produit un angle mousse à la circonférence de la noix. L'écorce est remplie par une amande cornée et farineuse.

J'ai trouvé cette plante au bord d'un lac d'eau saumâtre avec le *zannichellia palustris*, près de Fâreskour, dans la basse Égypte.

Explication de la planche 5o, *figure* 1.

NAYAS *muricata*. *a*, fruit; *b*, noix dépouillée, par le sommet, de la tunique membraneuse extérieure du fruit, qui est rejetée de côté; *c*, la noix séparée et nue; *d*, coupe transversale de l'écorce et de l'amande de la noix; *e*, amande séparée.

PLANCHE 5o.

Fig. 2. PARIETARIA ALSINEFOLIA.

PARIETARIA alsinefolia. P. caule sub-filiformi pubescente; ramis inferioribus oppositis: foliis sub-rotundis, ovatis; floribus seminiferis, tribracteatis. ☉

Petite herbe annuelle, haute de 4 pouces. Sa racine est grêle, un peu tortueuse, simple, chevelue seulement à l'extrémité. La tige est à trois ou quatre nœuds, de chacun desquels partent les rameaux opposés: plusieurs fleurs sont réunies aux aisselles de ces rameaux sur les nœuds de la tige; les autres fleurs, dans les aisselles des feuilles, se trouvent au sommet des rameaux. Les feuilles sont ovales, à pétioles presque capillaires, finement velues comme tout le reste de la plante; leur disque varie de 8 à 12 millimètres (3 à 5 lignes) de longueur. Les fleurs sont brunes, très-petites, à quatre divisions aiguës : les unes hermaphrodites, sessiles, dépourvues d'involucre; les autres, femelles, dans un involucre de trois folioles beaucoup plus grandes que les fleurs. La graine est d'un rouge brun, ovoïde, brillante, contenue dans le calice persistant.

Cette plante croît, à la fin de l'hiver, dans le désert de la Qoubbeh, entre les pierres, au pied de la montagne isolée, de grès rouge, que l'on appelle *Gebel-Ahmar*.

Explication de la planche 50, *figure* 2.

PARIETARIA *alsinefolia*. *a*, fleur femelle renfermée dans un involucre pédonculé, et fleur hermaphrodite nue, située à l'aisselle du pédoncule; *b*, involucre de la fleur femelle ouvert ; *c*, calice; *d*, graine.

Ces détails sont beaucoup plus grands que nature.

PLANCHE 50.

Fig. 3. NAYAS GRAMINEA.

NAYAS graminea. N. caule flagelliformi, dichotomo ; foliis subulatis, linearibus, aggregatis, sub-integris, armato oculo serrulatis. ☉

OBSERVATIO. *Differt à* nayade minori Allionii, *seu* cauliniâ fragili Willden. *foliis rectis molliusculis, nec manifestè denticulatis. An mera varietas?*

Tiges lisses, filiformes, fourchues, à rameaux alternes, longues d'environ une coudée.

Feuilles linéaires-subulées, très-finement dentées en scie, étant vues à la loupe, longues de 20 à 26 millimètres (9 lignes à un pouce), fasciculées cinq par cinq ou davantage sur les nœuds de la plante.

Les fleurs sont sessiles, solitaires ou géminées au milieu des faisceaux de feuilles; leur structure est la même que dans l'espèce de *nayas* décrite ci-dessus, fig. 1, excepté qu'elles sont ici plus grêles et aiguës, terminées par un style qui se sépare en deux branches. Les graines sont ovoïdes comme les fleurs.

Cette plante croît dans les canaux des rizières, à Rosette et dans le Delta; elle n'est peut-être qu'une variété du *nayas fragilis* de Willdenou, qui croît aussi dans les mêmes eaux, mais qui est beaucoup plus petit, à feuilles très-manifestement dentées en scie, recourbées et roides, au lieu d'être molles.

Explication de la planche 50, *figure* 3.

Nayas *graminea*. *a*, faisceau de feuilles coupées à leur base, où elles sont dilatées en stipules, et servant en quelque sorte d'involucre aux fleurs et aux fruits; *b*, coupe transversale d'un fruit.

PLANCHE 50.

Fig. 4, 4'. MARSILEA ÆGYPTIACA.

Marsilea ægyptiaca. M. foliis crenatis, erosis; fructibus subquadratis, ob-cordatis.

Observatio. *Folia, in locis inundatis, glabra; integra, majuscula; aquis verò libera, crenata, parva, pilis appressis rufescentia. Fructificat tantummodò in locis sicciusculis.*

Marsilea ægyptiaca. M. foliis quaternis, utrinque strigosis, foliolis apice trifidis; laciniis truncatis. Willden., *Sp.* 5, p. 540.

Tige glabre, rampante, grêle, filiforme, produisant par ses extrémités, lorsqu'elle n'est point submergée, des bourgeons couverts de poils roux, imbriqués.

Les feuilles sont nombreuses, à pédoncules filiformes : elles varient singulièrement de grandeur, ainsi que leurs folioles; elles sont couvertes de poils couchés qui ne se distinguent bien qu'à la loupe. Les fruits garnissent les tiges par paquets, à la naissance des pétioles : ils sont de forme un peu cubique, échancrés en cœur en dessus, pédonculés, couverts de poils couchés; ils sont divisés à l'intérieur en plusieurs cellules qui aboutissent à une cloison moyenne, verticale.

La plante n'est en fructification que dans les endroits desséchés, où elle produit de très-petites feuilles, à folioles cunéiformes, dentées, crenelées. La même plante, dans les lieux inondés, produit des folioles beaucoup plus grandes et entières par leur bord supérieur, qui est arrondi.

Cette plante croît dans les fossés des rizières du Delta et dans les plaines humides de Boulâq et de Gyzeh ; elle est en fructification pendant l'hiver.

Explication de la planche 50, *figures* 4, 4'.

MARSILEA *ægyptiaca.* Fig. 4, la plante en fructification. *a*, une des capsules entière; *b*, section horizontale d'une capsule. Fig. 4', la même plante dont les feuilles et les tiges anciennes ont poussé dans un lieu inondé, et ont produit ensuite dans un lieu sec des rejetons à folioles dentées.

PLANCHE 51.

Fig. 1. CROTON OBLONGIFOLIUM.

CROTON oblongifolium. C. foliis oblongis, basi integris, sub-cordatis, apice undulatis, acutis; capsularum pilis squamatis, stellatis; seminibus verrucosis oblongis, basi emarginatis.

OBSERVATIO. *Affine multùm* crotoni plicato *foliis obliquis obtusis diverso, necnon seminibus sphæricis lævibus satis distincto.*

Tige verticale, haute de 50 centimètres (un peu plus d'un pied et demi), ferme, ligneuse à sa base, partagée en rameaux droits, dichotomes; feuilles rhomboïdales, lancéolées, longues de 30 à 45 millimètres (13 à 18 lignes), non compris le pétiole, qui est presque de cette longueur dans les feuilles moyennes et inférieures, et qui est très-court dans les feuilles terminales. Les feuilles sont un peu ondulées, godronnées sur leur bord, excepté à leur base, qui est entière; elles sont munies de deux glandes en dessous, de chaque côté de l'insertion du pétiole, et portent aussi en dessous, vers leur sommet et vers leur bord, un petit nombre de glandes. Les fleurs viennent en grappes courtes, sur de petits rameaux, auprès de la dichotomie, ou dans l'aisselle même des rameaux. La partie inférieure des grappes est occupée par deux ou trois pédoncules de fleurs femelles, simples ou biflores. Le fruit est réfléchi, globuleux, à trois coques couvertes d'écailles peltées, étoilées, blanches ou rougeâtres; les graines sont ovales, acuminées par le sommet, raboteuses et ridées à la surface, obtuses et échancrées à la base. Cette plante est couverte, dans toutes ses parties, de poils étoilés; ses feuilles sont d'un vert un peu roux, plus pâles et plus cotonneuses en dessous qu'en dessus.

Le *croton oblongifolium* diffère du *croton plicatum* et du *croton tinctorium* par son port droit, tandis que ces deux dernières espèces sont étalées : ses feuilles, principalement les supérieures, sont pliées sur les nervures comme celles du *croton plicatum*; mais elles en diffèrent en ce qu'elle sont étroites, aiguës.

J'ai cueilli ce *croton* dans le désert auprès du château d'Ageroud, sur la route de Soueys.

Explication de la planche 51, *figure* 1.

Croton *oblongifolium. a*, une des fleurs femelles; *b*, le fruit; *c*, une des coques détachée du fruit; *d*, graine.

PLANCHE 51.

Fig. 2 et 3. MENISPERMUM LEÆBA.

Menispermum leæba. M. caule sarmentoso, diffuso; foliis oblongis; racemis axillaribus paucifloris, minutis.

Observatio. *Folia juniora pubescentia, adulta glabra, mirum in modum ludentia, pro speciminum varietate; quœdam enim oriuntur specimina foliis linearibus, alia foliis cordatis acuminatis, alia foliis ellipticis.*

Leæba. Forskal, *Descr.* pag. 172.

C'est un arbrisseau sarmenteux, dont les rameaux, longs de 2 à 3 mètres (6 à 9 pieds), sont toujours couchés sur le sable, ou soutenus sur des buissons : leur écorce devient blanche en vieillissant; elle est striée, et d'un vert gai sur les jeunes rameaux. Les feuilles varient pour la forme et la grandeur : elles sont elliptiques, glabres, à trois nervures sur les rameaux adultes, brièvement pétiolées, longues de 20 millimètres (9 lignes); quelquefois elles sont cordiformes à leur base, rétrécies et médiocrement aiguës par leur sommet. Les feuilles et les petites branches sont finement pubescentes dans leur jeunesse. Les premières feuilles qui accompagnent les fleurs, sont ordinairement linéaires, longues d'un centimètre (4 lignes et demie); elles deviennent ensuite deux fois plus grandes, glabres et coriaces.

Les fleurs sont très-petites, n'ayant guère que la grosseur d'une tête d'épingle ; elles viennent dans les aisselles des feuilles en petites grappes un peu plus longues que les pétioles.

Les fleurs sur les pieds mâles ont un calice de six feuilles, dont trois extérieures fort petites, et trois intérieures concaves plus grandes ; la corolle est de six pétales ovales-cunéiformes, très-petits, minces et arrondis au sommet, en gouttière à la base. Les étamines sont au nombre de six, opposées aux pétales dans la gouttière desquels leurs filamens sont engaînés.

Les pieds femelles portent des fleurs dont le calice ne diffère point de celui des mâles ; leur corolle est à six pétales épais, planes, ovales-cunéiformes. Il y a au centre de cette corolle trois ovaires droits, cylindriques, resserrés en un faisceau : ces trois ovaires sont rarement fertiles ; il en avorte un ou deux : chaque ovaire fertile devient une petite baie rougeâtre, globuleuse.

Les pieds mâles de cet arbrisseau sont communs dans le désert près du Kaire, d'où les Arabes m'en ont fréquemment apporté des branches ; il y fleurit au mois de janvier. J'ai trouvé dans le Sa'yd, près de Gebel-Aboucheger, un pied femelle qui portait des fleurs et des fruits pendant le mois d'octobre.

Explication de la planche 51, *figures* 2 *et* 3.

MENISPERMUM *leœba*. Fig. 2, rameau d'un pied femelle. *a*, fleur femelle entière ; *b*, un des pétales et ovaires, détaché de la fleur ; *c*, fruit ; *d*, une des baies détachée du fruit.

Fig. 3, rameau d'un pied mâle. *a*, fleur vue en dessous ; *b*, la même vue en dessus ; *c*, pétale et étamine.

PLANCHE 52.

Fig. 1. ATRIPLEX CORIACEA.

ATRIPLEX coriacea. A. caule fruticoso, decumbente, foliis ovatis, concavis, farinosis, coriaceis. Forskal, *Descr.* pag. 175.

Arbrisseau partagé en rameaux couchés, un peu flexueux, terminés par des fleurs paniculées : toutes ses parties sont couvertes d'un duvet serré, écailleux, le plus souvent un peu roussâtre, mais qui donne aussi à la plante un aspect argenté lorsqu'elle est jeune. Les rameaux varient en longueur de 2 à 6 décimètres (un demi-pied à 2 pieds). Les feuilles sont elliptiques, presque sessiles, très-entières, longues de 2 centimètres (9 lignes). Les fleurs naissent en panicule. Quelquefois les paquets de fleurs, très-rapprochés, forment des chatons rameux. Le calice des fleurs hermaphrodites est à cinq divisions obtuses, un peu plus courtes que les étamines. Les fleurs femelles, moins nombreuses, ont leur calice comprimé, tuberculeux, cunéiforme-allongé; il renferme le pistil à stigmate bifide et dont l'ovaire se change en une graine comprimée, un peu échancrée au sommet, noire, renfermée dans une utricule membraneuse, bordée demi-circulairement par un cordon fibreux qui s'élève de la base de la graine jusqu'à l'insertion du style. L'embryon est annulaire, embrassant un albumen central; la radicule et les cotylédons sont tournés en haut sous l'insertion du style.

Cette plante croît à Alexandrie dans le sable, près de la mer.

Explication de la planche 52, *figure* 1.

ATRIPLEX *coriacea*. *a*, fleur hermaphrodite; *b*, la même ouverte; *c*, calice bifide de la fleur femelle; *d*, fleur femelle ouverte; *e*, calice fructifère; *f*, graine; *g*, graine dépouillée de son utricule.

PLANCHE 52.

FIG. 2. ACACIA SEYAL.

ACACIA seyal. A. spinis stipularibus geminis; foliis bipinnatis, partialibus bijugis, propriis 8-12-jugis; fructibus compressis, linearibus, falcatis, acutis.

SIAL. Granger, *Voyage en Égypte*, pag. 99 et 105.
SAIEL. Bruce, *Voyage en Égypte*, vol. I, pag. 102 et 230.
SIJAL. Species ligni carbonarii. Forskal, *Ægypt.* pag. LVI. At *mimosa sejal* ejusdem auctoris, ex Arabiâ, *Descr.* pag. 177, differt ab *arbore seyal œgyptiacâ* foliolis majoribus, jugis numerosioribus, spinis nullis.

Arbre médiocre, ou arbrisseau s'élevant à 6 mètres (15 à 20 pieds), dont l'écorce est brune. Ses branches sont armées d'épines blanches, droites, presque horizontales, longues de 3 centimètres (plus d'un pouce) à l'extrémité de plusieurs branches : ces épines sont nulles, ou remplacées par des aiguillons droits, très-courts, horizontaux à la base et à la partie moyenne des branches. Les feuilles sont rarement solitaires, mais le plus souvent géminées ou ternées dans l'aisselle des épines; elles sont deux fois ailées, à deux ou trois paires de pinnules, qui portent huit à douze paires de folioles linéaires-obtuses longues de 4 millimètres (environ 2 lignes) : une glande brune, concave, oblongue, se trouve quelquefois sur le pétiole commun, entre ses deux pinnules inférieures. Les fruits sont des gousses linéaires, un peu comprimées, falciformes, longues de 7 centimètres (2 pouces et demi), renfermant huit à dix semences ovoïdes-comprimées, d'un vert olive, et dont l'auréole oblongue forme un fer à cheval ouvert vers le sommet de la graine.

Cet arbre croît dans le désert entre le Nil et la mer Rouge, aux environs de Syène et dans la plaine de Medynet-abou; il produit de la gomme arabique.

Je trouvai plusieurs pieds de cet arbre dans les lieux secs les plus sauvages, sur le coteau des montagnes de rocher au bord de la mer Rouge, à l'extrémité de la vallée de l'Égarement.

C'est probablement cet arbre que Théophraste[1] et Pline[2] ont nommé *épine altérée* des déserts, et qui croissait seul au-delà de Coptos, où il était rare à cause de la sécheresse. Ces auteurs ont aussi désigné par le nom général d'*épine*, ἄκανθα, l'*acacia nilotica*, qui est du même genre que l'arbre *seyal*.

Explication de la planche 52, *figure* 2.

Acacia *seyal*. *a*, portion du fruit ouvert; *b*, graine considérablement grossie, dans sa position naturelle, avec son cordon nourricier doublement replié.

PLANCHE 52.

Fig. 3. ACACIA ALBIDA.

Acacia albida. A. spinis stipularibus geminis, rectis; foliis bipinnatis, partialibus 3-4-jugis, propriis multijugis glauciusculis; spicis cylindricis axillaribus folia superantibus. ♃

[1] Ἄκανθα διψάς. Theoph. *Hist. plant.* lib. IV, cap. VIII, pag. 417.
[2] Spina sitiens. Pline, *Hist. nat.* lib. XIII, cap. XXV.

OBSERVATIO. *Differt ab* acaciâ Senegal *spinis geminis, et petiolo inter singula paria foliorum partialium glanduloso.*

Arbuste dont les rameaux ont l'écorce presque lisse et blanche; leurs feuilles sont doublement ailées, à trois et à quatre paires de pinnules; leur pétiole naît entre deux épines droites, jaunes et aiguës par leur sommet, un peu plus longues que les folioles des pinnules. Les pétioles sont demi-cylindriques, longs de 27 millimètres (un pouce), canaliculés en dessus, munis de glandes jaunâtres, urcéolées entre chacune des paires de pinnules. Les pinnules ont environ la même longueur que les pétioles communs; elles sont à sept et dix paires de folioles ovales-linéaires, presque sans nervures, longues de 5 à 7 millimètres (2 lignes et demie à 3 lignes). Les fleurs viennent en épis grêles, longs d'un décimètre (environ 4 pouces), dans l'aisselle des feuilles; elles sont presque sessiles sur leur axe commun : leur calice est campanulé, à dents très-courtes. L'extrémité des rameaux est pubescente.

Les rameaux de cet arbuste m'ont été communiqués par M. Nectoux, de la Commission des sciences et arts d'Égypte, qui les a rapportés de son voyage au-dessus de l'île de Philæ.

Explication de la planche 52, *figure* 3.

ACACIA *albida.* Un rameau de grandeur naturelle.

PLANCHE 53.

Fig. 1. ADONIS DENTATA.

ADONIS dentata. A. caule sulcato, ramoso ; foliis bipinnatifidis ; laciniis linearibus, acutis; petalis 7-8-oblongis; seminibus rugosis, dentato-marginatis. ⊙

C'est une herbe d'une taille médiocre, d'un décimètre (4 pouces), dont la racine est simple et grêle; elle produit une ou plusieurs tiges striées, dont les feuilles sont doublement pinnatifides, à découpures linéaires-aiguës. Les fleurs sont solitaires, terminales, à calice de cinq folioles colorées. La corolle est à sept et huit pétales jaunes, ovales-oblongs, un peu cunéiformes, quelquefois déchirés et comme crénelés à leur sommet. Les graines sont ovoïdes, ridées, très-irrégulières, terminées à leur sommet en une pointe dressée vers l'axe de l'épi des graines. L'écorce de ces graines est rugueuse à leur base, et garnie, vers le milieu, d'un rebord circulaire denté. Cette plante a la plus grande analogie avec l'*adonis œstivalis*, qui varie beaucoup pour la taille, et que j'ai trouvé toujours très-petit en Égypte, ayant des graines sur le contour desquelles se montraient les rudimens de plusieurs dents.

L'*adonis dentata* croît dans quelques champs d'orge auprès de la colonne de Pompée, à Alexandrie, en mars et avril.

Explication de la planche 53, figure 1.

ADONIS *dentata*. *a*, graine détachée, de grandeur naturelle; *b*, la même grossie; *c*, coupe verticale d'une graine.

PLANCHE 53.

Fig. 2, 3, 4. PARMELIA MACIFORMIS.

PARMELIA maciformis. P. thallo coriaceo-membranaceo, cespitoso, glabro; lobis erectis, laceratis, interdum perfossis; colore flavescente, sub-fumoso, superficie scabro-erosâ; bullatâ.

Ce *lichen* est formé de petites touffes droites, arrondies, hautes de 20 à 30 millimètres (9 à 15 lignes), composées de feuillets lobés, déchirés, un peu boursouflés, tantôt aigus, bifides, laciniés, tantôt arrondis, et dont les faces sont en partie gercées et rongées.

Ces feuillets sont souvent percés par des déchirures irrégulières; leur couleur est à peu près celle du macis ou enveloppe extérieure de la noix muscade, mais moins jaunâtre et plus enfumée. Ces feuillets ressemblent encore au macis par les ouvertures dont ils sont percés.

J'ai cueilli ce *lichen* dans les lieux les plus agrestes du Moqattam, entre les fentes des rochers, derrière la citadelle du Kaire.

Explication de la planche 53, *figures* 2, 3 *et* 4.

PARMELIA *maciformis*. Plusieurs variétés de ce *lichen*.

PLANCHE 53.

Fig. 5. GALEGA APOLLINEA.

GALEGA apollinea. G. foliis subtùs sericeis, 3-4-jugis; foliolis emarginatis, ob-ovatis, oblongis; racemis oppositifoliis, longitudine foliorum; leguminibus linearibus acutis, 6-7-seminiferis. ♃

C'est un sous-arbrisseau rameux, en touffe, dont les tiges anciennes sont cylindriques, ligneuses, un peu brunâtres. Les rameaux s'élèvent de 3 à 4 décimètres (un pied), et sont grêles, un peu en zigzag, anguleux, striés, couverts de poils fins, couchés. Les feuilles sont ailées, à deux ou trois paires de folioles avec une impaire. Le pétiole commun est strié, long de 35 millimètres (16 lignes), accompagné à sa base de deux stipules subulées. Les folioles sont soyeuses, argentées, ovales-allongées, un peu cunéiformes, émarginées sans pointe moyenne, brièvement pédicellées, rayées de nervures fines, obliques. Les fleurs viennent en grappes droites, solitaires, opposées aux feuilles vers le milieu des rameaux, ou dans l'aisselle des feuilles terminales. Les fleurs peu nombreuses ne garnissent que le sommet des grappes; elles sont brièvement pédicellées, solitaires ou réunies dans l'aisselle de petites bractées subulées. Le calice est campanulé, soyeux, à cinq dents étroites. La corolle est bleue. L'étendard est ovale, en cœur, relevé, soyeux en dehors. Les fruits sont linéaires, faiblement courbés en dessus, longs de 35 à 40 millimètres (17 lignes), renfermant six à sept graines brunâtres, presque sphériques, dont le hile est blanc, fort petit. La membrane interne des gousses se soulève en un feuillet très-mince, appliqué autour de la graine, et caduc lorsque les valves se séparent.

Le *galega apollinea* croît dans les champs cultivés auprès du Nil à Erment, à Edfoû, ancienne *Apollinopolis magna*, et dans l'île d'Éléphantine, en face de Syène.

Explication de la planche 53, *figure* 5.

GALEGA *apollinea. a*, le calice ; *b*, les parties détachées et étalées de la corolle ; *c*, l'étendard vu en dessus ; *d*, étamines et pistil ; *e*, fruit ouvert, dont les graines sont recouvertes par la membrane interne soulevée de la paroi des valves.

PLANCHE 53.

Fig. 6. ZOSTERA BULLATA.

ZOSTERA bullata. Z. caule nodoso, cylindrico ; stipulis cymbiformibus ovatis, obtusis, lævibus ; foliis lanceolato-ovatis, disco inter nervos transversim bullato, crispo.

OBSERVATIO. *Folia subsessilia, in petiolum planum brevissimum attenuata ; nervo marginali juniorum serrulato. Plantæ substantia viridis, scariosa, superficie puncticulato-reticulosa ; sed color sæpius albus, post exsiccationem, inter rejectanea maris. Fructificatio nullibi innotuit.*

Tige cylindrique, striée, noueuse, de la grosseur d'une plume de pigeon ; entre-nœuds longs de 7 à 8 millimètres (3 à 4 lignes) ; feuilles ovales-allongées, brièvement pétiolées, longues de 3 centimètres et demi (15 lignes), larges d'environ un centimètre (4 lignes), à trois nervures, dont deux marginales, formant l'encadrement du disque, et une troisième longitudinale, moyenne. La lame de la feuille est creusée sur deux rangs longitudinaux par des plis, et relevée par des bosselures aux deux côtés de la nervure moyenne.

Les feuilles sortent de l'aisselle d'une large stipule ovoïde, pliée en gouttière. Le tissu des feuilles, examiné avec une forte loupe, paraît finement granuleux, formé de cellules rapprochées en réseau.

J'ai ramassé des débris de cette plante à Soueys, sur la plage que la mer laisse à découvert à marée basse.

Cette plante est scarieuse, d'un vert clair, et demi-transparente. Je l'ai trouvée beaucoup plus communément blanchie et desséchée au soleil sur le sable.

Explication de la planche 53, *figure* 6.

Zostera *bullata*. Rameau de cette plante de grandeur naturelle.

PLANCHE 53.

Fig. 7. GYMNOSTOMUM NILOTICUM.

Gymnostomum niloticum. G. stipite brevi, simplici, erecto; foliis lanceolatis, acutis, basi amplexantibus; pyxide sub-globosâ depressâ, inter folia reconditâ; calyptrâ acutâ; operculo planiusculo, breviter acuminato. ☉

C'est une très-petite mousse, qui n'a toute entière que 3 millimètres (une ligne et demie) de haut. Ses feuilles, au nombre de six à sept, sont sessiles, embrassantes, aiguës-lancéolées, un peu pliées en carène sur le dos, longues de 2 millimètres (environ une ligne). Les quatre ou cinq feuilles supérieures sont les plus longues, et rapprochées en rosette au-dessous de l'urne, qui est presque sessile, et qu'elles dépassent considérablement. L'urne est sphérique-déprimée; elle se réduit à un godet plat, un peu renflé sur le bord, et sans aucune dent après la chute de l'opercule : cette urne est remplie de corpuscules sphériques, visibles à la loupe.

La coiffe est très-petite, droite, fendue à la base en deux parties onguiformes; l'opercule est convexe, déprimé en dessus, surmonté d'une pointe courte.

Cette petite mousse, d'un vert gai, croît dans les

fossés auprès des roues à eau au Kaire, dans la plaine de Gyzeh, près des canaux, et dans la basse Égypte.

Explication de la planche 53, *figure* 7.

GYMNOSTOMUM *niloticum. a*, la plante de grandeur naturelle, dont les tiges, croissant serrées les unes auprès des autres, forment un gazon très-court; *b*, groupe d'un petit nombre de tiges; *c*, l'urne entière et sa coiffe; *d*, l'urne dont l'opercule est soulevé; *e*, corpuscules tirés de l'urne.

Les figures *c*, *b*, *e*, et la figure 7, sont représentées considérablement grossies au microscope. L'urne aurait dû être figurée non ovoïde, mais globuleuse-déprimée.

PLANCHE 54.

FIG. 1. FUCUS TRINODIS.

FUCUS trinodis. F. caule paniculato diffuso; ramis muricatis; vesicis binis ternisve, moniliformibus, interdum toroso-cylindricis confluentibus, apice subulato filiformi terminatis.

FUCUS trinodis caule tereti ramoso; ramulis in tres vesiculas inflatis, apice subulatis. Forskal, *Descr.* pag. 192.

Tige cylindrique, donnant naissance à une grande quantité de branches paniculées, filiformes, longues de 3 à 6 décimètres (un à 2 pieds). La tige et les branches sont hérissées d'aiguillons courts, mousses, à tête irrégulière; ces aiguillons se changent en tubercules mousses, écartés sur les rameaux déliés terminaux : il n'y a de feuilles qu'à la souche, sur laquelle elles sont linéaires, très-étroites, entières, aiguës, en ruban, partagées par une nervure moyenne, pointillées à leur surface vers leurs nervures. Les rameaux sont chargés de vésicules fusiformes, cylindriques, très-étroites, longues d'un à 2 centimètres (6 à 9 lignes), pointillées, terminées par un prolongement subulé; souvent ces vésicules sont étranglées à trois et quatre portions globuleuses, dont l'arrangement imite des grains de chapelet.

La fructification termine les rameaux en petites grappes formées par des corps lancéolés-ovoïdes, ponctués-tuberculeux.

Ce *fucus* est brun; il croît à Soueys.

Explication de la planche 54, *figure* 1.

Fucus *trinodis*. *a*, corps fructifères terminaux, vus à la loupe.

PLANCHE 54.

Fig. 2, 2'. FUCUS LATIFOLIUS.

Fucus latifolius. F. caule tereti, sub-simplici; ramulis racemosis; foliis lato-ovatis, serrato-spinulosis; vesiculis pisiformibus, pedunculatis, subsolitariis. Poiret, *Diction. encyclopédique*, tom. 8, pag. 353, n°. 24.

Fucus latifolius. Turner, *Fuci*, tom. 2, pag. 67, tab. 94.

La racine est une callosité aplatie qui supporte le tronc de la plante : ce tronc est très-bas, et se divise en un faisceau de six à huit branches longues de 4 décimètres (plus d'un pied), et qui produisent à leur sommet des rameaux courts, peu nombreux. Les feuilles sont sessiles, ovales, crispées et dentées, longues de 20 à 27 millimètres (9 à 12 lignes) : leur nervure moyenne disparaît dans le tiers supérieur du disque. Les feuilles inférieures sont nues dans leur aisselle; les moyennes et supérieures sont accompagnées de vésicules solitaires ou géminées et ternées en grappes, brièvement pédonculées, environ de la grosseur d'un grain de gesse. Il n'est pas rare de voir, près du bord des jeunes feuilles, des points opaques qui se dépriment dans le milieu et qui paraissent être des points de fructification.

Ce *fucus* est d'un brun jaunâtre ; il est commun dans le port de Soueys.

Le *fucus crispus* de FORSK. *Flor. Ægypt. descr.* p. 191, ne diffère que parce qu'il est plus rameux, plus grand, à feuilles rapprochées, presque confondues en se repliant les unes dans les autres.

Explication de la planche 54, *figures* 2, 2'.

FUCUS *latifolius*. Fig. 2, rameau terminal coupé. Fig. 2', portion radicale de la plante.

PLANCHE 55.

Fig. 1. FUCUS ANTENNULATUS.

FUCUS antennulatus. F. caule paniculato, spinulis obtusis muricato; ramis extremis filiformibus alternè dentatis, dentibus cylindricis truncatis; vesicis pedicellatis, globosis; rudimento rami denticulati terminatis.

Sa racine est une callosité orbiculaire, amincie par les bords. Le tronc est court, tuberculeux ; il se partage en plusieurs tiges cylindriques, garnies de petites épines mousses. Les rameaux sont paniculés, nombreux, filiformes, garnis de petites dents obtuses, alternes, un peu inclinées en haut, tandis que celles des tiges ont une direction horizontale ; les dernières ramifications sont triquètres.

La fructification naît en petits cylindres, longs de 7 à 8 millimètres (3 lignes) sur un millimètre d'épaisseur (moins de demi-ligne). Ces corps cylindriques, fructifères, sont terminaux, en petites panicules, tuberculeux et garnis de petites dents aiguës.

Les vésicules sont solitaires, pédonculées, tantôt opposées aux dents des petits rameaux, tantôt situées à l'aisselle de ces dents. Les vésicules sont recouvertes de quelques petits tubercules, et se terminent par un rudiment de rameau simple ou fourchu, capillaire, denté-tuberculeux, long de 4 à 7 millimètres (2 à 3 lignes).

Ce *fucus* est brun, long de 3 à 4 décimètres (12 à 26 pouces). Je l'ai ramassé à Soueys sur le rivage.

Explication de la planche 55, figure 1.

Fucus *antennulatus*. *a*, rameau fructifère vu à la loupe.

PLANCHE 55.

Fig. 2. FUCUS DENTICULATUS.

Fucus denticulatus. F. caule paniculato; foliis linearibus, subulatis, acutis, serratis; ramulis radicalibus nonnullis compressis angulatis, foliiformibus, trifidis; vesicis receptaculisque racemosis.

Fucus denticulatus? Forskal, *Descr.* pag. 191.

Fucus natans, *var.* γ et ζ, è mari Rubro. Turner, *Fuci*, p. 99.

La racine est une callosité en manière de couvercle aminci par les bords. La tige est cylindrique et irrégulièrement tuberculeuse à sa base; ses rameaux sont grêles, anguleux. Les feuilles sont linéaires-aiguës, dentées en scie, longues de 15 à 20 millimètres (7 à 9 lignes), marquées de points opaques sur chaque côté de leur nervure moyenne : cette nervure est plane sur quelques feuilles, et relevée en crête dentée sur d'autres; ce qui établit un passage entre ce *fucus* et le *fucus tetragonus*. Les jeunes rameaux qui pullulent près de la racine, sont fourchus ou trifides, comprimés, anguleux, dentés ou entiers sur les bords, olivâtres et aussi étroits que les feuilles.

Les vésicules sont sphériques, en petites grappes de deux à trois, pédicellées sur la base des feuilles.

La fructification est en tubercules rapprochés sur de petits corps fusiformes, dentés, nombreux, qui garnissent de longues tiges paniculées, dépourvues de feuilles, ou qui sont mêlées aux vésicules des rameaux.

Ce *fucus* est brun, très-commun à Soueys sur la plage, à marée basse.

Explication de la planche 55, *figure* 2.

Fucus denticulatus. *a*, portion de la panicule fructifère; *b*, feuille et vésicules accompagnées de l'un des corps fusiformes fructifères.

PLANCHE 56.

Fig. 1. FUCUS NAYADIFORMIS.

Fucus nayadiformis. F. caule paniculato, cylindrico; ramis filiformibus; foliis brevissimis acutis; receptaculis terminalibus, echinatis.

Fucus acanthophorus. Turner, *Fuci*, vol. 1, pag. 69, tab. 32, *excluso* Lamourouxii *synonymo*.

Acanthophora Delilii. Lamouroux, *Essai sur les thalassiophytes*, pag. 44.

La base de ce *fucus* consiste en plusieurs filets ou rameaux cylindriques un peu entrelacés. Les tiges sont longues de 10 à 15 centimètres (4 à 6 pouces), partagées en rameaux droits, filiformes et presque capillaires, sur lesquels il y a, ainsi que sur les tiges, de très-petites feuilles ou aiguillons inclinés en dents de scie : ces feuilles sont solitaires ou ternées, munies axillairement, vers le sommet des rameaux, de petits globules fructifères. Quelquefois les feuilles sont ramassées en bourgeons courts sur les côtés des tiges.

Les plus fortes tiges se terminent par de petits cônes aiguillonnés et tuberculés.

La substance de cette plante est cartilagineuse, un peu coriace; sa couleur est d'un vert enfumé.

Je l'ai cueillie à Alexandrie et à Soueys.

Explication de la planche 56, *figure* 1.

Fucus *nayadiformis*. *a*, petit rameau terminé par un cône aiguillonné, tuberculeux.

PLANCHE 56.

Fig. 2. DICTYOTA IMPLEXA.

Dictyota implexa. D. ramis compressis, linearibus, dichotomis, implexis, apice emarginato-bifidis, sub-filiformibus.

Dictyota implexa. Lamouroux, *Essai sur les thalassiophytes*, pag. 58.

Fucus implexus. Desfont., *Flor. atl.* 2, pag. 423.

Ulvæ dichotomæ auctorum varietas.

Cette plante forme une touffe arrondie, haute de 4 à 5 centimètres (un pouce et demi à 2 pouces), composée de rameaux très-minces, en ruban, étroits d'un millimètre et demi à un demi-millimètre (une ligne à moins d'un quart de ligne). La substance de ces rameaux est transparente, sans nervures, et paraît composée, lorsqu'on la regarde à la loupe, de mailles assez régulières, allongées suivant la direction des rameaux, et ayant la forme de parallélogrammes. Les rameaux sont bifides, émarginés, tantôt linéaires, tantôt presque filiformes à leur terminaison.

La couleur de cette plante est fauve-verdâtre, et quelquefois brune. On regarde comme fructification dans cette plante, de petites plaques opaques qui ont été observées dans sa substance.

C'est une plante marine, qui se trouve à Soueys et à Alexandrie.

Explication de la planche 56, figure 2.

Dictyota *implexa*. *a*, aréoles ou mailles du tissu de la plante, vues à la loupe; *b*, rameaux d'une variété de la plante, à sommets non capillaires.

PLANCHE 56.

Fig. 3. FUCUS TETRAGONUS.

Fucus tetragonus. F. caule elongato; vesiculis sphæricis, foliis linearibus, quadri-alatis, alis argutè serratis; fructificatione axillari, sub-ramosâ, tuberculatâ, dentatâ.

Fucus dentifolius. Turner, *Fuci*, vol. 2, pag. 65, tab. 93.

Tige longue de 3 à 5 décimètres (environ un pied et demi), anguleuse, de la grosseur d'une plume de pigeon, munie de quelques rameaux simples, alternes, qui diminuent graduellement de longueur jusque vers le sommet de la plante. Ces rameaux sont anguleux, médiocrement garnis de feuilles longues de 25 millimètres (environ un pouce), linéaires, partagées par leur nervure moyenne en quatre crêtes bordées de dents simples, très-aiguës, inclinées.

Il y a quelques vésicules sur les rameaux entre les feuilles; elles ont la grosseur d'un grain de poivre, et sont très-brièvement pédicellées.

La fructification, dont je n'ai vu que l'ébauche au sommet de quelques tiges, paraissait en petites grappes parmi les vésicules dans l'aisselle des feuilles.

J'ai recueilli ce *fucus* à Soueys, où la mer le rejette sur les bancs de sable.

Explication de la planche 56, *figure* 3.

Fucus *tetragonus*. *a*, portion de rameau anguleux, feuille et vésicules grossies; *b*, coupe transversale d'une feuille.

PLANCHE 56.

Fig. 4, 5, 6, 7. CAULERPA PROLIFERA.

CAULERPA prolifera. C. fronde planâ, ramosâ, proliferâ, variegatâ. Lamouroux, *Journ. de botanique;* Paris, 1809, tom. 2, pag. 142.

Fucus versicolor alexandrinus linguæformi-folio, folium gerente sine medio, lac aureum fundens. Lippi, *Mss.*

Fucus prolifer. Forskal, *Descr.* pag. 193.

Fucus ophioglossum. Turner, *Fuci*, vol. 1, pag. 128, tab. 58.

Racine cylindrique, filiforme, droite, rampante, émettant des radicules blanches, sétacées. Les tiges sont des frondes rubanées, coriaces, sans nervures ni mailles, d'une couleur verte, quelquefois variées de taches ou de portions irrégulières jaunâtres. La base de ces frondes est filiforme comme la racine; chaque fronde est communément large de 15 millimètres (6 lignes), haute de 15 à 30 centimètres (un demi-pied à un pied): les sommets sont obtus, en langue. Les rameaux quelquefois se bifurquent; plus communément ils sont prolifères, en lanières qui naissent des côtés ou du milieu de la surface de la fronde principale, à laquelle ils adhèrent par un rétrécissement semblable au rétrécissement radical de la fronde.

Lippi a observé que les feuilles brisées de cette singulière production marine répandaient un lait épais, tantôt jaune, tantôt blanc ou verdâtre.

Cette plante tapisse le fond sablonneux de mer, avec le *cymodocea æquorea*, près le rivage du cap des Figuiers à Alexandrie.

Explication de la planche 56, *figures* 4, 5, 6, 7.

CAULERPA *prolifera*. Ces figures représentent différentes variétés de cette même plante.

PLANCHE 57.

Fig. 1. FUCUS SPINULOSUS.

FUCUS spinulosus. F. caulibus diffusis, intricatis, filiformibus; ramis patentibus cespitosis; foliis subulatis acutis; receptaculis tumidiusculis, acuminatis.

FUCUS spinulosus. Esper, *Fuci*, *ex icone*, tab. 74.

HYPNEA spinulosa. Lamouroux, *Essai sur les thalassiophytes*, pag. 43 et 44.

Ce *fucus* consiste, dans sa partie inférieure, en fibres filiformes, entortillées, qui paraissent être des racines. Les tiges sont très-rameuses, filiformes, presque cylindriques, d'une substance un peu cartilagineuse, demi-transparente; elles sont irrégulièrement divisées en rameaux très-ouverts, partagés eux-mêmes à la manière des tiges, et un peu entortillés les uns dans les autres. La plupart des rameaux se terminent en pointe subulée aiguë; quelques-uns se terminent en un crochet épaissi, comprimé. Les rameaux et les tiges se divisent en aiguillons latéraux, subulés, de longueurs inégales, et qui font paraître cette plante pinnatifide. Lorsque l'on vient à examiner ces aiguillons à la loupe, on découvre que les uns sont des rudimens de rameau, tandis que les autres sont des tubercules fusiformes, granuleux, terminés en pointe.

J'ai ramassé plusieurs fois ce *fucus* dans le port neuf à Alexandrie; je l'ai toujours trouvé d'un jaune pâle un peu verdâtre.

Explication de la planche 57, *figure* 1.

Fucus *spinulosus*. *a*, rameau grossi, vu à la loupe; *b*, tubercule fructifère.

PLANCHE 57.

Fig. 2. FUCUS TAXIFORMIS.

Fucus taxiformis. F. radice repente; caulibus numerosis erectis fastigiato-ramosis; ramulis extremis penicillato-plumosis.

Racine rampante, cylindrique, fibreuse, entortillée. Tiges verticales, hautes de 8 à 12 millimètres (3 à 4 lignes), cylindriques, filiformes, nues dans leur partie inférieure, rameuses en thyrse ou en pyramide très-allongée à leur partie supérieure, comme serait un cyprès ou un if en miniature. Les tiges portent quelques petites feuilles subulées ou les vestiges tuberculeux d'anciennes feuilles brisées. Les rameaux, qui donnent un aspect fusiforme au sommet de la plante, sont cons-

Explication de la planche 57, *figure* 3.

Fucus cyanospermus. *a*, sommet détaché d'un rameau considérablement grossi, vu à la loupe; *b*, tubercule fructifère séparé; *c*, portion de rameau.

La plante entière est représentée un peu plus forte que nature.

PLANCHE 58.

Fig. 1, 2, 3 et 4. FUCUS PROTEUS.

Fucus proteus. F. fronde planâ, cartilagineâ, multifidâ; laciniis compositis, dentatis; fructificatione, per superficiem frondis, elevato-puncticulosâ.

Variat. Viridis, bruneus, purpurascens aut è viridi luteus; frondibus dentato-incisis, sinuato-laceris aut plumoso-multifidis.

Chondrus proteus. Lamouroux, *Essai sur les thalassiophytes*, pag. 40.

Cette production marine ressemble beaucoup à un *ulva* qui serait multifide très-lacinié. Elle varie, pour la grandeur, de 5 à 55 centimètres (2 à 13 pouces). Sa racine est un tubercule circulaire, aminci; la tige est plane en ruban, presque cylindrique et étranglée à son point de départ. Sa plus grande largeur, dans quelques variétés, est de 20 millimètres (8 à 9 lignes), tandis que d'autres variétés ont les tiges et les rameaux trois fois moins larges.

Cette plante est constamment très-découpée, à rameaux deux et trois fois pinnatifides, dont les divisions terminales deviennent linéaires-aiguës, ciliées par des dents presque subulées dans certaines variétés, ou demeurent linéaires-élargies, écartées, dans d'autres variétés.

La substance de cette plante est cartilagineuse, très-molle, et gélatineuse. La plante entière ne présente sa forme que quand elle flotte dans l'eau; ses rameaux s'affaissent hors de l'eau, et se collent d'une manière tenace sur le papier, sur lequel la plante étalée ne conserve plus d'épaisseur et se réduit à un feuillet transparent. Il n'y a aucune nervure sur la plante. Sa couleur est verte, jaunâtre, ou brun-rougeâtre. Sa fructification consiste en tubercules granuleux, répandus dans le tissu même de la plante, et que je n'ai rencontrés que dans un très-petit nombre d'échantillons.

Cette plante est abondante sur le rivage, à la fin de l'été, au fond du port neuf d'Alexandrie.

Explication de la planche 58, *figures* 1, 2, 3 *et* 4.

Fucus *proteus*. Plusieurs variétés caractérisées par la différence des découpures ou ramifications. *a*, petite portion de rameau en fructification, vue à la loupe.

PLANCHE 58.

Fig. 5. ULVA FASCIATA.

Ulva fasciata. U. fronde planâ, membranaceâ, palmatâ; laciniis linearibus undulatis, repando-dentatis, acutis.

Cette plante est membraneuse, peu coriace, ayant cependant plus de consistance que l'*ulva lactuca*. Ses tiges sont longues de 3 à 10 décimètres (un à 3 pieds), digitées en longues bandelettes frisées sur les bords, sinueuses, dentées brièvement, larges de 3 à 8 centimètres (un à 3 pouces), rétrécies insensiblement jusqu'au sommet, terminées en lanière aiguë. Les rameaux où les longues bandelettes de cette plante sont d'un vert un peu plus foncé et moins transparent vers les bords que dans leur milieu.

L'*ulva fasciata* tapisse le fond du port neuf d'Alexandrie, depuis le quai de la ville jusqu'au lieu du mouillage des vaisseaux près de la digue du Phare. Plusieurs personnes, en se baignant, arrachaient du fond de l'eau claire et limpide cette plante d'une très-belle verdure foncée comme celle du lierre.

Explication de la planche 58, figure 5.

ULVA *fasciata*. Cette figure représente un petit échantillon de cette plante, qui devient ordinairement trois et quatre fois plus grande.

PLANCHE 59.

FIG. 1. URCEOLARIA SUB-CÆRULEA.

URCEOLARIA sub-cærulea. U. crustâ tartareâ, rimoso-areolatâ, cinereo-cæsiâ; in ambitu, plicato-lobatâ, lobis linearibus obtusis; scutellis bruneis, vetustate nigricantibus.

Ce *lichen* est commun dans la vallée de l'Égarement; il recouvre souvent les cailloux sur toute leur face supérieure, qui est exposée à l'air et à la rosée; il forme vers ses bords des ramifications linéaires, serrées, dichotomes, comme articulées, et dont la terminaison est obtuse; ses aréoles polygones, irrégulières, sont grises, couleur d'ardoise, plutôt relevées dans leur centre que par leurs bords : les écussons sont bruns dans leur jeunesse, bordés par l'écartement de la croûte, qui est très-mince, et qu'ils percent en se montrant comme de petites têtes d'épingle; ils noircissent en vieil-

La substance de cette plante est cartilagineuse, très-molle, et gélatineuse. La plante entière ne présente sa forme que quand elle flotte dans l'eau; ses rameaux s'affaissent hors de l'eau, et se collent d'une manière tenace sur le papier, sur lequel la plante étalée ne conserve plus d'épaisseur et se réduit à un feuillet transparent. Il n'y a aucune nervure sur la plante. Sa couleur est verte, jaunâtre, ou brun-rougeâtre. Sa fructification consiste en tubercules granuleux, répandus dans le tissu même de la plante, et que je n'ai rencontrés que dans un très-petit nombre d'échantillons.

Cette plante est abondante sur le rivage, à la fin de l'été, au fond du port neuf d'Alexandrie.

Explication de la planche 58, *figures* 1, 2, 3 *et* 4.

Fucus *proteus*. Plusieurs variétés caractérisées par la différence des découpures ou ramifications. *a*, petite portion de rameau en fructification, vue à la loupe.

PLANCHE 58.

Fig. 5. ULVA FASCIATA.

ULVA fasciata. U. fronde planâ, membranaceâ, palmatâ; laciniis linearibus undulatis, repando-dentatis, acutis.

Cette plante est membraneuse, peu coriace, ayant cependant plus de consistance que l'*ulva lactuca*. Ses tiges sont longues de 3 à 10 décimètres (un à 3 pieds), digitées en longues bandelettes frisées sur les bords, sinueuses, dentées brièvement, larges de 3 à 8 centimètres (un à 3 pouces), rétrécies insensiblement jusqu'au sommet, terminées en lanière aiguë. Les rameaux ou les longues bandelettes de cette plante sont d'un vert un peu plus foncé et moins transparent vers les bords que dans leur milieu.

L'*ulva fasciata* tapisse le fond du port neuf d'Alexandrie, depuis le quai de la ville jusqu'au lieu du mouillage des vaisseaux près de la digue du Phare. Plusieurs personnes, en se baignant, arrachaient du fond de l'eau claire et limpide cette plante d'une très-belle verdure foncée comme celle du lierre.

Explication de la planche 58, *figure* 5.

ULVA *fasciata*. Cette figure représente un petit échantillon de cette plante, qui devient ordinairement trois et quatre fois plus grande.

PLANCHE 59.

FIG. 1. URCEOLARIA SUB-CÆRULEA.

URCEOLARIA sub-cærulea. U. crustâ tartareâ, rimoso-areolatâ, cinereo-cœsiâ; in ambitu, plicato-lobatâ, lobis linearibus obtusis; scutellis bruneis, vetustate nigricantibus.

Ce *lichen* est commun dans la vallée de l'Égarement; il recouvre souvent les cailloux sur toute leur face supérieure, qui est exposée à l'air et à la rosée; il forme vers ses bords des ramifications linéaires, serrées, dichotomes, comme articulées, et dont la terminaison est obtuse ; ses aréoles polygones, irrégulières, sont grises, couleur d'ardoise, plutôt relevées dans leur centre que par leurs bords : les écussons sont bruns dans leur jeunesse, bordés par l'écartement de la croûte, qui est très-mince, et qu'ils percent en se montrant comme de petites têtes d'épingle; ils noircissent en vieillissant et s'aplatissent avant de se détruire. Ce *lichen*, lorsqu'il est frais, verdit étant écrasé.

Explication de la planche 59, *figure* 1.

URCEOLARIA *sub-cœrulea. a*, portion de la croûte de ce *lichen* considérablement grossie; *b*, écusson entièrement développé; *c*, écusson commençant à se montrer sous la croûte qui se fend.

PLANCHE 59.

Fig. 2. PARMELIA MINIATA.

PARMELIA miniata. P. crustâ orbiculari, granulosâ, miniatâ, ambitu lobato, lobis minutis, obtusis, parcè iucisis, brevibus; scutellis minutis, marginatis, demùm convexis, concoloribus. Achar., *Meth. Lich.* pag. 194.— Hoffm., *Pl. Lich.* tab. 60, fig. 1.

Quand ce *lichen* est fort jeune, il prend la forme de taches d'un jaune orangé, demi-circulaires, à la surface des pierres calcaires. Ces taches vues à la loupe sont une expansion crustacée, très-mince, un peu lobée sur les bords, dont la couleur est vive et très-belle; cette couleur est gâtée, vers le milieu de la croûte, par un enduit qui paraît farineux. Ces taches, en grandissant, forment des croûtes fort irrégulières qui se joignent entre elles par les bords, se confondent et se fendillent en aréoles à plusieurs angles et dentées.

Les bords libres de ces croûtes sont lobés et plissés en se renflant un peu par-dessous entre les plis : le milieu des croûtes est parsemé d'écussons tantôt serrés, tantôt écartés, qui reposent sur des bases très-courtes; ces écussons sont demi-sphériques, n'ont point de bord en bourrelet, et sont entiers ou un peu divisés en deux à quatre lobes ; ou échancrés seulement d'un côté en forme de rein.

Ce *lichen*, étant sec, blanchit un peu par une zone à une ligne et demie du bord ; il perd sa couleur orangée en vieillissant, et se réduit à une croûte terreuse, blanchâtre.

Explication de la planche 59, *figure* 2.

PARMELIA *miniata. a*, portion grossie de la croûte de ce *lichen; b*, écusson demi-sphérique; *c*, écusson déprimé dans le milieu; *d*, *e*, écussons diversement lobés ; *f*, coupe verticale d'un écusson et de son support.

PLANCHE 59.

Fig. 3. URCEOLARIA RHIZOPHORA.

URCEOLARIA rhizophora. U. crustâ tartareâ, rimoso-areolatâ, per ambitum tenuissimâ, depressâ, lacerâ.

Cette croûte est très-mince sur les bords, où l'on remarque qu'elle est formée de filamens plats, rameux, étendus comme des racines très-divisées. Les aréoles du milieu de la croûte sont, les unes, hexagones, oblongues; les autres, quadrilatères, plus ou moins irrégulières, un peu relevées par les bords. Plusieurs aréoles centrales se dilatent et s'ouvrent pour laisser paraître un écusson brun-verdâtre au-dehors, blanc et farineux en dedans. Les écussons ressemblent à des globules qui crèvent une poche irrégulière et déchirée par les bords.

Ce *lichen* a de l'affinité avec l'*urceolaria fimbriata* d'ACHARIUS, *Meth. Lich.* pag. 145; mais il en diffère par les écussons bruns et par la couleur presque chamois de la croûte.

Explication de la planche 59, *figure* 3.

Urceolaria *rhizophora. a*, portion de la croûte de ce *lichen* à son bord; *b*, le même considérablement grossi, dont les aréoles centrales ont produit des écussons; *c*, écusson sortant de dessous la croûte, qui s'ouvre et est denticulée, déchirée; *d, e*, écussons solitaires ou géminés naissant des aréoles.

PLANCHE 59.

Fig. 4. URCEOLARIA CONFERTA.

Urceolaria conferta. U. crustâ tartareâ, planâ, albicante, tenuiter rimosâ, sub-lobatâ, effusâ; areolis nonnullis è scutellarum ortu 2-3-punctatis.

Cet *urceolaria* forme une croûte blanchâtre, composée d'un grand nombre d'aréoles plates, un peu déprimées dans le milieu. On voit communément naître deux à trois écussons de chaque aréole; ils sont noirs, demisphériques, et s'enlèvent facilement en entier avec la pointe d'un canif; ils sont teints en blanc en dessous par les débris de la croûte, dans laquelle ils laissent une dépression.

Cet *urceolaria* croît sur les pierres et les cailloux dans la partie la plus élevée de la vallée de l'Égarement, entre le Nil et la mer Rouge.

Explication de la planche 59, *figure* 4.

Urceolaria *conferta. a*, portion de ce *lichen* vue à la loupe; *b*, un des écussons; *c*, écussons rapprochés naissant d'une seule aréole.

PLANCHE 59.

Fig. 5. LECIDEA MINIMA.

Lecidea minima. L. crustâ scaberulâ, effusâ, rimosâ; scutellis aurantiacis areolarum magnitudine, ætate depressis, farinosis, albidis.

Cette espèce représente une croûte chagrinée, pointillée de blanc et de jaune; on n'y distingue aucun bord lobé : c'est un amas de petites aréoles, dont les unes sont blanchâtres, à plusieurs angles ou presque arrondies, variant de formes par la pression mutuelle de leurs bords; les autres aréoles se terminent par des écussons de couleur orangée, garnis d'un petit bord blanc. Tous ces écussons ne sont pas plus grands que l'épaisseur d'une carte; ils sont médiocrement saillans, entiers, sessiles, hémisphériques; ils se détachent de la croûte en vieillissant, et ne laissent plus que leur base, qui forme des points blancs, déprimés dans le milieu.

Ce *lichen* se trouve sur les pierres dans la vallée de l'Égarement.

Explication de la planche 59, *figure* 5.

Lecidea *minima*. *a*, ce *lichen* vu à la loupe; *b*, écusson commençant à se développer; *c*, écusson à maturité; *d*, le même coupé verticalement.

PLANCHE 59.

Fig. 6, 6′, 6″, PHALLUS ROSEUS.

Phallus roseus. P. stipite tereti, celluloso; pileo annulato, pleno, è viridi nigricante; ore terminali lævi, depresso.

La tige est cylindrique, haute de 8 à 13 centimètres (3 à 5 pouces), épaisse de 3 à 4 centimètres (un pouce à un pouce et demi), en fuseau à sa base. Cette tige est rose, finement celluleuse, réticulée, traversée dans toute sa longueur par un tube ou canal qui aboutit à une ouverture lisse, un peu aplatie au sommet. Le chapeau, en anneau, égale la cinquième partie de la tige; sa substance est verte et compacte, entremêlée de fibres blanches : il est attaché au bord évasé de l'ouverture terminale de la tige, et est plus ou moins recouvert par une humeur gluante et par des portions déchirées de la bourse ou enveloppe de la plante. Ce chapeau se ramollit et se résout en une espèce de boue.

La bourse ou enveloppe persiste principalement à la base de la tige, et présente en dessous quelques racines courtes, cylindriques, qui se rompent facilement : cette bourse est formée d'une membrane coriace, épaisse et glaireuse dans la partie contiguë au chapeau de la tige; elle enveloppe toute la plante, et forme une boule pesante, ressemblant à un *lycoperdon* avant de se rompre et de laisser sortir la tige.

Je trouvai ce champignon à Damiette et à Syout, dans les automnes de 1798 et de 1799.

C'est à Syout que M. Redouté en a fait les dessins, qui sont d'un tiers moins grands que nature dans les fig. 6, 6', 6'', planche 59.

Ce champignon croît par groupes de plusieurs tiges inégales, qui paraissent à peu de temps les unes des autres, et qui sont plus ou moins droites ou courbées, suivant la résistance qu'offrent les déchirures souvent incomplètes de son enveloppe.

Explication de la planche 59, *figures* 6, 6′, 6″.

Phallus *roseus*. Fig. 6, tiges entières de cette plante; 6′, une des tiges de la même plante, sortie de sa bourse par la base ; 6″, bourse séparée de la tige et emportant avec elle la racine.

PLANCHE 59.

Fig. 7. LECIDEA QUINQUETUBERA.

Lecidea quinquetubera. L. tuberculis sparsis, depressis, verrucosis, aliis solitariis sub-orbicularibus, aliis aggregatis difformibus.

Cette végétation consiste en très-petits tubercules noirs, verruqueux principalement sur leur contour, un peu déprimés dans leur centre. Plusieurs de ces tubercules sont groupés par plaques inégales; quelques-uns sont solitaires et arrondis.

J'ai observé ce *lichen* sur quelques-unes des pierres brunies par le temps, près du sommet de la seconde pyramide de Gyzeh, du côté du nord seulement.

Explication de la planche 59, *figure* 7.

Lecidea *quinquetubera*. *a*, tubercules de ce *lichen* vus à la loupe, les uns groupés, les autres épars; *b*, *c*, tubercule séparé.

PLANCHE 59.

Fig. 8. LECIDEA CIRCUMALBATA.

Lecidea circumalbata. L. picturâ tenui, fumosâ, sub-orbiculatâ, albo limitatâ : scutellis sparsis, nigris, exsertis.

Cette espèce consiste en taches grises ou un peu jaunes, arrondies ou obtusément anguleuses, bornées par un bord blanc, étroit. Sur ces taches naissent de très-petits écussons noirs, épars, arrondis, inégaux en grandeur, demi-sphériques lorsqu'ils sont mouillés.

Ce *lichen* croît sur les pierres dans la vallée de l'Égarement.

Explication de la planche 59, *figure* 8.

Lecidea *circumalbata*. *a*, portion centrale de ce *lichen* grossie ; *b*, un écusson grossi, vu à la loupe.

PLANCHE 59.

Fig. 9. LECIDEA VETUSTA.

Lecidea vetusta. L. crustâ tartareâ, albâ, tenuiter rimosâ; areolis verrucoso-difformibus; scutellis exsertis atris.

Ce *lecidea* a de très-grands rapports avec l'*urceolaria conferta*, fig. 4.

C'est une croûte blanche, chargée de quelques écussons noirs, épars : ces écussons commencent par des mamelons qui ont une demi-transparence gélatineuse; ils s'élèvent et s'arrondissent en globules noirs. La croûte résulte de polygones très-petits et très-irréguliers, souvent un peu lobés; plusieurs de ces polygones sont creusés d'une cupule vide, presque lisse, qui est probablement la trace d'écussons tombés.

Ce *lichen* croît sur les pierres, aux mêmes lieux que le précédent.

Explication de la planche 59, *figure* 9.

Lecidea *vetusta*. *a*, portion de ce *lichen* vue à la loupe; *b*, écusson grossi; *c*, coupe transversale de l'écusson.

planche 59.

Fig. 10. LECIDEA CANESCENS.

Lecidea canescens. L. crustâ tartareâ orbiculari, rugoso-plicatâ, glauco-candicante, ambitu lobato; patellulis centralibus marginatis atris. Achar., *Meth. Lich.* pag. 83.
Lichen canescens. Achar., *Lichenogr. Prodr.* pag. 103.

Ce *lichen* forme des croûtes blanches, orbiculaires, étendues en largeur depuis 5 millimètres jusqu'à 2 et 3 centimètres (1 à 13 lignes) : ces croûtes sont d'un blanc mat à la surface, formées de petits renflemens linéaires, radiés; elles sont ondulées, un peu lobées sur les bords.

J'ai recueilli plusieurs *lichen* de cette espèce sur les pierres du sommet de la deuxième pyramide de Gyzeh; je n'en ai point vu la fructification.

Explication de la planche 59, *figure* 10.

Lecidea *canescens*. *a*, portion de ce *lichen* vue à la loupe.

planche 59.

Fig. 11, 11'. PARMELIA PINGUIUSCULA.

Parmelia pinguiuscula. P. crustâ verrucosâ, fusco-nigricante; tuberculis globulosis, in scutellas truncatas planiusculas demùm abeuntibus.

Ce *lichen* consiste en tubercules arrondis, rapprochés

PLANTES GRAVÉES.

en paquets, et qui ont l'aspect de gélatine durcie et sale : ces tubercules sont grisâtres quand ils sont jeunes ; ils brunissent et prennent une teinte de suie en vieillissant. Les écussons sont peu nombreux, plats en dessus, et de même diamètre que la base qui les supporte; ils sont principalement très-bruns vers leurs bords, qui sont coupés à angle droit : quelques-uns des écussons se plient d'eux-mêmes transversalement en deux lèvres.

Je n'ai trouvé ce *lichen* que sur quelques pierres du sommet de la seconde pyramide de Gyzeh.

Explication de la planche 59, *figures* 11, 11'.

PARMELIA *pinguiuscula*. *a*, tubercules groupés commençant à se développer; *b*, *c*, tubercules sur lesquels on voit le rudiment des écussons; *d*, groupe de tubercules rapprochés avec des écussons à maturité; *e*, écusson détaché.

Les figures 11, 11', sont de grandeur naturelle ; les détails qui les accompagnent, sont représentés vus à la loupe.

PLANCHE 60.

Fig. 1. NYMPHÆA LOTUS.

NYMPHÆA lotus. N. foliis cordatis, dentatis. Linné, *Spec.* 729. — Hasselq., *It.* 471. — Willden., *Spec.* tom. 2, pag. 1153. — Waldst. et Kitaib. *Plant. Hung.* pag. 13, tab. 15. — Sims, *Bot. Mag.* tab. 797. — Beauvois, *Flore d'Oware et de Benin*, tab. 78.

NYMPHÆA lotus; foliis sub-orbiculatis, basi fissis juxta petiolum. Forskal, *Descr.* pag. 100.

CASTALIA mystica. Salisbury, *Annals of bot.* pag. 73.

LOTUS ægyptia. Pr. Alpin, *Pl. exot.* pag. 213 *et seq.*

AMBEL. Rheed. *Mal.* XI, pag. 51, tab. 26.

LOTOS. Hérodote, lib. 2, cap. 92. — Diod. Sic., pag. 30 et 41, ed. Hanov. 1604. — Théophraste, *Hist. plant.* l. 4, c. 10, p. 437.

LOTUS ægyptia. Dioscoride, lib. 4, pag. 114. — Pline, *Hist. nat.* lib. 13, cap. 17.

Description. Cette plante germe dans les fossés et dans les canaux de la basse Égypte, au commencement de l'été. Sa racine est un tubercule arrondi, un peu oblong, épais de 35 millimètres (environ 15 lignes), recouvert d'une écorce sèche, brune et coriace : les fibres radicales et les anciens pétioles et pédoncules laissent sur ce tubercule des traces saillantes. Des feuilles poussent par son sommet, qui est un peu cotonneux, et qui laisse sortir des fibres radicales, horizontales, aux extrémités desquelles croissent d'autres tubercules.

Les pétioles sont cylindriques et de la grosseur du petit doigt. Leur longueur est proportionnée à la profondeur de l'eau : ils sont courts dans les rizières et dans les lieux bas, marécageux; quelquefois ils atteignent au-delà d'un mètre et demi (environ 5 pieds) dans les lacs et les canaux.

Les feuilles ont leur disque flottant, plane, orbiculaire, large de 16 à 32 centimètres (6 pouces à un pied), pelté, fendu en cœur à la base, garni en dessous de nervures saillantes en réseau, bordé à sa circonférence de dents courtes, aiguës, séparées par des échancrures semilunaires.

Les fleurs ont leurs pédoncules semblables aux pétioles ou supports des feuilles. Leur calice est à quatre feuilles ovales, oblongues, vertes en dessous, un peu rose sur les bords, marquées de quelques nervures longitudinales. La corolle est formée de seize à vingt pétales, qui ne diffèrent des feuilles du calice que par leur blancheur et par un peu plus de longueur.

Le centre de la fleur est occupé par un ovaire demi-sphérique, auquel adhèrent les feuilles du calice et les pétales imbriqués sur plusieurs rangs. Les étamines, plus nombreuses que les pétales, sont insérées de la même manière autour de l'ovaire ; elles sont linéaires, de moitié plus courtes que les pétales : les loges des anthères s'étendent sur deux lignes parallèles jusqu'au sommet des filets. Les étamines contiguës aux pétales sont les plus grandes ; celles des rangs intérieurs sont plus courtes.

L'ovaire est couronné par un stigmate en plateau, divisé en vingt ou trente rayons, terminés chacun par une corne linéaire, arquée en dessus.

Le fruit est une capsule pulpeuse, molle, globuleuse, couverte d'écailles qui sont les débris des diverses parties de la fleur. Les cloisons de cette capsule correspondent en nombre aux rayons du stigmate, et forment autant de loges, dont chacune renferme une grande quantité de petites graines sphériques farineuses.

Histoire. Le nom de *lotus* a désigné dans l'antiquité des plantes très-différentes. En Égypte, il a appartenu à trois plantes aquatiques et herbacées qui sont les suivantes ; savoir :

1°. Le lotus à fleurs blanches, ou lis du Nil à graines de pavot, décrit par Hérodote, *nymphæa lotus* LINN., ici représenté fig. 1 ;

2°. Le lotus bleu d'Athénée, dont la fleur est peinte dans les temples d'Égypte, *nymphæa cærulea*, représenté fig. 2 ;

3°. Le lotus rose ou antinoïen, ou féve d'Égypte,

ou lis rose du Nil d'Hérodote, *nymphæa nelumbo* LINN., figuré ci-après, planche 61.

Ces lotus d'Égypte ne ressemblent point aux plantes du même nom qui croissaient dans d'autres pays. Il y avait en Libye un lotus arbrisseau qui a été célébré par Homère, et qui a fait donner le nom de *Lotophages* à un peuple ancien d'Afrique. Cet arbrisseau est le *rhamnus lotus* LINN.[1].

Deux autres arbres de la Grèce et de l'Italie ont été aussi appelés *lotus;* savoir, le *celtis australis* LINN. et le *diospyros lotus* LINN. Enfin une herbe des prairies, probablement du trèfle, peut-être le *lotus corniculatus* LINN., était connue sous le nom de *lotus* chez les Grecs et chez les Romains.

Le lotus blanc d'Égypte, ou *nymphæa lotus*, est absolument du même genre que le *nénufar* des étangs de France, dont le nom vient des langues syriaque et arabe. Le nom de *naufar* est donné par les Égyptiens au *nymphæa lotus* et au *nymphæa cærulea*, auxquels ils donnent encore d'autres noms, ceux de *bachenyn* et d'*a'râys el-Nyl*. Les mots *naufar* et *bachenyn* sont des noms propres qui ne peuvent se traduire que par *nénufar* ou *nymphæa*. Les mots *a'râys el-Nyl* signifient *les épouses du Nil;* désignation tout-à-fait convenable à ces plantes, qui fleurissent pendant la crue du Nil, gages certains de la fécondité de ses eaux.

Hérodote décrit ainsi le lotus blanc ou lotus à graines de pavot, qu'il désigne par le nom de *lis* : « Il paraît

---

[1] Voyez l'*Histoire et la description du lotos de Libye*, par M. Desfontaines, dans les *Mém. de l'Acad. roy. des sciences*, ann. 1788, p. 443.

dans le Nil, lorsque les campagnes sont inondées, une quantité prodigieuse de lis [1], que les Égyptiens appellent *lotos;* ils les cueillent et les font sécher au soleil; ils en prennent ensuite la graine : cette graine ressemble à celle du pavot, et se trouve au milieu du lotos; ils la pilent; ils en font du pain, qu'ils cuisent au four. On mange aussi la racine de cette plante; elle est d'un goût agréable et doux : elle est ronde et de la grosseur d'une pomme.

« Le lotus d'Égypte, suivant Théophraste [2], croît dans les campagnes inondées; ses fleurs sont blanches et ont leurs pétales comme ceux du lis : elles naissent en grand nombre, serrées les unes contre les autres; elles se ferment au coucher du soleil et cachent leurs fruits : ces fleurs s'ouvrent ensuite quand le soleil reparaît, et s'élèvent au-dessus de l'eau; ce qui se renouvelle jusqu'à ce que le fruit soit entièrement formé et que la fleur soit tombée. Le fruit égale celui d'un gros pavot, et contient un très-grand nombre de graines semblables à celles de millet, etc. »

Il est fort naturel de comparer les graines petites et arrondies du lotus à celles du millet. J'ai entendu quelques paysans du Delta appeler ces graines *dokhn el-bachenyn,* c'est-à-dire *millet de bachenyn;* ils pensaient qu'elles ne pouvaient guère servir que de médicament rafraîchissant. Ces graines restent collées à la substance du fruit, s'il se dessèche hors de l'eau; mais presque toujours il se pourrit dans les marécages, en sorte que

---
[1] Hérodote, *Hist.* l. II, ch. XCII, tom. II, pag. 71, *trad. de Larcher.*
[2] *Hist. plant.* lib. IV, cap. X.

les graines se répandent dans la vase. Les Égyptiens, au rapport d'Hérodote, recueillaient ces graines en les faisant sécher au soleil avec le lotus ou le fruit entier : mais, suivant Théophraste, ils les recueillaient en imitant le moyen qu'offre la nature pour les séparer du fruit, qui reste dans l'eau; ils faisaient pourrir les fruits en tas, et retiraient les graines en les lavant[1]; ensuite ils en faisaient du pain. Ils pensaient que cet aliment, lorsqu'ils avaient quitté la vie sauvage, leur avait été enseigné par Isis ou Menès[2]; de même qu'ils attribuaient à Isis et à Osiris la culture du blé, de la vigne, et en général toutes les douceurs de la civilisation[3]. Ils se nourrissaient non-seulement des graines, mais aussi de la racine du lotus, que Théophraste a nommée *corsion*, et qu'il a comparée pour la grosseur à un fruit de cognassier. Cette racine est moins grosse que ne sont les fruits de cognassier, même en Égypte : elle a quelque ressemblance, pour la grosseur et la substance, avec la châtaigne. Les Égyptiens nomment aujourd'hui cette racine *byâroû*. J'ai vu des paysans qui la vendaient cuite dans le marché à Damiette, pendant l'automne; je n'ai pu distinguer si c'était plutôt la racine du *nymphæa lotus* que celle du *nymphæa cærulea*, parce que les racines ne diffèrent point dans ces deux plantes, dont les qualités sont probablement les mêmes : cependant les Égyptiens regardent le *nymphæa* blanc comme moins bon que le *nymphæa* bleu; ils nomment le premier *bachenyn el-*

---

[1] Théophraste, *Hist. plant.* lib. IV, cap. X.
[2] Diodor. Sic. *Bibl. hist.* lib. I, sect. 2, pag. 41.
[3] *Ibid.* pag. 13.

khanzyr, c'est-à-dire *nymphœa* ou *nénufar des porcs*, et le second, *bachenyn a'raby*, c'est-à-dire, *nymphœa* ou *nénufar des Arabes*. Ebn el-Beytâr, médecin arabe, qui a écrit au xiiie siècle un traité des plantes cité par Prosper Alpin [1], distinguait aussi par ces dénominations les deux espèces de *nymphœa* d'Égypte, et donnait à leurs racines le nom de *byâroû* [2], qu'elles ont encore aujourd'hui.

Les fruits du *nymphœa lotus*, mêlés à des épis de blé, sont un emblème d'Isis ou de l'abondance, sur les médailles égyptiennes du temps des empereurs romains. Ces fruits sont communément désignés par le nom de *pavots* dans les explications des divers sujets de ces médailles [3].

Le lotus d'Égypte a été comparé par les Grecs et les Romains aux pavots et aux lis, plantes qu'ils connaissaient davantage; et Pline a appelé les fleurs de lotus, *des pavots* : Hérodote a appelé le lotus *lis*; Théophraste en a désigné le fruit par le terme de $κωδία$, qui ne s'entendait que du fruit de pavot. Une autre cause a pu faire confondre le lotus avec le pavot; c'est la ressemblance entre les attributs d'Isis et entre ceux de Cérès, à laquelle les Romains avaient consacré le pavot.

---

[1] Pr. Alpin. *Rer. Ægypt.* l. iii, cap. 10, pag. 163.

[2] Prosper Alpin *ibid.* a écrit, d'après une traduction espagnole d'Ambihetar (Ebn el-Beytàr), *biaron*, *bisnin el-Arabi*, et *bisnin el-Hanziri*.

[3] *Voyez* Zoëga, *Numi Ægypt.* pag. 104, n°. 43, tab. 6; Morel, *Thesaur. numism.* tom. ii, p. 144, tab. 10, numism. 24, et pag. 391, tab. 14, numism. 7.

Raphaël Fabretti, dans ses Explications d'inscriptions antiques, *Romœ*, in-fol. parv. ann. 1699, a donné la figure d'une petite statue d'Isis tenant de la main gauche des fruits, qui me paraissent devoir être

Explication de la planche 60, *figure* 1.

NYMPHÆA *lotus*. *a*, feuille vue par sa face inférieure, qui est un peu velue lorsqu'on l'examine attentivement à la loupe; *b*, pistil terminé par le stigmate rayonné à longs appendices en manière de cornes. L'insertion des pétales et des étamines à la circonférence et sur le corps du pistil est indiquée par de petites déchirures transversales, toutes les étamines ayant été enlevées, à l'exception de trois.

PLANCHE 60.

Fig. 2. NYMPHÆA CÆRULEA.

NYMPHÆA cœrulea. N. foliis repandis, antheris apice subulato-petaloïdeis. Savigny, *Décade égyptienne*, pag. 74, édit. du Kaire, an VII. — *Annal. du Mus. d'hist. nat. de Paris*, tom. 2, p. 366, tab. 25. — Ventenat, *Jard. de Malmaison*, tab. 6.

NYMPHÆÆ indicæ minoris species v[e], exhibens flores intensè cœruleos. Rumph., *Amb.* 6, pag. 172.

NYMPHÆA cœrulea. Andreus, *Botanist's Repository*, tab. 197. — Sims, *in Bot. Mag.* tab. 522.

CASTALIA scutifolia. Salisbury, *in Annals of Botany*, p. 72.

LOTUS cyaneus. Athén., *Deipnosoph.* lib. XV, pag. 677.

Variat. minor.

NYMPHÆA stellata. Willden., *Spec. plant.* 2, pag. 1153. — Andreus, *Botanist's Repository*, tab. 330.

CITAMBEL. Rheed., *Mal.* tom. XI, pag. 53, tab. 27.

CASTALIA stellaris. Salisbury, *in Annals of Bot.* pag. 73.

Description. La racine du *nymphæa cœrulea* ne diffère point de celle du *nymphæa lotus* décrit précédemment. Ces deux plantes varient de grandeur, suivant la profondeur des eaux.

Les feuilles du *nymphæa cœrulea* ont la même forme

ceux du *nymphæa lotus*, plutôt que de véritables fruits de pavot, eu égard aux anciens usages de l'Égypte.

que celles du *nymphœa lotus*, excepté que leur disque est un peu plus ovale, découpé sur les bords en échancrures légères, séparées par des dents mousses au lieu de dents aiguës. Le disque de ces feuilles est glabre de toutes parts, fréquemment d'un brun violet en dessous ou tacheté.

Les fleurs ont leur calice à quatre feuilles lancéolées, sans nervure, tachetées de brun en dehors : ce calice, avant son épanouissement, forme un bouton à quatre faces. Le diamètre ordinaire de la fleur est de 12 centimètres (4 pouces et demi); il est susceptible d'augmenter d'un tiers dans les plus grandes fleurs. Les pétales sont lancéolés, au nombre de douze à quatorze, et de couleur bleue. Les étamines ont leurs anthères linéaires en fer d'alêne, à deux loges qui ne parviennent pas tout-à-fait jusqu'au sommet de leurs filets. Le pistil porte les pétales et les filets des étamines insérés à sa circonférence. Le stigmate est sessile, terminal, en plateau, canelé à seize et vingt rayons un peu arqués en dessus, terminés chacun en une pointe courte. Les fruits sont globuleux, partagés en autant de loges qu'il y a de rayons au stigmate, et semblables à ceux du *nymphœa lotus* : ils contiennent de petites graines sphériques.

Histoire. Les Égyptiens ont peint et sculpté dans leurs temples le *nymphœa cœrulea*, ou lotus bleu, plus fréquemment qu'aucune autre plante. Il nous suffisait d'avoir vu cette fleur dans les rizières et au bord des canaux de la basse Égypte, pour la reconnaître à sa forme et à sa couleur sur les murs des anciens temples du Sa'yd. Des faisceaux de fleurs et de feuilles de lotus bleu sont mêlés aux offrandes figurées sur les tableaux hiéroglyphiques; et l'on peut croire que si les anciens, à l'exception d'Athénée, n'ont point remarqué ce lotus, c'est qu'ils le confondaient avec le lotus blanc, qui est tout-à-fait du même genre. La couleur des fleurs est un des principaux caractères distinctifs entre le lotus bleu, *nymphœa cœrulea*, et le lotus blanc, *nymphœa lotus*. Ces plantes ont été désignées comme de simples variétés par des auteurs modernes [1]; elles sont des objets de superstition chez les Indiens. Les peintures des monumens de l'Égypte attestent l'antiquité de cette superstition, commune autrefois à l'Inde et à l'Égypte.

Le lotus bleu est peint dans les hiéroglyphes de Philæ et d'Edfoû, à l'extrémité la plus méridionale de l'Égypte, où cette plante croissait autrefois, et où elle ne se retrouve plus. L'Égypte moyenne et la basse Égypse produisent le *nymphœa lotus* et le *nymphœa cœrulea*, qui se sont répandus d'autant plus facilement dans le cours du Nil, que leurs graines sont très-fines et nombreuses. Ces plantes ont été détruites, dans la haute Égypte, avec le *faba ægyptiaca* ou lotus rose, par la sécheresse et l'élévation du sol; leurs racines, dans la basse et la moyenne Égypte, ont pu résister aux alternatives de sécheresse et d'humidité, qui ont suffi pour faire périr le *faba ægyptiaca*, dont la racine a besoin d'être constamment submergée.

Les racines du *nymphœa cœrulea* et du *nymphœa lotus* se conservent pendant plus d'une année après l'inon-

---

[1] *Voyez* Rumph. *Herb. Amb.* tom. vi, pag. 172, et William Jones, *Asiatick Researches*, tom. vi, pag. 285.

dation, comme feraient des graines; elles ne périssent point dans les campagnes sur lesquelles le Nil manque de se répandre. On laboure le fond d'anciens étangs convertis en plaines sèches après la retraite des eaux. Les racines tubéreuses de ces *nymphæa*, protégées par leur écorce, sont remuées avec la terre et foulées aux pieds dans les champs de blé; elles n'y germent que si le sol vient à être submergé, et ne sont point détruites après être restées plus d'une année sans germer.

Les offrandes de fruits sur les tableaux sculptés et coloriés des anciens monumens d'Égypte, sont ornées de fleurs de *nymphæa* bleu. Ce *nymphæa* devait servir aux mêmes usages que le *nymphæa lotus*, puisqu'ayant des racines et des fruits semblables, il offrait les mêmes ressources alimentaires. Aujourd'hui les Égyptiens font peu d'usage de ces plantes; mais ils estiment surtout, pour la beauté des fleurs, le *nymphæa* bleu. Les anciens Égyptiens, au rapport d'Athénée[1], en faisaient des couronnes.

Explication de la planche 60, *figure* 2.

NYMPHÆA *cærulea*. Cette plante est entière, tirée du bord d'un fossé peu profond d'une rizière de la basse Égypte. *a*, le réceptacle de la fleur et l'ovaire, dont les dents rayonnées sont très-courtes; *b*, un des pétales; *c*, une des étamines les plus longues; *d*, une des étamines courtes placées plus au centre de la fleur que les étamines allongées; *e*, le fruit globuleux et épais, recouvert des débris persistans de la fleur; *f*, le même fruit coupé pour qu'on en puisse voir les loges et les graines; *g*, graines détachées, unies à la substance pulpeuse du fruit; *h*, la racine tubéreuse de la plante; *i*, coupe verticale de cette racine; *k*, coupe transversale de la même.

[1] *Deipnosoph.* lib. xv, pag. 677.

PLANCHE 61.

Fig. 1. NYMPHÆA NELUMBO.

NYMPHÆA nelumbo. N. foliis peltatis, undique integris. Linné, *Spec. plant.* pag. 730. — Loureiro, *Flor. Cochinch.* pag. 416. — Thunb., *Flor. Japon.* pag. 223.

NYMPHÆA indica, faba ægyptia dicta, flore incarnato. Herman., *Parad.* tab. 205.

NYMPHÆA fabifera, Indiæ paludibus gaudens, foliis umbilicatis, amplis; pediculis spinosis; flore roseo purpureo. Pluck., *Alm.* tab. 322, fig. 1.

TARATTI. Rumph., *Amb.* 6, pag. 168, tab. 73.

TAMARA. Rheed., *Mal.* XI, pag. 59, tab. 30.

NELUMBO zeylonensium. Tournef., *Instit. rei herb.* pag. 261. — Burm., *Thes. zeylan.* pag. 174.

NELUMBO indica, pedunculis petiolisque muricatis. Persoon, *Synops.* 2, pag. 92.

NELUMBIUM speciosum. Willden., *Spec.* 2, pag. 1258.

CYAMUS nelumbo. Smith, *Exot. Bot.* pag. 59, tab. 31, 32.

CYAMUS mysticus. Salisbury, *Annals of Bot.* pag. 75.

Peregrinus fructus; an FABA ægyptiaca Dioscoridis? Clus., *Exot.* lib. II, cap. 13.

CIBORIUM. Bod. à Stapel, *Comment. Theophr.* pag. 446, *ubi folii icon falsa est.*

PAPAVER libycum. Lochner, *Diss. de papav. antiq.* pag. 3, tab. 1, fig. 2.

FABA in Ægypto nascens capite papaveris. Pline, *Hist. nat.* lib. XVII, cap. 12.

FABA ægyptiaca, κύαμος αἰγύπτιος. Théophraste, *Hist. plant.* lib. IV, cap. 10. — Diod. Sic., lib. I, pag. 9 et 30. — Strabon, lib. XVII, pag. 1151.

FABA ægyptia, cujus radix est colocasia. Dioscoride, lib. II, cap. 128. — Athén., *Deipnosoph.* lib. III, cap. 1, pag. 72.

COLOCASIA quam cyamon (i. e. fabam) aliqui vocant. Pline, *Hist. nat.* lib. XXI, cap. 15.

Lilia rosis similia, fructu favo vesparum simili. Hérodote, lib. II, pag. 144, *edit. Amstelod.* 1763.

FABA ægyptia, ex quâ nascitur ciborium. Strabon, lib. XVII, pag. 1178.

Flos ab Ægyptiis LOTOS appellatus, nascens è ciboriis. Athén., *Deipnosoph.* lib. III, cap. 1, pag. 73.

LOTUS similis rosæ, ex quo nectuntur coronæ Antinoiæ. Athén., *Deipnosoph.* pag. 677.

Description. La racine de cette plante est charnue, rampante, d'une saveur douce et aqueuse; elle trace beaucoup en produisant par ses articulations des tiges et des faisceaux de radicules, en sorte que plusieurs touffes sont liées par une seule souche.

Le disque des feuilles est orbiculaire, en bouclier, creux en dessus, dans le milieu, communément large de 3 à 5 décimètres (un pied à un pied et demi). Il est porté au-dessus de l'eau par le pétiole, qui est cylindrique, rude et un peu aiguillonné, de manière à pouvoir écorcher la peau. Sa longueur varie de 4 à 5 pieds, suivant la profondeur de l'eau.

Les fleurs commencent à se développer par un bouton épais conique; elles ressemblent un peu à une tulipe, étant épanouies. Leur corolle consiste en plus de quinze pétales, dont dix extérieurs, ovales, concaves, longs de 15 centimètres (6 pouces); les autres intérieurs, plus petits et inégaux.

La fleur est couronnée intérieurement d'une frange épaisse de filets d'étamines disposés au-dessous et autour de l'ovaire, qui a la forme d'un entonnoir plein. Le fruit prend la forme de l'ovaire; il est évasé en ciboire, large environ comme la paume de la main à sa face supérieure, qui est percée de vingt à trente fossettes, dont chacune contient une graine ovoïde un peu saillante, de la grosseur d'une noisette; l'écorce des graines est dure, noire, lisse, et renferme une amande douce, blanchâtre et charnue, comme la substance des glands, partagée en deux lobes, entre lesquels est une feuille verte, roulée, amère, recourbée : cette amande est bonne à manger, pourvu qu'on en rejette le germe intérieur amer.

Histoire. Cette plante, autrefois commune en Égypte, n'y existe plus et n'a été découverte dans aucune partie de l'Afrique; elle appartient à l'Asie et s'y retrouve indigène. L'Écluse, en 1602, fut le premier botaniste qui reconnut que le fruit de cette plante de l'Inde était le *faba ægyptiaca* des anciens. Rheede et Hermann achevèrent de faire connaître exactement la plante entière. Matthiole en avait donné une figure imaginaire tout-à-fait fausse.

La racine tendre, noueuse et rampante du *faba ægyptiaca* ou *nymphæa nelumbo* n'a pu se prêter, sur les bords du Nil, aux variations de la sécheresse et des inondations; le froid a pu la détruire dans le nord de l'Égypte. Le *faba ægyptiaca* est représenté sur la mosaïque de Palestrine[1], croissant dans un lac de la partie montueuse de l'Égypte, qui est celle du midi. Le courant du Nil et la profondeur des canaux ont pu causer le dépérissement de cette plante. Elle se plaît aux bords tranquilles des fleuves et dans les lacs, et ne réussit que dans trois à six pieds d'eau de profondeur.

---

[1] *Voy.* l'explication de cette mosaïque par Barthélemy, *Histoire de* *l'Académie des inscriptions*, année 1790.

Cette plante est le lis du Nil, ressemblant aux roses, décrit par Hérodote; elle est appelée *faba œgyptiaca*, féve d'Égypte, par la plupart des auteurs anciens.

La féve d'Égypte, suivant Théophraste, croît dans les marais et dans les étangs : sa tige, qui a quatre coudées de long, est de la grosseur du doigt; elle ressemble à un roseau qui n'a point de nœuds : son fruit a la forme d'un guêpier, et contient jusqu'à trente féves un peu saillantes, placées chacune dans une loge séparée. La fleur est deux fois plus grande que celle du pavot, et toute rose. Le fruit s'élève au-dessus de l'eau. Les feuilles sont portées sur des tiges semblables à celles des fruits; elles sont grandes et ressemblent au chapeau thessalien. En écrasant une féve, on voit au-dedans un petit corps plié sur lui-même, duquel naît la feuille. Sa racine est plus épaisse que celle d'un fort roseau, et a des cloisons comme sa tige : elle sert de nourriture à ceux qui habitent près des marais. Cette plante croît spontanément et en abondance : on la sème aussi dans le limon, en lui faisant un lit de paille pour qu'elle ne pourrisse point. »

On lit dans Dioscoride que les Égyptiens semaient les graines du *faba œgyptiaca* en les enveloppant de limon et les jetant dans l'eau. Rumph a remarqué, dans l'Inde, qu'on semait les graines germées ainsi enveloppées, pour leur faire gagner le fond de l'eau. Les peuples de la Chine, du Japon et de l'Indostan, cultivent cette plante, naturelle à leurs climats; ils la croient agréable à leurs divinités, qu'ils représentent placées sur sa fleur.

L'accord dans l'espèce de culte rendu par les Indiens et par les anciens Égyptiens au *faba œgyptiaca* ou *nymphæa nelumbo*, prouve que ces peuples empruntèrent l'un de l'autre cette fleur pour emblème religieux. Plusieurs médailles égyptiennes représentent Horus posé sur la fleur ou le fruit du nelumbo[1]. Les tiges de cette plante, en faisceaux, décorent les côtés des dés de pierre qui servent de siége aux statues colossales égyptiennes.

Hérodote et Théophraste n'ont point donné le nom de *lotus* au *faba ægyptiaca*; ils ont appelé *lotus* le *nymphæa* à fruits de pavot, à feuilles dentées et à graines fines comme celles de millet. Mais Athénée rapporte que les Égyptiens donnaient à la fleur de la féve d'Égypte le nom de *lotus*, et quelquefois celui de *melilotus*, à cause de son odeur agréable. Il ajoute que cette fleur est le lotus rose ou antinoïen, qui avait été présenté comme un objet merveilleux à l'empereur Adrien pendant son séjour à Alexandrie.

Cette fleur est représentée avec son fruit sur la tête antique en marbre d'Antinoüs.

Les Égyptiens prirent les lotus[2] et le dattier[3] pour modèles de la forme et des ornemens de leurs colonnes. « Les chapiteaux de l'ordre égyptien, comme le dit Athénée, présentaient un entrelacement de fleurs et de

---

[1] *Voyez* Spanheim, *De præstantia et usu numism.* tom. I, p. 302, edit. Lond. 1706; et Zoëga, *Num. Ægypt.* pag. 193, n°. 253, tab. 12. Le fruit du nelumbo est aussi très-bien représenté, ornant une figure du Nil sous les traits de Jupiter, au revers d'une médaille de Vespasien, dans Morel, *Thes. numism.* t. II, p. 391, tab. 14, numism. 5ᵐ.

[2] Athénée, t. II, p. 298 et 299, liv. v, chap. IX, traduction de Le Febvre de Villebrune, et pag. 206, édition grecque de Casaubon.

[3] Athénée, liv. v, ch. VI, t. II, pag. 196, traduction de Le Febvre de Villebrune, et pag. 196, *lettre C*, édition grecque.

feuilles de lotus rose ou féve d'Égypte. On ne voyait point à la partie évasée de ces chapiteaux les volutes inventées par les Grecs, mais les fleurs des lotus du Nil, et des dattes venant de naître, etc. »

Les chapiteaux de plusieurs temples de la haute Égypte sont ainsi décorés de fleurs de lotus et de grappes de dattier. Les architectes ont encore imité la manière de croître des plantes en enveloppant la base rétrécie des colonnes entre plusieurs triangles qui s'appliquent les uns sur les autres. Ces triangles représentent les écailles ou les feuilles avortées qui accompagnent à leur insertion radicale les tiges de lotus, celles de papyrus et de beaucoup d'autres plantes aquatiques. Les colonnes à chapiteau en forme de fruits de lotus rose, et à base rétrécie, revêtue d'ornemens triangulaires, sont debout dans les temples; elles sont représentées sur d'anciens bas-reliefs, et peintes sur les manuscrits hiéroglyphiques.

Explication de la planche 61.

Les fig. 1, 2, 3, représentent un bouquet du *nymphœa nelumbo* ou *lotus* rose : il s'y trouve une fleur épanouie, fig. 1; un bouton au-dessus de cette fleur, et deux feuilles, dont une est vue en dessus, fig. 2, et l'autre en dessous et de côté, fig. 3.

Hérodote et Athénée rapportent que le nom de *lotus* était égyptien. Athénée emploie particulièrement le terme de *lotus rose*, tandis qu'Hérodote ne désigne la même plante que par le nom de *lis semblable aux roses*. Le fruit de ce lis, dit Hérodote, naissait sur une tige auprès d'une autre tige (en admettant la traduction de Larcher), ou sortait d'un involucre radical auprès d'un autre involucre (suivant d'anciennes traductions).

Quel que puisse être le sens que l'on préfère, on ne manquera pas de voir que les deux manières d'interpréter Hérodote sont convenables. Les fruits du lotus sont portés par des pédoncules séparés des pétioles des feuilles : il y a donc des supports particuliers pour les fruits et pour les feuilles. Il y a aussi des involucres distincts pour la base de chaque support ou tige : ce sont des écailles radicales qui forment les involucres que l'on voit, fig. 6.

Plusieurs auteurs ont nommé le lotus rose *fève d'Égypte*. Ils ont aussi donné aux diverses parties de cette plante les noms que je citerai. Ses feuilles étaient grandes, suivant Théophraste, comme les chapeaux thessaliens. On voit que la forme orbiculaire et peltée de ces feuilles leur donne de la ressemblance avec ces chapeaux, qui étaient larges et aplatis. Strabon rapporte que ces mêmes feuilles fort larges servaient commodément de plats et de gobelets, en sorte que les boutiques d'Alexandrie en étaient pleines [1]. Les Égyptiens modernes ont substitué, pour cet usage, les feuilles du *ricin* à celles du *faba ægyptiaca*. Ils enveloppent dans des feuilles de ricin beaucoup d'objets frais qu'ils achètent dans les marchés, tels que le fromage, le miel, etc., et ils se servent de ces feuilles comme de plats ou d'assiettes : mais cet usage n'a lieu qu'au dehors des maisons, parmi les gens du peuple.

[1] Strab. *Geogr.* lib. xvii, pag. 1151, *edit. Amstel.*

Les feuilles du *faba œgyptiaca* ou *nymphœa nelumbo* ont quelquefois 3 pieds (plus de 9 décimètres) de large à leur plein accroissement; elles sont concaves en manière de soucoupe ou d'entonnoir; elles s'élèvent au-dessus de l'eau; elles sont planes et flottent sur l'eau, quand elles sont jeunes. Leurs nervures partent en rayons du centre de leur disque, et, sur chaque feuille, une seule nervure aboutit, par un sommet non divisé, à l'échancrure un peu en cœur du contour du disque; remarque qui n'avait point encore été faite.

Le lotus varie pour la grandeur, suivant la profondeur de l'eau dans laquelle il croît. Il ne faut donc pas s'étonner que Théophraste, en parlant des tiges fort longues de ce lotus, en ait comparé la grosseur à celle du doigt. Ces proportions sont plus grandes que la gravure ne les donne ici, parce que les échantillons qui ont servi à faire ce dessin ont été choisis d'une taille moyenne.

La fleur du lotus était, dans l'ancienne Égypte, du double plus grande qu'une fleur de pavot. Dans l'Inde, dit Rumph, c'est la fleur la plus grande après celle du tournesol ou *helianthus*. Le Jardin de Malabar la représente large de 3 décimètres (un pied).

Fig. a, est l'ovaire du milieu de la fleur avec quelques étamines pour faire voir leur insertion au-dessous de cet ovaire.

Fig. b, le fruit entier. Les anciens le nommaient *ciborion*. Hérodote et Théophraste l'ont décrit, en remarquant qu'il était fait comme le rayon ou l'ouvrage des guêpes, et qu'il était percé d'alvéoles où étaient logées les graines; ce qui est fort exact. Aujourd'hui les botanistes comparent ce fruit à la pomme d'un arrosoir; il en a tout-à-fait la forme conique renversée.

Fig. c, une graine ou une fève d'Égypte sortie d'un des alvéoles du fruit.

Fig. d, une autre graine coupée en longueur pour faire voir la plumule, qui n'est autre chose que le rudiment de la première pousse propre à être développée par la germination. Cette plumule est composée de folioles repliées; ce qui a fait dire à Théophraste que, dans l'intérieur de la fève d'Égypte, il se trouvait quelque chose de replié, d'où provenait la feuille en forme de chapeau, ou littéralement *le chapeau*, πῖλος.

Fig. e, est le lotus rose tout entier, copié au trait d'après une peinture venant de la Chine. Cette copie a été réduite de deux tiers sur l'original.

Pour décrire cette plante, qu'on ne trouve plus en Égypte, il m'était indispensable de me la procurer de quelqu'un des pays où elle croît. J'en ai examiné des feuilles et des fleurs apportées de l'Inde par MM. de la Billardière et Leschenault; mais je n'ai jamais vu les racines. J'ai cru que la copie d'un dessin fait à la Chine exprimerait plus clairement qu'une description la manière de croître des feuilles et des fleurs, et leur mode d'insertion sur la racine.

On voit par le dessin que cette racine est noueuse, grosse et renflée, par rapport aux tiges ou supports des feuilles et des fleurs. Elle avait reçu autrefois en Égypte le nom de *colocase*, qui a passé depuis à une autre plante, l'*arum colocasia* LINN. ou *qoulqâs* des Arabes. Ainsi, en résumant les divers noms anciens que j'ai cités au sujet du lotus rose, on verra que le nom de *colocase* était appliqué à sa racine, et celui de *ciborion* à son fruit; sa graine était la *féve d'Égypte*, désignation qui indiquait quelquefois la plante toute entière. Mais la féve de marais, ou *féve grecque* de Dioscoride, qui était cultivée autrefois en Égypte, comme on l'y cultive encore aujourd'hui, n'a de ressemblance que par le nom avec la *féve d'Egypte*, qui est le lotus rose; ces plantes ne doivent nullement être confondues. La féve de marais ou véritable féve, *vicia faba* LINN., est caractérisée par les taches noires de ses fleurs papillonacées et par ses graines tout-à-fait de l'ordre des légumineuses.

PLANCHE 62.

PALMIER DATTIER. — PHOENIX DACTYLIFERA.

PHŒNIX dactylifera. P. frondibus pinnatis; foliolis ensiformibus complicatis. Linné, *Spec.* 1658. — Forskal, *Flor. Ægypt.* pag. L, LII, LXXVII. — Gærtner, 1, pag. 23, tab. 9. — Lamarck, *Dict. encyclopédique*, 2, pag. 261. — *Illustr.* tab. 893, fig. 1. — Desf., *Atl.* 2, pag. 438. — Willden., *Spec.* 4, pag. 730. — Persoon, *Synops.* 2, pag. 622.

PHŒNIX excelsior. Cavanil., *Icones*, *descr.* n°. 125.

PALMA. Matthiol., *Comm.* pag. 218 et 221, *icon.* — Théophr., *edit. Bod. à Stapel*, pag. 99. — Dod., *Pempt.* 2, pag. 819, *icon.* — Bauhin, *Pin.* 506.

PALMA dachel. Pr. Alpin, *Ægypt.* pag. 14.

PALMA hortensis mas et fæmina. Kæmpf., *Amœn.* pag. 673 et 697, tab. 1 et 2.

PALMIER DATTIER. Shaw, *Voyage en Barbarie*, tom. 1, p. 290. — Reynier, *Décade égyptienne*, tom. 3, pag. 179, édit. du Kaire, an VIII; et *Mém. sur l'Égypte*, tom. 3, pag. 159; Paris, Didot, an X. — Olivier, *Voyage dans l'empire othoman*, tom. 2, pag. 53.

Description. La racine du dattier est un cône peu allongé, d'où naissent beaucoup de radicules déliées et rameuses. Le tronc cylindrique et élancé varie de hauteur suivant son âge. Quelques dattiers, près des murs des villes et dans les mosquées, s'élèvent à 20 mètres (60 pieds). Ceux des plus belles plantations sont ordinairement hauts d'environ 10 à 13 mètres (30 à 40 pieds). Leur tronc est épais de 4 à 6 décimètres (14 à 18 pouces). Il est recouvert d'écailles qui sont imbriquées en spirale. Les cultivateurs s'attachent à tailler avec régularité les feuilles dont la base forme ces écailles, afin de donner au tronc un port agréable. Il est nécessaire, pour parer ainsi le tronc, que la végétation soit entretenue à un degré qui dispose l'arbre à la taille régulière des feuilles.

Les dattiers sauvages ont leur tronc moins régulier, lors même que leur accroissement n'a point été gêné, parce que les feuilles, en se rompant d'elles-mêmes, forment par leur base une écorce grossière.

J'ai observé qu'à 8 mètres (25 pieds environ) au-dessus de terre, dans les champs les mieux arrosés, les écailles cessaient d'être régulières, et qu'elles se confondaient entre elles par leur rapprochement et par la lenteur de la végétation. Ces écailles tiennent lieu d'écorce pendant long-temps; les troncs les plus anciens s'en dépouillent depuis leur base jusque vers leur partie moyenne.

Le dattier se termine par un seul faisceau de feuilles que l'on nomme quelquefois *branches de palmier* : elles ont 3 à 4 mètres (8 à 12 pieds) de longueur; leur force dépend de leur côte moyenne, qui est ligneuse, et qui leur a fait donner le nom de *branches*. La base de chaque feuille est élargie en une gouttière dont les bords sont continus avec une membrane complètement engaînante, formée par un réseau de plusieurs couches de fibres croisées les unes par-dessus les autres. Le nombre des feuilles est variable; j'en ai compté dix-huit au sommet d'un dattier en plein rapport. Dix-huit autres feuilles avaient été coupées sur cet arbre, à raison de six par an, dans le cours de trois années précédentes, en sorte que, si l'arbre eût été sauvage et non taillé, il eût pu être garni de trente-six feuilles et au-delà.

Les fleurs du dattier sont mâles ou femelles sur différens pieds; elles naissent en grappes dans des spathes ou étuis qui se fendent longitudinalement. Les grappes se partagent en une grande quantité de rameaux grêles qui portent des fleurs sessiles. La fleur mâle contient six étamines à filamens très-courts et à anthères linéaires; elle est pourvue d'un double calice : l'un extérieur, fort petit, à trois dents; l'autre intérieur, à trois divisions ovales-lancéolées, coriaces, striées en dehors, longues de 7 millimètres (3 lignes). La fleur femelle est globuleuse, épaisse d'environ 4 millimètres (2 lignes), et consiste en un double calice, dont un extérieur très-petit, en godet, à trois dents courtes, et un intérieur, formé de trois pièces onguiformes, concaves, qui embrassent trois ovaires dont un seul est fécond. Trois stigmates courts s'élèvent à la hauteur du calice et se rejettent en dehors.

Le fruit est une baie oblongue, lisse, dont la pulpe est sucrée, moelleuse, et se réduit facilement en une pâte charnue. Sous cette pulpe est une semence cornée, très-dure, ovale, cylindrique, canelée longitudinalement d'un côté, et relevée en bosse au côté opposé, sur le milieu duquel se trouve l'embryon.

Histoire. Le dattier est presque le seul arbre dont les Égyptiens ne négligent point la culture; il semble indigène dans les terrains sablonneux près de la mer. Un bois de dattiers couvrait la côte d'Égypte entre Abouqyr et Alexandrie. Le sable y retient les pluies de l'hiver au-dessus d'un fond de rocher. Les dattiers, malgré de longues sécheresses, réussissent mieux que tout autre arbre dans cette exposition découverte.

Ils sont communément plantés autour des villes et des villages; leurs troncs sont enfouis dans le sable qui s'est amoncelé en colline sur d'anciennes terres fertiles à l'ouest de Rosette.

Les dattiers sauvages du désert croissent au bord des sources d'eau saumâtre : ils ne forment pendant longtemps que des buissons, sans pouvoir s'élever; ils manquent d'abri contre les vents: quelques troncs médiocres sortent au-dessus des roseaux qui les entourent.

Quoique le voisinage de la mer et les sources d'eau saumâtre soient favorables aux dattiers, ces arbres ne peuvent supporter les arrosemens de l'eau tout-à-fait salée de la mer. Les dattiers qui, au bas des collines d'Abouqyr, sont quelquefois mouillés par la mer, végètent aux dépens de l'eau plus douce dont le sable est imbibé. Près de Sâlehyeh et au bord du lac Menzaleh, où l'on voit du sel cristallisé au pied des dattiers, les terres, presque au même niveau que le lac, m'ont paru assez imbibées de l'eau du Nil et des canaux pour faire profiter ces arbres. Leur belle végétation auprès de la mer n'est point due à l'eau salée, mais plutôt à la température rafraîchie et au sol plus bas et moins desséché. L'expérience a fait voir en Égypte que les arrosemens d'eau salée peuvent faire périr les dattiers.

Une distribution inégale des eaux du Nil avait frappé de stérilité les terres de Damiette peu avant notre arrivée en Égypte. La branche du Nil qui coule à Damiette, s'était trouvée singulièrement appauvrie par la dégradation d'une digue à l'entrée du canal de Fara'ounyeh; l'eau du Nil s'était écoulée vers Rosette par le Delta, et était demeurée très-basse à Damiette; l'eau de la mer avait considérablement reflué et s'était répandue sur les terres: beaucoup d'arbres avaient péri; les dattiers n'avaient plus donné de fruits et languissaient encore après plusieurs années, quoique l'on eût, par des travaux, ramené l'eau du Nil vers Damiette dans une proportion suffisante.

Les Égyptiens regardent le dattier comme originaire de l'Arabie heureuse.

C'est sur le dattier que le sexe des fleurs a été le plus anciennement observé: on avait reconnu que les arbres femelles avaient besoin, pour porter des fruits, d'être placés dans le voisinage des mâles. La culture, en rendant cet arbre plus productif, a fait naître la nécessité de porter des fleurs mâles sur les fleurs femelles pour les féconder. On a recours à cette méthode partout où le dattier est cultivé; elle était appelée *caprification* chez les anciens, ayant été comparée à une méthode suivie dans la Grèce pour faire porter des fruits au figuier, et qui consiste à placer sur ces arbres les figues d'autres figuiers sauvages appelés *caprificus*, pleines d'insectes, qui, en se répandant sur les figues cultivées et les piquant, les font grossir et mieux parvenir à maturité : mais la ressemblance entre la caprification du dattier et celle du figuier n'existe que dans le transport des fleurs ou fruits de certains pieds de ces arbres sur d'autres. La fleur mâle du dattier, portée sur la fleur femelle, y fait développer le fruit et sa graine, par une véritable fécondation du germe de cette graine : dans le figuier, au contraire, le germe des graines est attaqué par les insectes qui y déposent leurs œufs; leur piqûre hâte seulement la maturité du fruit sans rendre la graine propre à reproduire son espèce.

Lorsque les dattiers commencent à fleurir en *mechyr*, partie de février et de mars, on coupe sur les mâles les spathes qui doivent bientôt s'ouvrir; on reconnaît en les pressant, au bruit qu'elles font sous le doigt, que les fleurs sont près de jeter leur poussière. On sépare les divers brins ou rameaux de la grappe; et un homme les portant devant lui dans sa robe qu'il a relevée et rattachée sur ses reins, grimpe jusqu'au sommet des dattiers : il secoue la poussière de quelques petits rameaux mâles sur chaque grappe femelle, et place ensuite ces rameaux au centre de la grappe, ayant soin de la nouer toute entière par le bout avec un fil, qui est ordinairement une lanière déchirée de quelque foliole de dattier.

Les écailles des troncs de dattier présentent autant de degrés propres à retenir les pieds. L'ouvrier, en montant, s'est servi d'une ceinture de corde passée autour de ses reins, et qui embrasse son corps et le tronc de l'arbre. Cette ceinture est faite d'une large tresse de corde de dattier dans la partie qui pose sur les reins, et n'est qu'une simple corde tordue en devant; elle forme le cerceau, ayant beaucoup de soutien par elle-même, et est assez longue pour que l'ouvrier placé dans cette ceinture puisse se tenir incliné en arrière, tandis que ses pieds touchent l'arbre : un léger effort des mains, en tirant de chaque côté l'anse de corde qui embrasse le tronc, suffit pour rapprocher le corps près de l'arbre, et permet de faire sauter la corde un peu plus haut qu'elle n'était; les pieds se placent en même temps plus haut. Parvenu au sommet de l'arbre, et toujours soutenu par sa ceinture, le cultivateur coupe à volonté les spathes de fleurs mâles, les descend au moyen d'une corde dont il s'est muni, va les secouer ensuite, et les laisse par brins sur les fleurs des dattiers femelles. On féconde de cette manière, à quelques jours de distance, les diverses grappes d'un dattier, qui ne s'épanouissent pas toutes en même temps.

Les grappes commencent à fléchir sous le poids des dattes à la fin de juin; on lie ces grappes à la base des feuilles, pour éviter que les fruits ne soient froissés contre l'arbre. Les dattes mûrissent à la fin de juillet. A cette époque, les marchés du Kaire commencent à en être garnis. Il y a d'autres dattes tardives produites dans la basse Égypte, et qui sont apportées fraîches au Kaire jusqu'à la fin de décembre.

Les dattiers sauvages femelles donnent des fruits,

lorsqu'ils ont été fécondés naturellement par les pieds mâles. Il n'en est point ainsi des dattiers cultivés : leurs fruits dépendent des soins de l'agriculteur, et ne nouent point si l'on a négligé, au temps de la floraison, d'apporter et de secouer sur leurs ovaires les rameaux mâles.

Les dattiers ne donnèrent point de fruits aux environs du Kaire en l'année 1800, parce qu'ils ne purent être fécondés comme de coutume. Les troupes françaises et musulmanes avaient été en guerre au printemps, et s'étaient répandues dans la campagne, où les travaux agricoles avaient manqué. Les grappes des dattiers, ayant fleuri, ne furent point artificiellement fécondées, et restèrent sans fruits sur les arbres : la poussière des fleurs de quelques dattiers mâles épars çà et là, chassée par les fleurs et portée dans l'air, n'avait rendu féconde aucune grappe femelle. Cependant cette poussière légère, en volant fort loin, suffit pour féconder les dattiers sauvages, dont les fruits petits et acerbes ne sont point bons à manger.

Les variétés très-nombreuses de dattes diffèrent par leur forme, leur qualité, leur couleur. Il en est qui, en mûrissant, se dessèchent sur l'arbre, et dont la pulpe est pâteuse ou coriace; les plus communes deviennent molles et mielleuses. On les cueille lorsqu'elles sont encore fermes et acerbes, et on leur fait éprouver, en les mettant en tas, un degré de fermentation qui les amollit. Les dattes rouges précoces, *balah hayâny,* et les dattes jaunes mielleuses, *balah ama'ât,* sont les variétés de dattes fraîches les plus abondantes débitées au Kaire par tous les marchands, qui les font mûrir comme il vient d'être dit.

On traite différemment les dattes qui ne doivent point être mangées fraîches : on les expose sur des nattes pour les faire sécher au soleil, ou bien on les réduit en une pâte fortement pressée dans des paniers de feuilles de dattier. On fait provision, pour voyager, des dattes sèches de Sâlehyeh et de Syouah. Les premières sont entières, comme les dattes de Barbarie que l'on connaît en France; les dernières sont des dattes mises en pâte à l'*oasis* de Syouah.

On fait en Égypte de bonne eau-de-vie de dattes, en mettant fermenter ces fruits avec une certaine quantité d'eau dans des jarres, et en distillant la liqueur qu'on a obtenue par fermentation. L'alambic qu'on emploie consiste dans une chaudière à laquelle s'adapte un tuyau coudé de roseau, qui aboutit à une cruche refroidie par un bain d'eau fraîche qu'on renouvelle. L'eau-de-vie qui est le produit de la distillation, se condense dans cette cruche.

On fait aussi en Égypte beaucoup de vinaigre avec les dattes fermentées; on n'y connaît presque point d'autre espèce de vinaigre[1].

Le vin de dattier, ou la liqueur enivrante produite par la séve de l'arbre, et qu'on recueille dans plusieurs pays où croît le dattier, n'est point en usage en Égypte, mais n'y est pas inconnu. On me dit que cette liqueur s'appelait *lakhby*. Prosper Alpin[2], en donnant un tableau des articles de la nourriture des Égyptiens, y a fait men-

[1] *Voy.* la Descr. des *Arts et met.* [2] Pr. Alp. *Rer. Æg.* t. 1, p. 70.

tion de vin de dattes qui était appelé *subia*, et qui provenait peut-être des fruits plutôt que de la séve écoulée du sommet de l'arbre.

Le cœur ou chou du dattier, bon à manger, est la partie intérieure du bourgeon caché sous la base des feuilles, et qui, étant enlevé, fait périr l'arbre : ce cœur, ferme et charnu, a la saveur de la châtaigne crue; je ne l'ai vu recueillir que sur les dattiers qu'on était dans la nécessité d'abattre en détruisant des plantations.

Un dattier porte de deux à six et même jusqu'à plus de douze grappes. Lorsqu'il en porte environ une douzaine, on en coupe quelques-unes pour ne pas épuiser l'arbre, qui pourrait être abattu par le poids, ou dont le fruit serait tout-à-fait médiocre. Un dattier peut produire quatre *qantâr* de fruits [1]. Le poids d'une grappe est de quinze à vingt-cinq et même cinquante *rotl* [2]. J'ai entendu dire que les marchands qui achètent d'avance la récolte des dattes sur pied, en évaluent le poids, de manière à tâcher de ne payer que trente pârats [3] le qantâr [4], prix qui doubla au Kaire pendant le sejour des Français.

Les mêmes arbres ne donnent pas de fruit tous les ans, ou n'en donnent qu'en petite quantité.

On tire un revenu non-seulement des fruits, mais de

---

[1] Un peu moins de quatre quintaux, poids de marc. Cavanilles rapporte que les dattiers produisent quelquefois deux cents livres de dattes dans le royaume de Valence ; et il évalue à quatre-vingts livres la récolte annuelle de chaque arbre.

[2] Environ 14, 22 et 45 livres, poids de marc.

[3] Environ vingt sous et demi de notre monnoie.

[4] Le qantâr est une mesure de pesanteur, dont la quantité varie suivant les espèces de denrées, et qui n'est pas moindre de cent *rotl*, qui équivalent environ à quatre-vingt-onze livres, poids de marc.

toutes les autres parties de l'arbre. Les grappes, après que les dattes ont été cueillies, servent à faire des cordes. On déchire ces grappes et on les bat pour en séparer les fibres qui sont longues et fortes; on les tord avec des folioles minces de dattier, et l'on en fait des cordes très-lisses qui servent aux bateliers sur le Nil. On fait aussi des cordes avec les fibres des gaînes membraneuses de la base des feuilles. On nomme ces fibres *lyf*, et l'on s'en sert comme d'une filasse grossière. C'est avec cette partie fibreuse des feuilles de dattier que sont faites toutes les cordes des filets qui retiennent la charge sur le dos des chameaux. Les branches servent à faire des paniers ou des cages commodes pour le transport de toute sorte de marchandises.

Le bois du dattier sert aux constructions, mais n'est point propre à faire des planches; il est composé de fibres longitudinales réunies par l'interposition de la moelle, plus abondante dans le cœur du tronc qu'à sa circonférence. Il en résulte que le tronc est dur extérieurement où ses fibres sont serrées, et qu'il est mou à l'intérieur où la moelle se pourrit facilement; on peut souvent en enlever les fibres comme de longs filamens. La meilleure manière d'employer ce bois est de fendre les troncs dans leur longueur en deux morceaux, et de les employer secs et légers pour qu'ils se conservent et ne fléchissent point; ils sont utiles pour les planchers et les terrasses des maisons.

Le cultivateur qui doit planter un terrain en dattiers, fait séparer du pied des arbres dont il veut multiplier l'espèce, des rejetons que l'on plante en quinconce dans les fossés qu'on leur a préparés; on choisit ces rejetons de sept à dix ans, et on les enterre environ de la profondeur d'un mètre (2 pieds et demi à 3 pieds) jusqu'à la naissance des feuilles. On les revêt de paille longue pour serrer les feuilles en un corps, les abriter du soleil et forcer l'arbre à s'élever. Il pousse du cœur de nouvelles feuilles qui écartent celles que l'on avait liées. Les nouveaux pieds donnent du fruit à trois et quatre ans, et à dix ans sont en plein rapport.

Les dattiers sont plantés à plus ou moins de distance les uns des autres, selon que l'on veut cultiver en même temps d'autres végétaux entre ces dattiers, ou consacrer uniquement le terrain à ces arbres. Il entre quatre cents dattiers par feddân dans une plantation serrée; ce qui fait un dattier par qassâb, ou par canne superficielle de 148 décimètres, la longueur de la canne étant de 3 mètres 85 centimètres (environ 11 pieds et demi).

Lorsqu'un dattier a vieilli, et que la sève commence à se porter plus faiblement à son sommet, il est possible, me disait un cultivateur des environs du Kaire, de couper ce dattier et de le replanter, en descendant son sommet en terre. Une année avant cette opération, on enfonce deux coins de bois en croix à travers le tronc, à trois coudées environ au-dessous des feuilles; on recouvre ces coins et les nouvelles blessures, d'un bourrelet de limon soutenu avec un réseau de corde; on tient ce limon toujours humide : chaque jour, un homme monte en été l'arroser, en tirant à lui, lorsqu'il est au haut de l'arbre, une cruche d'eau qu'il verse sur le limon. Il se trouve, à la fin de l'hiver, des radicules formées sous le bourrelet de limon; on coupe le sommet de l'arbre au-dessous de ce bourrelet, et on le plante dans un trou près d'une rigole pour l'arroser. Cette méthode, pratiquée pour conserver quelque espèce rare de dattier, suivant ce qui me fut dit, me paraît d'accord avec ce que rapportent Pline [1] et Théophraste [2], que les dattiers peuvent être plantés de bouture après avoir été coupés à deux coudées au-dessous de leur tête.

Un dattier peut produire des radicules et des rejetons de toute sa surface. Les plantes poussent généralement des radicules et des bourgeons aux nœuds de leurs tiges et aux aisselles de leurs feuilles; le rapprochement des feuilles occasione sur le dattier celui des radicules pressées sous l'aisselle des feuilles. On voit sortir, par l'effet de l'humidité, des radicules sur les troncs de dattier dans les plaines où le brouillard les enveloppe : elles sortent quelquefois jusqu'à 3 et 4 mètres (10 et 12 pieds) de hauteur, au-dessus de terre; c'est jusqu'à cette hauteur que l'écorce se trouve pénétrée par l'eau en évaporation. Les radicules sortent du dattier au-dessus de terre de la même manière qu'elles sortent aussi des nœuds inférieurs des tiges de maïs et de sorgho dans les champs d'Égypte. Il n'y a presque point de radicules au-dessus de terre à la base des dattiers dans les lieux secs battus par les vents; elles sont, au contraire, très-abondantes sur les dattiers des bois épais et humides de Qorayn, entre le Kaire et Sâlehyeh. Les dattiers de ce canton, cultivés avec plus de soin que dans le reste de l'Égypte, sont garnis à leur base de terre relevée en talus, de ma-

[1] *Hist. nat.* lib. XIII, cap. IV.   [2] *Hist. pl.* l. II, cap. VIII, p. 90.

nière à couvrir toutes les radicules. C'est seulement à Qorayn que j'ai vu remuer ainsi la terre et creuser des fossés au pied des dattiers pour y déposer des engrais.

Le sommet des dattiers peut donner accidentellement des rejetons et des radicules comme la base. Je vis, entre les collines de sable d'Abouqyr, un dattier qui, étant demeuré enfoui de plus de 3 mètres (environ 10 pieds) dans le sable, avait produit trois rejetons à cette hauteur et de longues radicules; le vent ayant par la suite dissipé le sable et laissé le tronc à découvert, les rejetons du sommet de l'arbre et les longues radicules qui y tenaient, s'étaient desséchés : la séve avait continué à s'élever, dans la direction droite du tronc, jusqu'au bourgeon terminal, qui était vigoureux. Les rejetons du sommet des dattiers se trouvent sur de jeunes pieds qui n'ont que la hauteur d'un homme, et sont rares sur les arbres élevés; ils nuisent aux arbres, et ont besoin d'être coupés. Le grand développement d'un de ces rejetons auprès du bourgeon terminal d'un dattier explique comment ce dattier peut devenir fourchu.

Les dattiers ainsi fourchus, terminés par deux têtes également vigoureuses, sont fort rares, et regardés avec raison, par les botanistes, comme ayant pris une croissance monstrueuse. J'ai vu trois de ces dattiers en Égypte: ils étaient aussi sains que si leur tronc n'eût point été fourchu.

Les dattiers venus de noyaux sont plus vivaces que les dattiers élevés de drageons, mais ne donnent communément que de mauvais fruits sauvages. Ces arbres, dit-on, peuvent vivre plus de deux cents ans.

On laisse peu de dattiers mâles dans les plantations ; et probablement une des raisons qui empêchent que l'on ne cultive les dattiers de graines, est la nécessité d'attendre l'époque à laquelle les arbres doivent fleurir, pour connaître s'ils donneront ou non du fruit, étant à fleurs femelles ou à fleurs mâles; tandis qu'en cultivant les arbres de drageons, on est sûr d'obtenir des pieds de l'espèce productive que l'on plante. Je n'ai point vu en Égypte de dattes sans noyau; Vesling[1] remarqua autrefois qu'elles y étaient fort rares. M. Desfontaines a observé ces dattes en Barbarie[2]. Je regrette de n'avoir pu connaître jusqu'à quel point la privation ou la simple dégénérescence du noyau peut quelquefois résulter du défaut de fécondation des ovaires par les fleurs mâles.

Les dattiers, devenus aussi multipliés dans le nord que dans le sud de l'Égypte, donnent d'excellens fruits, quoique, suivant le témoignage ancien de Strabon[3], ils fussent autrefois de mauvaise qualité dans toute l'Égypte, excepté à Thèbes. Le succès de la culture des dattiers qui ont remplacé les anciennes vignes d'Alexandrie et du lac *Maréotis,* démontre la nécessité de tenter sans relâche les moyens propres à conserver ou à améliorer les productions qui font la richesse et l'embellissement d'une contrée.

---

[1] *Observat. in libr. Pr. Alpin. de plant. Ægypt.* cap. vii.
[2] *Voyez* la Flore atlantique, t. ii, pag. 444.
[3] *Geogr.* pag. 1173.

Explication de la planche 62.

Phœnix *dactylifera*. Fig. 1, grappes de fruits, et portions coupées d'une feuille dont la base est épaisse, garnie d'épines latérales, et dont le sommet se compose de folioles linéaires.

Fig. 2, spathe de fleurs mâles, non encore ouverte, réduite au quart de sa grandeur naturelle.

Fig. 3, spathe et grappe de fleurs femelles. Cette figure est réduite au tiers de sa grandeur. *a*, rameau de fleurs femelles; *b*, fleur femelle séparée; *c*, coupe transversale d'un bouton de fleur; *d*, pistils; *e*, fleur mâle; *f*, portion d'un rameau de fleur mâle.

OBSERVATIONS

MÉTÉOROLOGIQUES,

FAITES AU KAIRE EN 1799, 1800 ET 1801;

Par J. M. J. COUTELLE.

Les observations du baromètre et du thermomètre n'ont pas été répétées assez souvent, pour pouvoir en conclure rigoureusement la plus grande et la moindre élévation du mercure, ainsi que le *maximum* et le *minimum* de la chaleur; on a pu seulement fixer une moyenne d'une grande approximation.

On doit cependant remarquer qu'en Égypte des observations faites pendant les douze mois qui composent une année, peuvent, à très-peu de chose près, servir de règle pour toutes les autres années. En effet, les phénomènes naturels se succèdent dans ce pays avec une uniformité constante : les mêmes rumbs de vent reviennent régulièrement aux mêmes époques, et durent le même temps. Dans le Delta, il ne pleut point en été, et presque pas pendant l'hiver. Nous n'avons vu pleuvoir que très-rarement au Kaire. La pluie dans la haute Égypte est un prodige; une température plus élevée que celle qui est portée dans les observations ci-jointes, un froid plus vif, des pluies plus abondantes, sont des choses extraordinaires. D'ailleurs, quelques degrés de plus ou de moins dans le thermomètre, quelques lignes d'élévation ou d'abaissement de plus dans le baromètre pendant quelques jours dans de certaines années, apporteraient un très-petit changement dans la moyenne barométrique, ainsi que dans celle du thermomètre.

La moyenne du thermomètre résultant des observations consignées dans cet écrit est la température des lieux les plus frais au Kaire, et celle de l'eau la plus rafraîchie dans les chaleurs de l'été.

(*Voyez les tableaux ci-joints.*)

JANVIER.

JOURS.	DE 5 A 7 HEURES DU MATIN.				DE MIDI A 3 HEURES DU SOIR.*				REMARQUES.
	BAROMÈTRE.	THERMOMÈTRE. division de Réaumur.	ÉTAT DU CIEL.	VENTS.	BAROMÈTRE.	THERMOMÈTRE. division de Réaumur.	ÉTAT DU CIEL.	VENTS.	
	po. lig.				po. lig.				
1.	28. 5.5.	5 3.	Pur.	S.S.O.	28. 4.5.	13 0.	Pur.	N.	Vent à 6 heures du matin.
2.	28. 5.5.	5 0.	Nuages.	S.S.O.	28. 5.5.	12 5.	Nuages.	N.	
3.	28. 5.	5 0.	Nuages.	S.	28. 5.	13 0.	Nuages.	N.O.	
4.	28. 4.5.	4 3.	Pur.	N.N.E.	28. 4.	14 0.	Pur.	N.E.	Vent à 7 heures du matin.
5.	28. 3.5.	5 5.	Nuages.	S.S.O.	28. 3.	15 0.	Nuages à l'horizon.	E.N.E.	
6.	28. 4.	5 5.	Brouillard.	N.	28. 2.	14 0.	Pur.	N.E.	
7.	28. 4.5.	7 0.	Nuages.	N.E.	28. 4.	14 0.	Pur.	N.	
8.	28. 4.3.	6 5.	Brouillard épais.	O.	28. 3.	16 0.	Pur.	E.N.E.	
9.	28. 3.5.	4 0.	Brouil. très-frais.	O.	28. 2.	16 0.	Pur.	N.E.	Air à 6 heures, petite pluie, vent.
10.	28. 2.5.	5 0.	Temps couvert.	S.S.E.	28. 1.	16 3.	Quelques nuages.	N.	Gouttes d'eau.
11.	28. 0.5.	3 0.	Nuages légers.	S.S.E.	28. 0.	16 3.	Temps couvert.	S.S.E.	
12.	28. 1.	2 6.	Pur.	S.O.	28. 3.	17 0.	Pur.	S.	
13.	28. 3.	8 5.	Pur.	S.E.	28. 1.	16 0.	Pur.	S.E.	
14.	28. 1.3.	10 0.	Pur.	S.	28. 3.5.	18 1.	Nuages.	S.	
15.	27. 11.7.	7 0.	Nuages.	S.	27. 11.5.	17 5.	Pur.	S.	Petite pluie à 4 heures, vent.
16.	27. 10.5.	10 5.	Couvert.	S.	27. 11.5.	19 0.	Couvert.	S.	
17.	28. 3.	10 0.	Pur.	S.	28. 2.7.	16 5.	Pur.	S.	
18.		7 0.	Pur.			16 0.	Pur.		
19.		6 0.				15 0.			
20.		4 5.				18 0.			* Il a souvent été fait plu-sieurs observations de 5 à 7 heures du matin, ainsi qu'ici de midi à 3 heures. On a porté ici le moindre et le plus grand degré de chaleur à ces deux époques de la journée.
21.		4 0.				15 0.			
22.		4 0.				13 0.			
23.		3 0.				13 0.			
24.		3 0.				12 0.			
25.		4 0.				13 0.			
26.		4 5.				12 0.			
27.		8 5.				15 0.			
28.									
29.									
30.									
31.									
1.	28. 4.	5 4.			28. 3.9.	14 5.			Moyennes du 1er au 10.
2.	28. 1.4.	8 8.			28. 1.5.	17 2.			Moyennes du 11 au 19.
3.		4 8.				13 3.			Moyennes du 20 au 29.
	28. 2.9.	6 2.			28. 2.7.	15 3.			(Moyennes du mois, sur 19 jours pour le baromètre, et sur 29 jours pour le thermomètre.

RÉCAPITULATION.

Plus grande élévation du mercure............ 28. 6 le 3.
Moindre élévation du mercure.............. 27. 11.5 le 16.
Plus grand degré de chaleur................ 19.5 le 17.
Moindre degré de chaleur.................. 2 0 le 24.

JOURS durant lesquels le vent a soufflé du			
N.O.	1.	N.N.E.	1.
O.	4.	N.E.	4.
S.O.	1.	E.N.E.	2.
S.S.O.	3.	S.E.	1.
		S.	6.

FÉVRIER.

JOURS.	DE 5 A 7 HEURES DU MATIN.				DE MIDI A 3 HEURES DU SOIR.				REMARQUES.
	BAROMÈTRE.	THERMOMÈTRE. division de Réaumur.	ÉTAT DU CIEL.	VENTS.	BAROMÈTRE.	THERMOMÈTRE. division de Réaumur.	ÉTAT DU CIEL.	VENTS.	
1.									
2.									
3.									
4.									
5.									
6.		5 5.				13 0.			
7.									
8.		12 0.				18 0.			
9.									
10.									
11.		5 5.				11 5.			
12.		5 3.				12 5.			
13.		5 5.				14 5.			
14.		8 0.				17 0.			
15.		7 0.				15 0.			
16.		6 3.				14 5.			
17.		7 5.							
18.									
19.									
20.									
21.		7 5.				14 0.			
22.		6 5.				15 5.			
23.		8 5.				18 0.			
24.		8 5.				16 5.			
25.		6 5.				15 7.			
26.		6 3.				15 0.			
27.									
28.									
1.		7 7.				15 0.			Moyennes du 8 au 18.
2.		6 9.				15 9.			Moyennes du 22 au 28.
		7 0.				15 5.			Moyennes sur 16 jours du mois.

MARS.

JOURS.	DE 5 A 7 HEURES DU MATIN.			DE MIDI A 3 HEURES DU SOIR.			
	BAROMÈTRE.	THERMOMÈTRE. division de Réaumur.	ÉTAT DU CIEL.	VENTS.	BAROMÈTRE.	THERMOMÈTRE. division de Réaumur.	ÉTAT DU CIEL.	VENTS.	REMARQUES.

(Table with daily observations for March — columns: JOURS, BAROMÈTRE, THERMOMÈTRE, ÉTAT DU CIEL, VENTS for morning; then same for afternoon, plus REMARQUES)

Jour	Barom. matin	Therm. matin	État ciel matin	Vent matin	Barom. soir	Therm. soir	État ciel soir	Vent soir	Remarques
1.	28. 4. 3.				28. 3. 3.	14°0.	Pur......	N.	
2.	28. 2. 6.	6 5.		N.	28. 1. 3.	15. 5.	Nuages..	N.E.	
3.	28. 2. 5.		Brouillard.	N.E.	28. 2. 3.	14. 3.	Nuages..	N.E.	
4.	28. 2. 5.	4 0.	Couvert...	E.N.E.	28. 2. 3.	16. 0.	Couvert...	S.E.	
5.	28. 1. 0.	8 0.	Pur......	N.E.	28. 0. 4.	15. 5.	Pur......	N.	
6.	28. 0. 4.		Pur......	N.E.	28. 0. 4.	16. 0.	Nuages..	N.N.E.	
7.	28. 1. 3.		Brouillard.	N.E.	28. 1. 5.	19. 0.	Nuages..	N.S.	
8.	28. 1. 7.	7 0.	Pur......	N.O.	28. 2. 0.		Brouillard épais.	N.S.	
9.	28. 2. 0.	10 0.	Couvert...	E.N.E.	28. 2. 0.	13. 0.	Couvert...	N.N.O.	Vent à 5 heures du matin.
10.	28. 2. 3.	11 0.	Couvert...	N.E.	27. 10. 0.	21. 0.	Nuages..	S.E.	
11.	28. 4. 0.	6 5.	Pur......	E.N.E.	28. 4. 5.	16. 0.	Pur......	N.E.	Vent à midi.
12.	28. 3. 0.	8 0.	Pur......	E.N.E.	28. 2. 5.	15. 0.	Pur......	N.O.	
13.	27. 11. 0.	9 5.	Nuages..	E.N.E.	28. 3. 0.	14. 9.	Pur......	E.	
14.		8 5.	Pur......	E.N.E.	27. 11. 0.	16. 5.	Couvert...	E.N.E.	Vent fort à 6 heures du matin.
15.		10 0.						S.	

Moyennes du 17 au 31 (quinze jours): 28. 7. 0. | 12 6. | | | 28. 1. 5. | 15 9. | | |

RÉCAPITULATION.

Plus grande élévation du mercure........ 28. 4 5 le 28.
Moindre élévation du mercure........... 27. 10 0 le 25.
Plus grand degré de chaleur............. 19°0 le 24.
Moindre degré de chaleur............... 8 0 le 17.

JOURS durant lesquels a soufflé du
vent:
N.N.O. 1. ; N.O. 3. ; S.O. 2. ; E. 2.
N. 2. ; N.N.E. 6. ; N.E. 5. ; E.N.E. 9. ; S.E. 2. ; S. 2.

AVRIL.

JOURS	DE 5 A 7 HEURES DU MATIN.				DE MIDI A 3 HEURES DU SOIR.				REMARQUES.
	BAROMÈTRE	THERMOMÈTRE division de Réaumur.	ÉTAT DU CIEL.	VENTS.	BAROMÈTRE.	THERMOMÈTRE division de Réaumur.	ÉTAT DU CIEL.	VENTS.	
1.	27. 11. 0.	14°0.	Couvert...	S.S.O.	28. 2. 0.	16°5.	Nuages..	O.	A 1 1 heures, petite pluie et vent fort.
2.	28. 3. 5.	15. 0.	Nuages..	N.N.O.	28. 3. 0.	17. 0.	Brouillard.	S.E.	
3.	28. 3. 0.	15. 7.	Brouillard.	E.S.E.	28. 2. 0.	16. 0.	Couvert...	N.E.	Éclairs ; l'aurore du soir ; pluie à 9 heures du matin.
4.	28. 2. 5.	15. 5.	Nuages..	O.N.O.	28. 2. 1.	21. 0.	Couvert...	S.	
5.	28. 2. 5.	15. 0.	Pur......	S.O.	28. 2. 5.	18. 0.	Pur......	O.	Fin de la pluie à midi.
6.	28. 3. 5.	12. 0.	Pluie.....	O.	28. 2. 5.	15. 5.	Pur......	O.N.O.	Pluie dans la nuit.
7.	28. 3. 5.	13. 0.	Gros nuages.	O.S.O.	28. 3. 0.	13. 7.	Pur......	O.N.O.	
8.	28. 3. 0.	12. 5.	Nuages..	O.N.O.	28. 4. 0.	15. 0.	Nuages à l'horizon	O.N.O.	
9.	28. 4. 0.	12. 5.	Pur......	O.S.O.	28. 4. 1.	15. 0.	Pur......	O.N.O.	
21.	28. 2. 5.	13. 5.	Pur......	N.O.	28. 2. 3.	16. 5.	Pur......	N.N.O.	
22.	28. 1. 0.	15. 0.	Pur......	N.O.	28. 3. 0.	18. 0.	Pur......	N.E.	
23.	28. 3. 0.	16. 5.	Pur......	S.E.	28. 3. 7.	17. 5.	Pur......	O.N.O.	
24.	28. 3. 5.	15. 5.	Pur......	O.	28. 3. 0.	25. 0.	Pur......	O.N.O.	
25.	28. 2. 0.	16. 0.	Couvert...	N.O.	28. 2. 5.	27. 0.	Pur, vent léger.	N.	Un peu de vent à 6 heures du matin.
26.	28. 2. 0.	17. 0.	Pur......	N.O.	28. 2. 6.	28. 0.	Pur, calme..	S.O.	
27.	28. 4. 5.	19. 0.	Pur......	S.O.	28. 2. 5.	25. 0.	Pur, calme..	O.	
28.	28. 3. 0.	18. 5.	Pur......	O.S.O.	28. 4. 0.	23. 0.	Pur......	O.N.O.	
29.	28. 0. 0.	15. 0.	Pur......	O.	28. 4. 1.	21. 0.	Pur......	N.O.	
30.	28. 2. 0.		Pur......	N.O.	28. 4. 1.		Pur......	N.N.O.	

Moyennes du 1er au 10 : 28. 2. 4. | 13 9. | | | 28. 2. 7. | 16 3. |

Moyennes du 20 au 30 : 28. 2. 0. | 16 0. | | | 28. 3. 0. | 24 8. |

Moyennes du mois (sur 21 jours d'observations) : 28. 2. 2. | 15 0. | | | 28. 2. 3. | 20 6. |

RÉCAPITULATION.

Plus grande élévation du mercure........ 28. 4 0 le 9 et le 10.
Moindre élévation du mercure........... 27. 11 0 le 1.
Plus grand degré de chaleur............. 28°0 le 26, le 27, et 29.
Moindre degré de chaleur............... 12 0 le 7 et le 9.

JOURS durant lesquels a soufflé du vent :
N.N.O. 2. ; N.O. 7. ; O.N.O. 9. ; O. 2. ; O.S.O. 2. ; S.S.O. 1.
N.E. 2. ; E.N.E. 1. ; E.S.E. 1. ; S.E. 3. ; S. 1.

MAI.

JOURS.	DE 5 A 7 HEURES DU MATIN.				DE MIDI A 3 HEURES DU SOIR.				REMARQUES.
	BAROMÈTRE.	THERMOMÈTRE, division de Réaumur.	ÉTAT DU CIEL.	VENTS.	BAROMÈTRE.	THERMOMÈTRE, division de Réaumur.	ÉTAT DU CIEL.	VENTS.	
1.	28. 2 0.	10 5.	Brume......	S.E.	28. 2 0.	21°0.	Brumeux.....	S.E.	
2.	28. 2 0.	11 0.	Brume......	N.E.	28. 1 5.	21 5.	Vent........	S.S.E.	
3.	28. 1 0.	13 0.	Brume......	E.N.E.	28. 1 0.	22 0.	Brumeux.....	N.N.O.	
4.	28. 1 5.	13 0.	Pur.........	O.	28. 1 3.	17 0.	Pur.........	O.	
5.	28. 3 0.	9 5.	Pur.........	O.	28. 3 0.	18 0.	Vent fort....	N.E.	
6.	28. 3 0.	15 5.	Pur.........	O.	28. 3 5.	17 3.	Vent........	N.E.	Petite pluie dans la nuit.
7.	28. 3 0.	16 3.	Pur.........	N.N.E.	28. 3 5.	19 5.	Pur.........	N.	
8.	28. 4 0.	13 5.	Pur.........	N.	28. 4 0.	19 0.	Pur.........	N.	
9.	28. 3 5.	14 0.	Pur.........	S.S.E.	28. 3 5.	17 5.	Pur.........	N.N.E.	
10.	28. 3 5.	16 5.	Pur.........	N.N.O.	28. 3 0.	20 5.	Pur.........	N.N.E.	
11.	28. 3 0.	18 0.	Pur.........	S.S.E.	28. 2 5.	20 5.	Pur.........	E.N.E.	
12.	28. 3 0.	16 0.	Pur.........	E.S.E.	28. 3 0.	19 5.	Pur.........	N.E.	Vent chaud, ou khamsyn.
13.	28. 3 0.	17 0.	Pur.........	S.E.	28. 2 5.	21 0.	Brume et vent.	N.N.O.	
14.	28. 3 0.	17 0.	Brume épaisse.	S.E.	28. 2 7.	28 0.	Soleil obscurci.	N.E.	
15.	28. 2 0.	18 0.	Nuages.......	O.S.O.	28. 2 0.	25 0.	Pur.........	S.S.E.	
16.	28. 2 0.	21 6.	Nuages.......	N.O.	28. 2 0.	29 5.	Pur.........	N.O.	
17.	28. 2 0.	18 0.	Pur.........	O.S.O.	28. 2 0.	28 5.	Pur.........	N.O.	
18.	28. 3 0.	21 0.	Pur.........	S.S.E.	28. 3 0.	25 0.	Pur.........	N.N.E.	
19.	28. 3 0.	18 0.	Pur.........	S.S.E.	28. 3 3.	16 0.	Pur.........	E.N.E.	
20.	28. 3 5.	18 0.	Couvert.....	S.E.	28. 3 0.	25 0.	Brouillard...	N.	Vent depuis midi.
21.	28. 1 5.	16 3.	Pur.........	S.E.	28. 2 2.	27 5.	Pur.........	N.E.	
22.	28. 2 0.	16 5.	Pur.........	S.E.	28. 1 5.	25 5.	Soleil obscurci.	S.S.E.	
23.	28. 2 0.	17 5.	Pur.........	E.	28. 0 1.	25 3.	Brume épaisse.	N.O.	Vent chaud, ou khamsyn.
24.	28. 3 0.	16 0.	Pur.........	O.S.O.	28. 2 5.	30 0.	Brume épaisse.	S.S.E.	
25.	28. 3 0.	16 0.	Nuages.......	N.O.	28. 3 5.	27 0.	Nuages......	N.O.	

1.	28. 2 5.	13 2.			28. 2 5.	19 0.		
2.	28. 2 5.	18 0.			28. 2 8.	22 9.		Moyennes du 1ᵉʳ au 10.
3.	28. 2 6.	17 2.			28. 2 3.	27 0.		Moyennes du 11 au 20. Moyennes du 21 au 30.

| 1. | 28. 2 6. | 16 1. | | | 28. 2 5. | 22 9. | | Moyennes du mois. |

RÉCAPITULATION.

Plus grande élévation du mercure............ 28. 4 0. le 9.
Moindre élévation du mercure............ 28. 0 1. le 23.
Plus grand degré de chaleur............ 30°0 le 29.
Moindre degré de chaleur............ 9 5 le 5.

JOURS durant lesquels le vent a soufflé du	N.N.O.	6.	N.N.E.	10.
	O.N.O.	5.	N.E.	5.
	O.S.O.	4.	E.N.E.	3.
	S.O.	1.	E.S.E.	1.
	S.S.O.	»	S.E.	10.
	S.	»	S.	»

JUIN.

JOURS.	DE 5 A 7 HEURES DU MATIN.				DE MIDI A 3 HEURES DU SOIR.				REMARQUES.
	BAROMÈTRE.	THERMOMÈTRE, division de Réaumur.	ÉTAT DU CIEL.	VENTS.	BAROMÈTRE.	THERMOMÈTRE, division de Réaumur.	ÉTAT DU CIEL.	VENTS.	
1.	28. 2 5.	15°0.	Pur.........	E.N.E.	28. 1 5.	27°0.	Pur.........	E.N.E.	Vent fort à midi.
2.	28. 1 0.	16 0.	Pur.........	N.	28. 1 0.	26 0.	Pur.........	N.E.	
3.	28. 1 0.	15 5.	Pur.........	N.	28. 0 3.	27 5.	Pur.........	N.	
4.	28. 0 5.	16 7.	Pur.........	O.N.O.	28. 0 5.	28 0.	Pur.........	O.N.O.	Vent fort 11 heures du matin.
5.	28. 1 3.	17 0.	Pur.........	N.	28. 1 3.	28 5.	Pur.........	N.N.O.	
6.	28. 1 3.	17 0.	Pur.........	N.	28. 0 5.	28 5.	Pur.........	N.N.O.	
7.	28. 0 5.	17 3.	Quelques nuages.	N.O.	28. 0 5.	30 0.	Nuages et vent.	N.	
8.	28. 1 3.	19 5.	Nuages......	N.O.	28. 1 3.	27 5.	Pur.........	N.	
9.	28. 1 0.	18 5.	Nuages......	N.N.O.	28. 1 3.	28 5.	Vent........	N.N.O.	
10.	28. 1 0.	19 5.	Pur.........	N.N.O.	28. 1 0.	30 0.	Pur. vent....	N.O.	
11.	28. 1 0.	17 5.	Quelques nuages.	N.N.E.	28. 1 0.	28 5.	Pur. vent....	N.N.E.	Vent à 2 heures après midi.
12.	28. 1 5.	20 3.	Quelques nuages.	N.N.E.	28. 1 0.	28 3.	Pur.........	N.N.E.	
13.	28. 1 0.	20 5.	Pur.........	N.N.E.	28. 1 3.	31 5.	Pur.........	N.N.E.	
14.	28. 0 9.	17 5.	Pur.........	N.N.E.	28. 0 7.	30 0.	Pur. un peu de vent.	N.N.E.	Vent depuis 9 heures du matin.
15.	28. 1 3.	13 0.	Temps couvert.	N.N.E.	28. 2 1.	26 0.	Pur.........	N.N.E.	Vent à midi.
16.	28. 2 3.	17 0.	Temps couvert.	N.N.E.	28. 2 5.	27 0.	Pur.........	N.N.E.	Vent à midi.
17.	28. 1 7.	21 0.	Pur.........	N.N.E.	28. 1 5.	32 0.	Pur.........	N.N.E.	
18.	28. 0 3.	16 0.	Pur.........	N.N.E.	28. 0 3.	30 0.	Pur.........	N.N.O.	Vent à midi.
19.	28. 1 3.	15 0.	Couvert.....	N.N.O.	28. 1 3.	27 5.	Pur.........	N.N.E.	Vent à midi.
20.	28. 1 1.	19 0.	Pur.........	N.	28. 1 5.	27 0.	Pur.........	N.N.E.	Vent à midi.
21.	28. 0 1.	18 0.	Vent........	N.N.O.	28. 0 5.	28 0.	Pur.........	N.E.	
22.	28. 0 5.	18 0.	Pur.........	N.E.	28. 0 5.	30 5.	Pur.........	N.E.	
23.	28. 0 3.	19 5.	Pur.........	N.E.	28. 0 0.	29 5.	Pur.........	N.E.	Petit vent à 2 heures.
24.	28. 0 3.	19 0.	Pur.........	N.E.	28. 0 5.	28 5.	Pur.........	N.E.	Vent à 2 heures après midi.

1.	28. 1 2.	17 0.			28. 1 1.	28 2.			Moyennes du 1ᵉʳ au 10.
2.	28. 1 7.	18 4.			28. 1 2.	28 4.			Moyennes du 11 au 20.
3.	28. 0 9.	17 8.			28. 0 6.	28 0.			Moyennes du 21 au 30.

| 1. | 28. 1 3. | 17 7. | | | 28. 1 0. | 28 2. | | | Moyennes du mois. |

RÉCAPITULATION.

Plus grande élévation du mercure............ 28. 2 7 le 9.
Moindre élévation du mercure............ 28. 3×7 le 15.
Plus grand degré de chaleur............ 15 0 le 1ᵉʳ et le 23.
Moindre degré de chaleur............

JOURS durant lesquels le vent a soufflé du	N.N.O.	4.	N.N.E.	4.
	O.N.O.	2.	N.E.	2.
	O.S.O.	»	E.N.E.	»
	S.O.	»	E.S.E.	»
	S.S.O.	»	S.E.	»
			S.	»

JUILLET.

JOURS.	DE 5 A 7 HEURES DU MATIN.				DE MIDI A 3 HEURES DU SOIR.				REMARQUES.
	BAROMÈTRE.	THERMOMÈTRE. division de Réaumur.	ÉTAT DU CIEL.	VENTS.	BAROMÈTRE.	THERMOMÈTRE. division de Réaumur.	ÉTAT DU CIEL.	VENTS.	
	po. lig.				po. lig.				
1.	28. 0 0.	19 3.	Nuages...	N.N.E.	28. 0 0.	28°0.	Pur...	N.N.E.	
2.	28. 0 3.	20 5.	Nuages...	N.N.E.	28. 0 5.	28. 0.	Nuages...	N.N.E.	
3.	28. 0 5.	16 0.	Pur...	N.	28. 0 0.	31. 0.	Pur...	N.	
4.	28. 0 5.	19 0.	Pur...	N.	28. 0 0.	28. 0.	Pur...	N.	
5.	28. 0 5.	17 5.	Quelques nuages	N.N.E.	28. 0 0.	18 0.	Pur...	S.	
6.	28. 0 0.	18 0.	Nuages au nord.	S.	28. 0 5.	18 0.	Beaucoup de nuages.	N.N.O.	
7.	28. 0 2.	19 5.	Beaucoup de nuages.	N.N.O.	28. 0 5.	30 5.	Nuages...	N.N.O.	
8.	28. 0 5.	18 0.	Temps couvert...	N.N.O.	28. 0 5.	30 5.	Nuages...	N.O.	
9.	28. 0 5.	18 0.	Pur...	N.O.	28. 0 0.	30 5.	Pur...	N.	
10.	28. 0 0.	23 0.	Pur...	N.	28. 0 5.	30 0.	Vent...	N.	
11.	28. 0 0.	20 0.	Couvert...	N.N.E.	28. 0 0.	28 5.	Pur...	N.N.E.	
12.	28. 0 5.	18 0.	Nuages...	N.N.E.	28. 0 0.	28 0.	Nuages...	N.N.E.	
13.	28. 0 3.	17 5.	Couvert...	N.N.O.	28. 0 7.	28 0.	Nuages...	N.	
14.	28. 0 5.	18 0.	Pur...	N.N.O.	27. 11 8.	30 0.	Nuages...	N.	Vent fort à 1 heure après midi.
15.	27. 11 5.	19 0.	Nuages...	N.N.O.	27. 11 5.	30 5.	Pur...	N.	
16.	27. 11 5.	19 0.	Pur...	N.	27. 11 5.	29 5.	Nuages...	N.	
17.	27. 11 5.	19 0.	Nuages...	N.	27. 11 5.	29 5.	Pur...	N.	
18.	27. 11 5.	17 5.	Pur...	N.	27. 11 7.	29 5.	Pur...	N.	
19.	28. 0 0.	19 5.	Beaucoup de nuages.	N.	28. 0 0.	28 5.	Pur...	N.N.E.	
20.	28. 0 8.	19 0.	Nuages...	N.N.E.	28. 0 5.	30 0.	Pur...	N.N.O.	
21.	27. 11 5.	19 0.	Nuages légers...	N.N.O.	28. 0 0.	29 0.	Pur...	N.N.O.	
22.	27. 11 5.	18 5.	Nuages...	N.N.O.	27. 11 5.	31 0.	Pur...	N.N.O.	
23.	27. 11 0.	20 0.	Beaucoup de nuages.	N.N.O.	27. 11 5.	31 5.	Pur...	N.N.O.	
24.	28. 0 0.	20 0.	Nuages...	N.	27. 11 5.	30 5.	Brumeux...	N.N.O.	
25.	27. 11 7.	20 5.	Pur...	N.	27. 11 5.	31 0.	Pur...	N.N.O.	
26.	28. 0 5.	19 5.	Pur...	N.N.E.	28. 0 0.	30 5.	Pur...	N.N.O.	
27.	28. 0 0.	19 0.	Pur...	N.N.O.	28. 0 0.	30 3.	Brumeux...	N.N.E.	
28.	27. 11 5.	19 5.	Couvert...	N.N.O.	27. 11 0.	28 5.	Brumeux...	N.	
29.	27. 11 5.	20 5.	Couvert...	N.N.E.	27. 11 0.	28 5.	Brumeux...	N.	
30.	27. 11 7.	20 3.	Couvert...	N.					
31.									
1.	28. 0 4.	19 2.			28. 0 0.	28 8.			Moyennes du 1er au 10.
2.	28. 0 0.	18 6.			27. 11 0.	29 3.			Moyennes du 11 au 20.
3.	28. 0 0.	19 9.			27. 11 6.	29 7.			Moyennes du 21 au 31.
	28. 0 1.	19 2.			27. 11 8.	29 3.			Moyennes du mois.

RÉCAPITULATION.

	po. lig.	
Plus grande élévation du mercure........	28. 0 5.	
Moindre élévation du mercure............	27. 11 0.	le 25 et le 26.
Plus grand degré de chaleur............	31. 0 5.	le 3.
Moindre degré de chaleur...............	16 5	le 3.

JOURS durant lesquels le vent a soufflé du	N.N.O.	11.	N.	18.
	N.O.	2.	N.N.E.	8.
	O.N.O.	»	N.E.	»
	O.	»	E.N.E.	»
	O.S.O.	»	E.S.E.	»
	S.O.	»	S.E.	»
	S.S.O.	»	S.S.E.	»
			S.	»

AOUT.

JOURS.	DE 5 A 7 HEURES DU MATIN.				DE MIDI A 3 HEURES DU SOIR.				REMARQUES.
	BAROMÈTRE.	THERMOMÈTRE. division de Réaumur.	ÉTAT DU CIEL.	VENTS.	BAROMÈTRE.	THERMOMÈTRE. division de Réaumur.	ÉTAT DU CIEL.	VENTS.	
	po. lig.				po. lig.				
1.	28. 0 5.	20°0.	Pur...	N.N.E.	28. 0 0.	29°3.	Pur...	N.N.E.	Vent fort à midi.
2.	28. 0 0.	20 5.	Nuages...	N.	28. 0 0.	28 0.	Pur...	N.	
3.	28. 0 0.	20 0.	Couvert...	N.	28. 0 0.	28 0.	Pur...	N.	
4.	28. 0 0.	18 0.	Couvert...	N.	27. 11 7.	26 5.	Pur...	N.	
5.	27. 11 7.	21 0.	Pur...	N.	28. 0 0.	29 0.	Pur...	N.	
6.	28. 0 0.	19 5.	Pur...	N.	27. 11 5.	28 0.	Pur...	N.	
7.	28. 0 0.	21 5.	Nuages...	N.	27. 11 5.	29 0.	Pur...	N.	
8.	28. 0 0.	22 0.	Pur...	N.	27. 11 5.	27 5.	Pur...	N.	
9.	28. 0 0.	21 0.	Pur...	N.	27. 11 5.	28 0.	Pur...	N.	
10.	28. 0 0.	20 0.	Couvert...	N.	27. 11 5.	28 0.	Couvert...	N.	
11.	27. 11 5.	20 5.	Nuages...	N.N.E.	27. 11 5.	28 5.	Pur...	N.	
12.	28. 0 0.	19 5.	Nuages...	N.N.E.	28. 0 0.	28 5.	Pur...	N.N.E.	
13.	28. 0 0.	19 0.	Nuages...	N.N.E.	28. 0 0.	24 0.	Pur...	N.N.E.	
14.	28. 0 0.	19 0.	Quelques nuages	N.N.E.	28. 0 0.	23 0.	Pur...	N.N.E.	
15.	28. 0 0.	18 5.	Quelques nuages	N.N.E.	28. 0 2.	25 6.	Pur...	N.N.E.	
16.	28. 0 7.	18 5.	Pur...	N.N.E.	28. 0 7.	26 0.	Pur...	N.N.E.	Vent à 6 heures du matin.
17.	28. 0 7.	19 5.	Couvert...	N.N.E.	27. 11 7.	25 5.	Pur...	N.N.E.	
18.	27. 11 5.	20 0.	Brouillard épais.	N.N.E.	27. 11 7.	26 5.	Pur...	N.N.E.	
19.	28. 0 0.	21 0.	Couvert...	N.N.E.	27. 11 7.	27 0.	Pur...	N.N.E.	
20.	28. 0 0.	21 5.	Couvert...	N.N.E.	28. 0 0.	27 0.	Pur...	N.N.E.	
21.	28. 0 0.	21 0.	Couvert...	N.N.E.	28. 0 3.	27 0.	Pur...	N.N.E.	
22.	28. 0 0.	21 0.	Brouillard épais.	N.N.E.	27. 11 3.	26 5.	Pur...	N.N.E.	
23.	28. 0 5.	20 5.	Nuages...	N.N.E.	28. 0 7.	26 6.	Pur...	N.N.E.	
1.	28. 0 0.	20 5.			28. 0 7.	28 2.			Moyennes du 1er au 12.
2.	28. 0 8.	18 3.			28. 0 6.	25 6.			Moyennes du 13 au 20.
3.	28. 0 0.	20 3.			28. 0 1.	26 1.			Moyennes du 21 au 31.
	28. 0 3.	19 7.			27. 11 9.	26 6.			Moyennes du mois.

RÉCAPITULATION.

	po. lig.	
Plus grande élévation du mercure........	28. 1 3	le 17 et le 18.
Moindre élévation du mercure............	27. 11 3	le 20.
Plus grand degré de chaleur............	29°5	le 1.
Moindre degré de chaleur...............	11 5	le 16.

JOURS durant lesquels le vent a soufflé du	N.N.O.	1.	N.N.E.	20.
	N.O.	»	N.E.	12.
	O.N.O.	»	E.N.E.	»
	O.	»	E.E.	»
	O.S.O.	»	E.S.E.	»
	S.O.	»	S.E.	»
	S.S.O.	»	S.	»

SEPTEMBRE.

	DE 5 A 7 HEURES DU MATIN.			DE MIDI A 3 HEURES DU SOIR.				
JOURS.	BAROMÈTRE. po. lig.	THERMOMÈTRE, division de Réaumur.	ÉTAT DU CIEL.	VENTS.	BAROMÈTRE. po. lig.	THERMOMÈTRE, division de Réaumur.	ÉTAT DU CIEL.	VENTS.	REMARQUES.
1.	28. 1 0.	19 0.	Nuages....	N.N.E.	28. 0 8.	23 0.	Nuages....	N.N.E.	
2.	28. 0 5.	19 5.	Nuages....	N.N.E.	28. 0 0.	25 5.	Pur......	N.N.E.	
3.	27. 11 5.	19 9.	Quelques nuages.	N.N.O.	27. 11 5.	23 0.	Pur......	N.N.O.	
4.	28. 1 0.	19 5.	Pur......	N.E.	28. 1 5.	25 5.	Pur......	N.E.	Vent fort à 1 heure après-midi.
5.	28. 1 5.	19 5.	Pur......	N.N.E.	28. 1 0.	26 0.	Pur......	N.N.E.	
6.	28. 0 0.	20 5.	Pur......	N.	28. 0 5.	27 0.	Pur......	N.	
7.	28. 0 0.	20 0.	Temps couvert.	N.N.O.	27. 11 5.	27 0.	Pur......	N.N.O.	
8.	28. 0 0.	20 0.	Pur......	N.N.E.	27. 11 7.	20 0.	Pur......	N.N.E.	
9.	28. 0 0.	20 0.	Pur......	N.N.O.	28. 0 0.	20 0.	Pur......	N.	
10.	28. 2 5.	21 0.	Pur......	N.E.	28. 2 0.	25 0.	Pur......	N.N.E.	
11.	28. 0 0.	21 0.	Pur......	N.	28. 0 0.	27 0.	Pur......	N.E.	
12.	28. 1 5.	21 0.	Pur......	N.N.O.	28. 2 0.	26 0.	Pur......	N.N.O.	
13.	28. 0 5.	21 5.	Nuages....	N.N.O.	28. 1 7.	26 0.	Nuages....	N.N.O.	
14.	28. 1 0.	20 5.	Pur......	N.N.O.	28. 0 5.	26 0.	Pur......	N.	
15.	28. 1 5.	21 0.	Pur......	N.	28. 1 5.	26 0.	Pur......	N.	
16.	28. 0 2.	20 5.	Pur......	N.	28. 0 2.	26 0.	Pur......	N.	
17.	28. 0 0.	20 0.	Pur......	N.	28. 0 5.	27 0.	Pur......	N.	
18.	28. 0 5.	20 0.	Pur......	N.	28. 0 5.	27 0.	Pur......	N.	
19.	28. 0 7.	20 5.	Pur......	N.	28. 0 7.	21 0.	Pur......	N.	
20.	28. 1 5.	20 0.	Pur......	N.N.E.	28. 1 5.	25 0.	Pur......	N.N.E.	
21.	28. 1 5.	20 0.	Pur......	N.N.E.	28. 1 5.	27 0.	Pur......	N.N.E.	
22.	28. 1 5.	20 0.	Pur......	N.	28. 2 0.	25 0.	Pur......	N.	
23.	28. 0 5.	20 0.	Pur......	N.N.E.	28. 2 5.	25 0.	Pur......	N.N.E.	
24.	28. 0 5.	20 0.	Pur......	N.N.E.	28. 1 5.	27 0.	Nuages....	N.N.E.	
25.	28. 2 0.	20 0.	Nuages....	N.	28. 2 0.	25 0.	Pur......	N.	
26.	28. 3 0.	20 0.	Pur......	N.N.E.	28. 2 5.	21 0.	Pur......	N.N.E.	
27.	28. 2 0.	19 0.	Nuages....	N.N.E.	28. 2 0.	23 0.	Nuages....	N.N.E.	
28.	28. 1 5.	19 0.	Nuages....	N.	28. 1 5.	22 0.	Nuages....	N.N.E.	
29.	28. 2 0.	19 0.	Pur......	N.N.E.	28. 1 5.	22 0.	Pur......	N.N.E.	
30.	28. 2 0.	19 0.	Pur......	N.N.E.	28. 2 0.	22 0.	Pur......	N.N.E.	
1.	28. 0 6.	19 7.			28. 0 2.	25 3.			Moyennes du 1er au 10.
2.	28. 2 0.	20 6.			28. 1 2.	26 3.			Moyennes du 11 au 20.
3.	28. 2 0.	19 5.			28. 1 6.	25 0.			Moyennes du 21 au 30.
	28. 1 4.	20 0.			28. 1 0.	25 5.			Moyennes du mois.

RÉCAPITULATION.

Plus grande élévation du mercure.... 28^{po}. 2 ^{lig} 5 les 13, 23, 25 et 27.
Moindre élévation du mercure...... 27. 10 5 le 8.
Plus grand degré de chaleur........ 27. 5 le 12 et le 21.
Moindre degré de chaleur........... 19 0 les 1er, 4, 28, 29 et 30.

JOURS durant lesquels le vent a soufflé du	
N.N.O.	5
N.O.	»
O.N.O.	»
O.S.O.	»
S.O.	»
S.S.O.	»
N.N.E.	9
N.E.	10
E.N.E.	»
E.	»
E.S.E.	»
S.E.	»
S.S.E.	»
S.	»

OCTOBRE.

	DE 5 A 7 HEURES DU MATIN.				DE MIDI A 3 HEURES DU SOIR.				
JOURS.	BAROMÈTRE.	THERMOMÈTRE, division de Réaumur.	ÉTAT DU CIEL.	VENTS.	BAROMÈTRE.	THERMOMÈTRE, division de Réaumur.	ÉTAT DU CIEL.	VENTS.	REMARQUES.
1.	28. 2 5.	16 0.	Pur.....	N.	28. 2 5.	23 0.	Pur.....	N.	
2.	28. 2 0.	17 3.	Pur.....	N.	28. 2 5.	23 5.	Nuages...	N.	
3.	28. 2 5.	19 0.	Pur.....	N.N.E.	28. 1 5.	24 5.	Pur.....	N.S.	Le Nil commence à baisser.
4.	28. 2 5.	16 0.	Nuages...	N.N.E.	28. 1 5.	25 0.	Quelques nuages.	N.N.E.	
5.	28. 2 5.	18 0.	Pur.....	N.N.E.	28. 1 5.	26 0.	Quelques nuages.	N.N.E.	Vent à 3 heures après-midi.
6.	28. 3 0.	17 5.	Quelques nuages.	N.N.E.	28. 2 5.	22 0.	Pur.....	N.N.E.	
7.	28. 2 0.	17 0.	Pur.....	N.N.E.	28. 1 0.	22 0.	Pur.....	N.N.E.	
8.	28. 1 3.	17 11.	Pur.....	N.N.E.	28. 1 2.	22 0.	Pur.....	N.N.E.	
9.	28. 2 3.	18 5.	Brouillard épais.	N.N.E.	28. 1 3.	20 5.	Pur.....	N.N.E.	
10.	28. 2 0.	17 0.	Brouillard...	N.N.E.	28. 1 0.	21 5.	Pur.....	N.N.E.	
11.	28. 2 0.	18 3.	Brouillard...	N.N.E.	28. 0 5.	22 2.	Pur.....	N.N.E.	
12.	28. 1 5.	19 3.	Pur.....	N.N.E.	28. 0 5.	23 0.	Pur.....	S.E.	
13.	28. 1 7.	16 0.	Pur.....	N.E.	28. 0 5.	25 0.	Pur.....	N.E.	
14.	28. 1 5.	17 1.	Pur.....	N.E.	28. 0 5.	22 0.	Pur.....	N.E.	
15.	28. 1 5.	17 0.	Pur.....	S.E.	28. 1 5.	19 3.	Pur.....	S.E.	
16.	28. 2 0.	16 3.	Pur.....	S.S.E.	28. 2 0.	22 0.	Pur.....	N.N.E.	
17.	28. 2 0.	15 3.	Pur.....	N.E.	28. 2 0.	19 5.	Pur.....	O.	
18.	28. 2 5.	13 0.	Nuages au nord.	N.N.E.	28. 2 5.	19 5.	Pur.....	O.	
19.	28. 3 7.	12 0.	Pur.....	O.	28. 3 0.	20 0.	Pur.....	N.E.	
20.	28. 4 0.	13 5.	Pur.....	S.E.	28. 3 5.	19 5.	Pur.....	N.E.	
21.	28. 3 5.	13 5.	Pur.....	N.E.	28. 2 0.	18 0.	Pur.....	N.	Vent fort à 1 heure après-midi.
22.	28. 2 3.	12 0.	Nuages....	N.E.	28. 2 0.	19 5.	Pur.....	N.E.	
23.	28. 2 0.	12 0.	Couvert....	N.O.	28. 3 0.	19 0.	Pur.....	N.E.	
24.	28. 3 7.	12 0.	Pur.....	N.E.	28. 3 5.	18 0.	Pur.....	N.	
25.	28. 3 0.	11 5.	Pur.....	N.E.	28. 2 5.	17 3.	Pur.....	N.O.	
26.	28. 2 0.	12 0.	Pur.....	N.E.	28. 2 5.	18 5.	Pur.....	N.N.E.	
27.	28. 3 0.	11 5.	Pur.....	N.	28. 2 3.	18 5.	Pur.....	N.N.E.	Vent faible à midi.
28.	28. 1 0.	13 0.	Pur.....	N.N.E.	28. 1 5.	18 0.	Pur.....	N.N.E.	
29.	28. 1 5.	13 0.	Nuages....	N.N.E.	28. 1 5.	17 5.	Pur.....	N.	
1.	28. 2 0.	17 3.			28. 2 6.	22 6.			Moyennes du 1er au 10.
2.	28. 2 0.	16 8.			28. 1 7.	21 1.			Moyennes du 11 au 20.
3.	28. 2 9.	12 4.			28. 2 4.	18 6.			Moyennes du 21 au 31.
	28. 2 3.	15 5.			28. 2 0.	20 8.			Moyennes du mois.

RÉCAPITULATION.

Plus grande élévation du mercure... 28^{po}. ^{lig} 38 le 22.
Moindre élévation du mercure..... 28. 1 0 le 3 et le 8.
Plus grand degré de chaleur....... 25 ^o 0 le 4 et le 5.
Moindre degré de chaleur.......... 10 3 le 31.

JOURS durant lesquels le vent a soufflé du	
N.N.O.	»
N.O.	1
O.N.O.	»
O.	2
O.S.O.	»
S.S.O.	»
N.N.E.	12
N.E.	5
E.N.E.	»
E.	»
E.S.E.	»
S.E.	2
S.S.E.	1
S.	3

H. N., tom. XIX, pag. 452.***

NOVEMBRE.

JOURS.	DE 5 A 7 HEURES DU MATIN.				DE MIDI A 3 HEURES DU SOIR.				REMARQUES.
	BAROMÈTRE.	THERMOMÈTRE, divisions de Réaumur.	ÉTAT DU CIEL.	VENTS.	BAROMÈTRE.	THERMOMÈTRE, divisions de Réaumur.	ÉTAT DU CIEL.	VENTS.	
1.	po. li. 28. 2. 7.	11°0.	Quelques nuages	N.	po. li. 28. 2. 5.		Pur	N.	
2.	28. 2. 6.	12. 0.	Pur	N.E.	28. 2. 5.	20°0.	Pur	N.E.	
3.	28. 3. 0.	13. 5.	Pur	N.E.	28. 2. 9.		Pur	N.E.	
4.	28. 3. 1.	11. 5.	Pur	N.O.	28. 3. 0.		Pur	N.O.	
5.	28. 3. 3.	13. 3.	Pur	S.S.O.	28. 3. 0.	19. 0.	Pur	S.S.O.	
6.	28. 3. 3.	13. 5.	Pur	S.	28. 3. 0.	18. 3.	Pur	N.N.E.	
7.	28. 3. 5.	13. 5.	Pur	N.N.E.	28. 3. 0.	18. 3.	Pur	N.N.E.	
8.	28. 3. 0.	13. 0.	Nuages	N.O.	28. 3. 5.	18. 3.	Pur	N.N.O.	
9.	28. 3. 0.	13. 0.	Pur	N.N.E.	28. 3. 5.	18. 3.	Pur	N.N.E.	
10.	28. 2. 3.	11. 5.	Pur	N.N.O.	28. 2. 6.	17. 5.	Pur	N.N.E.	
11.	28. 2. 5.	11. 7.	Nuages	N.	28. 2. 6.	17. 5.	Vent	N.	
12.	28. 2. 0.	12. 0.	Pur	S.E.	28. 2. 1.	17. 5.	Pur	S.E.	
13.	28. 1. 5.	13. 0.	Quelques nuages	S.E.	28. 1. 5.	17. 5.	Pur	S.E.	
14.	28. 2. 0.	13. 3.	Nuages	S.	28. 1. 1.	17. 0.			
15.			Nuages	N.	28. 1. 5.	17. 0.	Pur	N.	
16.	28. 1. 1.	10. 0.	Pur	N.	28. 1. 5.	17. 0.			
17.	28. 3. 0.	9. 5.	Pur	N.	28. 3. 0.	17. 0.			
18.	28. 4. 5.	9. 5.	Pur	E.	28. 3. 0.	17. 9.			
19.	28. 4. 0.	8. 5.	Pur	E.	28. 4. 5.	17. 0.			
20.	28. 4. 5.	9. 0.			28. 4. 5.	19. 0.			
21.	28. 4. 1.	7. 0.			28. 4. 5.	19. 0.			
22.	28. 3. 0.	3. 0.			28. 4. 0.	16. 0.			
23.	28. 2. 3.	3. 0.		N.N.E.	28. 1. 5.	16. 0.		E.N.E.	
24.	28. 3. 2.			E.S.E.			Pur	E.N.E.	
25.				N.					
Moy.	28. 2. 5.	12. 2.			28. 2. 2.	17. 5.			Moyennes de 28 jours d'observations du baromètre et de 24 jours du thermomètre.

RÉCAPITULATION SUR 28 JOURS D'OBSERVATIONS.

JOURS durant lesquels le vent a soufflé du		
N.N.O.	2.	N. 8.
O.N.O.	1.	N.N.E. 4.
O.		N.E. 1.
O.S.O.		E.N.E. 2.
S.O.		E.
S.S.O.	1.	E.S.E. 1.
		S.E. 3.
		S. 3.

DÉCEMBRE.

JOURS.	DE 5 A 7 HEURES DU MATIN.				DE MIDI A 3 HEURES DU SOIR.				REMARQUES.
	BAROMÈTRE.	THERMOMÈTRE, divisions de Réaumur.	ÉTAT DU CIEL.	VENTS.	BAROMÈTRE.	THERMOMÈTRE, divisions de Réaumur.	ÉTAT DU CIEL.	VENTS.	
1.		6°0.				16°5.			
2.		5. 3.				15. 5.			
3.		8. 0.				18. 0.			
4.		8. 5.				19. 0.			
5.		8. 5.				18. 5.			
6.		8. 3.				17. 0.			
7.		9. 0.				18. 0.			
8.		9. 0.				18. 0.			
9.		10. 0.	Nuages	N.E.			Pur	E.	
10.	28po. 3li. 7.	6. 3.	Quelques nuages	N.N.E.					
11.	28. 2. 0.		Pur	S.					
12.							Pur	S.O.	
13.	28. 2. 3.	7. 5.	Pur	S.S.O.	28. 2. 0.	20. 0.	Pur	S.O.	
14.	28. 3. 0.	8. 7.	Pur	E.	28. 2. 0.	19. 0.	Nuages	E.N.E.
15.	28. 3. 0.	9. 5.	Pur	N.E.	28. 2. 7.	18. 3.	Couvert.	N.N.E.
16.	28. 2. 5.	12. 0.	Pur	N.E.	28. 2. 5.	18. 0.	Pur	N.N.E.
17.	28. 2. 7.	9. 5.	Brouillard	S.S.E.	28. 2. 3.	16. 5.	Nuages à l'horizon	E.N.E.
18.	28. 2. 5.	9. 7.	Vent	S.S.E.	28. 2. 1.	16. 0.	Pur	F.N.E.
19.	28. 1. 3.	7. 7.	Vent	S.S.E.	28. 2. 1.	18. 3.	Vent	S.S.O.
20.	28. 2. 5.	7. 3.	Pur	S.S.E.	28. 1. 3.	18. 3.	Pur	S.S.
21.	28. 3. 5.	10. 3.	Pur	S.	28. 1. 5.	18. 5.	Pur	S.S.
22.	28. 5. 0.	10. 5.	Pur	S.	28. 2. 3.	17. 5.	Pur	S.S.
23.	28. 4. 0.	5. 3.	Nuages	O.	28. 2. 5.	16. 5.	Pur	S.S.
					28. 4. 2.	14. 5.	Couvert.	N.O.
						13. 0.	Couvert.	N.
Moy.	28. 2. 9.	9. 0.			28. 2. 5.	17. 4.			Moyennes du mois sur 19 jours d'observations du baromètre et sur 26 jours du thermomètre. Gouttes d'eau à 2 heures. Gouttes d'eau à 5 heures.

RÉCAPITULATION SUR 18 JOURS D'OBSERVATIONS.

JOURS durant lesquels le vent a soufflé du		
N.N.O.		N.N.E. 3.
N.O.	1.	N.E. 3.
O.N.O.		E.N.E. 3.
O.	3.	E. 2.
O.S.O.		E.S.E.
S.O.	6.	S.E.
S.S.O.	2.	S.S.E. 2.
		S. 9.

OBSERVATIONS MÉTÉOROLOGIQUES.

TABLEAU *des hauteurs moyennes du baromètre et des températures moyennes du thermomètre, déduites des Observations faites au Kaire.*

NOMS DES MOIS.	BAROMÈTRE.				THERMOMÈTRE DE RÉAUMUR.				REMARQUES.
	Nombre des observations.	De 5 à 7 heures du matin.	Nombre des observations.	De midi à 3 heures du soir.	Nombre des observations.	De 5 à 7 heures du matin.	Nombre des observations.	De midi à 3 heures du soir.	
		po. lig.		po. lig.					
Janvier..........	19.	28. 2 9.	19.	28. 2 7.	29.	6°,2.	29.	15°,3.	
Février..........	...	...	...	...	16.	7,0.	16.	15,5.	
Mars............	15.	28. 2 0.	15.	28. 1 5.	22.	12,6.	15.	15,9.	
	34.	28. 2 5.	34.	28. 2 1.	67.	8,6.	60.	15,6.	
Avril............	21.	28. 2 2.	21.	28. 2 3.	21.	15,0.	21.	20,6.	
Mai.............	30.	28. 2 6.	30.	28. 2 5.	30.	16,1.	30.	22,9.	
Juin.............	29.	28. 1 3.	28.	28. 1 0.	30.	17,7.	30.	28,2.	
	80.	28. 2 0.	79.	28. 1 9.	81.	16,3.	81.	23,9.	

NOMS DES MOIS.	BAROMÈTRE.				THERMOMÈTRE DE RÉAUMUR.				REMARQUES.
	Nombre des observations	De 5 à 7 heures du matin.	Nombre des observations.	De midi à 3 heures du soir.	Nombre des observations.	De 5 à 7 heures du matin.	Nombre des observations.	De midi à 3 heures du soir.	
		po. lig.		po. lig.					
Juillet.........	31.	28. 0 1.	31.	27. 11 8.	31.	19°,2.	31.	29°,3.	
Août..........	29.	28. 0 3.	27.	27. 11 9.	31.	19,7.	31.	26,6.	
Septembre.....	30.	28. 1 4.	30.	28. 1 0.	30.	20,0.	30.	25,5.	
	90.	28. 0 6.	88.	28. 0 2.	92.	19,6.	92.	27,1.	
Octobre........	31.	28. 2 3.	31.	28. 2 0.	31.	15,5.	31.	20,8.	
Novembre......	28.	28. 2 5.	22.	28. 2 2.	24.	12,2.	22.	17,7.	
Décembre......	19.	28. 2 9.	15.	28. 2 5.	26.	9,0.	23.	17,4.	
	78.	28. 2 6.	68.	28. 2 2.	81.	12,2.	76.	18,6.	

RÉSUMÉ GÉNÉRAL.

TRIMESTRES.	BAROMÈTRE.				THERMOMÈTRE DE RÉAUMUR.				REMARQUES.
	Nombre des observations.	De 5 à 7 heures du matin.	Nombre des observations.	De midi à 3 heures du soir.	Nombre des observations.	De 5 à 7 heures du matin.	Nombre des observations.	De midi à 3 heures du soir.	
		po. lig.		po. lig.					
1er trimestre.....	34.	28. 2 5.	34.	28. 2 1.	67.	8°,6.	60.	15°,6.	
2e idem.........	80.	28. 2 0.	79.	28. 1 9.	81.	16,3.	81.	23,9.	
3e idem.........	90.	28. 2 6.	88.	28. 0 2.	92.	19,6.	92.	27,1.	
4e idem.........	78.	28. 2 6.	68.	28. 2 2.	81.	12,2.	76.	18,6.	
	282.	28. 1 9.	269.	28. 1 6.	321.	14,1.	309.	21,3.	
				28. 1 9.				14,1.	
Hauteur moyenne du baromètre =				28. 1 7.	Chaleur moyenne =			17,7.*	* C'est, à peu de chose près, la température observée au fond du puits de Joseph, et qu'on a trouvée de 18°,0 et 1,7° dans l'eau.

Pendant notre séjour dans l'île de Philæ, au-dessus des cataractes, le thermomètre de Réaumur s'est élevé constamment, de midi à trois heures, entre 33° ½ et 34° ½, au nord et à l'ombre. A la même heure, exposé au soleil à l'air libre, il ne montait que d'un degré et demi de plus. Il s'élevait dans le sable à 56°, et à 23° dans l'eau du Nil. Le ciel était pur, le vent au nord; ce qui nous porte à croire que cette température est ordinaire à cette époque : aussi les habitans sont-ils parfaitement noirs, sans cependant avoir rien dans les traits, dans la physionomie, dans la peau ni dans les cheveux, qui tienne de l'espèce des Africains nègres, avec lesquels ils ne veulent pas être confondus [1].

---

[1] Je fis un jour demander par mon interprète à un très-bel homme, mais parfaitement noir, si leurs femmes étaient noires comme eux. L'interprète se servit vraisemblablement de l'expression arabe qui veut dire *négresse;* il lui répondit fièrement : « Elles sont blanches comme nous. »

OBSERVATIONS

SUR

LES VARIATIONS HORAIRES DU BAROMÈTRE.

Je n'avais aucune connaissance des variations horaires du baromètre, lorsque j'ai remarqué qu'indépendamment des variations causées par l'influence de l'atmosphère, le mercure remontait le matin, descendait avant le milieu du jour, remontait le soir et descendait avant minuit.

Parmi les nombreuses observations que j'ai souvent faites à toutes les heures du jour et de la nuit, je rapporte ici celles qui ont été suivies pendant un mois, et d'où il me paraît résulter,

1°. Que le baromètre, au Kaire, commence à monter de 5 heures à 5 heures $\frac{1}{2}$ du matin, jusqu'à 10 heures ou 10 heures $\frac{1}{2}$; qu'il descend alors jusqu'à 5 heures ou 5 heures $\frac{1}{2}$ après midi, pour remonter ensuite jusqu'à 10 heures ou 10 heures $\frac{1}{2}$ du soir; qu'enfin il descend jusqu'à 5 heures ou 5 heures $\frac{1}{2}$ du matin;

2°. Que le *maximum* de l'élévation semble être de 10 heures à 10 heures $\frac{1}{2}$ du matin, et de 10 heures à 10 heures $\frac{1}{2}$ du soir, et le *minimum*, de 5 heures à 5 heures $\frac{1}{2}$ du matin et du soir.

3°. Je crois avoir également remarqué, avec MM. de Humboldt et Ramond, que le baromètre qui était descendu dans la nuit, était un peu plus haut le matin que lorsqu'il était descendu dans l'après-midi; les variations, qui sont rarement d'une ligne, sont nécessairement contrariées par celles qui dépendent de l'influence atmosphérique. Ainsi, par exemple, le baromètre monte moins de 5 heures à 10 heures du matin, lorsque, par une cause étrangère aux variations horaires, le mercure tend à descendre, et réciproquement. Ce n'est que par une longue suite d'observations qu'on pourra fixer l'heure précise et la cause de ces variations, ainsi que le *maximum* et le *minimum* d'élévation du mercure aux différentes époques de la journée[1].

(*Voyez le tableau ci-joint.*)

[1] M. Godin est le premier qui indique le phénomène des variations horaires, sans marquer les époques du *maximum* et du *minimum*. MM. de Humboldt et Bonpland, après de longues observations faites à toutes les heures du jour et de la nuit, ont trouvé que le *maximum* de l'élévation du mercure était à 9 heures du matin et 4 heures ou 4 heures ½ de l'après-midi; que ces époques étaient les mêmes sur les côtes de la mer du Sud et dans les plaines de la rivière des Amazones, ainsi que dans des endroits élevés de quatre mille mètres au-dessus du niveau de la mer; enfin qu'elles paraissaient indépendantes des changemens de température et des saisons. (Extrait de la *Géographie des plantes*, par M. de Humboldt.)

M. Ramond, dans son *Mémoire sur la formule barométrique de la mécanique céleste*, fixe, avec M. de la Condamine, le *maximum* de l'élévation du mercure à 9 heures du matin et 3 heures de l'après-midi.

JUIN 1800.

JOURS.	HEURES.	MATIN. BAROMÈTRE.	THERMOMÈTRE.	ÉTAT DU CIEL.	VENTS.	HEURES.	SOIR. BAROMÈTRE.	THERMOMÈTRE.	ÉTAT DU CIEL.	VENTS.	AU KAIRE. OBSERVATIONS.
1.	5.	po. lig. 28. 2 0.	18°,0.	Pur........	N.E.						Cesse de descendre.
	7.	28. 2 2.	18,2.	Pur........	N.E.						Monte depuis 5 heures.
	10.	28. 2 5.	19,5.	Pur........	E.						
	11.	28. 2 2.	20,5.	Pur........	E.						Commence à descendre.
						5.	po. lig. 28. 1 5.	22°,5.	Pur........	N.E.	Cesse de descendre.
						7.	28. 2 0.	21,0.	Pur........	N.E.	
						10.	28. 2 2.	18,0.	Pur........	N.E.	Monte depuis 5 heures et demie.
2.	5.	28. 1 5.	15,0.	Pur........	N.E.						Monte depuis 5 heures.
	7.	28. 1 7.	18,0.	Pur........	E.N.E.						
	10.	28. 2 5.	19,5.	Pur........	E.N.E.						Commence à monter.
						5.	28. 1 5.	23,0.	Pur........	E.N.E.	
						7.	28. 1 7.	22,5.	Pur........	F.N.E.	
						10.	28. 1 5.	19,0.	Pur........	E.N.E.	Cesse de monter.
3.	5.	28. 1 0.	15,0.	Pur........	N.						Commence à monter.
	7.	28. 1 2.	17,0.	Pur........	N.E.						
	10.	28. 1 4.	19,0.	Pur........	N.E.						
	11.	28. 1 0.	20,0.	Pur........	N.E.						Descend depuis 11 heures et demie.
						3.	28. 0 5.	24,0.	Vent fort...	N.E.	
						5.	28. 0 3.	25,0.	Pur........	N.E.	Monte depuis 4 heures trois quarts.
						10.	28. 1 5.	21,0.	Pur........	N.E.	Cesse de monter.
4.	5.	28. 0 0.	19,0.	Pur........	N.E.						Descend encore.
	7.	28. 1 3.	19,5.	Pur........	N.E.						Monte depuis 5 heures et demie.
	10.	28. 1 5.	21,0.	Vent........	N.E.						
						3.	28. 1 0.	26,5.	Vent fort...	N.	Commence à monter.
						5.	28. 1 1.	26,0.	Pur........	N.E.	Cesse de monter.
						10.	28. 1 7.	23,0.	Pur........	N.E.	
5.	5.	28. 0 6.	20,0.	Pur........	N.E.						
	10.	28. 1 0.	21,0.	Pur........	N.E.						
						3.	28. 0 6.	25,0.	Un peu de vent..	N.E.	
						10.	28. 1 9.	22,0.			Monte encore un peu.
6.	5.	28. 1 4.	20,0.	Pur........	N.E.						
	8.	28. 1 5.	19,0.	Pur........	N.E.						
	10.	28. 1 9.	21,5.	Pur........	N.E.						
	11.	28. 1 5.	23,0.	Pur........	N.E.						A commencé à monter à 10 heures et demie.
						3.	28. 1 0.	27,0.	Pur........	N.E.	
						5.	28. 0 5.	25,7.	Pur........	N.E.	
						10.	28. 1 7.	22,0.	Pur........	N.E.	
7.	5.	28. 1 0.	22,0.	Pur........	N.						
	9.	28. 1 1.	19,0.	Pur........	N.						
	11.	28. 1 2.	21,0.	Pur........	N.N.O.						A cessé de monter à 10 heures et demie.
						3.	28. 0 4.	23,5.	Pur........	N.	
						6.	28. 0 3.	22,5.	Pur........	N.N.O.	
						11.	28. 1 5.	19,0.	Pur........	N.N.O.	Descend depuis 10 heures et demie.
8.	5.	28. 1 0.	18,0.	Nuages.....	N.N.O.						
	8.	28. 1 2.	18,0.	Nuages.....	N.N.O.						
	10.	28. 1 0.	19,0.	Nuages.....	N.N.O.						
	12.	28. 0 7.	20,0.	Nuages, vent...	N.N.O.						
						3.	28. 0 5.	22,5.	Pur........	N.N.O.	
						6.	28. 0 4.	22,0.	Pur........	N.N.O.	
						10.	28. 1 0.	18,5.	Pur........	N.N.O.	
9.	5.	28. 0 7.	18,0.	Nuages.....	N.						
	10.	28. 1 5.	19,0.	Pur........	N.						
10.	8.	28. 1 3.	16,5.	Nuages.....	N.						Variation peu sensible.
						3.	28. 1 3.	21,7.	Pur........	N.N.O.	
						10.	28. 2 3.	18,5.	Pur........	N.N.O.	
11.	5.	28. 2 3.	27,0.	Pur........	N.N.O.						N'a pas varié depuis hier, 10 heures du soir.
	10.	28. 2 5.	18,5.	Pur........	N.N.O.						Monte depuis 7 heures.
						3.	28. 2 7.	22,0.	Pur........		Descend depuis 10 heures et demie.
						6.	28. 2 3.	22,0.	Vent fort...	N.N.O.	
						10.	28. 2 5.	20,0.			
12.	2.	28. 2 3.	19,0.	Pur........	N.N.E.						
	8.	28. 2 3.	19,0.	Pur........	N.N.E.						
	10.	28. 2 0.	21,0.	Pur........	N.N.E.						
	12.	28. 1 0.	23,0.	Pur........	N.N.E.						
						3.	28. 1 5.	26,7.	Pur, vent..	N.N.O.	
						11.	28. 2 0.	21,0.	Pur........	N.N.O.	
13.	5.	28. 1 0.	18,0.	Nuages.....	N.E.						
	8.	28. 1 3.	21,0.	Pur........	N.N.O.						
	10.	28. 1 5.	23,0.	Pur........	N.N.O.						
						11.	28. 2 0.	20,0.			
14.	8.	28. 2 0.	20,0.	Pur........	N.N.E.						
	12.	28. 2 4.	23,0.	Pur........	N.						
						3.	28. 1 9.	25,3.	Pur........	N.E.	
						6.	28. 2 0.	25,0.	Pur........		Vent fort depuis 3 heures.
						12.	28. 2 3.	21,0.	Pur........		

H. N., tom. XIX, pag. 458.

JUIN 1800.

JOURS.	HEURES.	MATIN. BAROMÈTRE.	THERMOMÈTRE.	ÉTAT DU CIEL.	VENTS.	HEURES.	SOIR. BAROMÈTRE.	THERMOMÈTRE.	ÉTAT DU CIEL.	VENTS.	AU KAIRE. OBSERVATIONS.
15.	2.	po. lig. 28. 2 2.	21°,0.	Pur........	N.E.						
	8.	28. 2 3.	21,0.	Pur........	N.N.E.						
	10.	28. 2 5.	21,7.	Pur........	N.N.E.						
						3.	po. lig. 28. 1 3.	26°,0.	Pur........	N.N.E.	
						6.	28. 1 0.	26,5.	Pur........	N.N.E.	
						10.	28. 0 9.	24,0.	Pur........	N.E.	
16.	5.	28. 0 9.	20,5.	Pur........	N.N.E.						
	8.	28. 0 9.	23,0.	Pur........	N.N.E.						
						3.	28. 0 2.	28,0.	Un peu de vent.	N.N.E.	
						7.	28. 0 1.	25,0.	Pur........	N.N.E.	
						10.	28. 1 0.	23,5.			
17.	5.	28. 1 0.	21,0.	Temps couvert.	N.						Commence à monter.
	8.	28. 1 3.	21,5.	Pur........	N.						
						3.	28. 0 7.	27,0.	Vent........	N.N.E.	Cesse de descendre.
						5.	28. 0 9.	27,0.	Pur........	N.N.E.	
						6.	28. 1 0.	26,0.	Pur........	N.N.E.	
						10.	28. 1 6.	21,0.	Pur........	N.N.E.	
18.	5.	28. 1 0.	19,0.	Pur........	N.N.E.						
	8.	28. 1 3.	21,0.	Pur........	N.N.E.						
	10.	28. 1 7.	23,0.	Pur........	N.N.E.						
						3.	28. 1 5.	24,5.	Vent........	N.N.E.	
						6.	28. 1 7.	24,0.	Vent........	N.N.E.	
						10.	28. 2 5.	19,0.	Vent........	N.	
19.	5.	28. 2 5.	17,0.	Couvert, vent.	N.N.E.						
	10.	28. 2 5.	21,0.	Pur........	N.N.E.						
						3.	28. 2 1.	25,0.	Pur........	N.N.E.	A cessé de monter à 10 heures et demie.
						5.	28. 2 0.	25,0.	Pur........	N.N.E.	
						6.	28. 2 4.	23,0.	Pur........	N.N.E.	
						10.	28. 2 9.	19,0.	Pur........	N.N.E.	
20.	6.	28. 2 3.	17,0.								
	10.	28. 2 5.	20,0.								
						3.	28. 1 6.	27,0.	Pur........	N.N.E.	
						10.	26. 2 3.	27,0.	Pur........	N.N.E.	
21.	5.	28. 1 7.	17,0.	Pur........	N.N.E.						Commence à monter.
	10.	28. 1 9.	22,0.	Pur........	N.N.E.						
						3.	28. 1 0.	27,0.	Pur........	N.	
						6.	28. 1 1.	27,0.	Pur........	N.N.E.	
						10.	28. 1 3.	23,0.	Pur........		
22.	6.	28. 1 0.	19,0.	Pur........	N.N.E.						
						3.	28. 1 0.	26,0.	Vent fort....	N.	
						10.	28. 1 3.	20,0.	Pur........	N.N.O.	
23.	5.	28. 1 3.	18,0.	Pur........	N.N.O.						
	10.	28. 1 5.	21,0.	Pur........	N.N.O.						
						3.	28. 0 5.	26,5.	Pur........	N.N.O.	A cessé de descendre à 5 heures et demie.
						6.	28. 0 5.	21,0.	Pur........	N.N.O.	
24.	3.	28. 0 3.	17,5.	Pur........	N.N.E.						
	5.	28. 0 2.	18,0.	Pur........	N.N.O.						
	7.	28. 0 6.	19,0.	Pur........	N.N.O.						
	10.	28. 0 6.	22,0.	Pur........	N.N.O.						
	12.	28. 0 4.	24,0.	Pur........	N.N.O.						
						3.	28. 0 0.	28,0.	Pur........	N.N.O.	
						6.	28. 0 3.	25,5.	Pur........	N.	
						10.	28. 1 0.	21,0.			
25.	8.	28. 1 0.	21,0.	Pur........	N.N.E.						Monte depuis 5 heures et demie.
	11.	28. 0 9.	22,5.	Pur........	N.N.E.						
						3.	28. 0 5.	28,0.	Pur........	N.N.E.	
						6.	28. 0 0.	26,0.	Pur........	N.N.E.	
27.	4.	28. 0 9.	22,0.	Vent fort....	N.E.						
						3.	28. 0 6.	27,0.	Pur........	N.E.	
						6.	28. 0 9.	26,0.	Pur........	N.E.	
						10.	28. 1 5.	21,0.	Pur........	N.E.	
28.	5.	28. 1 3.	21,0.	Pur........	N.E.						Monte depuis 5 heures.
	8.	28. 1 4.	21,0.	Pur........							
	10.	28. 1 0.	24,0.	Pur........	N.E.						
29.						3.	28. 0 5.	30,0.	Pur........	N.E.	
						6.	28. 0 5.	29,0.	Pur........		
						10.	28. 1 0.	23,5.	Pur........	N.E.	Cesse de monter.
30.	5.	28. 0 0.	20,0.	Nuages......	N.						
	8.	28. 0 5.	21,5.	Pur........	N.						
	10.	28. 0 7.	23,0.	Pur........	N.						Cesse de monter.
						3.	28. 0 5.	29,0.	Pur........	N.	Cesse de descendre à 5 heures et demie.
						6.	28. 0 0.	28,0.	Pur........	N.	
						8.	28. 0 5.	27,0.	Pur........	N.	
						10.	28. 0 7.	22,0.	Pur........	N.	

OBSERVATIONS

MÉTÉOROLOGIQUES ET HYGROMÉTRIQUES

FAITES DANS DIVERSES VILLES DE L'ÉGYPTE,

Par feu M. NOUET.

TEMPÉRATURE OU THERMOMÈTRE DE MERCURE, DIVISION DE RÉAUMUR.

A ALEXANDRIE, THERMIDOR AN VI.			A ALEXANDRIE, FRUCTIDOR AN VI.		
JOURS.	MATIN.	MIDI.	JOURS.	MATIN.	MIDI.
	Thermomètre.	Thermom.		Thermomètre.	Thermom.
1.	....	23°0.	4.	....	23°5.
2.	....	23,0.	5.	....	23,5.
3.	....	22,0.	6.	....	23,5.
4.	....	23,0.			
7.	....	23,0.			
9.	....	24,0.	\multicolumn{3}{c}{AU KAIRE,}		
10.	....	23,7.			
12.	....	22,5.	VENDÉMIAIRE AN VII.		
14.	....	23,5.			
15.	....	23,0.			
16.	....	23,5.	4.	17°0.	21,5.
19.	....	24,0.	5.	16,5.	21,3.
21.	....	24,0.	7.	17,0.	21,5.
25.	....	23,5.	8.	17,0.	21,7.
29.	....	23,5.	9.	17,0.	21,7.
30.	....	23,3.	10.	16,5.	22,0.

AU KAIRE, VENDÉMIAIRE AN VII.

JOURS.	MATIN.	MIDI.
	Thermomètre.	Thermom.
11.	17°0.	23°5.
13.	16,5.	25,5.
14.	18,3.	25,0.
15.	17,5.	22,0.
16.	17,0.	21,0.
17.	17,5.	23,0.
18.	18,5.	23,0.
19.	18,0.	
20.	19,3.	
21.	18,3.	
22.	16.0.	
23.	17,7.	23,5.
24.	17,0.	
25.	16,0.	20,0.
26.	15,3.	19,3.
27.	13,0.	20,0.
28.	16,0.	20,0.
29.	12,0.	19,0.
30.	13,0.	

BRUMAIRE AN VII.

JOURS.	MATIN.	MIDI.
1.	15,3.	
3.	13,5.	19,0.
4.	12,0.	19,0.
5.	12,0.	19,0.
6.	12,0.	18,0.
7.	12,0.	17,3.
8.	11,5.	18,3.
9.	11,5.	18,5.
10.	13,0.	18,0.
11.	10,3.	17,5.
12.	11,0.	
13.	12,0.	
14.	12,0.	20,0.
15.	13,5.	
16.	11,7.	
17.	11,5.	19,0.
18.	11,3.	
19.	13,5.	18,3.
20.	13,0.	18,3.

AU KAIRE, BRUMAIRE AN VII.

JOURS.	MATIN.	MIDI.
	Thermomètre.	Thermom.
21.	11°5.	18°3.
22.	11,3.	18,3.
23.	11,7.	17,5.
24.	9,5.	17,7.
25.	19,0.	17,5.
26.	12,5.	18,0.
27.	13,3.	17,5.
28.	13,0.	57,7.
29.	10,0.	17,0.
30.	13,5.	17,0.

FRIMAIRE AN VII.

1.	9,5.	19,0.
2.	9,5.	17,7.
3.	8,5.	17,0.
4.	....	16,5.

A DAMIETTE, FRIMAIRE AN VII.

7.	....	19,0.
8.	....	17,0.
9.	....	16,0.
10.	....	16,0.
11.	....	16,0.
12.	....	17,0.
13.	....	18,0.
14.	....	18,0.
17.	....	18,0.
18.	....	18,0.
19.	....	17,0.
20.	....	17,0.
21.	....	16,0.
22.	....	16,0.
23.	16,0.	
24.	17,0.	
25.	15,0.	

ET HYGROMÉTRIQUES.

\multicolumn{3}{c}{A SALEHYEH, FRIMAIRE AN VII.}		
JOURS.	MATIN.	MIDI.
	Thermomètre.	Thermom.
28.	13°5.	
29.	17,5.	
30.	17,0.	

A BELBEYS, NIVOSE AN VII.

JOURS.	MATIN.	MIDI.
2.	....	21°0.
3.	....	17,5.
4.	5,5.	14,5.
5.	4,7.	18,5.
6.	2,0.	15,3.
7.	4,0.	16,0.
9.	5,0.	
10.	5,0.	17,0.
11.	2,0.	16,5.
12.	3,0.	17,0.
13.	5,0.	16,0.
14.	....	14,5.
16.	....	12,5.

AU KAIRE, NIVOSE AN VII.

JOURS.	MATIN.	MIDI.
17.	7,0.	13,0.
18.	6,5.	12,3.
19.	6,0.	11,0.
20.	5,0.	11,5.
21.	5,0.	12,3.
22.	6,0.	13,5.
23.	7,0.	14,0.

A SOUEYS, PLUVIOSE AN VII.

JOURS.	MATIN.	MIDI.
	Thermomètre.	Thermom.
1.	....	16°0.
2.	7°5.	15,0.
3.	4,0.	18,5.
4.	5,0.	15,0.
5.	2,0.	13,0.
6.	3,0.	13,0.
7.	4,0.	12,0.
8.	2,5.	13,0.
9.	4,5.	12,5.
10.	8,5.	15,0.

AU KAIRE, PLUVIOSE AN VII.

JOURS.	MATIN.	MIDI.
20.	5,5.	
22.	12,0.	18,0.
24.	5,5.	11,5.
25.	3,5.	
26.	7,5.	
27.	8,3.	
28.	7,3.	
29.	6,3.	
30.	7,0.	

VENTOSE AN VII.

JOURS.	MATIN.	MIDI.
4.	5,0.	
5.	6,0.	
7.	8,5.	
8.	6,5.	
9.	6,0.	
10.	6,3.	
14.	6,5.	
16.	4,0.	
17.	8,0.	
19.	7,0.	
20.	16,0.	
21.	11,9.	

AU KAIRE, VENTOSE AN VII.			AU KAIRE, PRAIRIAL AN VII.		
JOURS.	MATIN.	MIDI.	JOURS.	MATIN.	A 3 H.
	Thermomètre.	Thermom.		Thermomètre.	Thermom.
23.	6°5.		10.	17°0.	26°3.
27.	8,0.		11.	16,0.	27,0.
			12.	16,0.	26,5.
			13.	15,0.	27,0.
GERMINAL AN VII.			14.	16,0.	26,0.
			15.	15,5.	26,5.
			16.	16,7.	28,0.
15.	16,0.		17.	17,0.	28,5.
16.	11,0.		18.	17,0.	28,5.
17.	11,5.		19.	17,3.	30,5.
			20.	19,5.	30,0.
			21.	19,0.	30,0.
			22.	17,5.	27,5.
FLORÉAL AN VII.			23.	18,5.	28,5.
			24.	19,0.	28,0.
			25.	17,5.	28,3.
1.	13,5.		26.	20,0.	30,5.
7.	17,0.	26°5.	27.	20,3.	31,5.
8.	15,0.	28,0.	28.	17,5.	32,7.
9.	19,0.	25,5.	29.	20,5.	30,0.
10.	15,5.	28,0.	30.	17,0.	26,0.
11.	15,0.	22,0.			
12.	10,5.	22,0.			
13.	12,0.		**MESSIDOR AN VII.**		
14.	....	22,5.			
15.	13,0.				
16.	9,5.		1.	17,0.	27,0.
18.	16,5.		2.	17,0.	22,0.
22.	14,0.	24,0.	3.	21,0.	27,0.
			4.	16,0.	26,0.
			5.	15,0.	27,0.
PRAIRIAL AN VII.			6.	17,5.	27,0.
			7.	16,0.	28,0.
		A 3 HEURES.	8.	19,0.	28,5.
1.	21,5.	30,0.	9.	18,0.	29,0.
2.	21,0.	29,5.	10.	17,0.	30,5.
3.	18,0.	28,0.	11.	19,5.	28,5.
4.	18,0.	28,5.	12.	19,0.	28,0.
5.	16,0.	27,0.	13.	19,3.	28,0.
6.	17,5.	27,0.	14.	20,0.	28,5.
7.	16,3.	25,5.	15.	16,5.	29,5.
8.	16,0.	23,0.	16.	20,0.	29,0.
9.	17,0.	26,3.	17.	17,5.	28,0.

AU KAIRE, MESSIDOR AN VII.			AU KAIRE, THERMIDOR AN VII.		
JOURS.	MATIN.	A 3 H.	JOURS.	MATIN.	A 3 H.
	Thermomètre.	Thermom.		Thermomètre.	Thermom.
18.	19°0.	28°0.	28.	19°5.	28°0.
19.	18, 0.	28, 0.	29.	11, 5.	28, 0.
20.	19, 0.	30, 5.			
21.	23, 0.	30, 5.			
22.	20, 0.	28, 5.			
23.	20, 3.	28, 5.			
24.	18, 0.	29, 5.			
25.	18, 0.	28, 5.			
26.	17, 5.				
29.	19, 0.	30, 0.			
30.	19, 0.	30, 5.			

Pendant le voyage de la haute Égypte, les observations du thermomètre ne pouvaient se faire dans la barque.

On a cherché le terme de la plus grande chaleur.

Le 19 fructidor, vis-à-vis les ruines de Thèbes, à midi, le thermomètre, dans le sable, a monté à 54 degrés, petit vent N. O. A bord, à la même heure, à l'ombre, on a eu 30 degrés. Le 28 fructidor, à l'île de Philæ, au-dessus de Syène, le thermomètre, dans le sable, a marqué 54 degrés, et à l'ombre 34°3.

THERMIDOR AN VII.

JOURS.	MATIN.	A 3 H.
1.	19, 5.	29, 5.
2.	19, 0.	29, 5.
3.	19, 0.	29, 7.
4.	17, 0.	29, 5.
5.	20, 0.	29, 0.
6.	19, 0.	28, 5.
7.	20, 0.	29, 5.
8.	18, 5.	29, 0.
9.	20, 0.	31, 0.
10.	20, 0.	31, 0.
11.	20, 0.	30, 5.
12.	20, 0.	30, 5.
13.	20, 5.	30, 0.
14.	20, 0.	29, 3.
15.	20, 5.	28, 0.
16.	20, 0.	27, 0.
17.	19, 0.	27, 0.
18.	18, 0.	28, 0.
19.	21, 5.	29, 5.
20.	19, 5.	29, 0.
21.	22, 5.	28, 0.
22.	22, 0.	28, 0.
23.	22, 5.	27, 5.
24.	21, 0.	28, 5.
25.	20, 0.	28, 0.
26.	19, 3.	28, 0.
27.	20, 5.	28, 5.

BRUMAIRE AN VIII.

JOURS.	MATIN.	A 3 H.
26.	12, 0.	17, 0.
27.	10, 3.	16, 0.
28.	9, 5.	15, 7.
29.	9, 7.	17, 0.
30.	9, 3.	19, 5.

FRIMAIRE AN VIII.

JOURS.	MATIN.	A 3 H.
1.	9, 5.	18, 5.
2.	10, 5.	17, 0.
3.	9, 3.	18, 0.
4.	8, 5.	16, 5.
5.	8, 5.	15, 0.
6.	9, 0.	15, 5.
7.	8, 0.	17, 0.
8.	7, 3.	

AU KAIRE, FRIMAIRE AN VIII.			AU KAIRE, NIVOSE AN VIII.		
JOURS.	MATIN.	A 3 H.	JOURS.	MATIN.	A 3 H.
	Thermomètre.	Thermom.		Thermomètre.	Thermom.
9.	7°,2.	14°,0.	5.	9°,5.	17°,5.
10.	6, 5.		6.	7, 0.	18, 0.
11.	7, 0.	16, 3.	7.	7, 7.	18, 3.
12.	6, 5.	16, 5.	8.	12, 0.	18, 5.
13.	5, 3.	15, 5.	9.	10, 3.	17, 5.
14.	8, 0.		10.	7, 3.	16, 5.
15.	8, 0.	19, 0.	11.	10, 7.	14, 5.
16.	8, 5.	17, 5.	12.	5, 3.	13, 0.
17.	8, 5.	18, 5.	13.	5, 0.	
18.	8, 7.	17, 0.	14.	5, 5.	13, 5.
19.	8, 3.	16, 7.	15.	4, 0.	14, 0.
20.	9, 0.	18, 0.	16.	5, 3.	
21.	8, 5.		17.	5, 5.	16, 5.
22.	10, 0.		18.	7, 0.	
23.	6, 3.		19.	7, 0.	
29.	7, 3.	20, 0.	20.	4, 0.	16, 0.
30.	8, 5.	20, 0.	21.	5, 0.	17, 0.
			22.	5, 5.	16, 5.
			23.	7, 5.	16, 3.
NIVOSE AN VIII.			24.	6, 0.	17, 3.
			25.	7, 0.	16, 0.
			26.	8, 5.	18, 5.
1.	8, 7.	18, 3.	27.	10, 0.	17, 5.
2.	9, 5.	18, 0.	28.	11, 0.	19, 5.
3.	12, 0.	16, 5.	29.	10, 5.	17, 0.
4.	12, 0.	16, 0.	30.	10, 5.	16, 5.

ET HYGROMÉTRIQUES.

OBSERVATIONS HYGROMÉTRIQUES AU KAIRE.

PRAIRIAL AN VII.			MESSIDOR AN VII.		
JOURS.	MATIN.	A 3 H.	JOURS.	MATIN.	A 3 H.
	Thermomètre.	Thermom.		Thermomètre.	Thermom.
4.	39°.	22°.	12.	75°.	26°.
5.	58.	20.	13.	64.	31.
6.	27.	20.	14.	71.	27.
7.	66.	22.	15.	73.	23.
8.	58.	35.	16.	57.	33.
9.	60.	32.	17.	76.	25.
10.	61.	25.	18.	76.	32.
11.	65.	22.	19.	78.	25.
12.	65.	23.	20.	60.	16.
13.	68.	23.	22.	77.	22.
14.	62.	25.	23.	70.	25.
15.	65.	26.	24.	78.	25.
16.	61.	14.	25.	75.	22.
17.	68.	21.	26.	75.	23.
18.	66.	20.	29.	76.	25.
19.	68.	19.	30.	78.	21.
20.	65.	19.			
21.	72.	16.	THERMIDOR AN VII.		
23.	71.	21.			
24.	70.	21.	1.	76.	20.
25.	60.	20.	2.	76.	26.
26.	59.	19.	3.	77.	24.
27.	58.	22.	4.	77.	27.
28.	59.	15.	5.	77.	27.
29.	44.	22.	6.	78.	19.
30.	64.	28.	7.	77.	24.
			8.	73.	20.
MESSIDOR AN VII.			9.	75.	20.
			10.	68.	16.
1.	68.	29.	11.	78.	19.
2.	50.	14.	12.	76.	26.
3.	64.	25.	13.	78.	12.
4.	72.	29.	14.	78.	25.
5.	75.	23.	15.	78.	24.
6.	71.	25.	16.	72.	32.
7.	62.	32.	17.	65.	31.
8.	62.	25.	18.	78.	26.
9.	65.	23.	19.	76.	12.
10.	66.	26.	20.	70.	21.
11.	74.	21.	21.	60.	31.

THERMIDOR AN VII.			FRIMAIRE AN VIII.		
JOURS.	MATIN.	A 3 H.	JOURS.	MATIN.	A 3 H.
	Thermomètre.	Thermom.		Thermomètre.	Thermom.
22.	63°.	27°.	21.	79°.	
23.	72.	33.	22.	79.	
24.	74.	19.	23.	79.	
26.	79.	35.	29.	78.	31°.
27.	77.	29.	30.	78.	27.
28.	78.	28.			
29.	75.	31.	NIVOSE AN VIII.		
30.	77.	32.	1.	78.	
BRUMAIRE AN VIII.			2.	77.	55.
			3.	74.	67.
26.	80.	60.	4.	74.	
27.	80.	68.	5.	79.	57.
28.	68.	55.	6.	78.	47.
29.	72.	46.	7.	74.	
30.	72.	30.	8.	33.	29.
			9.	61.	35.
FRIMAIRE AN VIII.			10.	76.	44.
			11.	76.	58.
1.	70.	31.	12.	79.	48.
2.	73.	35.	13.	78.	48.
3.	61.	37.	14.	78.	50.
4.	78.	45.	15.	79.	53.
5.	79.	63.	16.	79.	55.
6.	79.	60.	17.	79.	59.
7.	79.	72.	18.	78.	
8.	80.	43.	19.	78.	
9.	79.	47.	20.	78.	58.
10.	80.	45.	21.	79.	46.
11.	79.	45.	22.	73.	43.
12.	79.	39.	23.	74.	55.
13.	75.	34.	24.	78.	52.
14.	56.	34.	25.	78.	49.
15.	58.	32.	26.	60.	27.
16.	79.	41.	27.	44.	32.
17.	79.	43.	28.	45.	24.
18.	63.	28.	29.	76.	54.
19.	50.	45.	30.	76.	57.
20.	76.	47.	Les 26, 27 et 28, vent sud.		

FIN DU TOME DIX-NEUVIÈME.

TABLE

DES MATIÈRES DU TOME XIX.

HISTOIRE NATURELLE.

BOTANIQUE. — MÉTÉOROLOGIE.

	Pages.
RÉFLEXIONS *sur quelques points de comparaison à établir entre les plantes d'Égypte et celles de France*, par feu M. Coquebert.	1
DESCRIPTION *du palmier doum de la haute Égypte, ou cucifera thebaica;* par M. Delile, membre de l'Institut d'Égypte.	11
EXPLICATION des planches du palmier doum.	22
MÉMOIRE *sur les plantes qui croissent spontanément en Égypte*, par M. Alire Raffeneau Delile, membre de l'Institut d'Égypte.	23
1°. Plantes communes à l'Égypte et à la Barbarie.	27
2°. Plantes communes à l'Égypte et à la Syrie.	28
3°. Plantes communes à l'Égypte et à l'Arabie.	*Ibid.*
4°. Plantes communes à l'Égypte, à la Barbarie et à la Syrie.	*Ibid.*
5°. Plantes communes à l'Égypte, à la Barbarie et à l'Arabie.	*Ibid.*
6°. Plantes communes à l'Égypte, à l'Arabie et à la Syrie.	*Ibid.*
7°. Plantes communes à l'Égypte, à la Barbarie, à la Syrie et à l'Arabie.	29
HISTOIRE *des plantes cultivées en Égypte*, par M. Alire Raffeneau Delile, membre de l'Institut d'Égypte.	41
PREMIER MÉMOIRE. — Sur les céréales graminées, les fourrages, et les grains de la classe des plantes légumineuses.	*Ibid.*
§. Ier. Des céréales graminées.	43
§. II. Du trèfle d'Égypte et du fenugrec, cultivés comme fourrages.	59
§. III. Des grains cultivés dans la classe des plantes légumineuses, ou dont les fruits sont en gousses.	63
FLORÆ ÆGYPTIACÆ *Illustratio*, auctore Alire Raffeneau Delile.	69
Classis I. — Monandria.	*Ibid.*
Classis II. — Diandria.	*Ibid.*
Classis III. — Triandria.	70
Classis IV. — Tetrandria.	76

TABLE DES MATIÈRES.

		Pages.
Classis	*V.* — Pentandria.....................	77
Classis	*VI.* — Hexandria.....................	84
Classis	*VII.* — Heptandria....................	85
Classis	*VIII.* — Octandria....................	*Ibid.*
Classis	*IX.* — Enneandria....................	86
Classis	*X.* — Decandria......................	87
Classis	*XI.* — Dodecandria...................	89
Classis	*XII.* — Icosandria....................	90
Classis	*XIII.* — Polyandria...................	91
Classis	*XIV.* — Dydynamia...................	92
Classis	*XV.* — Tetradynamia.................	94
Classis	*XVI.* — Monadelphia.................	96
Classis	*XVII.* — Diadelphia..................	98
Classis XVIII. — Polyadelphia................		101
Classis	*XIX.* — Syngenesia..................	102
Classis	*XX.* — Gynandria...................	106
Classis	*XXI.* — Monœcia....................	*Ibid.*
Classis	*XXII.* — Diœcia.....................	109
Classis XXIII. — Polygamia...................		111
Classis XXIV. — Cryptogamia.................		112

FLORE D'ÉGYPTE. — *Explication des planches*, par M. Delile, membre de l'Institut d'Égypte...................... 117

Planche 1. Palmier doum (*cucifera thebaïca*)............ *Ibid.*
    1. Vue du palmier de la Thébaïde appelé *doum.* — 2 ,
    3, 4, 5 et 6. Détails de la fructification......... *Ibid.*
Planche 2. Feuille et grappe de fruit du palmier doum........ 118
Planche 3. Fig. 1. Boerhavia repens, *var.* minor............. 119
    Fig. 2. Salicornia nodulosa.................... 121
Planche 4. Fig. 1. Utricularia inflexa..................... 122
    Fig. 2. Peplidium humifusum................. 123
    Fig. 3. Cyperus dives........................ 125
Planche 5. Fig. 1. Panicum obtusifolium................. 127
    Fig. 2. Cervicina campanuloïdes............... 128
    Fig. 3. Cyperus protractus, *var.* cyperi fusci Linn.. 130
Planche 6. Fig. 1. Isolepis uninodis...................... 132
    Fig. 2. Scirpus caducus...................... 134
    Fig. 3. Fimbristylis ferrugineum................ 135
Planche 7. Fig. 1. Scirpus fimbrisetus.................... 137
    Fig. 2. Andropogon annulatum................ 140
    Fig. 3. Scirpus mucronatus................... 142
Planche 8. Fig. 1. Pennisetum dichotomum.............. 144
    Fig. 2. Andropogon foveolatum............... 146
    Fig. 3. Pennisetum typhoïdeum............... 149

TABLE DES MATIÈRES.

Pages.

Planche 9. Fig. 1. Crypsis alopecuroïdes	151
Fig. 2. Panicum turgidum	152
Planche 10. Fig. 1. Agrostis spicata	155
Fig. 2. Poa ægyptiaca	157
Fig. 3. Poa cynosuroïdes	159
Planche 11. Fig. 1. Festuca fusca	161
Fig. 2. Bromus rubens	164
Fig. 3. Dinæba ægyptiaca	165
Planche 12. Fig. 1. Avena arundinacea	167
Fig. 2. Avena Forskalii	169
Fig. 3. Trisetaria linearis	171
Planche 13. Fig. 1. Elymus geniculatus	173
Fig. 2. Aristida obtusa	174
Fig. 3. Aristida ciliata	176
Planche 14. Fig. 1. Rottbollia hirsuta	177
Fig. 2. Triticum sativum turgidum	180
Fig. 3. Triticum sativum pyramidale	181
Planche 15. Fig. 1. Triticum bicorne	182
Fig. 2. Ammannia auriculata	184
Fig. 3. Ammannia ægyptiaca	186
Planche 16. Fig. 1. Heliotropium lineatum	187
Fig. 2. Lithospermum callosum	189
Fig. 3. Echium longifolium	192
Planche 17. Fig. 1. Echium prostratum	193
Fig. 2. Echium setosum	195
Fig. 3. Anchusa spinocarpos	196
Planche 18. Fig. 1. Paronychia arabica	198
Fig. 2, 2'. Convolvulus armatus	201
Fig. 3. Convolvulus Forskalii	203
Planche 19. Fig. 1 et 2. Cordia myxa	204
Fig. 3. Echium Rawolfii	212
Planche 20. Fig. 1. Cordia crenata	214
Fig. 2. Cynanchum argel	216
Fig. 3. Cynanchum pyrotechnicum	219
Planche 21. Fig. 1. Salsola alopecuroïdes	222
Fig. 2. Salsola echinus	223
Fig. 3. Caucalis tenella	226
Fig. 4. Salsola tetragona	228
Planche 22. Fig. 1. Traganum nudatum	230
Fig. 2. Buplevrum proliferum	232
Fig. 3. Cornulaca monacantha	234
Planche 23. Fig. 1. Solanum coagulans	236
Fig. 2 et 3. Caucalis glabra	239
Planche 24. Fig. 1. Polycarpea fragilis	241

TABLE DES MATIÈRES.

		Pages.
Planche 24.	Fig. 2. Polycarpea memphitica	243
	Fig. 3. Alsine succulenta	245
	Fig. 4. Alsine prostrata	246
Planche 25.	Fig. 1, 1'. Laucretia suffruticosa	248
	Fig. 2. Statice tubiflora	251
	Fig. 3. Statice ægyptiaca	252
Planche 26.	Fig. 1. Elatine luxurians	254
	Fig. 2, 2'. Sodada decidua	256
Planche 27.	Fig. 1. Cassia acutifolia	259
	Fig. 2. Fagonia mollis	261
	Fig. 3. Zygophyllum decumbens	262
Planche 28.	Fig. 1. Balanites ægyptiaca	263
	Fig. 2. Fagonia glutinosa	280
	Fig. 3. Fagonia latifolia	281
Planche 29.	Fig. 1. Gypsophila rokejeka	282
	Fig. 2. Silene succulenta	284
	Fig. 3. Silene rubella	285
Planche 30.	Fig. 1. Euphorbia calendulæfolia	286
	Fig. 2. Euphorbia alexandrina	287
	Fig. 3. Euphorbia punctata	289
	Fig. 4. Euphorbia parvula	290
Planche 31.	Fig. 1. Ochradenus baccatus	291
	Fig. 2. Helianthemum kahiricum	293
	Fig. 3. Capparis ægyptia	294
Planche 32.	Fig. 1. Lavandula stricta	295
	Fig. 2. Linaria ægyptiaca	296
	Fig. 3. Capraria dissecta	298
Planche 33.	Fig. 1. Scrophularia deserti	299
	Fig. 2. Acanthodium spicatum	301
	Fig. 3. Sinapis philæana	305
Planche 34.	Fig. 1. Erucaria crassifolia	306
	Fig. 2. Cochlearia nilotica	308
	Fig. 3. Buchnera hermonthica	309
Planche 35.	Fig. 1. Sinapis Allionii	311
	Fig. 2. Hesperis acris	313
	Fig. 3. Lunaria parviflora	314
Planche 36.	Fig. 1. Raphanus recurvatus	316
	Fig. 2. Cleome droserifolia	317
Planche 37.	Fig. 1. Spartium thebaïcum	319
	Fig. 2, 2'. Indigofera paucifolia	320
	Fig. 3. Psoralea plicata	322
Planche 38.	Fig. 1. Dolichos nilotica	323
	Fig. 2. Trigonella anguina	325
	Fig. 3. Dolichos memnonia	326

TABLE DES MATIÈRES.

	Pages.
Planche 39. Fig. 1. Hedysarum ptolemaïcum	328
Fig. 2. Astragalus longiflorus	329
Fig. 3. Astragalus mareoticus	330
Planche 40. Fig. 1. Dorycnium argenteum	332
Fig. 2. Picris sulphurea	333
Fig. 3. Picris lyrata	334
Planche 41. Fig. 1. Picris pilosa	336
Fig. 2. Picris altissima	337
Planche 42. Fig. 1. Crepis hispidula	339
Fig. 2. Crepis senecioïdes	340
Fig. 3. Santolina fragrantissima	342
Planche 43. Fig. 1. Artemisia monosperma	343
Fig. 2. Artemisia inculta	345
Fig. 3. Artemisia judaïca	346
Planche 44. Fig. 1. Gnaphalium pulvinatum	348
Fig. 2. Gnaphalium spathulatum	349
Fig. 3. Gnaphalium crispatulum	350
Planche 45. Fig. 1. Anthemis melampodina	351
Fig. 2. Inula crispa	353
Fig. 3. Senecio belbeysius	354
Planche 46. Fig. 1. Inula undulata	356
Fig. 2. Chrysocoma candicans	358
Fig. 3. Chrysocoma spinosa	359
Planche 47. Fig. 1. Balsamita tridentata	361
Fig. 2. Filago mareotica	362
Fig. 3. Anthemis indurata	363
Fig. 4. Cotula cinerea	364
Planche 48. Fig. 1. Carthamus mareoticus	365
Fig. 2. Buphthalmum pratense	367
Fig. 3. Anacyclus alexandrinus	369
Planche 49. Fig. 1. Centaurea pallescens	370
Fig. 2. Centaurea ægyptiaca	372
Fig. 3. Centaurea alexandrina	373
Planche 50. Fig. 1. Nayas muricata	375
Fig. 2. Parietaria alsinefolia	376
Fig. 3. Nayas graminea	377
Fig. 4, 4'. Marsilea ægyptiaca	378
Planche 51. Fig. 1. Croton oblongifolium	379
Fig. 2 et 3. Menispermum leæba	381
Planche 52. Fig. 1. Atriplex coriacea	383
Fig. 2. Acacia seyal	384
Fig. 3. Acacia albida	385
Planche 53. Fig. 1. Adonis dentata	387
Fig. 2, 3, 4. Parmelia maciformis	388

472

TABLE DES MATIÈRES.

	Pages.
Planche 53. Fig. 5. Galega apollinea........................	388
Fig. 6. Zostera bullata........................	390
Fig. 7. Gymnostomum niloticum................	391
Planche 54. Fig. 1. Fucus trinodis.........................	392
Fig. 2, 2'. Fucus latifolius.....................	393
Planche 55. Fig. 1. Fucus antennulatus...................	394
Fig. 2. Fucus denticulatus...................	395
Planche 56. Fig. 1. Fucus nayadiformis...................	396
Fig. 2. Dictyota implexa.....................	397
Fig. 3. Fucus tetragonus.....................	398
Fig. 4, 5, 6, 7. Caulerpa prolifera............	399
Planche 57. Fig. 1. Fucus spinulosus.....................	400
Fig. 2. Fucus taxiformis...................	401
Fig. 3. Fucus cyanospermus.................	402
Planche 58. Fig. 1, 2, 3 et 4. Fucus proteus................	404
Fig. 5. Ulva fasciata........................	405
Planché 59. Fig. 1. Urceolaria sub-cærulea.................	406
Fig. 2. Parmelia miniata....................	407
Fig. 3. Urceolaria rhizophora.................	408
Fig. 4. Urceolaria conferta..................	409
Fig. 5. Lecidea minima......................	410
Fig. 6, 6', 6''. Phallus roseus.................	Ibid.
Fig. 7. Lecidua quinquetubera................	412
Fig. 8. Lecidea circumalbata.................	Ibid.
Fig. 9. Lecidea vetusta......................	413
Fig. 10. Lecidea canescens...................	414
Fig. 11, 11'. Parmelia pinguiuscula.............	Ibid.
Planche 60. Fig. 1. Nymphæa lotus.......................	415
Fig. 2. Nymphæa cærulea....................	422
Planche 61. Fig. 1. Nymphæa nelumbo...................	426
Planche 62. Palmier dattier (*phœnix dactylifera*)............	435

OBSERVATIONS *météorologiques, faites au Kaire pendant les années* 1799, 1800 *et* 1801; par J. M. J. Coutelle............ 451

Tableau des hauteurs moyennes du baromètre et des températures moyennes du thermomètre, déduites des Observations faites au Kaire.. 453

OBSERVATIONS sur les variations horaires du baromètre......... 457

OBSERVATIONS *météorologiques et hygrométriques faites dans diverses villes de l'Égypte*, par feu M. Nouet............. 459

FIN DE LA TABLE.

PUBLICATIONS

C. L. F. PANCKOUCKE, éditeur, rue des Poitevins, n. 14.

LA GERMANIE.

Traduction nouvelle, par M. C. L. F. Panckoucke, avec un nouveau commentaire extrait de Montesquieu, de Mably, de Robertson, etc., etc.; on y a joint de plus, la traduction de toutes les principales variantes, et un extrait des commentaires de Tacite. Un fort volume in-8°. sur papier fin d'Annonay. Cette traduction, qui forme le premier volume d'une traduction complette de Tacite sur un nouveau plan et avec des commentaires politiques, par le même, est accompagnée d'un atlas in-4°. renfermant douze planches gravées au burin par les plus habiles artistes. Prix : 18 fr. On peut se procurer le texte seulement, sans l'atlas, au prix de sept francs. Il a été tiré cent exemplaires in-4°. du texte; les planches, premières épreuves in-4°. sont tirées sur papier de Chine. Prix 36 fr.

Leçons de Flore, Cours de botanique, explication des principaux systèmes, introduction à l'étude des plantes, par J. L. M. POIRET, ex-professeur d'histoire naturelle, membre de plusieurs Académies et Sociétés savantes et littéraires. Prix : 5 fr.

Cet ouvrage est devenu un manuel classique, pour toutes les personnes qui étudient la botanique, soit qu'elles en charment leurs loisirs, soit que cette étude fasse partie de l'instruction nécessaire à la carrière qu'elles ont embrassée; les étudians en médecine, en pharmacie, y trouveront toutes les notions qu'ils peuvent désirer et qu'ils ne pourraient se procurer que par des recherches dans un très-grand nombre d'ouvrages sur le même sujet.

PLANCHES ANATOMIQUES

A l'usage des jeunes gens qui se destinent à l'étude de la chirurgie, de la médecine, de la peinture et de la sculpture, dessinées par M. Dutertre, coopérateur du Voyage d'Égypte, avec des notes et explications suivant la nomenclature méthodique de l'anatomie, et des tables synonymiques, par M. Chaussier, membre de l'Institut. Deuxième édition, un volume in-folio avec vingt-deux planches. Prix : 15 francs.

LES ROSES

Par P. J. Redouté, peintre de fleurs, dessinateur en titre de la classe de physique de l'Institut et du Muséum d'histoire naturelle, membre de plusieurs sociétés savantes; avec le texte, par C. A. Thory, membre de plusieurs Sociétés savantes. Édition in-8°. Quarante livraisons in-8°. de quatre planches coloriées chacune, au prix de 3 fr. 50 cent.

La cinquième livraison, qui paraît, renferme : le rosier Vilmorin, le rosier des Indes commun, le rosier cent feuilles à fleurs simples, et le rosier des Indes à pétales pointus.

Vues des Côtes de France dans l'Océan et dans la Méditerranée, peintes et gravées par M. Louis Garneray, et décrites par M. E. Jouy de l'Académie française.

La deuxième livraison contient, le port et les arsenaux de Bayonne, une seconde vue de Bayonne, le quai de Libourne, et une vue de la Basse de prise du pont de service sous la troisième arche du pont de Bordeaux. Prix de chaque livraison : 12 fr.

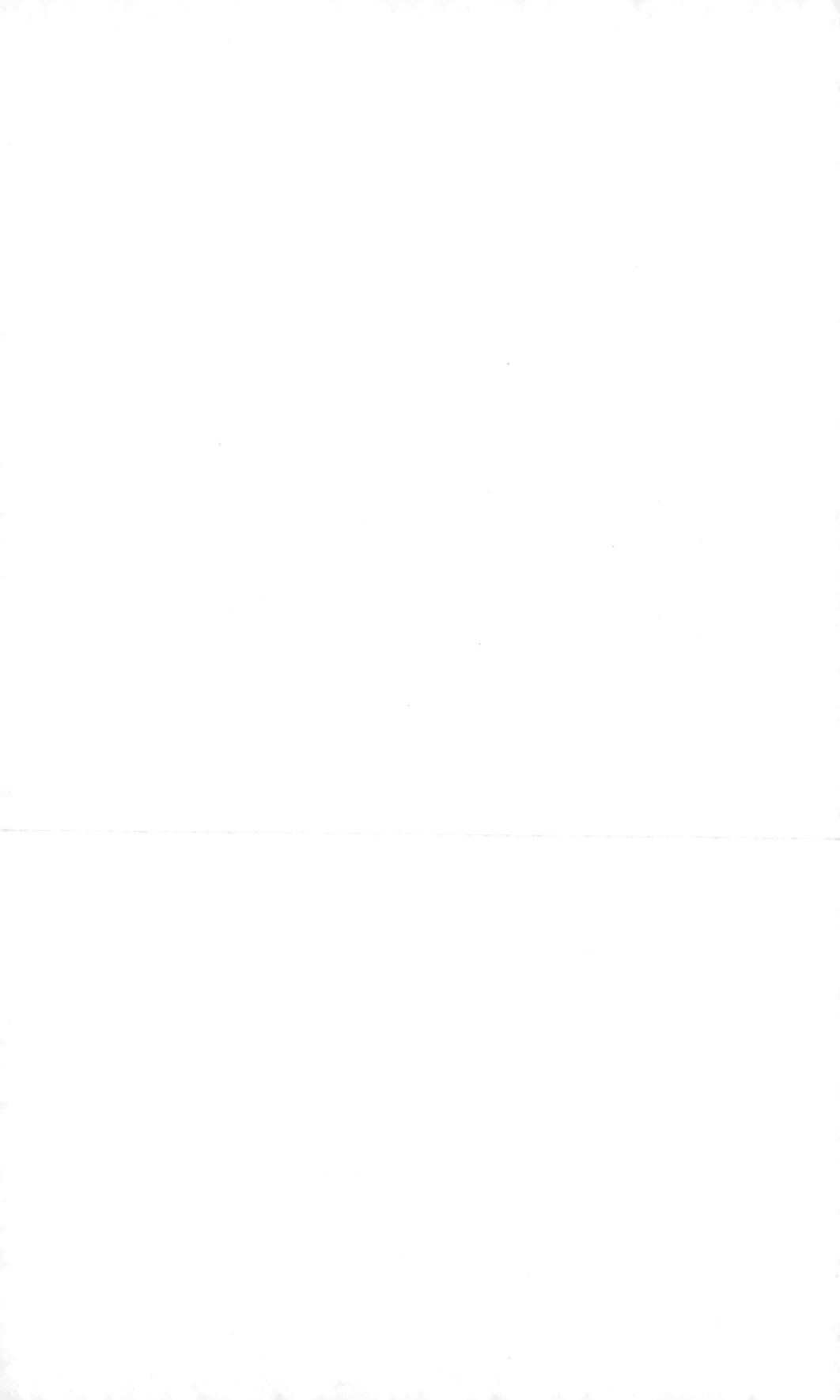

www.ingramcontent.com/pod-product-compliance
Lightning Source LLC
Chambersburg PA
CBHW050242230426
43664CB00012B/1793